RURAL TOURISM
乡村旅游概论

干永福　刘锋◎编著

中国旅游出版社

《乡村旅游概论》编委会

目　录

绪 论

　　乡村是伟大的，人类文明源自乡村。广袤的乡村不但提供我们赖以生存的粮食和原材料，也是我们放松心情、休闲娱乐、修身养性的好去处。

　　乡村是美丽的，乡村之美在于接近自然，更在于贴近心灵。"看得见山，望得见水，记得住乡愁"的愿景，不仅是好山好水，更有文化之繁盛、心灵之润泽。

　　纵观全球，世界主要发达国家和地区乡村旅游业的兴起发展与城市化进程、农业发展水平紧密相关。第二次世界大战结束后，发达国家农业现代化逐步完成，乡村旅游得到了世界各国的普遍关注。目前乡村旅游在英国、法国、西班牙、美国、日本、澳大利亚、新西兰等发达国家已具有相当的规模，走上了规范化发展的轨道。

　　今日的中国，亿万民众昂首行进在实现"两个一百年"奋斗目标和全面建成小康社会的道路上，"小康不小康，关键看老乡"，乡村也自然而然成为"两个一百年"目标和小康社会的主战场。而随着旅游市场的外延扩展，我国乡村旅游日渐兴起，成为繁荣农村、富裕农民的新兴产业。

　　"绿水青山就是金山银山"，2005 年 8 月习近平总书记在湖州市安吉县余村的殷切嘱托明确了乡村旅游在中国的重要地位。从政治角度而言，乡村旅游是中国整体战略深化落实的重要途径。从经济角度而言，乡村旅游是中国经济提质增效、中国农业转型升级的关键抓手。从社会角度而言，乡村旅游是中国社会和谐发展、人本发展的重要动力。从文化角度而言，乡村旅游是中国原真原乡文化传承创新的重要阵地。从生态角度而言，乡村旅游是中国生态环境改善与优化的新兴力量。

　　从第一家农家乐的诞生起，我国乡村旅游已经发展了 30 余年，在市场需求、产品内容、发展主体、产业功能和空间布局等方面都发生了巨大变化，乡村成为旅游发展的热门领域和资本投入的聚集之地。

但同时也要看到，我国乡村旅游起步较晚，与国际乡村旅游相比较，整体尚处于初级阶段的水平。乡村旅游者虽已出现品质化和多样化需求，但大众需求依旧基础粗放；乡村旅游开发者虽已打造出诸如庄园、民宿、民俗村等亮点产品，但大多依旧缺乏新意。有关乡村旅游的理论研究和规划设计更是滞后于市场发展，造成我国的乡村旅游还普遍存在概念不明、手段不多、思路不新、效益不佳等具体问题。

目前，国内还缺少一本乡村旅游的专业指导教材。首先，目前国内已出版的乡村旅游相关书籍多是针对乡村旅游的某一方面，如模式、产品、管理、政策等方面进行研究，综合性的书籍较少，且研究内容有待深入，对于国内外乡村旅游发展历史与发展经验的梳理和总结更是匮乏。其次，现有书籍对于乡村旅游管理实践经验仍缺乏系统梳理和总结，使得乡村旅游发达地区的先进经验难以实现有效推广。基于以上背景，课题组联合政府、企业、学界三方力量，共同撰写《乡村旅游概论》一书，力求厘清乡村旅游相关概念，梳理来龙去脉，以启发更多的人来关注乡村旅游、研究乡村旅游、实践乡村旅游，更希望能够为乡村旅游人才的培养提供支撑，逐步解决中国乡村旅游的现实问题，引导乡村旅游健康发展，这也是撰写本书的根本出发点。

本书按照"是什么、做什么、怎么做"的逻辑主线进行构建。"是什么"从明确乡村旅游的概念入手，并详细梳理国内外乡村旅游发展的来龙去脉。"做什么"从乡村旅游的市场及相应特征、乡村旅游资源及开发保护、乡村旅游要素体系及产品演化、乡村旅游营销策略等方面进行深度解析。"怎么做"从围绕乡村旅游开发过程中必备的营销与管理支撑进行解析。

全书共分为九章。第一章是乡村旅游概念体系，通过文献综述辨析国内外概念，分析乡村旅游特点，得出乡村旅游的概念，并通过实践案例对现有相关概念进行梳理和分类，在纷繁复杂的概念中形成乡村旅游概念体系；第二章是乡村旅游的起源与发展，从世界和中国两个层面研究乡村旅游发展历程，选取典型的乡村旅游发达国家进行研究，力求追根溯源，探寻规律分别论述国际和国内乡村旅游的历史发展和普遍规律；第三章是乡村旅游者，结合现实市场数据，分析得出乡村旅游市场形成的动因、乡村旅游者出行的动机以及不同乡村旅游市场群体的营销策略；第四章是乡村旅游资源，明确乡村旅游资源概念、特性及分类，梳理乡村旅游资源规划类型、流程和关键，厘清乡村旅游资源的开发内容及流程，强调乡村旅游资源的保护；第五章是乡村旅游要素体系，明确食、住、行、游、购、娱6个乡村旅游基本要素，并从要素的界定、发展演化、主要特点等方面进行了详细阐述；第六章是乡村旅游产品与组织形式，从基础经营形态和组织经营形态两方面选取了乡村旅游民宿、农庄、度假村、市民农园、村域、景区、集聚区和度假区八类产品，研究每一类产品的起源、演化及其特征等内容；第七章是乡村旅游经营，通过大量实践经验推导出乡村旅游不同经营主体的经营模式，同时也对乡村旅游扶贫开发的一些基本内容进行了梳理；第八章是乡村旅游营销，重点阐述了节事营销、借势营销和时令营销主要方式和关键点；第九章是乡村旅游管理，从政府实践的角度出发，结合各地政府管理案例，分别论述乡村旅游体制、政策、标准、执法等乡村旅游管理较为关键的方面。

本书是一个足履实地的成果，在写作的过程中运用了多种方法。在参考文献方面，查阅了国内外绝大部分乡村旅游方面的文献，通过概念梳理、热点研判、数据分析，力求追根溯源；在案例方面，通过对国内外大量案例的推导分析、叠加分析，力求科学推导结论；在架构方面，咨询了多位业界知名专家学者，根据专家意见进行提升，直至最后定纲；在研究路径上，对每个章节的内容都通过表格形式进行分析解读，对于相应的议题进行有针对性的讨论。

本书还是一个集合众人智慧的成果，在编写过程中得到了很多业界专家和湖州市旅游委员会、浙江乡村旅游研究院领导的鼎力支持。在此向包括张凌云、蔡建明、唐晓云、厉新建、宋瑞、朱至珍、蔡红、杨柳、易开刚、周永广、魏向东、朱承强、王朝辉、高宜成、周建华、谢婷和王瑜在内的多位行业内的专家和学者表示衷心的感谢，向为本书提供大量实践经验宝贵材料和全力支持的湖州市旅游委员会、浙江乡村旅游研究院的各位领导表示诚挚的谢意。

希望本书对于高校教师开展教学工作、学生系统学习乡村旅游有一定参考价值，也可作为乡村旅游经营者和管理者的参考书籍。课题组力求确保乡村旅游知识的准确性和完善性，但限于学识水平，难免有不妥和纰漏之处，诚请不吝赐教。

第一章　乡村旅游概念体系

【学习目的】

通过本章的学习，学生应能掌握乡村旅游的概念（广义和狭义），熟悉乡村旅游概念的基本属性；理解乡村旅游与生态旅游、农业旅游、民俗旅游等相关概念的相互关系；掌握乡村旅游的几种主要分类，熟悉每种分类的特征和相关案例；了解乡村旅游国内外研究热点。

【主要内容】

1. 乡村旅游概念界定

广义乡村旅游概念和狭义乡村旅游概念；乡村旅游的主要属性；国内外乡村旅游概念的研究热点

2. 乡村旅游延义

乡村旅游与生态旅游的关系；乡村旅游与农业旅游的关系；乡村旅游与乡村观光、乡村休闲、乡村度假及乡村生活的关系

3. 乡村旅游分类

乡村旅游分类依据；乡村旅游分类及相关特征；乡村旅游分类举例

第一节　乡村旅游概念

什么是乡村旅游？人们对其所指含义似乎清晰，毕竟其指出了乡村这一地域特征，与城市旅游必然不同；但是，对其准确指向并不明晰，一方面理解过宽，把地处乡村的旅游均认为是乡村旅游，另一方面理解过窄，主要把农家乐活动理解为乡村旅游。我国乡村旅游已呈现出异彩纷呈的新特点，仅从一个视角出发是不能全面理解乡村旅游的。事实上，对乡村旅游的概念认知，既要与国内外国情背景相结合，又要与旅游业发展的时代特征相结合。

一、国际乡村旅游概念辨析

乡村旅游在英文文献中一般被称为 Rural tourism（乡村旅游），但是也有 Agritourism（农业旅游）、Farm tourism（农场旅游）、Ecotourism（生态旅游）、Geotourism（地学旅游）等说法。不同的国家用词会有所不同，这与当地的产业基础和休闲方式有很大的关系。如爱尔兰最喜欢用 Rural tourism（乡村旅游），波兰旅游经营者和农场主喜欢用 Agritourism（农业旅游），北美、大洋洲等国家经常用 farm tourism（农场旅游），农场旅游是乡村旅游的一部分，经营更接近农业生产，在很多欧洲农场里农业旅游或乡间的活动都叫作乡村旅游。

国外乡村旅游发展历史悠久，对于乡村旅游的界定也有不同维度的阐释，表 1-1 列举了一些国外学者对于乡村旅游概念的界定。

表 1-1　国外关于乡村旅游的概念界定列举

定义者	定义内容	关键词
Gibber（1990）	乡村旅游的对象局限于农场、牧场，其实质是农业旅游。农户为旅游者提供住宿等条件，使其在农场、牧场等典型的乡村环境中从事各种休闲活动。	农场、牧场农业旅游休闲活动
世界经济合作与发展组织（OECD，1994）和欧盟（EU，1994）	乡村旅游指发生在乡村的一系列旅游活动，乡村性是乡村旅游整体推销的核心和独特卖点。	乡村性旅游活动
Reichel（1999）	乡村旅游是指位于农村区域的旅游活动，具有农村区域的特点，如区域开阔、可持续发展等。	农村区域旅游活动
Dernoi(2001)	乡村旅游是发生在非城市地区的旅游活动，它与土地密切相关，这里居住着永久性居民，永久居民的存在是乡村旅游发展的必要条件。	非城市地区的旅游活动
BernardLane(1994)	乡村旅游是一种基于农业的高层次的旅游活动，既包括了传统的农村游玩项目，又具有教育意义和区域民俗旅游活动。	传统农村游玩项目民俗旅游活动
Busby(2000)	乡村旅游是乡村生活体验的商品化和模式化。	乡村生活的商品化
BillBarnwell	乡村旅游必须是在乡村地区；基于乡村特征（开放空间、乡村遗产等）；小规模的环境、经济、历史和本地性的综合模式。	乡村地区乡村特征
Insekeep（2002）	乡村旅游是一种旅游形式，这种形式与传统乡村有关。参与这种旅游形式，村民和游客都可以从中受益。	传统乡村村民和游客受益
芬兰乡村发展委员会（2003）	乡村旅游是全面开发乡村资源，创造出口产品的途径和工具，通过量和质两个方面增加努力，乡村旅游可以被建设成为乡村就业和收入的基本源泉。	乡村旅游的经济功能

　　通过对国外学者概念界定的梳理，可以发现一些共通点，这也成为乡村旅游概念研究的重要基础。

　　一是强调乡村旅游发生的场地空间。很多学者在概念当中都提到了这一点，有的认为乡村旅游发生的空间是农村区域，也有的人认为是非城市区域，还有的说是乡村地区。欧盟 (EU,1994) 和世界经济合作与发展组织（OECD,1994）将乡村旅游定义为发生在乡村的旅游活动，明确乡村旅游发生的场地空间是乡村旅游概念研究的前提。

　　二是强调乡村旅游活动的乡村性。乡村性 (rurality) 是客观、准确地描述乡村旅游活动区域及活动对象特征，同时区别于其他不同旅游[1]类型的主要依据。其概念主要建立在城市和乡村关系的社会学理论体系之上，乡村区别于城市的、根植于乡村世界的乡村性是吸引旅游者进行乡村旅游的基础。欧盟（EU，1994）和世界经济合作与发展组织（OECD，1994）认为乡村性是乡村旅游整体推销的核心和独特卖点。Reichel（1999）认为乡村旅游活动"具有农村区域的特点"。Bernard Lane(1994) 认为乡村旅游是一种基于农业的高层次的旅游活动，既包括了传统的农村游玩项目，又具有教育意义和区域民俗旅游活动。Insekeep（2002）认为乡村旅游是一种旅游形式，这种形式与传统乡村有关。可见国外学者对于旅游活动的乡村性是非常关注的。

　　三是强调乡村旅游的作用与效益。Insekeep（2002）认为通过参与这种旅游形式，村民和游客都可以从中受益。Bill Barnwell 认为乡村旅游是小规模的环境、经济、历史和本地性的综合模式。芬兰乡村发展委员会（2003）认为全面开发乡村资源，创造出口产品的途径和工具，通过量和质两个方面增加努力，乡村旅游可以被建设成为乡村就业和收入的基本源泉。Reichel（1999）认为乡村旅游具有农村区域的特点，如区域开阔、可持续发展等。国际乡村旅游概念强调乡村旅游的居民和游客的综合受益，也强调乡村旅游的可持续发展。

　　四是强调旅游开发与土地利用的关联性和一致性。部分学者将乡村旅游与农业旅游（agritourism）或农场旅游（farm tourism）等概念替换使用，认为两个概念是基于耕地相关而共生的。这说明乡村旅游的开发与农业土地利用的关

---

①汪惠萍.乡村旅游的乡村性研究.中国农学通报，2011。

系非常密切，农业旅游、农场旅游、牧场旅游、林场旅游等都是与乡村旅游非常密切的概念。

综合来看，国外对于乡村旅游概念的界定并不是采用系统归纳概括的方法，而是依据发展实际，抓住乡村旅游的某一个或某几个方面的典型特点进行解释性阐述。这与发达国家的国情相适应，其乡村人口占比较小，围绕乡村人口形成的乡村聚居地相对集中，因而，其乡村旅游所指向的地域特点、环境特点、体验特点等都比较一致。其乡村旅游概念基本属于狭义范畴，突出乡村旅游与乡村社会、社区之间的紧密联系。给我们的启示是界定乡村旅游概念一定要抓住乡村旅游的本质特点，而不是泛泛而谈。

二、国内乡村旅游概念辨析

国内学者对于乡村旅游的界定有很多的表述方式，不同的表述侧重点也有所不同，综合研究对比目前国内乡村旅游的概念，可以发现一些共性的内容。

表1-2　国内关于乡村旅游的概念界定列举

序号	定义者	定义表述	关键词
1	杜江 (1999)	乡村旅游是以乡野农村的风光和活动为吸引物、以都市居民为目标市场、以满足旅游者娱乐、求知和回归自然等方面需求为目的的一种旅游方式。	乡村资源 都市居民
2	吴必虎 (2001)	乡村旅游就是发生在乡村和自然环境中旅游活动的总和。	乡村空间
3	肖佑星 (2001)	乡村旅游是指以乡村空间环境为依托，以乡村独特的生产形态、民俗风情、生活形式、乡村风光、乡村居所和乡村文化等为对象，利用城乡差异来规划设计和组合产品，集观光、游览、娱乐、休闲、度假和购物为一体的一种旅游形式。	乡村空间 乡村资源 旅游活动 城乡差异
4	马波 (2004)	乡村旅游是以乡村社区为活动场所，以乡村独特的生产形态、生活风情和田园风光为客体的类型。	乡村空间 乡村生产 生活资源
5	王兵 (2005)	乡村旅游是以农业文化景观、农业生态环境、农事活动及传统的民俗为资源，融观赏、考察、学习、参与、娱乐、购物、度假为一体的旅游活动。	乡村资源 旅游活动
6	刘德谦 (2006)	乡村旅游是以乡村地域以及农事相关的风土、风物、风俗、风景的组合而成的乡村风情为吸引物，吸引旅游者前往休憩、观光、体验以及学习的旅游活动。	乡村空间 旅游活动
7	吴人韦 (2006)	以地方农业、农村自然环境和农村民俗风情三者为核心，与城市旅游相对立的，建立在乡村空间环境和乡村生产关系上的特殊旅游类型。	乡村空间 乡村资源

（续表）

序号	定义者	定义表述	关键词
8	林刚（2006）	乡村旅游是指发生在乡村地域，以乡村田园风情、农业生产活动、农家生活和民俗文化等自然和人文景观为旅游吸引物的休闲、观光、游览及度假活动。	乡村空间 乡村资源 乡村旅游活动
9	郭焕成（2010）	乡村旅游是指以乡村地区为活动场所，利用乡村独特的自然环境、田园景观、生产经营形态、民俗文化风情、农耕文化、农舍村落等资源，为城市游客提供观光、休闲、体验、健身、娱乐、购物、度假的一种新的旅游经营活动。	乡村空间 乡村资源 城市游客 旅游活动
10	郭丽（2010）	乡村旅游是指在乡村地区，以乡村自然和人文景观为吸引物，使旅游者领略农村乡野田园风光，体验农事生产劳作，了解风土民俗和回归自然，融观赏、考察、学习、参与、娱乐、购物、度假等于一体，能够满足旅游者求异、求知、求根等需求并能产生经济效益的旅游活动。	乡村空间 乡村资源 乡村旅游活动

一是强调乡村旅游发生的空间。几乎所有学者都会将空间作为概念的前提条件，比如郭焕成认为乡村旅游是以乡村地区为活动场所；吴必虎强调乡村旅游发生在乡村和自然环境；肖佑星认为乡村旅游是以乡村空间环境为依托；郭丽也认为乡村旅游发生在乡村地区。

二是强调乡村旅游依托的资源。杜江认为乡村旅游是以乡野农村的风光和活动为吸引物；肖佑星认为乡村旅游是以乡村独特的生产形态、民俗风情、生活形式、乡村风光、乡村居所和乡村文化等为对象；王兵认为乡村旅游是以农业文化景观、农业生态环境、农事活动及传统的民俗为资源；郭焕成认为乡村旅游利用乡村独特的自然环境、田园景观、生产经营形态、民俗文化风情、农耕文化、农舍村落等资源。几乎所有的概念都突出了乡村旅游依托的乡村自然、文化资源和生产生活资源。

三是强调乡村旅游的活动和形式。目前学者的研究主要基于两个维度，一是强调泛化的旅游活动，比如吴必虎认为乡村旅游就是发生在乡村和自然环境中的旅游活动的总和；杜江认为乡村旅游是以满足旅游者娱乐、求知和回归自然等方面需求为目的的一种旅游方式，他们不注重旅游活动是否结合地域乡土文化。另一个维度强调具有乡村性的旅游活动，比如肖佑星认为应利用城乡差异来规划设计和组合乡村旅游产品；刘德谦认为应以乡村风情为吸引物，设计吸引旅游者前往休憩、观光、体验以及学习的旅游活动；吴人韦认为乡村旅游是与城市旅游相对立的，是建立在乡村空间环境和乡村生产关系上的特殊旅游类型；郭焕成认为乡村旅游应依托具有乡村性的资源，开展观光、休闲、体验、健身、娱乐、购物、度假的一种新的旅游经营活动。从这一维度的研究看，乡村旅游的活动和形式也应该是具有乡村性的。

四是强调乡村旅游者。学者认为乡村旅游者进行乡村旅游活动的主要动机是接触大自然和体验乡村生活的方式，通过乡村风情或农事活动获得放松休闲、观光游览、体验及求知等的旅游活动。同时还强调了乡村旅游者的来源，郭焕成认为乡村旅游是为城市游客提供观光、休闲、体验、健身、娱乐、购物、度假的一种新的旅游经营活动，杜江认为乡村旅游是以都市居民为目标市场。可见，城市居民是乡村旅游者的主要构成，也是促进乡村旅游市场流动的最主要群体。

综合来看，国内乡村旅游的概念界定是通过尽可能归纳和概括乡村旅游的共同特征来实现的，依据乡村旅游活动体系，主要抓住了三方面的特点反映乡村旅游本质，即乡村旅游发生的地域特点、乡村旅游依托的资源特点和乡村旅游提供的活动特点。我国的国情是乡村人口众多、乡村地域广阔、乡村资源多样、乡村民俗丰富，要一一列举必然不全面，因而采用综合概括方法是科学的。现有乡村旅游概念基本属于广义范畴。与国外相比，不足之处在于没有强调乡村旅游与乡村社区之间的关系，需要进一步揭示。

三、乡村旅游概念

从以上乡村旅游概念的国内外演化和比较看，乡村旅游是有广义和狭义之分的。

从狭义的角度上，并非所有发生在乡村地区的旅游形式均为乡村旅游，旅游必须紧密地与乡村资源环境、乡村社区环境和生产生活环境相融合，才能称之为"乡村旅游"。也就是说，乡村旅游中的乡村要强调乡村性，尤其要强调乡村旅游的社区参与，因此乡村旅游必须是发生在乡村地区的（农村），与乡村生产生活密切关联(农业)

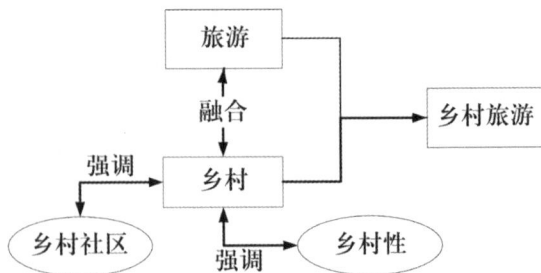

图1-1 乡村旅游概念界定的逻辑脉络

的，注重社区参与的（农民）旅游形式。

随着时代的发展，乡村旅游概念的范畴在不断扩展，人们到乡村旅游已经不局限于跟乡村性有关的活动，更多的是在乡村环境的各种非城市的旅游体验，因此广义的乡村旅游概念更契合时代的发展和需求。从广义角度的乡村旅游并不强调乡村社区参与和活动，只是空间和资源上具有乡村性。

本书认为，把握乡村旅游的概念与内涵，应充分认识到以下属性。

1. 空间属性——旅游活动是否位于乡村地区。从地理角度来看，乡村是一个空间概念，它指的是以从事农业生产为主的劳动人民所住的地方，或谓乡间聚居之地，与都市是相对的。乡村旅游也只能是发生在"乡村"这个空间里的旅游，与都市旅游相比，乡村旅游在内涵上是相对的，在空间上是互补的。

2. 资源属性——旅游活动的开展（旅游产品开发）是否依托乡村物质和非物质资源。乡村旅游资源是指存在乡村的资源，因其所具有的审美和愉悦价值而使旅游者为之向往的自然存在、历史文化遗产和社会现象。因此，乡村旅游资源的范围较广，而不仅仅指农业旅游资源，即不仅包括乡野风光等自然旅游资源，还包括乡村建筑、乡村聚落、乡村民俗、乡村文化、乡村饮食、乡村服饰、农业景观和农事活动等人文旅游资源；不但包括乡村景观等有形的旅游资源，而且包括乡村社会文化等无形的旅游资源。

3. 产品属性——从旅游活动内容上看，如果是属于根植于本地资源与乡村文化密切相关的乡村活动，我们称之为狭义的乡村旅游；如果是旅游者参与的任何旅游活动，则称之为广义的乡村旅游。在乡村旅游地区的活动可以是与乡村生产生活紧密相关的，即有乡村性的旅游活动；也可以与乡村的生产生活无关，可以拓展乡村旅游活动的范畴。

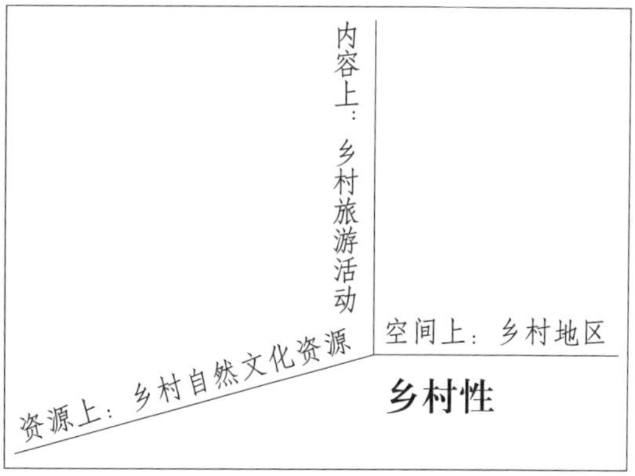

基于上述对于乡村地域的认识，遵循乡村旅游概念的逻辑脉络，我们对乡村旅游做出如下定义：

从广义上讲，乡村旅游是发生

内容上：乡村旅游活动

空间上：乡村地区

资源上：乡村自然文化资源

乡村性

图1-2　乡村旅游概念界定的三个面向

在乡村地区,依托乡村资源开发观光、休闲、度假等旅游体验活动的一种旅游方式。

从狭义上讲,乡村旅游是发生在乡村地区,以自然资源、田园风光、乡村文化以及具有乡村性的农事生活和建筑景观为主要吸引物,以观光、休闲、度假、养生及各种乡村生活体验为目的的一种旅游方式。

简言之,狭义的乡村旅游特指发生在乡村地区,以具有乡村性的自然和人文客体为吸引物的旅游方式。

本书以下各部分内容,除特别说明外,所言及乡村旅游的内涵均取其的宽泛含义,即广义定义。

第二节　乡村旅游延义

由于依托资源基础和开发产品类型的交叉重合,在发展演化过程中,人们会将乡村旅游概念与农业旅游、生态旅游以及民俗旅游等概念相混淆,比如民俗旅游依托的文化资源基础会包含乡村文化,生态旅游依托的资源基础会包括乡村生态资源,它们在内涵和外延上既有交叉又各有侧重,为了更好地理解乡村旅游概念,需要对它们之间的关系加以梳理。同时随着乡村旅游市场需求的升级,乡村度假群体涌现,乡村度假、乡村生活是乡村旅游深度体验的一种方式,也是我们需要界定清晰的概念。

一、乡村旅游与生态旅游的关系

生态旅游是目前旅游机构使用频率最高的词汇之一,也是旅游产品中增长最快的部分,但关于"生态旅游"的概念莫衷一是,国内外学者均没有统一的认识。有关生态旅游概念比较有代表性的有以下几种表述:

"生态旅游"这一术语, 是由国际自然保护联盟（IUCN）特别顾问谢贝洛斯·拉斯喀瑞（Ceballos-Laskurain）于 1983 年首次提出。1990 年国际生态旅游协会（CeInternational Ecotourism Society）把其定义为:具有保护自然环境和维护当地人民生活双重责任的旅游活动。生态旅游的内涵更强调的是对自然景观的保护,是可持续发展的旅游。

Boo.E(1991)认为, 生态旅游是指去相对原始的自然区域,以欣赏、研究自然风光和野生动植物为目标，并能为保护区筹集资金，为当地居民创造就业机会，为旅游者提供环境教育，从而有利于自然保护的旅游活动。

国际生态旅游学会 (1991) 将生态旅游定义为"到环境得到保护、当地人的健康生活可持续的自然区域的负责任的旅游。"

世界银行环境部和生态旅游学会将生态旅游定义为"有目的地前往自然地区去了解环境的文化和自然历史，它不会破坏自然，而且它会使当地社区从保护自然资源中得到经济收益。"

绿色环球 21《国际生态旅游标准》提出了生态旅游产品的八大原则：1. 生态旅游的核心在于让游客亲身体验大自然；2. 生态旅游通过多种形式体验大自然来增进人们对大自然的了解、赞美和享受；3. 生态旅游代表环境可持续旅游的最佳实践；4. 生态旅游应该对自然区域的保护做出直接的贡献；5. 生态旅游应该对当地社区的发展做出持续的贡献；6. 生态旅游尊重当地现存文化并予以恰当的解释和参与；7. 生态旅游始终如一地满足消费者的愿望；8. 生态旅游坚持诚信为本、实事求是的市场营销策略，以形成符合实际的期望。

生态旅游是以有特色的生态环境为主要景观的旅游，是指以可持续发展为理念，以保护生态环境为前提，以统筹人与自然和谐发展为准则，并依托良好的自然生态环境和独特的人文生态系统，采取生态友好方式，开展的生态体验、生态教育、生态认知并获得心身愉悦的旅游方式。

综上所述，由此可见生态旅游的概念至少在以下三个方面是形成共识的，并以此与乡村旅游有所区分。

第一，生态旅游目的地（生态旅游景区）必须是相对原始的自然区域，以尽可能少受人类活动干预的区域为旅游地。所以，生态旅游理论上是排斥大量人类活动干预的，即便是规模化、产业化的现代农业生产活动也概莫能外。而乡村旅游并不排斥这一点，相反，甚至因为有这类活动的干预而使乡村旅游在产品形式和品质上更为多元和优质。当然，乡村旅游行为仍然是一种低干扰程度的行为体系，合理的乡村旅游应当具有较强的生态旅游特征。

第二，生态旅游有较高的"准入门槛"，其对旅游目的地和旅游者的选择同等重要。生态旅游往往对生态旅游者在其社会、经济和文化属性方面有特殊要求，学习和教育功能的体现是旅游者出游的重要目的，而生态旅游的观赏和娱乐功能会相对次要。而乡村旅游在这一点上并无明显区分，相反，其休闲娱乐功能有时还会略占上风。简言之，乡村旅游多数情况下人们是将其纳入"大众旅游"范畴的，至少其大众旅游的色彩显于生态旅游；而生态旅游是"选择性旅游"，对目的地和旅游者存在双重选择。乡村旅游是生态旅游的比较一般的相对大众化的旅游方式之一。

乡村旅游首先是以旅游活动发生的场所作为区分乡村旅游和非乡村旅游的第一指标的。就旅游活动发生的场所而言，广义乡村旅游与一般生态旅游有交叉，但并不重合，随着生态旅游的概念演化，出现了城市生态旅游，是指以城市地域内的自然风光和文化风情为基础，满足城市居民和外来游客需求，同时维护城市环境生态平衡和促进环保观念的一种大众化旅游活动体系，因此城市生态旅游在地域空间上与乡村旅游已经有了本质上的划分。

当然，乡村旅游与生态旅游亦有较大的共轭空间。发达国家在乡村旅游中非常关注在开发的同时保护当地的自然环境，保护不同的乡村地区形成的不同的文化传统和民俗民风，重视当地居民对旅游的态度及其对旅游者经历的影响。他们不仅关注乡村旅游开发带来的经济利益，还重视乡村旅游在乡村社区的发展、乡村环境建设，乡村旅游开发促进了当地社区的自然、社会经济的可持续发展，属于生态旅游的范畴。

二、乡村旅游与农业旅游的关系

农业旅游是指充分利用农业资源，以旅游内涵为主题而开发出的以农村独特的田园风光、农事劳作及农村特有的风土人情等为内容，将农业建设、科学管理、农艺展示、农产品加工及旅游者的广泛参与融为一体的新型旅游形式（严艳，2000）。

根据国家旅游局2002年颁发的《全国农业旅游示范点、工业旅游示范点检查标准（试行）》指出，所谓农业旅游是指以农业生产过程、农村风貌、农民劳动生活场景为主要旅游吸引物的旅游活动。

由此可见，农业旅游的内涵并不包括到散布于广大农村地区的名山大川、人文古迹的游览活动，而仅指以大农业资源为依托而萌发出来的一种特殊旅游活动（项目），内容主要包括三个方面：一是农村独特的田园风光和人文景观，如金色麦浪、渔歌唱晚、牧场风情等；二是农事劳作，包括与农、林、牧、副、渔业等相结合的一些参与性较强的农事活动；三是农村特有的一些民俗和风土人情。另外，也有人把农业观光旅游定义为：以农业产业为依托，农业效益为主，旅游效益为辅，实现生产与观光功能兼容，提供见识农业生产的机会和欣赏田园风光的开放性农业。

由于乡村历来就是从事农业生产的地方，乡村旅游的活动与农事难以分割，而农业旅游就成了乡村旅游的必不可少的组成部分。但是，就旅游的形式、内容、分布地域来看，游客不仅能在农业场地亲自参与体验农家生活与生产之中，购买时鲜农产品和其他土特产品，还能够在广阔的非农地域游览观光、度假休闲等多样化的活动，可以说乡村旅游所包含和涉及的内容要比农业旅游要广阔得多、宽泛得多，乡村旅游的活动也比农业旅游的活动更成熟、分布地域更广泛，因此，农业旅游只是乡村旅游的一个类型。

乡村旅游是按旅游的地域空间来分的一种旅游形式，农业旅游是按旅游对象来分的一种旅游形式，与民俗旅游、古迹旅游、山水风光旅游等是对应的，它指的是以农业活动为基础、农业与旅游业相结合的一种新型农业产业形式。由于都市农业的出现（都市农业是位于大都市中、都市郊区和大都市经济圈以内，以适应现代化都市生存与发展需要而形成的现代农业），农业并不都发展在纯粹的乡村地区，所以农业旅游有时与乡村旅游并不一定发生在共同的地域范围之内。

伴随我国农业的转型升级，农业的产业功能和旅游内容在深化和扩展，"农业 +"在不断融入人们的生活，农业 + 安全、农业 + 观光、农业 + 休养、农业 +医疗等丰富的农业体验使得农业旅游将成为乡村旅游的重要的组成形式。

表1-3　农业功能的拓展及农业旅游今后发展方向

与农业配合	构成内容
农业 + 安全 （安全力）	安全农业、无毒农业、可持续农业、有机农业、有机蔬菜、安心蔬菜、安全蔬菜、健康蔬菜、清洁蔬菜
农业 + 观光 （观光力）	绿色休闲旅游企业（农家民宿、农家餐厅、农产品直销中心、农产品加工开发）的推广

(续表)

与农业配合	构成内容
农业＋休养 （疗养力）	安静休养、在农山渔村安稳对话、什么都不做、无忧无虑的停留等疗养空间的推动
农业＋医疗 （治愈力）	园艺疗法、动物疗法、芳香疗法等农业所具有的治疗力的开发与推广
农业＋教育 （教育力）	与小动物互动、透过栽培花草与农产品，开发情操教育、推动专业农业体验之教育农园
农业＋福祉 （福祉力）	由农家经营老人之家、团体之家、照护之家，围绕身心障碍者之农业体验等福祉

三、乡村旅游与民俗旅游的关系

民俗旅游是指人们离开惯常居住地，到异地去以地域民俗事象为主要观赏内容而进行的文化旅游活动的总和。它是属于文化旅游的一种。而所谓文化旅游，是指人们通过旅游或在旅游活动中了解和获取知识的活动。

对民俗旅游概念的理解，也是因人而异。我国学者刘其印认为，民俗旅游是借助民俗而开展的旅游项目，如寻根祭祖、朝山进香、民间艺术表演、民俗展览、节庆活动、风味食品、旧式交通工具、住民房等，即到民间去旅游，到民俗氛围里去切身体会；陆景川认为，民俗旅游是一种高层次的文化型旅游，它欣赏的对象为人文景观，而非自然景观，任何一个国家、地区和民族的传统节日、婚丧嫁娶、建筑风格、民间歌舞都是民俗旅游的珍贵资源与欣赏对象；巴兆祥认为，民俗旅游是指游客被异域或异族独具个性的民俗文化所吸引，以一定的旅游设施为条件，离开自己的居所，前往旅游地（某个特定的地域或特定的民族区域），进行民俗文化消费的一个动态过程的复合体。

关于乡村旅游与民俗旅游之间的关系说法不一，有些学者认为乡村旅游包括民俗旅游，其实不然。民俗旅游有多种分类方式，陶思炎教授在《略论民俗旅游》一文中，从民俗旅游涉及的民俗范畴、民俗生活的空间、民俗旅游的产品性质以及民俗旅游产品的服务功能四方面进行划分，其中根据民俗生活的空间，民俗旅游可作市井民俗游、水乡民俗游、山村民俗游、渔村民俗游等划分，因此民俗旅游既可以在农村开展，也可以在城镇进行，故两者不是包含与被包含的关系，而是含有共同部分——乡村民俗旅游的关系。

四、乡村旅游与乡村休闲、乡村度假、乡村观光及乡村生活的关系

乡村休闲、乡村度假、乡村观光及乡村生活是乡村旅游在发展过程中存在的几种比较常见的概念说法，往往容易混淆，但是他们都是乡村旅游的重要形式，在乡村旅游发展过程中不可或缺，因此需要理清这几种说法之间的关系。

度假旅游和观光旅游是相互关联的两个不同层面的旅游形式。观光旅游是旅游业发展的初期阶段，度假旅游是旅游业发展到高级阶段的必然产物。乡村观光最鲜明的特点是以到乡村"看"为主要形式，而乡村度假最鲜明的特点是以到乡村"养"为主要形式。从心理学的角度深度剖析旅游需求，观光旅游追求的是"刺激"，即通过"求新求异"获得刺激，从而获得与日常生活全然不同的体验，其主要特点是追求感观的愉悦；而度假旅游是利用假日外出，以度假和休闲为主要目的和内容的，进行令精神和身体放松的康体休闲方式，它追求的是通过各种方式和活动获得生理和心理上的"放松"，从而恢复正常的生理机能和心理平衡。不过度假旅游和观光旅游有时也没有明确界限，游客在度假旅游中同样带有观光活动，两者是结合在一起的。

在最初的乡村旅游发展中，乡村观光的需求比较大，人们追求有别于城市的新奇观感，但快速的城市化进程使得人们也更加向往在乡村身心放松的体验，乡村度假成为乡村旅游深化发展的重要形式，与乡村观光共同为乡村旅游者提供丰富的旅游体验。

乡村休闲包含了乡村度假和乡村观光。古希腊哲学家亚里士多德被公认为第一位对休闲进行系统研究的学者，他所提出的"休闲是一切事物围绕的中心""只有休闲的人才是幸福的"等观点深刻地影响着西方文明的演化与发展，而后众多旅游学者继续对休闲进行研究，最终得出大家比较认同的休闲的含义，休闲是个人闲暇时间的总称，是指在非劳动及非工作时间内以各种"玩"的方式求得身心的调节与放松，达到生命保健、体能恢复、身心愉悦目的的一种业余生活，也是人们对可自由支配时间的一种科学和合理的使用，休闲活动是人们自我发展与自我完善的载体。

休闲是人们合理支配自己的闲暇时间，旅游行为是否发生与休闲方式不存在直接的联系；观光和度假则是站在旅游的角度去分析人们在闲暇时间时产生

的初级和高层次旅游行为。

从范围上看，作为人们对闲暇时间的利用方式，外出旅游、多样化文化项目、体育项目，甚至逛街、吃饭、喝茶、打牌、K 歌都是休闲方式，休闲内容涵盖范围远比观光旅游和度假旅游大得多，旅游也仅是休闲的一个部分。

从时间和支出上看，休闲的时间可长可短，10 分钟可以休闲，10 天也可以休闲，弹性很大，因而休闲的支出也是从低到高，范围较广。而旅游则需要人们有较高的可支配收入和较长的闲暇时间，条件限制相对较多。休闲旅游是指以旅游资源为依托，以休闲为主要目的，以旅游设施为条件，以特定的文化景观和服务项目为内容，为离开定居地而到异地逗留一定时期的游览、娱乐、观光和休息。但不可否认的是休闲和观光旅游、度假旅游都已经成为人们生活中的重要组成部分。

因而乡村休闲包含的范围也比较广，在乡村所发生的所有休闲活动都可以称为乡村休闲，时间可长可短，内容涉及观光、度假、生活等旅游形式，是一种最为普遍的乡村体验。

乡村生活是乡村旅游者去到乡村体验具有乡村性的生活型旅游方式，这种体验会有乡村观光、乡村度假以及乡村休闲的体验形式和生活方式，但又不完全包括。比如去乡村观看大山大水，到乡村旅游度假区去放松身心，就不属于体验乡村生活的范畴；比如去乡村锻炼、作画等休闲活动也不属于乡村生活内容。乡村生活最大特点是在乡村"住"下来，把乡村当作"家"进行短时期的生活体验。

第三节　乡村旅游分类

乡村旅游在长期的发展过程中形成了多角度多类型的划分，其细分类型的研究成果和进展反映了乡村旅游的发展方向和主要动态。国外相对注重对于乡村旅游内在机理的研究，乡村旅游的分类依据主要集中在乡村旅游资源、开发项目、游客动机以及成长协调机制等。而国内乡村旅游相对注重经营和参与，乡村旅游类型主要集中于开发依托、经营模式、发展动力、旅游资源等角度。其中按经营模式和旅游资源分类的占有很大比重，这表明中国乡村旅游正处在快速发展阶段，对于如何依托资源开发和经营乡村旅游是非常重视的。本书综合国内外乡村旅游分类依据，结合国内的乡村旅游实际，遵循是什么、谁来做、怎么做的逻辑关系，从乡村旅游的形成机理、依托的资源本底、区位条件和经营主体四个方面介绍我国乡村旅游分类，力求增强对乡村旅游的理解。

一、按形成机理分

根据各方在乡村旅游系统中所起作用的不同，将乡村旅游分为三种类型，包括需求拉动型、供给推动型及政策扶持型。

（一）需求拉动型

主要受市场需求的影响，一般位于城市及景区等客源地周边，在政府引导下农民或企业灵活发展，这一类型的资源本底也很重要，但不起决定性作用。湖州市德清县的莫干山乡村民宿发展火热，一方面是由于外来人经营改善了农家乐的品质，使之成了"洋家乐"；另一方面是由于包括上海、杭州和南京在内的巨大的长三角市场个性化、品质化和国际化需求的拉动。其他的如北京昌平区康陵村、四川郫县农科村等都是依托大城市巨大的市场需求，形成发展的根本动力。

（二）供给推动型

主要受旅游供给的推动影响，发展成具有吸引力的乡村旅游目的地。这一类型与旅游资源关联度高，一般具有一定的经济基础，具备投入开发乡村旅游产品的实力，政府和村集体是主导者。陕西的袁家村由当地的村支书领导，以村集体经营模式，带领村民从规划设计、建设落地、餐饮运营、服务管理等方面实现的整体的打造，成为中国最著名的乡村美食目的地，是供给推动的典型代表。

（三）政策扶持型

主要受政府政策推动和扶持作用的影响，通过精准扶贫、政策扶贫发展乡村旅游。主要分布于西部地区或贫困地区乡村，远离客源市场，但资源本底较好，发展乡村旅游具有一定的潜力。典型案例如西藏林芝县扎西岗村、湖州市安吉县高家唐村和长兴县顾渚村，在政府政策的扶持下，通过乡村旅游的发展实现乡村经济的发展。

二、按资源本底分

根据乡村旅游依托资源本底的不同，将乡村旅游划分为历史文化型（包含民族民俗）、自然生态型、农业元素型（产业型）。

（一）历史文化型（包含民族民俗）

依托古民居、古街巷、古民俗等历史文化价值高的乡村文化遗产，以文化的保护与再利用为核心，围绕文化遗存发展旅游，形成文化记忆浓厚、文化体验性强的文化主导型的乡村旅游发展模式。这一类型强调空间的聚拢性，一般位于交通不便、区域环境相对闭塞、自然山水优美、经济相对落后的区域，旅游活动受季节影响较小，淡旺季并不明显，因古村落、古民居、古街巷等遗产生活传承范围内，具有很强的文化传承性和不可再生性。政府主导型较多，便于统一风貌，处理开发与保护之间的关系，近年来社会资本被逐渐引入。西递和宏村是两个比较典型的历史文化型村落，都是世界文化遗产，典型的徽派风格具有很强的可视性和可游性，在开发上西递采用村集体经营方式，宏村采用外来经营方式，共同放大文化型乡村的综合价值，实现多方受益。其他的如爨底下、阳朔、凤凰、呈坎、大圩、阳山等，都拥有深厚的文化基础和底蕴，成为中国最有味道的乡村文化地。

（二）自然生态型

以原汁原味的乡村自然生态为核心吸引，构建欣赏乡村景观、认知自然、培养与体验生态的旅游环境，充分展现乡村生态的景观美学价值、乡村居住的宜人价值、乡村文化的追忆价值与乡村生态的教育价值的乡村旅游发展模式。一般位于都市郊区，离市中心较远，是城市的"郊野公园"，山水生态环境清新一流，地方民俗独特，旅游发展从乡村生产生活区向周边自然山水环境范围进行延伸，旅游活动受季节影响较大，经营主体主要是农家乐农户、个体农庄，自发性较强，后期外来企业介入。典型案例如桂林的龙脊梯田，650年的乡村演化与千万年自然地质变迁形成了壮观的梯田，一些农家乐经营户依托优越的自然山水环境开展经营，呈现社区生活，旅游吸引力很强。

（三）农业元素型（产业型）

以乡镇、村落为单位，依托原有或可引进的农业（农林畜牧）、工业（加工制造业）及文化服务业，围绕产业发展主题旅游，以主题产业的生产、生活旅游体验为特色，并构筑旅游要素发展成为一定规模的主题特色产业，带动乡村产业结构调整优化，形成产业引导型的乡村旅游发展模式。一般依托于城市和大型景区景点，处于环城游憩带，特色产业旅游资源是关键，产业主题性强，因此旅游活动受农业产业时令影响大。乡村生活区向农业生产范围延伸，空间再塑性强，初期以政府资金为主，后期因产业壮大发展需求，以外来社会资金为主。三亚玫瑰谷以玫瑰种植为基础，建设婚纱摄影基地、打造休闲观光农业旅游产业、打造玫瑰衍生产品加工产业、打造建立全国香精香料集散地，分期建设玫瑰鲜切花基地、玫瑰文化园、玫瑰风情小镇，走出一条"农业＋旅游＋玫瑰文化"的路子。其他的如蘑菇小镇、台湾妖怪村、青蛙村、桐花村、柿子村、明月村等，依托当地特色产业深化延伸，形成的具有特色IP的乡村旅游经代表。

三、按区位条件分

根据乡村旅游的区位条件，将乡村旅游划分为四种类型，包括中心城镇依托型、重点景区依托型、优势资源依托型和交通干线依托型。

（一）中心城镇依托型

分布于城郊或环城带，以中心城镇游客多次重游为主，依托中心城镇的配套服务和空间延伸，提供差异化、特色化的乡村旅游产品和服务。比较容易集聚，形成环城游憩带，与中心城镇形成共生关系，业态上以吃、住、娱为主。蟹岛度假村依托北京的城市公共服务配套，发展农业休闲产业，集农业休闲观光、乡村娱乐、生态种植配送、都市农园等功能为一体，经过多年发展已经成为北京老牌的农业体验地。五朵金花依托成都的都市配套和大量游客群体，开展基于当地花卉产业的旅游体验，形成了产业和旅游双丰收的局面。另外雁栖湖不夜谷、北京宋庄、湖州荻港渔庄和移沿山生态农庄等也都是结合中心城市（城镇）的配套服务和大量客群打造乡村旅游发展竞争力的经典案例。

（二）重点景区依托型

分布于成熟景区周边，或内部，或自成景区，以景区客源一次性游览为主，属于景区部分功能和业态的外溢和延伸，发展食、住、购等业态作为所依托景区的补充，形成寄生关系，并且以景区为中心进行放射状分布，在业态上与依托景区相互补充，主要是餐饮、住宿和购物。典型案例如慕田峪国际文化村承载慕田峪长城景区流量和服务形成艺术家和游客的集聚，西递宏村依托黄山景区形成自主目的地，湖州市长兴县"上海村"，本身就是中国浙江第一个乡域国家 AAAA 级旅游景区，还有九寨沟、十渡等景区周边的农家乐都很兴盛。

（三）优势资源依托型

区位相对独立，依托具有竞争力和绝对优势的资源，比如可视性强的景观资源，集聚特色的文化遗产或是富有竞争力的产业形态，通过外来的资本注入、客源导入等实现快速发展，以自身为中心向周围辐射进行自我生长，形成集聚区或功能区、目的地，未来可向景区依托型转变。雪乡位于黑龙江省牡丹江市辖下海林市（长汀镇）大海林林业局双峰林场，距长汀镇 105 公里，是一个离市区和景区都有一定距离的旅游地，但是该地充分发挥了当地林场的特色冰雪景观资源优势，放大当地民俗特色，做好对外营销，成为著名的民俗旅游地、影视拍摄地和综艺取景地。

（四）交通干线依托型

依托具有目的地性质的景观道，沿线分布，组团发展，形成具有特色的乡村旅游集聚点，客源来自景观道的自驾或团队群体。318 国道因其横跨中国东中西部，包括了平原、丘陵、盆地、山地、高原景观，包含了江浙水乡文化、天府盆地文化、西藏人文景观，拥有从成都平原到青藏高原的高山峡谷一路的惊、险、绝、美、雄、壮的景观，而被中国国家地理杂志在 2006 年第 10 期评为"中国人的景观大道"和湖州环太湖"百里观光大道"，其沿线具有发展乡村旅游的绝对优势。这种由交通干线或风景道带动的乡村旅游也将成为一种比较有代表性的类型。

四、按参与主体分

根据乡村旅游参与主体在乡村旅游活动中所起作用的不同，将乡村旅游划分为四种类型，包括农民主导型、政府主导型、企业主导型及混合型。

（一）农民主导型

农民对自己所拥有的旅游资源进行管理，自主、分散、独立经营，各自承担经营风险，并独享经济收益。该类型能最大限度地维护农民的利益。根据实际经营结构组织的不同，可细分为"农户 + 农户"、个体农庄、村集体三种农民主导的乡村旅游经营模式。湖州市长兴县水口（"上海村"）是农户 + 农户模式的典型代表，依托邻近上海、杭州、苏州的地理优势，经过多年的发展，从最初的几户农家乐壮大为全国最大的乡村旅游集聚区，综合效益可观。台湾的飞牛牧场是个体农庄的典型代表，农庄主原先是经营农场的，随着市场的需求逐步转型经营以牛为主题的休闲农场，设置喂奶牛、赶鸭子、放牧等活动，餐饮、购物等业态，是各地农庄发展效仿的对象。在本书前面提到的袁家村、西递村则是村集体经营的典型代表，比较好地进行整体统筹，形成发展合力。

（二）政府主导型

由政府直接（成立管委会）统筹规划开发与运营管理，以旅游发展收益反哺资源保护投入，并为当地居民提供就业机会，促进农民增收。随着市场经济的发展，政府统筹运营管理的乡村旅游项目中，也出现了市场化运作的现象，即政府成立旅游开发公司，执行乡村旅游项目的市场运营工作。贵州雷山县千户苗寨就是政府主导的典型代表，成立了以县委书记为组长，县各级行政单位主要负责人组成的雷山县西江景区旅游产业发展领导小组，下设西江景区管委，主要负责景区秩序维护、环境治理、规划与建设监管、基础设施建设等工作。另外北京的斋堂、江苏的周庄也比较有代表性。

（三）企业主导型

在一些资本经济活跃度高、市场相对成熟、土地与资金政策改革试点的区域，如经济发达的长三角、首推坡地点状供地的浙江省湖州市、首个旅游产业用地改革试点城市桂林等，都出现了一批企业主导型的乡村旅游项目。以成熟的公司组织架构来投资开发并运营管理乡村旅游项目，即乡村旅游的公司制模式。北京蟹岛度假村是由北京一家集生态农业与旅游观光为一体的大型品牌企业经营，旗下有北京蟹岛种植养殖有限公司、北京凌云建筑材料装饰公司、北京蟹岛绿色生态度假村有限公司、北京蟹岛开饭楼餐饮有限公司、内蒙古赤峰蟹岛龙凤农产品有限公司、北京蟹岛食品科技有限公司等，在满足多元化市场需求，提升综合效益方面优势突出。

（四）混合型

乡村旅游的开发运营进入优化调整期，从前期的农民主导型、政府主导型、企业主导型转向混合型，即由农民、政府、企业、投资商等多方共同参与乡村旅游的开发运营管理，充分发挥各类主体的独特经营优势，避免了单一主体主导的局限性，多方通力协作，合理协调不同相关者的利益诉求，优化运营管理机制，并提升乡村旅游资源利用率。根据实际经营组织结构的不同，可细分为股份制和合作社制两种经营模式。乌镇的西栅是混合经营的典型代表，目前由中青旅控股，股份占 60%，桐乡市乌镇古镇旅游投资有限公司股份占 40%，在经营之初还有 IDG 基金占股，企业以资本注入为主，政府做好管理和经营。其他如周庄、葫芦村等也都比较有代表性。

第四节　乡村旅游热点

乡村旅游处于不断的发展过程中，随着发展实践深入，人们对乡村旅游的关注角度更为多元。这有助于更为系统地认识和理解乡村旅游，也有助于更为直接明确乡村旅游发展的要点和重点。在此，对国内外乡村旅游文献进行梳理，分析乡村旅游不同时期发展热点，紧跟国际形势和时代特色，更好地把握乡村旅游的发展趋向。

一、国际乡村旅游研究热点

（一）2000 年以前研究重点

国外对乡村旅游的研究始于 20 世纪 50 年代，Ager 在相关论文中研究了山村地区的旅游开发，强调了其对山村居民的重要性；20 世纪 60 年代开始了对乡村旅游主题的研究；20 世纪 70 年代对乡村旅游农民的经济效益分析，其间还出现了对乡村旅游带来的社会问题和心理影响的一系列问题的批评声音。在 20 世纪 80 年代和 20 世纪 90 年代初期，农场和农场居民是研究的重点；同时一些研究分析了乡村旅游对乡村社区的经济和社会影响以及乡村旅游市场营销等方面的诸多问题；出现了对乡村旅游住宿问题的研究，尤其是床位和早餐（B&B：bed & breakfast）开发形式的研究。进入 20 世纪 90 年代，乡村旅游研究的内容更加广泛，涉及管理、产品、居民、战略、空间等问题，对乡村旅游综合发展规划和乡村旅游发展政策的研究成果也更加成熟。

其中，1994 年《国际可持续旅游研究》发行专刊，第一次尝试构建一系列的理论框架将乡村旅游作为可持续旅游活动中的特殊旅游活动进行系统研究，被认为是学术界有关乡村旅游学术研究的开端。最早有关乡村旅游研究领域的文献"Assessing Rural Tourism Efforts in the United States"也是出现在1994年，该文由Luloff AE等发表在"Annals of Tourism Research"期刊上，作者通过分析美国国家乡村旅游项目的相关数据，发现各州的特点与当地的乡村旅游项目是相对应的，还讨论了各项目对乡村发展的影响。通过对国际乡村旅游参考文献的梳理，可以得出2000年前乡村旅游的研究主要集中于乡村旅游概念的研究、区域影响研究（涉及与经济、文化、环境、可持续发展和乡村旅游成功发展之间的研究）、政策研究、市场营销研究、管理规划研究以及农业旅游和农场旅游研究。这些研究热点表明2000年以前学者更关注乡村旅游是什么、乡村旅游可以带来什么以及一些热点产品的研究，这也成为乡村旅游概念研究的基础。

（二）2000年以来研究重点

关于2000年至2015年国外乡村旅游的研究状况，本书采用美国德雷塞尔大学（Drexel University）陈超美教授（Chaomei Chen）基于JAVA平台开发的cite space可视化软件，通过对某一学科或领域深度挖掘数据，进行文献信息可视化分析，形象地展示该领域的知识基础、研究热点、研究前沿和发展趋势。本文使用的数据来源于Web of Science中SCI数据库，以"rural tourism"作为检索词在主题中进行检索，时间范围设定在2000—2015年之间。在此基础上得到571条记录，然后选择文献类型为Article和Review进行精炼，得到533条记录。本文在此533条记录的基础上展开研究，每条题录记录内容为"全记录与引用的参考文献"，保证了数据来源更为全面并具有较高的代表性。

从时间分布上看，1994年出现第一篇研究乡村旅游的文献后，国际乡村旅游研究的发展速度较慢，直到2004年文献量开始出现较大幅度的增长。

从地区分布上看，针对乡村旅游的研究不同地区的研究实力不尽相同，从图1-3可知，发表论文的总量，美国最多，为69篇，占世界乡村旅游发文总量的18%；排在第二位的是西班牙，46篇，占总量12%；中国和土耳其分别位居第三、第四位；其后依次是英国、意大利、澳大利亚等。

■ 乡村旅游概论
RURAL TOURISM

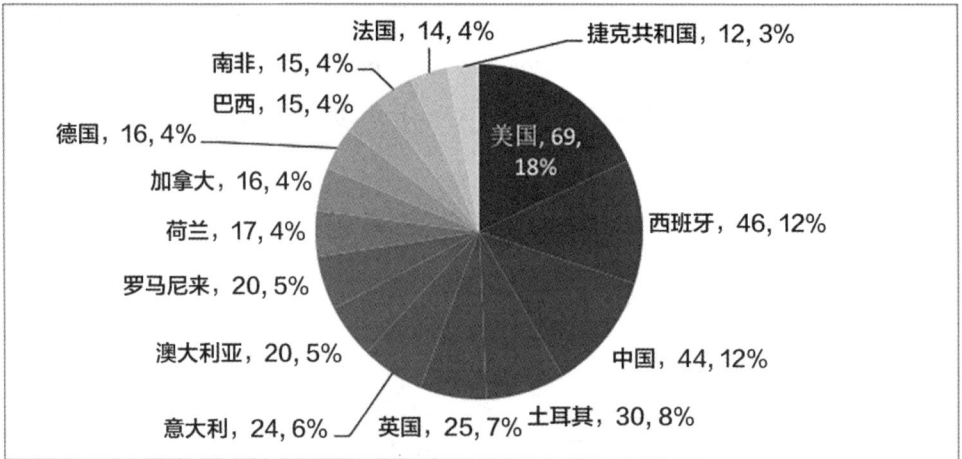

图 1-3　国际乡村旅游研究文献数量地区分布

　　在研究热点的筛选上，通过关键词共现网络图谱显示高频关键词来确定乡村旅游研究领域当前的研究热点及过去产生的研究热点。关键词是文献主题的高度凝练及概括，可以反映出文章的核心与精髓。国内外学者常用高频次的关键词来确定一个领域的研究热点。

　　本文将 Term Type 选定为名词短语（Noun Phrases），将网络节点类型（Node Types）设置为关键词（Keyword），阈值（Top N per Slice）设置为 50，其他设置保持不变，生成关键词共现图谱，该图谱包含 497 个网络节点和 1273 条连线，图 1-4 显示运行 Cite Space Ⅲ 后主题频次超过 20 次的关键词图谱。从

图 1-4　国际乡村旅游文献关键词（被引频次超过 20 次）共现图谱

·22·

表1-4　国际乡村旅游研究文献关键词被引频次

排序	被引频次	参考文献关键词
1	93	tourism, 2003
2	63	rural tourism, 2004
3	45	management, 2002
4	37	conservation, 2000
5	31	rural development, 2007
6	23	ecotourism, 2000
7	23	impact, 2001
8	22	china, 2002
9	20	land use, 1999
10	19	agriculture, 2002

表1-4中不难看出，除了"rural tourism"外，出现频次最高的是"tourism"，这是因为乡村旅游研究是旅游研究领域的一个重要分支。其次是"diversification""agriculture""areas""management""satisfaction"等，表明旅游多元化、农业乡村旅游、乡村旅游地区、乡村旅游管理、乡村旅游满意度等相关领域是乡村旅游的主要研究热点。这些热点词汇都是乡村旅游概念体系的关注点，对于研究乡村旅游概念有重要的推动作用。

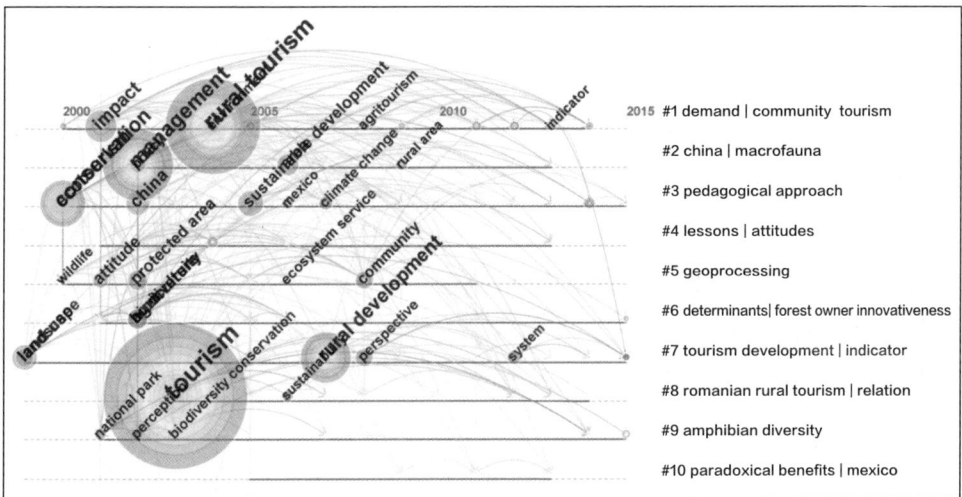

图1-5　国际乡村旅游文献研究热点时间线视图

从图 1-5 关键词分析的时间线视图中可以看出，1994 年以来，国际上以"rural tourism"（乡村旅游），"tourism"（旅游），"diversification"（多元化）、"rural development"（乡村发展）为关键词的相关研究较多。2004年"perceptions"（感知）也成为研究热点。2006 年后出现了"model"（模型）和"satisfaction"（满意度）等研究热点。2009 年后"motivation"（动机）和"performance"（绩效）的出现频次较高。

二、国内乡村旅游研究热点

（一）2005 年以前研究重点

我国对乡村旅游的研究在 20 世纪 90 年代的初期才开始，主要由于我国乡村旅游业本身起步也比较晚，1984 年才出现了第一家农家乐。到了 90 年代初中期乡村旅游研究成果仍然很少，研究内容十分有限，以介绍国外的乡村旅游发展为主。90 年代末期，涉及乡村旅游的诸多概念如"乡村旅游资源""乡村意象""乡村景观"等概念不断出现，对乡村旅游内容的研究也涉及管理、产品、营销和规划等诸多方面，学者们还探讨了文化、非农化、可持续发展等方面与乡村旅游的结合，更多的研究是对乡村旅游发展的现状、问题和对策粗略的总结。

进入 21 世纪，对国外的研究和总结逐渐增多，结合案例地区的实证研究也逐渐增多，但基本上以定性为主。此外，对农业观光、农业旅游和乡村旅游等的界定模糊，研究内容也更多地集中在观光农业和农业旅游方面，这也是本书在概念研究中需要界定清楚的。

（二）2005 年以来研究重点

为了保证原始数据的全面、准确和较高的解释度，本部分使用的数据来源于 CNKI 中 SCI 与 CSSCI 数据库，以"乡村旅游"作为检索词在主题中进行检索，时间跨度为 2005-2015 年，在此基础上得到 522 条记录，并生成了文献关键词贡献图谱，见图 1-6。

上述文献及图谱中涉及的主要研究内容包括：乡村旅游的概念探讨、乡村旅游的特点和开发意义、乡村旅游开发条件和模式、乡村旅游市场研究、乡村旅游开发现状问题及对策、乡村旅游与乡村文化的结合、乡村旅游实例研究与乡村景观规划设计、乡村旅游社区研究、新农村建设、国外乡村旅游研究介绍

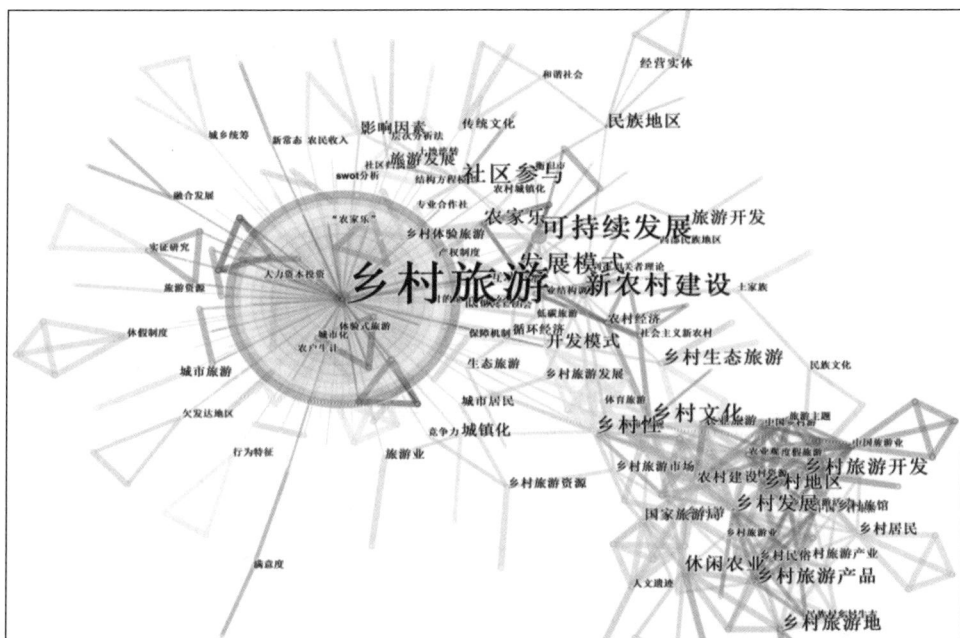

图1-6　我国乡村旅游文献关键词共现图谱

和国内外乡村旅游比较研究、其他如观光农业、农业旅游研究等。近十年来，对"乡村旅游社区"的学术关注度不断提升，乡村旅游社区相关的研究成果数量快速增长，众多博士和硕士研究生论文涉及乡村旅游社区相关内容。其次是居民感知和利益分配问题，在每一个研究方向中，又形成丰富细化的体系。

以文献被引频次看，除乡村旅游外，被引频次最多的为可持续发展和新农村建设，这和我国目前的国家政策密切相关，也说明了这些领域是乡村旅游研究的主要热点。

表1-5　被引频次、中心性、标准差

排序	被引频次	参考文献关键词	中心性	参考文献关键词	标准差	参考文献关键词
1	327	乡村旅游，2005	0.99	乡村旅游，2005，	2.84	新农村建设，2007
2	27	可持续发展，2006	0.24	新农村建设，2007，	1.00	乡村旅游，2005
3	22	新农村建设，2007	0.22	乡村性，2010，	1.00	乡村性，2010

（续表）

排序	被引频次	参考文献关键词	中心性	参考文献关键词	标准差	参考文献关键词
4	16	发展模式，2005	0.17	乡村文化，2006，	1.00	乡村文化，2006
5	15	社区参与，2008	0.13	乡村地区，2006，	1.00	乡村地区，2006
6	12	乡村文化，2006	0.08	发展模式，2005，	1.00	发展模式，2005
7	10	乡村性，2010	0.08	乡村旅游开发，2006，	1.00	乡村旅游开发，2006
8	9	乡村发展，2006	0.06	民族地区，2008，	1.00	民族地区，2008
9	9	乡村旅游开发，2006	0.06	开发模式，2005，	1.00	开发模式，2005
10	7	乡村地区，2006	0.05	国家旅游局，2007，	1.00	国家旅游局，2007

【思考题】

谈谈你对乡村和乡村旅游概念的理解。

如何理解乡村性是乡村旅游的核心？

列举与乡村旅游在内涵和外延上有交叉关系的其他旅游形式，并比较彼此之间的异同。

简述乡村旅游分类的依据，并说明据此分类的理论和实践意义。

【参考文献】

[1] 陈雪钧 . 国外乡村旅游类型 [N]. 中国旅游报 ,2005-12-16(011).

[2] 王瑞花 , 张兵 , 尹弘 . 国外乡村旅游开发模式初探 [J]. 云南地理环境研究 , 2005(02):73-76.

[3] 戴斌 , 周晓歌 , 梁壮平 . 中国与国外乡村旅游发展模式比较研究 [J]. 江西科技师范学院学

报 , 2006(01):16-23.

[4] 林刚 , 梁向锋 . 我国乡村旅游类型与发展方向 [A]. 海峡两岸观光休闲农业与乡村旅游发展——海峡两岸观光休闲农业与乡村旅游发展学术研讨会论文集

[C].中国地理学会持续农业与乡村发展专业委员会等,2002:4.

[5] 刘德谦.发展乡村旅游的三个重要条件[N].中国旅游报,2007(013).

[6] 刘丽君,郭宏杰.我国乡村旅游开发模式研究[J].安徽农业科学,2008,(16):6907-6908.

[7] 卢杨;乡村旅游运营机制研究[D];东北财经大学;2005年

[8] 李辉作,孙静,杨铭铎.黑龙江省乡村旅游的优势及对策分析[J].商业经济,2011(19):12-14.

[9] 罗明义.云南发展乡村旅游的特点和模式[J].旅游学刊,2006,(05):9.

[10] 陈志永,李乐京,梁涛.利益相关者理论视角下的乡村旅游发展模式研究——以贵州天龙屯堡"四位一体"的乡村旅游模式为例[J].经济问题探索,2008(07):106-114.

[11] 张树民,钟林生,王灵恩.基于旅游系统理论的中国乡村旅游发展模式探讨[J].地理研究,2002(11):2094-2103.

[12] 余美珠.低碳经济背景下海西旅游开发研究——以福建省建宁县乡村旅游开发为例[J].云南农业大学学报(社会科学版),2011(06):33-37+58.

[13] 杨建翠.成都近郊乡村旅游深层次开发研究[J].农村经济,2004(05):33-34.

[14] 马勇,赵蕾,宋鸿,等.中国乡村旅游发展路径及模式——以成都乡村旅游发展模式为例[J].经济地理,2007(02):336-339.

[15] 郭焕成.乡村旅游与新农村建设[M].徐州:中国矿业大学出版社,2008.

[16] 江林茜,张霞.乡村旅游经济发展模式初探——以成都农家乐为例[J].求实,2006(S1):244-245.

第二章　乡村旅游起源与发展

【学习目的】

本章结合各历史阶段的时代背景，观察人类乡村旅游活动的历史发展。通过本章的学习，旨在引导学生认识乡村旅游活动的发展与时代的政治、经济和社会背景的关系；了解乡村旅游发展史中的重要事件；熟悉现代乡村旅游业蓬勃发展的原因和我国改革开放以来乡村旅游业发展的基本轨迹；思考乡村旅游的一般性演变规律，以及中国乡村旅游的未来发展趋势。

【主要内容】

19 世纪以前的乡村旅游活动

人类早期的城市发展与城乡关系演变史；东西方最早的乡村旅游活动

近代乡村旅游和乡村旅游业的开端

产业革命对乡村旅游的促进作用

现代乡村旅游的兴起；战后乡村旅游快速发展的原因

我国改革开放以后乡村旅游业的发展

乡村旅游发展的一般性规律；中国与世界乡村旅游发展的对比

第一节　乡村旅游活动萌芽（19 世纪中期以前）

自从城市出现之日起，乡村的价值逐渐被人们所发现。尽管人类的发展历史是一个人口与资本不断向城市聚集的过程，但乡村始终代表了与城市文明对立的，人类社会中自然、和谐、富有原始生命力的一面，千百年来成为无数城市居民的精神寄托和乡愁之源，从而孕育了乡村旅游活动的发展。

世界各地的相关研究都显示，现今意义上的乡村旅游业是由人类最初的乡村旅行活动发展和演变而来的。尤其在东西方文化中心的中国和欧洲，乡村旅游活动有着悠久的历史。

一、萌芽期的西方乡村旅游活动

（一）乡村旅游活动萌芽前夕：城市文明初步兴起

城市脱胎于乡村，缘自原始社会的农业居民点，是伴随着私有制和阶级分化，在原始社会向奴隶制社会过渡时期出现的。一般认为，最古老的城市出现在公元前 3000—2000 年的美索不达米亚平原、古埃及、中国黄河流域、印度河流域和中美洲地区，一般都具有强烈的宗教、王权和商业背景，并在战争的破坏下逐渐衰退。而大部分的民众仍然生活在广阔的乡村地区，乡村旅游也就无从谈起。

（二）古典时期的乡村旅游活动

古典时期是对古代希腊和罗马帝国长期文化史的广义称谓，在这一时期以奴隶制为主，城市文明繁荣发展，乡村情结因此而出现。同时在强大的帝国统治和经济实力引导下，乡村地区奠定了交通和住宿设施等乡村旅游活动的物质基础。但受限于较小的城市规模，乡村旅游活动仍十分罕见。

古希腊牧歌孕育逃避现实的田园情结。古希腊（公元前 8-5 世纪）时期，城市再次获得蓬勃发展，形成对欧洲影响深远的希腊城邦文明。希腊人创造了包含艺术、雕刻和戏剧在内的高度个性化的思想文化，孕育出一种积极主动的城市意识。苏格拉底表达了这种反乡村的全新感受："乡村的旷野和树木不能教会我任何东西，但是城市的居民却做到了。"

这一反乡村的思潮随着公元前 4 世纪古希腊被征服并入古罗马帝国而告一段落，史称希腊化时期（公元前 4-1 世纪）。这一时期希腊城邦文明盛极而衰，受此影响出现了最早的田园诗：忒奥克里托斯（公元前 310- 公元前 250 年）是西方牧歌（田园诗）的创始人，他的牧歌往往以两三个牧人为角色，彼此对歌，展现农村纯朴的生活和牧人们劳动、歌唱、谈情说爱的情形，反映了人们逃避现实的幻想和要求改革的潜意识，对西方诗歌文学有着深远影响。《荷马史诗》的作者，古罗马诗人维吉尔（公元前 70 年 - 公元前 19 年）正是受其影响而创作了著名的《牧歌》《农事诗》等作品。在多位伟大诗人的传承下，牧歌已成为西方文学中一种不朽的诗歌传统，并孕育了西方文明中的田园情结，每当人们在现实生活中遭到挫折或磨难，希望摆脱宫廷和城市，都会像诗人们那样回到乡村，呼吸乡村纯朴的空气。

罗马帝国时期奠定乡村旅游物质基础。古罗马文明兴起于公元前9世纪，并于公元前1世纪成为横跨欧亚非、称霸地中海的庞大罗马帝国。这一时期经济繁荣发展，疆域空前广大，且农业技术获得了较大提高。罗马帝国政府在全国境内修建许多宽阔的大道，道路网络总长度达80000公里，覆盖广大乡村地区。虽然兴建道路是出于政治和军事目的，但客观上为人们沿路旅行提供了便利条件。为供政府公务人员在途中休息，政府沿途设立了乡村驿站，这些驿站后来也开始接待沿路往来的民间旅客，从而逐渐演变为乡村旅馆，并出现了私营旅馆。住宿接待设施的发展又反过来推动了旅行人数的增加。

当然，当时的旅游活动主要以城市为目的地，游客群体多以商贸为目的，只是途径乡村而不得不过夜休息。由于城市人口远远少于乡村人口，以乡村作为旅游目的地的活动规模还很小。

到了公元5世纪，随着罗马帝国的衰亡和社会秩序的动荡，罗马道路不再有人管理和维护，道路日渐毁坏，沿途盗匪猖獗，旅行安全条件不复存在，此时的欧洲没有多少人外出旅行。

（三）中世纪西方的乡村旅游活动

罗马帝国的衰亡导致西欧政治体制崩溃，帝国领土被瓜分，但却形成了一个统一的基督教统治结构，这一时期称为中世纪。这一阶段被认为是乡村旅游活动真正萌芽的时期，并受到以下历史因素的影响。

圈地运动催生贵族专属休闲活动。中世纪开始的圈地运动，使得英国的森林、草地、沼泽和荒地等许多没有固定的主人的大量公有土地被圈占，圈地贵族为了便于管理圈占的领地，往往在乡村地区兴建庄园，带来城市向乡村的人口流动。由于封建贵族生活优越，热衷于狩猎、探险等活动，而这些活动恰恰需要依托乡村地区的空间。这种以庄园作为第二居所，前往乡村庄园进行社交、狩猎等贵族活动的现象也因此而出现。1079年威廉一世在英格兰南部的New Foster建设的狩猎场被许多学者看作乡村旅游活动的起始事件。

疫病的爆发加速乡村疗养发展。随着统治阶级贵族外迁至乡村庄园，城市疏于管理，虽然人口密度不断攀升，但卫生条件依旧十分落后。14世纪时，欧洲曾大规模爆发鼠疫。这种瘟疫借助呼吸道传染，在人口密集的城市地区迅速蔓延，覆盖整个欧洲，据估计死亡人数约 2500 万，占当时欧洲人口的三分之一。这一瘟疫是对欧洲文明的一次沉重打击，此后的 3 个多世纪，鼠疫依然没有绝迹，而人口疏松、生态环境良好的乡村地区相对安全，成为人们逃离瘟疫、获得健康保障的庇护所。人们开始关注乡村的治疗学力量，现代英语中"amenity（怡神）""pleasance（愉快）"的词汇均可追溯至这一时期，专门用来描绘美丽的田园、庄园。

（四）近代西方的乡村旅游活动

15 世纪末以来，以地理大发现、宗教改革、民族国家的崛起为标志，欧洲进入近代时期，资本主义经济兴起，科学技术突飞猛进。乡村旅游活动受以下因素影响，在这一阶段更加频繁。

文艺复兴孕育田园度假情结。文艺复兴以后，欧洲社会逐步由封建社会过渡至资本主义社会，人类的知识和精神得到空前解放与创造。欧洲建筑与造园艺术逐步达到巅峰，兴建优美的乡村庄园作为第二居所、甚至是主要居所成为一种贵族风尚。英国小说《傲慢与偏见》细腻地描绘了 19 世纪初期英国贵族的庄园生活，一定程度上反映了当时上流社会在乡村庄园中居住、社交、休闲的社会现实。另一方面，由于哲学与艺术倡导人性解放、关注世俗生活，代表了天然、自由的乡村和乡村的世俗生活成为艺术作品热衷于表达的对象。如 16 世纪著名的文学作品《堂·吉诃德》对西班牙宁静的乡村田园风光作了生动的刻画，又如荷兰 17 世纪兴起的以乡土生活场景为主题的风景画流派等。人们对乡村的关注不再局限于贵族庄园内部，而展现出面向农民朴实生活的乡村人文关怀。

工业革命推进交通改善和城市化进程。18 世纪 60 年代到 19 世纪 30 年代末是以英国为代表的工业革命，同时 19 世纪内美、法、德等国的产业革命也陆续完成。第一，这次工业革命加快了城市化进程，使很多人从乡村转移到工业城市，快节奏的城市生活的心理压力助长了人们对返回大自然的追求；第二，使得社会生产的财富不再只是流向封建贵族和大土地所有者，也越来越多地流向了新兴的工业资产阶级，增大了经济上有条件外出去乡村旅游消遣的人群规模；第三，伴随着蒸汽机技术在交通运输领域中的应用，火车和轮船的出现大大改变了人们外出旅行的交通条件，使大规模的人员流动在技术上成为可能，这也造就了近代旅游业的开端——1841年托马斯·库克利用包租火车的方式，组织了一次从英国中部地区的莱斯特市前往拉夫堡市访问的570人的大型团体旅游活动。以英国的情况和在其他国家已经发生了的历史事实为依据，我们可以认为英国以及其他国家在走上工业革命道路之后，产生了促进近代乡村旅游发展的必要土壤。乡村旅游活动正是因为有了工业革命这一强大动力，才能够从零星的乡村旅游活动，向崭新的、充满活力的乡村旅游业发展。

二、萌芽期的东方乡村旅游活动

（一）商周时期帝王的乡村田猎

由于政治、经济、社会的演变不同，古代东方世界的乡村旅游发展与西方有着不一样的发展轨迹。公元前2000年，东方的文化中心——中国开始了其独特的、内生的城市进程，但是大多数早期城市都是小型的宗教仪式中心，周围环绕着为宫廷服务的手工业作坊。在商周时期，带城墙的大型城镇的第一次发展，乡村与城市的差异愈发明显，从而萌发了最早的乡村旅游活动。

正是在商朝第一次出现了"囿"等代表了自然乡村的词汇。"囿"是畜养禽兽的场所，主要目的为供帝王狩猎活动，也兼作宫廷膳食和祭品的供应。狩猎本来是原始人类赖以获得生活资料的手段，进入文明时期以后，农业生产占主要地位，统治阶级便把狩猎转化为再现祖先生活方式的一种娱乐活动，同时还兼有征战演习、军事训练的意义。商朝帝王、贵族奴隶主都很喜欢狩猎，殷墟出土的甲骨卜辞中多有"田猎"的记载。田猎即在田野里打猎，难免践踏庄稼而激起民愤。为避免丧失人心，商代后期的帝王开始把狩猎活动限制在一定范围内，四周用垣墙圈起来，在其中饲养禽兽并设专人管理，这就是"囿"。"囿"的范围广阔，除了天然植被之外，在空地上种植树木、经营果蔬，开凿水池用作灌溉。当然也有一些简单的建筑物，为帝王在打猎间隙观赏自然风景所用。由此可以看出，商代帝王的田猎活动是中国乡村旅游活动之滥觞，而帝王为田猎而建造的"囿"是中国乡村旅游的第一个产品。

（二）秦汉时期兴起的乡村离宫

秦始皇统一中国开启了中国2000余年的封建时代。在高度中央集权的统治下，秦国以空前的速度兴建离宫别馆，其中绝大部分位于乡村地区。秦始皇兴建宫苑深受道家"天人感应"思想的影响，一方面宫苑的布置与天上星座的排列相对应，另一方面在宫苑园林中挖池筑岛，模拟海上仙山的形象，满足自己接近"神仙"的愿望。

到汉代时，小农地主经济繁荣发展，中央集权的大一统局面高度巩固，因此帝王兴建离宫别苑的行为空前兴盛。著名的乡村离宫包括上林苑，据记载，兴建上林苑的缘起是汉武帝经常微服出游，到长安郊外打猎，随行人员没有休息的地方，且经常毁坏农田，于是征用了这一关中地区物产丰富的膏腴之地兴建皇家园林。又如位于甘泉山上的甘泉宫，最初是汉代帝王祭拜神灵的神祠，汉武帝在此兴建殿宇，形成一组庞大的建筑群，并成为兼具避暑游憩、求仙通神、朝会仪典、政治活动等多种功能的离宫御苑。

由此可以看出，秦汉两朝帝王的乡村旅游活动仍然与田猎有着紧密的关系，并在道家的影响下，加深了对自然山水的认识，乡村的离宫成为帝王放松身心和满足精神追求的所在。帝王在乡村建设离宫的行为在此后的历朝历代都得以延续，到清朝仍然存在。值得注意的是，在帝王征用乡村土地建设的离宫别苑中，经常还保留了一部分乡村生活的元素，甚至专门设置田地、蔬果园来模拟农耕景象，如北京颐和园的耕植图区域，在清朝时曾遍布水田和桑树林，以重现"男耕女织"的乡村生活。这一方面体现了帝王对农民生活的关心，另一方面证实了乡村的旅游价值。

（三）魏晋以后的文人乡村旅游

自魏晋以后，文人士大夫阶层自我意识觉醒，是乡村旅游活动的主要参与者，也正是通过他们的艺术创作，将乡村情结融入传统文化中。

魏晋南北朝的战乱使文人逃向山水田园。中国真正意义上以乡村地区为独立审美对象的艺术作品，如山水田园诗和山水画等，均兴起于魏晋南北朝时期。该时期时局混乱、干戈不断，文人士大夫阶层不得不离开动荡的政治环境，隐匿于山野之间。受老庄思想的影响，在自然山水间的逍遥游成为魏晋以来士人解脱苦闷、恐惧和孤独的一种精神上的自我超越。他们希冀通过这种逍遥的精神境界求得心理上的平衡，不受浊世的干扰，实现自己的人生理想。如竹林七贤之一的阮籍，沉沦酒乡，避世佯狂。

　　而随着佛教从印度传入，佛教倡导的平和理念逐步融入了社会思想。到东晋时期，士人间的风气已不再张狂。他们开始意识到逍遥无为虽然可以暂时减轻他们心中的苦痛，但个人的自由与社会存在不能圆融的问题得不到解决，使他们不得不清醒地面对冲突，因此更加痛苦。采用"无尤无怨"的态度沉溺田园生活，成为士人们排遣孤独和痛苦的方式。著名诗人陶渊明正是在这一时期开创了田园诗派，写下"采菊东篱下，悠然见南山"等脍炙人口的名作。

　　因此可以说魏晋时期乡村旅游活动是在动荡的政治局势下，文人士大夫阶层在现实生活中无法实现儒学追求，而转向道家、佛家寻求心理慰藉的方式。在此后一千余年的封建历史中，这一诉求始终是士人乡村旅游活动的主要原因之一。

　　唐宋时期士人漫游成为风气。从隋朝开始实行的科举制度延续千年，自此士人用功读书的风气盛行，文人士大夫阶层迅速壮大，并在文化艺术上有了更深的造诣。因此，文人士大夫阶层对乡村旅游的记载可以通过诗词歌赋来进行考证。唐宋文学作品中，常见的乡村旅游主题包括以下几类：

　　踏青郊游。踏青之俗在汉代已经形成，到了唐代更为盛行，有"逢春不游乐，但恐是痴人"之说。踏青郊游的内容丰富多彩，如观赏山川风光，游览名胜古迹，进野炊，采摘百草，狩猎，放风筝等。杜甫的"江边踏青罢，回首见旌旗"是当时踏青盛况的真实写照。又如宋代吴惟信的《苏真堤清明即事》中写道"梨花风起正清明，游子寻春半出城。日暮笙歌收拾去，万株杨柳属流莺"，记载了清明时节游人们出城欣赏自然景色，到傍晚时分吹奏的乐器声才渐渐停止的热闹场面。

　　寄情山水。一方面，受道家思想影响，中国古代文人往往在山水自然中寻仙访道，以获得精神层面的提升，如唐朝著名诗人李白在游历名山大川期间留下众多著名诗篇，风格雄奇奔放，俊逸清新。李白的乡村旅游更接近于生态旅游，祖国山河与美丽的自然风光是他主要讴歌的对象。另一方面，与魏晋时期相似，历朝历代的文人在仕途受挫时，也偏爱回到山水田园中，以抒发情感、表达个人抱负，甚至产生隐逸的志愿。如唐代诗人张志和有感于宦海风波和人生无常，遂辞官离家，浪迹江湖，并在湖州乡间写下"西塞山前白鹭飞，桃花流水鳜鱼肥。青箬笠，绿蓑衣，斜风细雨不须归"等名句，表达了诗人在山水田园中怡然自得、乐而忘返的心境。

体察民情。古时官员所管辖的土地中，往往大部分地处乡村地区，乡村民众的生活状况往往是心系百姓的士人们最为关心的问题。因此在唐宋时期的文学作品中，可以看到很多文人士大夫阶层对乡村生活的描绘。北宋苏轼是宋代第一个真正有意识的以农村生活作为题材进行创作的人，他关心乡村百姓生活，在文学作品中对乡村表现出极大的关切，如描绘乡村生活场景的"簌簌衣巾落枣花，村南村北响缫车。牛衣古柳卖黄瓜"，描写乡村人物形象的"旋抹红妆看使君，三三五五棘篱门。相挨踏破茜罗裙"，以及表达对农民百姓深厚感情的"日啖荔枝三百颗，不辞长作岭南人"等。

社交访友。探访居住在乡村的亲属或朋友，也是重要的乡村旅游活动之一，如唐朝诗人孟浩然在《过故人庄》中记述了他应邀前往朋友居住的乡村饮酒交谈的场景。宋朝诗人陆游也在名篇《游山西村》中写道："莫笑农家腊酒浑，丰年留客足鸡豚。山重水复疑无路，柳暗花明又一村。箫鼓追随春社近，衣冠简朴古风存。从今若许闲乘月，拄杖无时夜叩门"，其中出现了乡村美食（腊酒、鸡豚）、乡村住宿（夜叩门）和乡村文化活动（箫鼓、春社）等乡村旅游要素，与现代语境下的农家乐颇有相似之处，甚至有可能在当时就已存在这样一种乡村商业活动。

从这些诗词中我们不难看出，乡村旅游无论是以一种文化活动模式还是以一种经济活动模式一直都存在于中国几千年农耕文化与经济的传统中，不断发展。比如农家乐这一实在的乡村商业模式，在宋朝已经以店面酒肆等形式出现在城市郊区与交通要塞，起到了城乡融合的纽带作用，也为后来的商品经济的发展与繁荣奠定了基础。

明清时期兴起乡村考察活动。至明清时期，文人士大夫阶层仍是主要的乡村旅游者，并更重视对自然山水景观的鉴赏和旅游经验的总结。尤其是明朝国内考察旅行极盛，学术著作成就不凡，成为一种新的乡村旅游形式。如地理学家徐霞客北抵燕幽，东达粤闽，西入滇南，深入乡野自然进行考察，并在旅途中坚持记有游记，记录观察到的各种现象、人文、地理、动植物等状况，著成《徐霞客游记》。著名医学家李时珍在全国各地山野中收集药物标本和处方，并深入乡村，拜渔人、樵夫、农民、车夫、药工、捕蛇者为师，完成了192万字的巨著《本草纲目》。这些乡村考察活动极大地推动了对中国乡村资源的探索，丰富了人们对乡村的认识，是中国乡村旅游资源价值的重要提升。

而宋朝开始出现的类似于农家乐的商业行为，在明朝蓬勃发展，甚至产生了资本主义的萌芽。进入清朝以后，由于国家对外闭关锁国，对内种族矛盾尖锐，在高度中央集权的统治下，文人的乡村旅游活动随着商品经济的衰落而逐渐没落。相反，清朝皇族热衷于修建乡村离宫，或许是当时乡村旅游的主要群体。

三、乡村旅游萌芽期的特征

对于乡村旅游萌芽期的发展，可做以下几个方面的简要归纳：

市场方面：西方国家的客源群体以封建贵族为主，主要动机是在乡村地区进行社交、狩猎等活动，体验宁静诗意的乡村生活。而中国的旅游者主要包括两类，一类帝王或贵族在乡村进行狩猎和乡村生活体验；另一类是文人士大夫阶层，前往乡村地区进行踏青郊游、寄情山水、体察民情、社交访友和学术考察等活动。

管理与政策方面：由于只存在零星的乡村旅游活动，并没有形成乡村旅游产业，因此没有乡村旅游业的管理者，也没有相关的法律或政策进行引导。

运营方面：帝王或贵族拥有自己的庄园，雇佣人员来打理。少量农民参与乡村旅游经济。

产品方面：乡村庄园、离宫别苑是主要的乡村旅游产品，而在交通便捷或靠近城市的地区，也出现了与住宿、餐饮等相关的客栈、庄园等乡村旅游业态。

第二节　近代乡村旅游发展（19世纪中期至20世纪中期）

对于世界近代史的开端，学术界一直颇有争议，从16世纪到19世纪的观点众说纷纭。但从旅游学的角度来说，19世纪中期一般被认为是世界近代旅游的开端，正是在这一时期旅游作为一种产业出现，同时消遣性旅游已发展成为旅行活动中的主流。乡村旅游作为旅游的一部分，同时进入了产业化发展的近代乡村旅游阶段。当然，这一变化主要发生在欧美等发达国家和地区，究其原因是为当时的社会经济发展所使然。

一、产业革命对乡村旅游的影响

产业革命指资本主义机器大工业代替工厂手工业的过程，是历史上资本主义政治经济发展的必然产物。它于 18 世纪 60 年代首先发生于当时资本主义最发达的英国，并于 19 世纪 60 年代进入第二次工业革命。产业革命，尤其是第二次工业革命给人类社会带来了文明与进步，给社会生活的各个领域带来了巨大变化，对乡村旅游业的产生与发展也产生了重大而深远的影响。而同时期的中国，由于闭关锁国而失去了发展良机，并被欧美资本主义国家掠夺，陷入战争。

（一）产业革命催生了旅游业的出现

19 世纪后半叶的欧美地区，无论是国内旅游还是国际旅游都有了突破性的进展，这很大程度上是和产业革命的影响分不开的。在这一背景下，旅游活动向旅游产业转变，并带动了乡村旅游的发展。

工业技术的发展使欧美国家资本主义经济迅速发展，生产力极大提高，对社会阶级关系产生重要影响。在产业革命前的封建时代，只有人数不多的地主阶级和封建贵族才有条件外出消遣。而工业革命带来了繁荣和财富，使中产阶级队伍日益壮大，加上其他具有经济实力阶层如零售商、小店主、小业主及各种专业技术人员的介入，旅游人数稳步增多，旅游阶层更加广泛。此外，随着经济收入出现盈余、生活状况的逐步好转，以及带薪假日的不断增加，不少工薪阶层，特别是那部分就业充分、技术熟练、获得较高的工资、生活有较明显改善的工人，也逐渐加入旅游的行列中来。

蒸汽机的发明是产业革命的重要标志，它的改进和应用解决了交通运输的动力问题，促成了新的交通方式的产生，轮船和火车相继出现。新交通工具的发明改变了人们外出旅行的方式，且这些新兴的旅行方式在费用、速度、运载能力和半径范围等方面，均比传统的公共马车优越得多，从而使城市与城市之间、城市与乡村之间大规模的人员流动成为可能，导致旅游者规模不断扩大，其中也包括乡村旅游者。

在消费市场群体不断扩大，交通运输条件不断改良的背景下，旅行社开始出现。1841 托马斯·库克利用包租火车的方式，组织了一次从英国中部地区的莱斯特市前往拉夫堡市访问的大型团体旅游活动，被视作近代旅游业的开端，也是世界上第一个旅行社。而在不到 20 年后的 1863 年，托马斯·库克再次组织了瑞士农村的第一个包价旅游团，这是最早的团队包价乡村旅游，自此乡村团队游开始出现。旅行社的产生对近代旅游的发展具有深远的意义，旅行社的建立为人们突破传统的乡村旅游方式的限制创造了条件，扩大了人们外出旅游的时空区域，人们的游程已从过去就近的城市或乡村旅游递进到跨地区、跨国度乃至跨洲的旅游时代，为乡村旅游注入了新的发展活力。

（二）产业革命加速了城市化的进程

随着工业革命的进程以及城市化的实现，人们的工作形式、生活方式和思想观念也发生了翻天覆地的变化。伴随着蒸汽机广泛应用于城市，使工业城市不断增加，并推动原有城市规模进一步扩大。城市化进程的加速对乡村旅游的需求产生了多重影响。

一方面，产业革命使很多人的工作和生活地点从农村转移到了工业城市，这一变化最终会导致人们需要适时逃避城市生活的紧张节奏和拥挤嘈杂的环境压力，产生对回归自然田园、返乡探亲的追求。事实上，伴随着资产阶级统治地位的确立，贵族逐渐衰落，城市居民成为这一时期乡村旅游的主要参与者。因此工作和生活地点向城市转移这一变化对产业革命后乡村旅游活动的发展产生了重要的促进作用。

另一方面，城市化改变了人们的工作性质。随着大量人口进入城市，原先那种随农时变化而忙闲有致的多样性农业劳动开始被枯燥、重复的单一性大机器工业劳动所取代。这一变化促使人们强烈要求休假，前往乡村寻找过去的生活节奏和乡愁记忆，以便获得喘息和调整的机会。

事实上，到 19 世纪末，部分高度工业化的城市发展超出社会资源的承受力，"城市病"现象开始初步出现，主要包括住宅奇缺、污染严重、卫生状况恶化等。根据记载，工业革命时期曼彻斯特的议会街上，每 380 人才有一个厕所，在居民区每 30 幢住宅才有一个厕所，而在工人的家里，鸡、猪甚至马都挤在同一个房子里。恶劣的城市环境和拥挤的城市人口使人们更加向往乡村。

受到城市环境恶化的影响，乡村旅游产品在城市郊区和乡村地区萌发。例如，19 世纪后半期，德国的市民农园体制正式建立，主旨是让住在狭窄公寓的都市居民能够有足够且营养的食物供应，并以建立健康社会的理想为目标。到 19 世纪末 20 世纪初，乡村旅游产品进入乡村地区，德国农民将旧有牛舍、猪舍改建成乡村餐厅或度假客房，以满足到乡村地区游憩、休闲人们的需要。

（三）产业革命推动了乡村旅游的发展

产业革命以来，新兴的工业和近现代资本主义商品经济的发展备受瞩目，但也要注意到，传统的农业经济也发生了很大的变化。依附于落后生产方式的自耕农消失了，农业初步走向机械化。直到 19 世纪中叶，世界农业生产经营都较为粗放，以人畜力为动力，主要依靠扩大耕地和增加劳动力的使用来增加产量。随着产业革命带动农业中的资本主义生产关系的建立，以及突飞猛进的工业和日新月异的技术创新，将欧美等发达国家的农业推向了机械化发展的时期。19 世纪末和 20 世纪初，蒸汽机和以石油为燃料的农业机械设备出现，如 1910 年美国开始使用拖拉机进行农业生产。这些农业机械逐步取代畜力，在农用动力中占据主要地位，极大地提高了农业生产效率，解放了农村劳动力。剩余的农村劳动力一方面向城市转移，但也有一部分开始发展乡村旅游。美国境内第一个休闲牧场于 1880 年在北达科他州诞生，随后各地纷纷涌现出休闲农业农场。

二、两次世界大战期间的乡村旅游

19 世纪六七十年代，随着欧美发达国家的工业革命逐步完成，并通过资产阶级改革走上富强道路，开始向帝国主义过渡，世界格局发生了重大的变化，西方成了世界的中心，而传统强国中国由于长期闭关锁国，国力衰退，成为西方列强掠夺的对象。同时亚、非、拉众多国家也成为帝国主义国家的殖民地。但由于资本主义发展不平衡，新老帝国主义为争夺霸权和重新瓜分殖民地，而爆发了两次世界大战。战争对城市和乡村均产生了毁灭性的影响，使参战国家的乡村旅游几乎陷入停滞。

但也必须认识到，尽管战争对乡村旅游的发展产生了严重破坏，但在发达的资本主义经济的孕育下，产生了部分与乡村旅游相关的新进展，为"二战"后的乡村旅游发展奠定了基础。例如，1919 年，德国颁布了有关市民农园最早的法律《市民农园法》，规定市民农园的土地以租赁方式获得，土地可转让但不得买卖，农园用于自给或休闲，而非盈利性质的场所。1924 年，生态农业最早于欧洲兴起，30 年代得到较大发展，并逐步向美洲、亚洲等部分国家扩展，在瑞士、英国、日本等得到发展，为乡村旅游的发展奠定了坚实的基础。1936 年法国颁布带薪休假法，普遍实施带薪年休假，为乡村旅游提供了时间可能。

同时，在本土并未受到战争侵扰的美国，乡村旅游一直在稳定发展。20 世纪 20 年代以后，美国随着汽车的大规模普及，造访乡村的活动变得日益流行，许多美国城市居民驾车到乡间，享受田园乐趣。19 世纪 20 ～ 30 年代农业危机的爆发，在客观上促进了农业机械化和集中发展，使得美国大农场应运而生，成为后来乡村旅游发展的重要旅游产品。

三、近代乡村旅游的特征

对于近代乡村旅游业的发展，可做以下几个方面的简要归纳：

市场方面：客源群体主要包括两类，一类是在资本主义时代产生的资本贵族，他们延续了封建贵族对乡村的偏好，在自己的乡村庄园进行休闲社交活动；另一类是具有较高经济收入水平的城市中产阶级，他们受到旅游业蓬勃发展的影响而参加旅游活动，并因城市环境恶劣而会选择到乡村地区旅游。

管理方面：国家对乡村旅游业的直接管理较少，但通过制定乡村旅游相关法律，在一定程度上促进了乡村旅游的发展。

政策方面：乡村旅游的政策较少，但部分国家开始出现带薪休假政策，从侧面带动了乡村旅游的发展。

运营方面：贵族拥有自己的庄园，一般通过雇佣管家来进行管理。而在旅行社的乡村包团游的带动下，少量农民也参与到乡村旅游的经营中来。

产品方面：贵族庄园开始走下坡路，但仍是贵族社交活动的主要场所。部分地区出现了乡村旅游产品，如美国的休闲牧场、德国的市民农园等。乡村团队游产品首次出现。

第三节　现代乡村旅游兴起（20世纪中期至今）

无论是国内旅游学界还是国际旅游学界，一般都将第二次世界大战的结束作为现代旅游发展的起点。在这一时期，人们的旅游活动不仅开始恢复，而且需求规模出现了前所未有的快速发展。据统计，1950年至1960年的十年内，国际旅游人次与旅游消费额增长了约3倍，大众化旅游现象于1960年开始出现。此后，随着旅游规模的增长和旅游经济的发展，旅游业逐渐成长为世界经济中的"巨人"。

随着战后旅游活动恢复，乡村旅游的需求也快速发展。尤其在世界发达国家，战后的半个多世纪中乡村旅游产业不断转型升级，从功能单一，品质较差的乡村旅游初期产品逐步向功能丰富、品质提升、规模扩大、产业联动的现代乡村旅游业转型发展。因此这一阶段称为现代乡村旅游阶段。

在现代乡村旅游阶段，以欧美为代表的发达国家在其中扮演了重要角色，是乡村旅游的先行者。当下的乡村旅游产品中，许多起源于这些发达国家，如乡村民宿、葡萄酒庄园等。因此，本书在探索现代乡村旅游迅速发展的原因时，将以欧美发达国家的现代乡村旅游发展为主线。

一、现代乡村旅游迅速发展的原因

第二次世界大战结束后，乡村旅游之所以能够快速恢复并且其规模持续扩大，其中所涉及的原因虽然很多，但归纳起来讲，同样与当时相关国家和地区的经济和社会发展状况有关。

总的来讲，随着第二次世界大战的结束，各国均极力避免再次出现世界范围的大规模战争，几乎所有国家都将重点转移至自身的经济发展，使得该时期各国GDP均出现快速增长，人均GDP随之上扬，人民生活水平提高，支付能力增强，是乡村旅游活动的发展和普及的重要经济基础。城市化进程的加速更加凸显了城市病对居住环境和居民心理所带来的问题，逃离城市的心理诉求比战前更加高涨。此外，交通运输工具的进步、带薪休假制度的出现、政策对乡村旅游的关注等社会背景，助力现代乡村旅游业快速崛起。

具体的讲，促成战后旅游活动迅速恢复与发展的主要因素包括：

（一）旅游业的发展

旅游活动是乡村旅游发展的动因之一，虽然在战争结束后并没有立即出现大量乡村度假的需求，但户外运动旅游、温泉旅游、海滩旅游等在发达国家十分风靡。这类旅游活动一般都发生在城市以外的地区，促进了城市人口向乡村流动，催生了乡村地区大量的短期住宿需求。乡村旅馆数量少且价格高昂，不能充分消化这一部分的市场需求，因此乡村的闲置住宅也开始部分的加入旅游业中。日本战后经济高速增长期，滑雪旅游、温泉旅游热度高涨，滑雪场和温泉设施周边居民自家提供的廉价住房成为部分旅游者的首选，是乡村民宿的雏形。美国同样依托滑雪、登山、牛仔生活等户外旅游活动带动了乡村民宿和农场的大量出现。因此在"二战"结束后的一二十年中，乡村旅游作为旅游的伴生产品，承接了旅游业外溢的食宿需求，乡村民宿、户外露营地、乡村旅馆和休闲农场等产品得以在战前的基础上进一步扩展。

而随着以乡村为主要旅游目的地的旅游活动兴起，乡村旅游的发展不再依附于其他类别的旅游业，得以相对独立发展，形成乡村旅游产业。但乡村旅游始终受到旅游业的大环境影响，在各个时期均与旅游业呈现相似的发展趋势。

（二）人均收入的提高与带薪休假制度的出现

"二战"结束后，世界各主要发达国家的经济恢复明显，几乎所有国家的经济增长速度都明显高于战前（见表2-1）。据统计，以1979年的美元价值计算，1949年全世界的生产总值为25000亿美元，到了20世纪60年代末已上升至62000亿美元。世界经济的恢复和快速发展，使很多国家的人均收入得以迅速增加，尤其是在经济基础雄厚的西方发达国家，居民家庭平均收入水平大幅增长。到了20世纪60年代，一些欧洲国家开始形成"富裕社会"，人们收入的增加和支付能力的提高，对于乡村旅游活动的发展和普及提供了重要的物质基础。

表 2-1　第二次世界大战前后部分国家经济增长速度的变化（%）

国家＼排序	1913—1938 年	1953—1973 年
美国	2.0	3.5
英国	1.0	3.0
法国	1.0	5.2
西德	1.3	5.9
日本	4.5	9.8

数据来源：王章耀等，1986:20

　　具体来说，在"二战"结束后的 10 ～ 20 年中，虽然世界处于经济高速发展期，但由于战争的破坏，各国仍处于资本积累阶段，普通工薪阶层收入处于较低水平。因此，无论是观光旅游的食宿需求还是返乡探亲、乡村度假，游客均关注住宿价格的低廉，在服务和体验方面支付意愿较低，无力推动乡村旅游产品的质量提升和业态完善。由于城市家庭双职工比例高，工作侵占休闲时间，且家庭成员间难以协调共同的出行时间，也是乡村旅游的抑制因素。

　　而自 20 世纪 70 ～ 80 年代起，各国人均 GDP 才普遍超过 10000 美元（见图 2-1），并开始快速增长，市场消费能力有了明显提高，人民生活品质逐步提升。游客更多的参与国际旅游，对于乡村旅游有了更深层次的认识，因而在选择乡村旅游产品时，更为关注服务与设施质量，以及体验活动的丰富性。这一趋势一直延续至今，高品质的乡村旅游产品成为发展趋势。尤其是 2000 年以来，在雄厚经济实力的带动下，乡村旅游需求大量增长，体现出更加注重乡村生活的体验、出游目的的多元化个性化、对品质的需求更高的特点。据英国市场调研数据，21 世纪初，英国乡村旅游游客多来自较高的社会阶层，对住宿条件、服务设施要求较高。

　　受此影响，乡村旅游产品也因此向精品化发展，并涌现了众多主题性休闲产品，围绕特色主题开发体验产品和整体景观营造。不少主题产品融入生态有机、高新科技元素，衍生出有机农场、科技农场等新的乡村旅游产品。针对乡村旅游者的多元化需求，为特定群体开发的特色产品形态也层出不穷，如众多乡村旅游细分市场产品，如修学旅游、亲子旅游、房车营地、农场夏令营、乡村茶室、乡村办公室等。

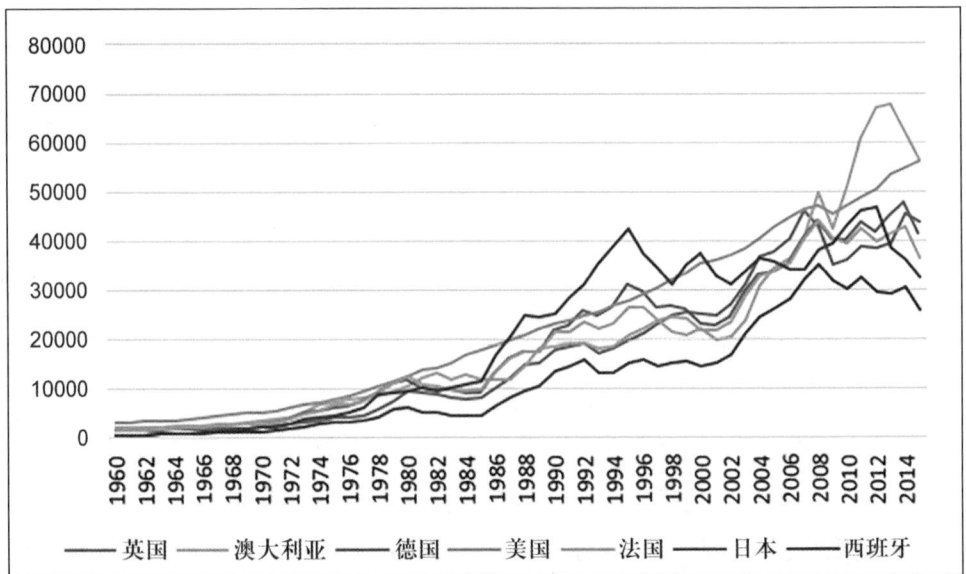

图 2-1 1960 年以后世界主要发达国家人均 GDP 的变化（现价美元）

数据来源：新浪财经

　　收入水平的提高为产品的发展提供了支持，促进了社会资本的投资。外来资本开始进入乡村地区，致力于景区的开发建设。其中日本最具代表性，80 年代日本经济泡沫时期投资过剩的现象波及乡村地区，大型企业着手在乡村投资建设大量景区、度假村，如高尔夫球场、滑雪场、主题公园等，吸引大量农村就业人口，导致以农民为主体的民宿、农场、果园等数量回落。另一方面，随着经济的发展，各国的社会福利进一步完善，纷纷延长休假时间。如法国 1936 年制定的 15 个工作日的带薪假期，于 1956 年增加至 3 周，1982 年进一步延长至 5 周，并于 1998 年确定了每周 35 小时的工作制。日本 1988 年颁布《劳动基准法》确立周休二日制，并接连颁布了《国民节假日法》《老年人福利法》等，为公民提供了充足的休闲时间。还有例如德国的《联邦休假法》中规定，每人每年还享有至少 24 个工作日的带薪休假，其中不包括双休日和节日。德国政府一向鼓励人们带薪休假，对自动放弃带薪休假权的员工不予经济补偿。如果员工在一年中没有休满假期，剩余的带薪假最晚可在次年的 3 月前休完。充足的休闲时间为旅游业，包括乡村旅游业的发展提供了时间保障。

（三）城市化进程的加快

乡村与城市是一对相对概念，乡村旅游只有在城市与乡村产生差异的背景下才会产生。"二战"后，世界各国城市化进程普遍加快，尤其是在欧美发达国家中，绝大多数人口都居住在城市，1950年，欧美发达国家与日本的城市化率在50%左右，工业化水平较高的国家如英国、德国、美国、澳大利亚等甚至已经超过或接近70%。而到2011年，各发达国家的城市化率均稳定在70%，个别国家如日本、澳大利亚的城市化率已达到90%左右（见图2-2）。人们在城市中从事着单调乏味的重复性工作，由此带来的身心紧张使人们向往有机会能逃避城市的喧嚣，向往重返没有工业污染的大自然。这一情况成为促使战后乡村旅游发展的重要社会心理原因之一。

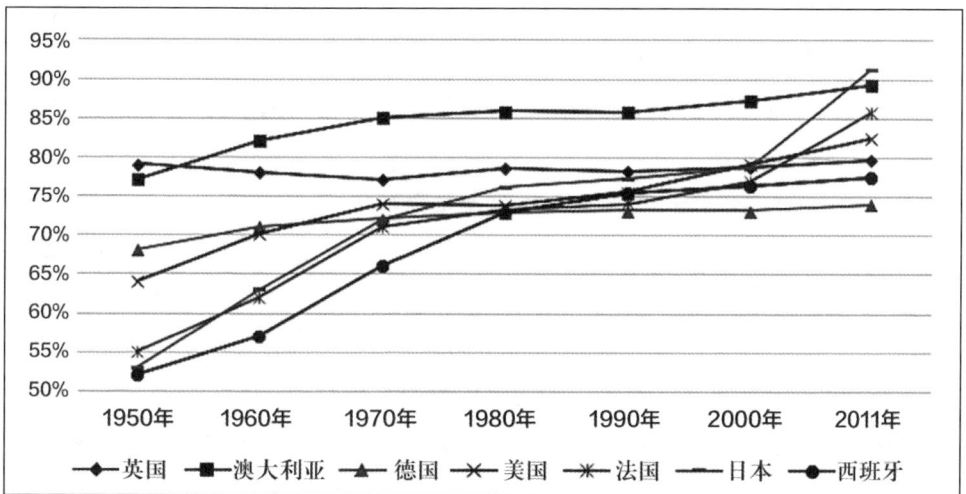

图2-2 1950—2011年世界主要发达国家城市化率的演变

数据来源：世界银行统计数据、产业信息网整理 http://www.chyxx.com/industry/201310/222284.html

具体而言，城市化进程带来的乡村旅游市场需求也随着城市化率水平的高低而有所不同。

1. 城市化率上升阶段：人口向城市集聚带来返乡探亲需求

在城市化率快速增长期，大量城市的一代移民迁移出乡村时间并不长，向上追溯一至两代即与乡村发生联系，或家庭仍保有乡村住宅，城市居民假期回乡探亲访友的需求较高。而受到战后休假制度和交通条件的改善影响，探亲访友与"二战"前因婚礼、葬礼等特殊事件带来的短期返乡活动不同，而是形成了长期、规律的旅游活动。人们多利用亲友免费提供的或租金低廉的乡村闲置住宅返乡探亲，成为乡村民宿的初级形式。

2.高度城市化阶段：大量城市居民逃往乡村

在城市化水平较高的国家以及部分大城市，由于有限的城市空间中工业和人口大量聚集，出现环境恶化、资源短缺、人流拥挤、污染严重等问题，城市向郊区无序蔓延，"城市病"问题在这些地区产生了深刻影响，尤其是1952年伦敦的"光雾事件"震惊世界，成为20世纪十大环境公害事件之一。受此影响，西方国家出现了"逆城市化"现象，其最主要的特征是人口迁移的方向发生逆转，郊区开始成为主要的人口聚居区，城市的产业活动也不断向城市外围扩散。1950年，美国的城市人口有64%住在市区，而到了1990年，这一数字却还不到39%。由此可以看出，在高度工业化国家和大城市，城市居民前往乡村寻找优美自然环境的诉求更为广泛，对宁静、清洁、不拥挤的乡村生活的向往成为乡村旅游的重要原因。

3.城乡一体化阶段：乡村特色成为主要诉求

当城市化率到达高点时，城市化进程已基本完成，分散化、集约化的城市规划思路有效缓解了城乡间空间、资源、环境、劳动力等方面的矛盾。随着人口和产业向郊区迁移，大量城郊的乡村被纳入城市范围，而相对远离城市的乡村地区，也由于交通设施的改善和多年以来的基础设施建设，形成中小城镇密布的格局，生活形态和景观与城市相差无几。逐步完善的城乡一体化进程使城市居民开始反思乡村的文化、生态、景观价值，也就是我们经常说的"乡愁"，不再满足于初级的住宿、户外活动，对于乡村体验有了更高要求。在这一背景下，乡村特色成为产品开发的重点，着力于构建乡村本地特色的文化旅游业态。农场、庄园等产品业态体验更加丰富，除原先的生产活动体验外增加了旅游活动体验，并植入了文化和地域特色，如美食旅游区、乡村节庆等。特色乡村成为关注热点，如日本大分县1980年提出的"一村一品"运动，充分发挥本地资源优势，通过大力推进规模化、标准化、品牌化和市场化建设，使一个村（或几个村）拥有一个（或几个）市场潜力大、区域特色明显、附加值高的主导产品和产业。

（四）农业政策的调整

世界主要发达国家的乡村旅游发展与该国农业政策息息相关。"二战"结束以后，各国积极扶持农业生产，农民收入得到保障，开发旅游业的意愿不强。但随着政府将政策重点逐步转移至第三产业与农业的融合，旅游业也就成为农民增加收入的重要来源。

1. 战后恢复期的农业扶持政策

世界大战对欧洲传统列强的农业产业造成较大破坏，以法国为例，1945年法国农业产量降至战前水平的2/3，1939—1943年间法国的耕作面积减少了200多万公顷。因此在"二战"结束后的最初十几年里，战前农业产能过剩的问题不复存在。而且由于大量务农人口流向工业制造业，如何提高农业劳动生产率成为首要问题。在这一时代背景下，政府通过推进农业现代化、提供农业补贴政策等措施来解决农村问题。

农业机械化是农业现代化建设的重要标志之一，最早由美国于1910年左右开始推行。战后各国工业现代化进程加速，有力带动了农业机械工业的起步发展。农业机械化进程在50年代普遍达到高潮，70年代已基本完成，其解放了务农人员的时间，使其有闲暇精力发展以旅游业为代表的其他产业活动，增加额外收入，提高生活水平。农业现代化的实现也离不开良好的基础设施。欧美发达国家在"二战"结束后的二十年内，通过农村基础设施的提升缩小了乡村与城市生活品质的差距，为后期乡村旅游的快速发展和城乡一体化进程的推进打下了坚实的基础。例如英国1957年制定农场资本补贴计划，凡修建农场建筑物、道路、堤坝、供电系统等费用，2/3由国家给予补助。澳大利亚大力发展交通运输，至1969年公路长度达90万公里，乡村与城市的交通联系更加便捷。农业机械化与乡村基础设施的提升为乡村地区旅游业开发打下了坚实基础。

农业补贴政策则集中出现在欧洲国家。1962年欧委会正式实施共同农业政策，其重要目的之一是保证农民有适当的稳定收入，改变过去完全依靠市场机制发展农业的思路，加强政府对农产品价格的干预，对农业生产实施补贴制度，提高农产品价格以刺激农业生产，增加农民收入。日本也出现相似的价格保护政策，制定"价格稳定方案""价格稳定基金"等，米、麦等主要粮食由国家统一收购和销售以控制价格。1952年政府粮食收购价已高于销售价。农业价格保护政策虽然在一定程度上保障了农民获得稳定收入，但违背了市场规律，使60年代各国普遍再次出现的农业产能过剩，无法通过市场渠道得到合理释放，国家负担也逐渐增大。这一保障确保了农业生产带来的收入，农民增加额外收入的意愿不强，从而抑制了农民自发展旅游业、手工业等其他产业的需求，导致乡村旅游开发的积极性不高。

2. 农业衰退后的乡村旅游促进政策

随着农业产能过剩的进一步累加，以欧盟共同农业政策为代表的农业价格补贴为各国预算带来了沉重的负担，从20世纪70年代中期到80年代中期，共同农业政策开支翻了一倍，所有主要作物和牲畜产品剩余日益加剧。但农业生产者的收入水平并没有因为共同农业政策的实施而获得提高，终于引发20世纪90年代的农业危机。1992年欧盟"麦克萨里"改革成为共同农业政策的基础性改革之一，大幅降低价格支持水平，在三年内把粮食和牛肉的价格降到接近国际市场的水平。政策转向调整农业结构，增加促进农业生态环境保护，支持农业生产者寻求可持续发展路径。以旅游业为代表的第三产业成为发展的突破口，能有效带动乡村经济与就业效益，获得了各级政府政策和资金上的大力支持。

随着农业价格补贴的减少，农业经济市场化运作，过去二十年间累积的农业产能过剩问题集中爆发，产生农业危机。越来越多的农民开始意识到，单纯的农业收入不足以维持家庭生活所需，开始向乡村旅游的先行者们学习，利用自家的住宅或农业生产空间，开发乡村旅游产品。并在已有设施的基础上，挖掘旅游价值，增加体验项目，力图实现收益的最大化。旅游收入已超过农业生产收入，成为农民的重要经济来源之一。

1991年，在欧盟基金会的支持下，欧盟正式启动《农村地区发展行动联合（LEADER）》计划，鼓励农村地区探索新的途径，应对人口老龄化、服务基础设施落后和就业机会缺乏、社区经济萧条等诸多挑战，并将旅游列为重要的地方性发展策略之一，一改过去农业发展由不同政府职能部门对农业内部结构调整的做法，采用"自上而下"的行政手段管理项目，分配发展资金。这一计划于2007年并入欧盟共同农业政策。

其他欧美主要发达国家的乡村旅游促进政策包括：英国"明日旅游

（Tomorrow's Tourism）"战略强调旅游对农业产业衰退地区的经济效应，并提出保护乡村景观、增加乡村可达性、乡村产品推广等政策促进乡村旅游发展。日本农村振兴政策提倡建设自然休养村，提升观光农园、山林小屋、露营地等设施的品质。法国颁布《市镇联合发展与规划宪章》，替代乡村整治规划，划定建筑、城市和景观遗产保护区，一般建立在人口规模小的城镇和乡村地区，实行乡村遗产化保护开发。西班牙乡村旅游进入立法程序，并制定旅游发展计划，对象为文化遗产丰富的小城市、自然风景好的小村镇。

值得注意的是，在美国、澳大利亚等国家，农业经济一直秉承市场化发展的原则，政府未提供政策上的协助。随着农业收入降低，农民或私人业主自发进行旅游开发并获得大量额外收入，政府也开始关注乡村旅游。美国1982年设立国家乡村旅游基金因缺乏资金支持而流产，此后联邦政府并未对乡村旅游的发展给予政策性的指向，但乡村旅游经济却得到了相关州政府的大力扶持。澳大利亚政府对农产品不实行价格补贴，是比较彻底的市场经济。1997年澳大利亚国家旅游局向澳大利亚葡萄酒生产者联盟提供7万澳元，用以制定全国葡萄酒旅游战略。

在政府政策的大力支持下，乡村旅游产品突破了产业限制，向综合性业态的方向发展，如住宿、餐饮、手工业、商业等复合型体验。乡村旅游产品基本成熟，并形成周边业态产业链，形成旅游区、旅游村镇。如1994年澳大利亚成立Milawa美食区联盟，由当地大企业牵头组建，联合区域内相关业态，打造以美食为主题的旅游区。

（五）交通运输工具的进步

事实上，尽管两次世界大战对全球造成了巨大破坏，但不可否认的是，出于军事目的，交通运输技术出现了巨大提升。其中最为显著的是私人汽车的普及、民航运输的新时代和铁路运输的复兴。

1. 私人汽车的普及

美国在第一次世界大战前就凭借福特的流水线生产模式进入汽车普及时代，而汽车在意、英、法、德等欧洲国家是"二战"后才大量进入家庭的，并在六七十年代进入高峰。短短几年时间，汽车已经从一种实验性的发明转变为关联产业最广、工业技术波及效果最大的综合性工业。在英国，"二战"后汽车的需要量比第一次世界大战后更高，几乎生产多少就可售出多少。除了汽车制造技术的提高，高速公路的大规模建设也促进了私家车出游。高速公路的建设在两次世界大战时期就已开始，最早由德国于 1932 年开始修建，在"二战"结束之前，美国、法国、加拿大等国都已拥有了高速公路。在"二战"结束后，高速公路的建设更是进入了高峰，如英国从 60 年代开始进行较大规模的高速公路建设，至 70 年代末基本上建成了全国高速公路网。日本从 1957 年开始修建，是同时代高速公路发展较快的国家之一。汽车保有量的显著增长和公路网的形成为自驾短途旅行提供了便利条件，而自驾是十分适合乡村旅游的出行方式。它为短途游客提供了快速便捷的到达方式，同时具备高度的灵活性，便于自行组织旅游路线，因而对乡村旅游有着重大的促进作用。

2. 民航运输的新时代

民用航空运输的战后发展也十分迅速。1946 年全球空运旅客达 1800 万人次。但当时使用的是往复式飞机，不仅速度慢，而且因为飞行高度低，飞机易受大气乱流的影响，天气不好时多数乘客呕吐不止，十分难受。大战时期因军事需要，世界各地兴建的大型机场为战后民航迅速发展创造了良好环境，喷气发动机的出现为民航机喷气化奠定了基础。世界上第一架民用喷气式客机是 1952 年首航的"彗星"号客机，客机从伦敦起飞，两小时后抵达罗马，引起巨大轰动，游客们纷纷预订机票。"彗星"号揭开了人类民航喷气客运的新时代，此后，苏联、法国和美国也前后推出了自己的喷气客机。喷气机的投入使用是民航技术的一次跃升，不仅使民航飞机的速度提高，而且使飞行高度跨举到平流层，提高了安全性和舒适性。2014 年，全球航班总量超过 3600 万架次，全球定期航班客运量达 32 亿人次。民航客机的发展使人们有机会以较短的用时实现远程旅行，成为最重要的远距离旅行方式，对旅游业产生了明显的促进作用。但乡村旅游与其他旅游不同，除了部分知名度极高的乡村地区，其他的大部分乡村旅游产品还难以吸引远程游客，因此民航的普及虽然有助于扩大乡村旅游的客源地范围，但整体而言对乡村旅游的影响有限。

3. 铁路运输的复兴

而在铁路方面，尽管 20 世纪上半叶铁路高速发展，但"二战"以后，随着汽车和飞机的普及，铁路与这些更加便捷、快速的交通工具展开激烈竞争，促使铁路提高了行车速度，改进了服务设施。但由于铁路运输难以与私人汽车的方便、民航客机的快速相竞争，逐渐成为"夕阳产业"。美国甚至在 1920 ～ 1950 年间拆除了 9 万多公里的铁路。

一般认为铁路的复兴开始于 19 世纪 60 年代。铁路技术的改造获得重大进展，美国、英国、法国、日本、苏联等国家开始普及内燃机车和电力机车，这些新型机车的优点是节省能源且污染较少，并带来了更高的经济效益。1960 ～ 1980 年间，世界各国共建成新铁路 4 万公里，到 1981 年，全球铁路总长达 130 万余公里，其中欧洲和美洲占据其中的近 80%。铁路长度的增加使铁道交通更全面地覆盖了乡村地区，并由于其速度快、准时性高，且没有堵车的风险，使铁路超过公共汽车，成为前往乡村旅游最重要的公共交通方式之一。

20 世纪 60 年代也标志着高速铁路的出现。世界上第一条高速铁路是 1964 年开通的日本东海道新干线，随后法国、意大利、美国、德国等国家在 20 世纪 80 年代陆续开通了高速铁路，并在 20 世纪 90 年代以后在欧美发达国家得到普及。但是高速铁路为了保证速度，在乡村站点停留的机会较少，对乡村旅游产生的影响较为有限。

二、现代乡村旅游的发展趋势

（一）信息化与全球化

20 世纪 90 年代起步发展的电脑信息技术在 21 世纪初得到普及，并随着智能手机的广泛使用，彻底地改变了旅游市场。科技信息化快速发展，一方面服务于旅游市场营销，使远距离客源能够获取乡村旅游资讯；另一方面提升了乡村旅游服务便利程度，各类网上预订平台极大地拓展了乡村旅游地域范围，客源地不再局限于周边的大城市，甚至开始影响到海外市场。

（二）多元的管理主体

在世界主要发达国家，乡村旅游的管理者并不局限于政府。民间协会组织历史悠久，在乡村旅游的规范化管理上发挥了重要作用。

最早的乡村旅游协会组织可追溯至 20 世纪 50 年代，在以法国和意大利为代表的国家和地区初步形成行业自律的雏形。法国"农业和旅游协会"于 1952 年成立，创立最初的目的是通过旅游和实践协助职业化教育的发展。1965 年开始，协会意识到旅游业可以成为乡村附加的活动，带来新的季节性的生活方式，并有助于留住乡村年轻群体，于是开始致力于乡村旅游开发，争取政府为乡村住宿设施、娱乐休闲业态的创建提供便利和税收优惠政策。法国乡居联合会（Fédération Nationale des Gîtes de France）成立于1955年，最初由创办乡居的法国参议员推动，鼓励使用乡村闲置住宅，吸引城市居民前来旅游。联合会制定了乡居和民宿的一系列规范，评定等级，初步形成行业自律。1965年意大利创建"农业与旅游全国协会（Agriturist）"，管理200余农场，通过推出"绿色假期旅行产品包"和印刷"乡村好客指南"，吸引城市群体的旅游活动，提升品牌影响。

20世纪70年代以后，受法国和意大利的影响，乡村旅游行业协会组织在各主要发达国家大量创建，各国均涌现出大量农业或乡村旅游管理组织，形式多样，从规范管理、市场营销、资金保障等方面支持乡村旅游业的发展。如英国乡村住宿企业协会开始着重于成员服务品质的提升，乡村旅行社兴起，它们具有更好的全国性视野，指导乡村旅游产品发展。美国成立了各个州的乡村旅游社团持续帮助乡村旅游的发展，如格林维尔好客协会通过市场来宣传当地淳朴、自然的原生态环境，核心是建立"友好待客"理念，问候客人、帮助游客购买纪念品、为游客和外部咨询者提供旅游信息，目的是"通过发展旅游促进格林维尔的经济发展"。澳大利亚新南威尔士农场假日协会（NSWFCHA）为提供农场旅游的农场主提供保险等支持。

进入21世纪以来，协会组织顺应全球化趋势，开始向海外扩张，建立品牌化联盟，执行统一标准规范和市场营销策略。其中典型代表是由法国最美乡村协会于2012年联合加拿大、意大利、日本等国相关协会，成立"世界最美乡村"联合会，统一评定标准和管理规范，将最美乡村产品推广至全世界。同时，增进多元管理主体间的交流合作是21世纪各方的关注重点，如2016年澳大利亚农业联盟与澳大利亚区域旅游网络（Australian Regional Tourism Network）签订合作备忘录，共同将游客市场疏散至更大的乡村和区域空间。

（三）可持续发展

1992年于里约热内卢召开的"联合国环境和发展大会"指出旧的农业发展模式具有潜在的隐患。里约峰会掀起了全球性的"绿色革命"，主要通过大幅采用先进的生化技术提高产量，通过大量增施化肥与农药来提高农业机械化。

并制定了实施可持续发展的目标与行动计划，确立了建立全球伙伴关系、共同解决全球性环境问题，关注可持续发展和绿色发展，注重综合价值和品质提升。

里约峰会在全球造成持续性影响力，并在 2000 年以后深刻影响到乡村旅游市场。人们对过去的农业文明的认识已经发生了根本性的变化，看清了其威胁，从而更加关注发展生态农业的新道路。可持续发展理念已成为乡村旅游消费者的深层认同，具体表现为对有机环保农业体验、生态民居建筑、低碳生活方式体验的关注提升。

受到生态环保的全球化思潮影响，乡村旅游的管理者们加强了对可持续发展理念的贯彻实施，注重乡村各产业的协调发展，在坚持保护生态环境原则的基础上，最大限度促进乡村经济发展。如法国"卓越乡村"计划，通过推进生态资源的保护与可持续开发，促进乡村文化、旅游产业的发展，发展高水平的农业、工业、手工业和服务业，吸引新的乡村居民并为其提供服务。在可持续发展的理念指导下，乡村旅游产品开发强调与生态环境可持续发展相联动，与民众生活紧密相关，融入城乡肌理，与其他各产业形成协调关系。

新思潮的引导者可以是各级政府，也可以是协会组织。政府方面如英国 2001 年成立的"环境、食品与乡村事务部"（DEFRA），以保护英国的自然环境、促进农村繁荣发展为目标，实施了一系列有关农村管理、有机耕作和经济多样化措施，并给予相应的资金支持，有效地改善了英国农村生态景观和基础设施。协会方面则有如"法国乡居认证"工作组，其在已有的乡居认证基础上，增设法国"生态乡居"认证，添加了环境相关指标。相比较而言，政府更加注重产业指导，而协会组织往往从产品着手，促进规范建设和开发。

三、现代乡村旅游的特征

对于现代乡村旅游业的发展，可做以下几个方面的简要归纳：

市场方面：客源群体主要集中于三类，一类是因旅游业快速发展壮大而兴起的旅游消费群体，他们当中有很大一部分是到乡村地区开展旅游活动；一类是因城市化率快速提升，为逃离城市，追求乡村田园生活的消费群体，数量逐年攀升；还有一类是探亲访友的群体，从"二战"后到现在一直存在，这样的消费群体也有一定的规模。客源群体的需求也随着时代的发展不断升级，从初级消费需求向个性品质需求过渡，未来将持续。

管理方面：政府是乡村旅游业的主要管理者，通过制定政策、法律和给予资金协助来支持乡村旅游业的发展。另外，协会类的管理组织也是乡村旅游管理的重要主体，它们数量不断增多，管理方向日益细分，管理组织持续完善，在标准制定、监督管理、品牌推进、行业自律等方面起到了重要的推动作用。

政策方面：国家农业政策经历了扶持农业生产和支持旅游开发的两个阶段，为乡村旅游业的发展提供了重要保障。早期的农业扶持政策解放了农村劳动力，完善了乡村地区的交通和基础设施，为乡村旅游的发展奠定了基础。而对旅游开发的促进政策则提供了资金和制度等方面的保障，直接推动了乡村旅游开发的热潮，并引导乡村旅游走向产业融合的可持续性发展道路。

运营方面：农民是乡村旅游经营最重要的主体，这是由于农业生产力的持续提升使普通农民有了更多的时间从事乡村旅游，同时国家农业补贴政策的逐步取消也让农民产生了开发新的收入来源的需求。此外，外来的企业资本随着市场需求的提升也逐步进驻，在一些相对较大的旅游区、旅游小镇以及游乐园等项目投入资金和管理，但是所占比例并不多。

产品方面：产品类型十分丰富，民宿、休闲农牧场、观光农园等深化发展，并涌现出新的产品形态（如有机农场、葡萄酒庄园、乡村旅游区等）和旅游形式（如乡村修学旅游、亲子旅游、农场夏令营、乡村茶室、乡村办公室等）。产品的功能和品质随着市场的需求演化升级，一是产品的文化性和地域特色更加凸显，二是产品的体验更加丰富，各种活动植入其中，三是产品的融合性更强，单体产品的综合功能逐步增加，融合了餐饮、住宿、商业等的复合型旅游区、旅游村镇也同时出现，呈现多元化发展格局。

第四节　我国现代乡村旅游业发展

在国际乡村旅游业从萌芽到快速发展的一个半世纪中，中国经历了多次战争的洗礼、新中国成立初期的艰难探索和"文化大革命"的曲折前进，一直到改革开放初期我国现代乡村旅游才真正兴起。尽管中国乡村旅游业从兴起到发展仅有30多年的时间，但其取得的成绩令人惊叹，国外发达国家一个多世纪的探索和实践在中国短暂的乡村旅游发展历史中都有了不同程度的体现，比如乡村旅游产品形式的丰富性、运营主体参与的多元性和政府管理路径相似的演变等。但由于在经济发展基础和政策推动方面的中国特色，中国的乡村旅游业发展呈现出不一样的阶段特征。因此明确其发展阶段与特征，对于总结乡村旅游整体发展规律，促进未来发展具有重要借鉴意义。

一、农业产业自发阶段（1978—1994 年）

1978 年，中国共产党第十一届中央委员会第三次全体会议在北京举行，全会的中心议题是根据邓小平同志的指示讨论把全党的工作重点转移到经济建设上来，实行改革开放的新决策，这意味着中国经济在经历了"左倾"思潮影响，计划经济束缚，"文化大革命"洗礼之后，进入了全新的发展阶段，各行各业百废待兴，市场经济开始觉醒，这些都为乡村旅游等新兴产业的萌芽和发展创造了大的发展环境。

（一）农业改革

国家高度重视农业发展，认为"只有大力恢复和加快发展农业生产，才能提高全国人民的生活水平，"党中央在十一届三中全会提出了发展农业的一系列政策措施，并同意将《中共中央关于加快农业发展若干问题的决定（草案）》等文件发到各省、市、自治区讨论和试行。随后中共中央在 1982 年至 1986 年连续五年发布三农主题的一号文件，农业改革浪潮风起云涌。

农业改革有两个重要方面促进了乡村旅游业的萌发。

一是土地制度上实施家庭联产承包责任制。家庭联产承包责任制是 80 年代初期在中国大陆的农村推行的一项重要改革，是农村土地制度的一项转折。在改革开放以前，中国土地政策实行的是合作社性质的劳动群众集体所有制，由于其脱离了中国农村生产力发展的实际水平，加上高度集中的劳动方式和分配中的平均主义，严重影响了农民生产的积极性，农村经济的发展受到约束。改革开放的浪潮带来了思想上的解放，1978 年安徽省凤阳县小岗村 18 位农民签下"生死状"（包产合同书），将村内土地分开承包，当年小岗村粮食大丰收，这一事件开创了家庭联产承包责任制的先河。

家庭联产承包责任制改革将土地产权分为所有权和经营权，所有权仍归集体所有，经营权则由集体经济组织按户均分包给农户自主经营，集体经济组织负责承包合同履行的监督，公共设施的统一安排、使用和调度和土地调整与分配，从而形成了一套有统有分、统分结合的双层经营体制。家庭联产承包责任制的推行，纠正了长期存在的管理高度集中和经营方式过分单调的弊端，使农民在集体经济中由单纯的劳动者变成既是生产者又是经营者，从而大大调动农民的生产积极性，较好地发挥了劳动和土地的潜力。

小岗村"包产到户"生产责任制显现出巨大的成效，促使中央对农村土地改革的态度由观望、适应向调整政策、立法保护转变。1983 年中共中央发布的一号文件《当前农村经济政策的若干问题》中全面彻底地肯定了家庭联产承包责任制，并要求全面推行。次年的一号文件则延长了土地承包期，规定土地承包期一般应在 15 年以上，生产周期长的和开发性的项目，承包期可适当延长。1993 年出台的《中华人民共和国农业法》提出依法保障农村土地承包经营制度，标志着农业产业化经营进入立法程序。

农村普遍实行家庭联产承包责任制后，改变了我国农村旧的经营管理体制，解放了农村生产力，促进了劳动生产率的提高以及农村经济的全面发展，加速了农业微观经济主体的崛起。它使农民个人付出与收入挂钩，极大地增加农民生产的积极性，涌现出一批敢闯敢干的农民个体，为乡村旅游业的萌发创造了根本条件。

二是取消农产品统购派购制度。农产品统购派购制度起源于 1953 年，当时农业生产力水平低下，导致农产品供应紧张，为解决供需差额过大出现的市场动荡，保证粮食在城乡的有效调剂，中央陆续对粮食、棉花、油料等农产品进行统一收购，在农村流通领域实行了高度集中的计划调节。改革开放以后，随着家庭联产承包责任制的实行，农业产能大幅提高，统购派购制度反而制约了农产品市场的发展。1984 年开始，国家逐步弱化这一制度，并于 1985 年的中央一号文件《中共中央国务院关于进一步活跃农村经济的十项政策》中，明确取消 30 年来农副产品统购派购的制度，以合同定购和市场收购取代统购派购。并鼓励农民积极发展多种经营，在税收、资金等方面提供优惠政策，进一步扩大城乡经济交流。

统购派购制度的取消彻底切断了农业与国家襁褓的脐带，鼓励农民充分发挥市场活力，依托农业基础开展多种经营，强化城乡经济联系，把中国农业经济推上了自我发展、内生驱动的道路，很大程度上激发了农民自主经营和多元探索的积极性。在这样的背景下，成都市周边的郫县兴起了由农民兴办的我国第一家农家乐——徐家大院，农户利用自家川派盆景、苗圃种植的基本产业，吸引游客前来吃饭、观景、住屋，乡村旅游业的大幕就此拉开。

（二）经济开放

改革开放以来，中国经济发展的外向性全面提升，一部分综合条件好的城市率先发展起来，深圳、广州、上海等沿海城市和北京、成都等中心城市成为当时中国经济的翘楚，我国乡村旅游业最初也是从这些城市周边兴起。80年代后期，改革开放较早的深圳市首先开办了荔枝园，并举办荔枝节，主要是吸引城市人前往观光、采摘和娱乐、休闲，并利用这个机会进行商贸洽谈，招商引资，取得良好效果。1986年的成都周边兴起中国第一家农家乐徐家大院，成为中国农家乐的雏形。1994年北京市朝阳区政府提出都市农业是该区"农业发展战略选择"，把具有旅游、观赏、无公害等特点的都市农业列为朝阳区经济发展的六大工程之首。

这些城市周边乡村旅游率先发展的原因，在于它们的人均GDP、城市化率和产业结构遥遥领先于全国其他地区，从而使这些地区市场需求超前，交通条件便利，经营主体自身的发展动力极强，具有发展乡村旅游的天然优势。

从人均GDP看，在改革开放后的十余年间，几个大城市的人均GDP都是全国的2～3倍（见表2-2），国民收入的增长使得人们在满足基本食住的需求后，开始寻求不一样的体验，所以乡村旅游的客群主要集中在大城市的较高收入群体，或是政府机关的公干组织。

表2-2 1978和1994年中国及几个主要大城市的人均GDP

地区	人均GDP：元（1994年）	人均GDP：元（1978年）
中国	4081	385
北京	10240	1257
上海	14328	—
广州	13264	—
深圳	16954	—
成都	7000（约）	—

资料来源：国家统计局

从城市化率看，改革开放初期，北京、上海和广州的城市化率已经是全国平均水平的 2 倍左右。成都和深圳城市化率的起点较低，但增长十分迅速。到 1994 年，各大城市的城市化率基本趋同，达 60% ~ 80%，是全国平均水平的 3 倍以上（见图 2-3）。领先全国的城市化率带来更加显著的城乡差异，使城市居民前往乡村休闲度假的动机更加强烈，提升了这些城市周边乡村地区的旅游价值。

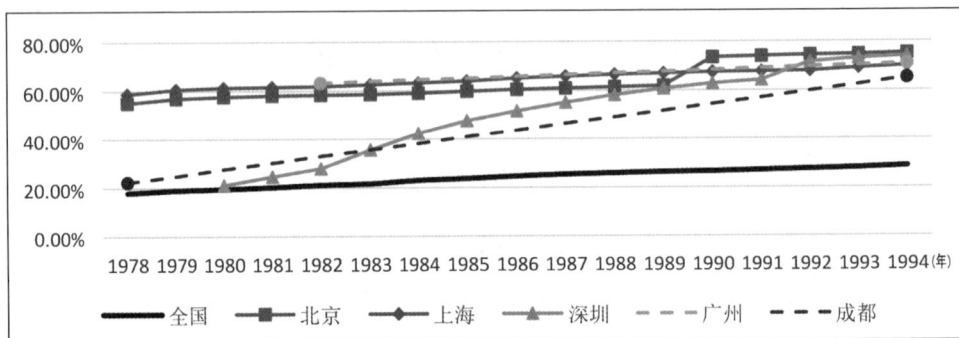

图 2-3　1978-1994 年几大主要城市的城市化率演变（虚线处数据未知）

资料来源：国家统计局

从产业结构的演化看，改革开放初期北京、上海、广州的产业结构已经进入"二三一"阶段，即第一产业随着产业效率的提升占比最低，并且呈现逐年减少的趋势。第二产业占比最高。但随着第三产业的崛起，二产的占比略有回落。广州和北京在 1994 年左右时，第三产业的 GDP 占比超过第二产业（见图 2-4），开始出现"三二一"的产业格局。数据反映出，在这一阶段的各大城市产业结构调整逐步优化，产业升级的条件越来越明显，农业收入的比重不断降低，而服务型产业持续扩张。产业结构从侧面反映出在当时的乡村地区，农业经济并不是农民唯一的收入来源，不断扩张的服务业正在向乡村渗透，带来了乡村旅游发展的重要契机。

事实上，第三产业的迅速发展是一个全国性的现象。当时的中国处在计划经济向市场经济转变的历史性变革时期，经济开放使得第三产业迅速发展起来，以旅游业为代表的第三产业在这个时期得到了国家和市场的肯定。国内旅游市场迅速发育，旅游收入增幅惊人，国家对待国内旅游政策由过去的"不提倡、

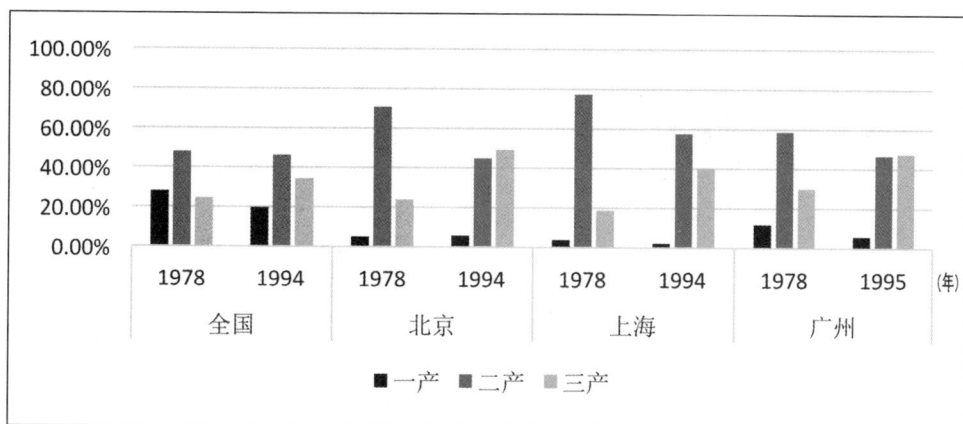

图 2-4　1978-1994 年全国、北京市和上海市三次产业结构增长率

资料来源：国家统计局

不鼓励、不反对"逐步过渡到"因地制宜、正确引导、稳步发展"，进入 90
年代后，更进一步转变为"积极发展"。这一时期旅游业的接待人数和创汇收
入指标被正式纳入我国第七个五年计划，这意味着在我国经济和社会发展计划
中，首次为旅游业设立了户头。国务院 1987 年再次提出要"大力发展旅游业"。
1991 年在我国制定的《关于国民经济和社会发展十年规划和第八个五年计划纲
要》中，首次将旅游业的性质定位为产业，并将旅游业列为需要发展的第三产
业的重点。乡村旅游业作为旅游业的伴生品，随着旅游需求增多、旅游地位提
升也步入了发展的上升通道。

　　综上，对于此阶段乡村旅游业发展可以做出以下几方面的归纳。

　　市场方面：乡村旅游群体主要来自大城市周边具有一定经济水平，追求不
一样生活体验的人群，这些人群主要是高收入群体和政府机关单位的团队组
织，有条件自己开车或是包车出行。这个阶段中国的城市化率从 20% 增长到
了 30%，城市化水平还很低，此时大多数的人们更加向往和体验城市生活，乡
村旅游的群体并不属于主流客群，规模不大。

　　产品方面：农家乐和观光采摘园依托农业基础产生和发展，是这个阶段最
具代表性的产品。农家乐以餐饮为主，住宿较少；观光采摘园功能相对单一，
以农产品收费采摘为主，并辅以采摘节等形式。

　　空间方面：乡村旅游一般萌发于北京、深圳、上海、成都等大城市的郊区，

主要产品在空间上呈点状分布。

经营主体方面：乡村旅游经营主体以少数思想开放，头脑灵活的农民个体为主，他们瞄准市场需求，在农业生产的基础上尝试开发农家乐或观光园等产品，但此时农民仍然以农业生产为主，乡村旅游属于副业经营。

管理方面：1989 年 4 月"中国农民旅游协会"正式更名为"中国乡村旅游协会"，乡村旅游开始了有了明确的旅游行业管理组织，乡村旅游协会成立标志着乡村旅游成为旅游发展的重要力量。此时的乡村旅游协会更多的是顺应市场需求成立，但是因为行业发展处于起步阶段，协会的各项功能和作用也都处于探索阶段。

二、市场需求导向阶段（1995—2008 年）

自改革开放以来，中国乡村旅游业一直处于缓慢上升阶段。1995 年国家出台的双休假日制度是一个重要拐点，自此乡村旅游需求得到了迅速释放，乡村旅游业也随着假日制度的完善、政策规范的引导以及产业发展的支撑实现了规模扩张。市场需求是这个阶段乡村旅游业发展的主要驱动力。

（一）假日制度变化

中国的假日制度经过了两次比较重要的变化，这对于整个旅游市场的带动作用是巨大的。

第一次是 1995 年双休日制度的确立。从新中国成立初期一直到 1994 年，劳动者一周需要工作六天，每天 8 ～ 10 小时不等。虽然政府曾出台过多份文件，希望劳动者享受八小时工作制和周日休息的权利，但是由于政治运动、用工紧张、经济建设压力等多种原因，这些文件多数未能实行。这种业余时间很少的工时制度给国人的生活带来了很多麻烦，每周只有一天的时间去处理家务，导致周末比工作日还要疲惫，"离城游乡"的活动缺乏广泛的时间基础，难以成为普遍现象。

从 80 年代中期开始，随着制度改革的逐渐深入，人们对休闲的渴望越来越强，对改革六天工作制越发期盼。中央部门也开始考虑对工作时间制度进行改革，并于 1994 年开始实施每周工作 44 小时的工时制度，即"隔周五天工作制"，每隔一周多休息一个星期六，实行了 45 年的单休制度得以终止。在"大小礼拜"实行一年之后的 1995 年 5 月 1 日，《国务院关于职工工作时间的规定》中明确了职工每周工作 40 个小时，星期六、星期日为周休息日，并要求企事业单位在 2 年内施行。这标志着国人终于有了享受双休日待遇的权利，自此国人每年的非工作日达到 111 天。双休日使得人们"离城游乡"的可能性大大增加，因此不论是在市场人群还是市场供给方面，乡村旅游都实现了快速增长，乡村旅游消费也逐步成为国民消费的组成部分。

第二次是 1999 年黄金周的出现。1999 年，中国国务院公布了新的《全国年节及纪念日放假办法》，决定将春节、"五一""十一"的休息时间与前后的双休日拼接，从而形成 7 天的长假，并在 2000 年以国务院 46 号文件明确了"黄金周"的概念。黄金周的出现源于国民对于休闲时间和内容的需求，但同时也是 1997 年东南亚金融危机后拉动内需的关键举措。

1997 年，亚洲金融风暴从泰国开始，扩散至马来西亚、新加坡、日本和韩国、中国等地，打破了亚洲经济快速上升的态势。中国对外出口迅速下降，经济增长效率受到极大影响。其中旅游业也受到了严重冲击。根据世界旅游组织(WTO) 的统计口径，1996 年中国按国际旅游接待人次位居亚洲第一，其中东南亚、东亚和其他周边国家是中国最重要的客源市场，但金融危机过后仅 1998 年一季度北京入境旅游市场中亚洲区下降幅度就已达到 12.4%，其中泰国、印度尼西亚、韩国平均下降幅度更是达到 50% 以上。亚洲金融风暴导致我国入境旅游市场快速萎缩，严重影响了旅游业的收入，因此急需开发新的消费市场。政府将视线转向了国内。中共中央在 2000 年中央经济工作会议提出，坚持扩大内需是我国经济发展一项长期战略方针，以此来刺激经济增长。黄金周就是在这样的背景下提出并加以明确，被视为是拉动内需、促进消费的关键举措。1999 年国庆第一个"黄金周"，全国出游人数达 2800 万人次，旅游综合收入 141 亿元，假日旅游热潮席卷全国。

旅游业是中国假日制度确立的直接受益者，自此，国内旅游快速成长，与入境旅游和出境旅游一同成为中国旅游业的三大业务之一，是国民经济新的增长点。受此影响，国内观光旅游快速发展，人们出游主要集中在泰山、黄山、张家界、天涯海角等一些比较有名的大景区，乡村旅游则随着大景区游客的火爆，在景区周边逐渐发展起来，与景区功能形成互补，在食宿方面提供服务。

乡村旅游者的客源市场开始扩张，更多的城市居民参与到乡村旅游活动中来。上一阶段中以大城市为主要客源地的格局开始转变，中小城市居民也产生了大量乡村旅游需求。

（二）政策关注"三农"问题

20 世纪末期，我国的农业生产环境出现了复杂局面，农民收入增幅连续几年低速徘徊在 4% 以下，而城市经过 10 多年"加速跑"后，发展迅速，城乡经济严重失衡，二元结构突出，影响了中国小康社会建设进程。在此背景下，国家高度关注"三农问题"，提出"统筹城乡社会经济发展"的战略思想，建设社会主义新农村。其中，乡村旅游业作为产业支撑而发挥了重要作用，并依托不断改善的农村环境而得到了更大的发展空间。

乡村旅游是解决"三农"问题的有力抓手。"三农"问题指的是农村、农业、农民三大问题，在农村的进步、农业的发展和农民的小康相对滞后的条件下，通过解决"三农"问题，推动农村社会进步、农业产业发展和农民生存状态的改善。事实上这一概念于 20 世纪 90 年代中期就已出现，并 2003 年被明确为全党工作的"重中之重"。2004 年以来，中央连续出台十四个指导"三农"工作的一号文件，提出要调整农业结构，扩大农民就业，深化农村改革，尽快扭转城乡居民收入差距不断扩大的趋势。

"三农"问题的解决，需要通过非农产业的发展，带来城市"反哺"。而乡村旅游业在增加农民就业、提高农民收入方面起到重要作用，是解决"三农"问题的有力抓手。2006 年农业部和国家旅游局出台文件明确"乡村旅游是以城带乡的重要途径"，代表着乡村旅游的产业带动作用得到认可，发展乡村旅游业获得国家政策的大力支持。

政策的鼓励对农民参与经营的积极性有着重要的推动作用，村集体组建合作社的方式也开始出现。如北京门头沟区爨底下村于 2003 年转型为村集体统一开发、农户分散经营的模式，开发权集中在村委会和居民手中，在区镇两级政府主导下，由村委会集体进行统一的景区管理，使村民共同受益。

新农村建设为乡村旅游创造环境条件。2005 年，党的十六届五中全会中首次提出扎实推进社会主义新农村建设的要求，即在社会主义制度下，按照新时代的要求，对农村进行经济、政治、文化和社会等方面的建设，最终实现把农村建成为经济繁荣、设施完善、环境优美、文明和谐的社会主义新农村的目标。新农村建设是解决"三农"问题的根本出路，而乡村旅游推动了农村经济和精神文明的发展，促进了社会主义新农村的建设工作，同时也从农村风貌的改善、乡村环境的优化、文化氛围的提升和管理理念的升级中得到更大的发展空间，获得了提高产品品质的优越外部条件。受此影响，乡村旅游产品质量有了显著提高，如雁栖不夜谷在沟域经济发展理念的指导下，利用新农村建设项目，以政策引导沟域规范发展，初步形成了以旅游度假、休闲养生、餐饮垂钓、观光采摘、文化体验为一体的综合旅游示范区。

19世纪90年代以来，政府为推动乡村旅游发展，举办了多种多样的旅游节庆活动，如1995年举办了以"中国——56个民族的家"和"众多的民族各异的风情"为主题口号的"95中国民俗风情游"活动，带游客深入少数民族风情区；2006年政府明确提出"中国乡村旅游年"，以"新农村、新旅游、新体验、新时尚"全面推动乡村旅游提升发展；2007年，提出"中国和谐城乡游"和"魅力乡村、活力城市、和谐中国"，带动了农村风貌大变样。

（三）政策规范

经过20多年的发展，中国乡村旅游已颇具规模，国家也认识到了乡村旅游的重要性，认为实现乡村旅游的规范发展和持续发展意义重大。但同时也意识到乡村旅游在发展中存在标准缺失、恶性竞争、无序建设等问题，管理跟不上市场步伐，需要进行规范引导，因此出台了一系列相关文件，力图引导乡村旅游产品规范化和多元化发展。其中主要包括树立典型示范和政策直接指导等两种方式。

首先，强调典型示范的带动力量。在这一时期，国家针对旅游业设置了不同种类的示范点，力图通过示范性试点推动各项政策和工作的落实，一方面在试点中不断积累经验和完善思路，另一方面可产生一种"以点带面"的示范带动效应，推动旅游业整体规范化、多元化发展。其中与乡村旅游相关的示范点包括：

1. 2004年和2005年由国家旅游局评选的农业旅游示范点

示范点的评选依据2002年国家旅游局颁布实施的《全国农业旅游示范点、全国工业旅游示范点检查标准（试行）》，综合考察了各候选示范点的接待人数、旅游收入、间接提供劳动就业岗位数、单位因兴办旅游业而增加的纳税额、示范点内已形成的参观点数量等条件，最终选取并表彰了满足标准的 359 个农业旅游示范点。示范点的选取充分考虑了多样性，其中农业观光旅游点数量占 31.20%，农业科技观光旅游点占 16.71%，农业生态观光旅游点占 15.60%，民俗文化旅游点占 5.57%，休闲度假村（山庄）占 7.24%，古镇新村占 10.86%，农家乐占 5.01%，自然景区占 7.80%，引导乡村旅游产品的多元化发展。

2. 2003 年至 2008 年由建设部和国家文物局评选的历史文化名镇名村

历史文化名镇名村是指保存文物特别丰富且具有重大历史价值或纪念意义的、能较完整地反映一些历史时期传统风貌和地方民族特色的镇和村，它的评选主要依据 2003 年发布的《中国历史文化名村或中国历史文化名镇评选办法》，于 2003、2005、2007 和 2008 年陆续公布四批历史文化名镇名村。这些村镇分布在全国二十五个省份，包括太湖流域的水乡古镇群、皖南古村落群、川黔渝交界古村镇群、晋中南古村镇群、粤中古村镇群，既有乡土民俗型、传统文化型、革命历史型，又有民族特色型、商贸交通型，其多元化的格局基本反映了中国不同地域历史文化村镇的传统风貌。历史文化名镇名村由于具有丰富的历史文化旅游资源，而常常成为旅游开发的对象。针对这一情况，2008 年国务院通过了《历史文化名城名镇名村保护条例》，要求对名镇名村整体保护，保持传统格局、历史风貌和空间尺度，控制人口数量，改善基础设施、公共服务设施和居住环境。在保护条例的影响下，历史文化型乡村旅游的开发得到了规范化的引导。

其次，通过政策直接指导乡村旅游发展。例如 2006 年，农业部和国家旅游局发布了《关于促进农村旅游发展的指导意见》，明确了农村旅游的基本原则和工作目标，并将加大扶持力度，建设旅游服务体系，强化旅游市场开拓和农村旅游人才培养作为工作重点，对各类乡村旅游产品如农家乐、观光型的农村旅游、民俗民族文化型农村旅游、旅游型小城镇建设及其他各种类型的农村旅游发展模式进行深化探索，为乡村旅游产品的开发和经营提供了较为完整的指导。

在典型示范和乡村旅游政策的指导下，乡村旅游产品更加多元、丰富。许多新的产品在已有产品的基础上分化出来，如农家乐中衍化出林家乐、渔家乐、牧家乐等产品类型，观光农园进一步细分出林园、果园、蔬菜园等类型。此外，生态观光园、科技观光园、休闲农庄、主题庄园、休闲度假村、民族民俗村、休闲农牧场、乡村景区等新兴产品不断涌现，并基于优秀示范点的实践经验和政策总结，呈现出规范化的发展趋势。

综上，对于此阶段乡村旅游业发展可以做出以下几方面的归纳。

市场方面：客源市场规模较上个阶段迅速扩大，客源群体从之前主要集中于大城市周边开始向中小城市扩展，消费需求和消费能力也有了较大幅度的提升。

产品方面：农家乐、观光园等传统产品数量大幅提升，并呈现同质化、规模化扩张，同时在内容上更加丰富，比如农家乐出现了林家乐、渔家乐（如垂钓园）、牧家乐等产品类型，观光园则出现了林园、果园、蔬园等产品类型。百花齐放是这个阶段产品的又一重要特征，出现了生态观光园、科技观光园、休闲农庄、主题庄园、休闲度假村、民族民俗村、休闲农牧场、乡村景区等新兴产品类型，休闲特性体现鲜明。

空间方面：从点状发展转向集群发展，一方面在拥有客源的城市和景区周边形成相对集聚分布，另一方面部分乡村旅游地开始依托良好的交通区位（交通枢纽或交通干线优势）、资源优势自成旅游目的地，其周边形成开发的集聚。由此空间上的集聚演化成为组团和斑块，乡村旅游整体辐射和带动作用增强。

运营主体方面：多元化特征显现，不同经营模式得到探索。农民主体大幅增加，形成集群经营；村集体开始介入，并通过合作社方式组织开发；出现了更有实力的农民个体经营者，更有统筹能力的村集体以及一些企业经营者，也出现了多元化运营模式，个体经营和村集体经营是这个阶段的主要运营模式，企业主导和政府主导模式还处于探索阶段。

管理方面：政府在提升乡村旅游地位，促进规范引导方面发挥了重要作用。一方面政府出台相应的规范标准和实施意见，通过评定评选形成示范带动，实现了乡村旅游从规模发展到规范发展；另一方面政府通过旅游节会的举办进一步提升乡村旅游的品牌影响力。

三、消费升级带动阶段（2009 年—今）

中国经济在经过了改革开放 30 年的快速发展后进入了关键时期。在 2008

年国际金融危机的影响下，中国经济增速放缓，产能过剩、环境破坏、城乡二元结构等问题层出不穷。为应对金融危机带来的深刻影响，中国政府于2009年起密集出台相关政策，通过刺激消费以扩大内需，提振国内经济。其中旅游业成为拉动国内消费市场的有力抓手，受到政府的高度关注。中国乡村旅游伴随着旅游业的蓬勃发展而迈上了新的台阶。

（一）旅游地位的提升

2008年美国金融危机爆发，并快速向全球实体经济蔓延，引发全球性经济衰退。中国作为世界经济体的重要一员，也不免受其影响。据统计，2008年中国GDP增速由2007年的14.2%迅速下降至9.6%（见图2-5），外贸需求大幅萎缩，传统产业产能过剩等矛盾十分突出，经济发展急需新动能的支撑。

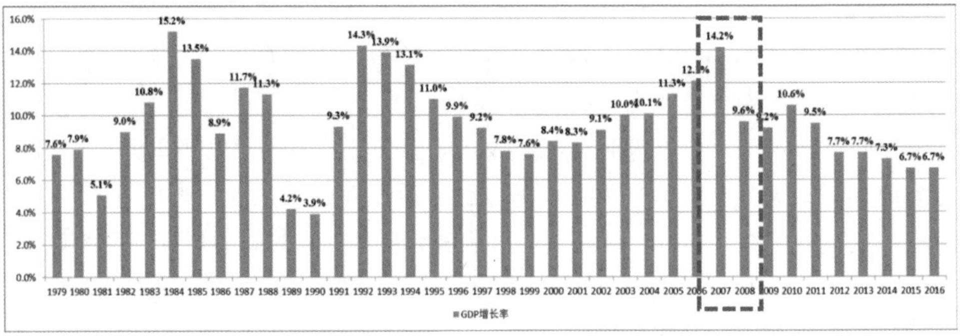

图2–5　历年GDP增长率变化图

资料来源：中国国民经济与社会发展统计公报

为此，中国政府迅速出台扩大内需、促进经济平稳较快发展的十项措施，在国家“保增长、扩内需、调结构、惠民生”的整体战略中，旅游业被给予了空前关注。2009年，《国务院关于加快发展旅游业的意见》首次明确了旅游业“国民经济的战略性支柱产业和人民群众更加满意的现代服务业”的定位，此后陆续出台了《旅游服务质量提升纲要(2009—2015)》《关于金融支持旅游业加快发展的若干意见》《国民旅游休闲纲要（2013—2020年）》等多个政策文件，从各个方面支持旅游业的发展。2013年《中华人民共和国旅游法》标志着旅游业发展得到了法律保障，是中国旅游发展的里程碑。

随着旅游业在国家政策扶持下高速发展，乡村旅游也开始成为旅游业中一大焦点。2014 年国务院出台的《关于促进旅游业改革发展的若干意见》（国发〔2014〕31 号），是"乡村旅游"一词首次正式出现在国家政府文件中。《关于促进旅游业改革发展的若干意见》要求大力发展乡村旅游，要依托当地区位条件、资源特色和市场需求，挖掘文化内涵，发挥生态优势，突出乡村特点，开发一批形式多样、特色鲜明的乡村旅游产品。次年发布的《关于进一步促进旅游投资和消费的若干意见》中进一步强调乡村旅游对旅游投资和消费的拉动作用，要求完善休闲农业和乡村旅游配套设施，鼓励乡村旅游创业，推进乡村旅游扶贫。2013—2015 之间，乡村旅游以年均 43% 的速度实现了爆发式增长，2015 年乡村旅游投资增速达到 65%，成为投资增速最快的领域。

在国家的高度重视下，旅游业获得了广阔的发展空间，国内旅游人次和收入均高速增长。旅游已成为大众消费，呈现旅游产品更加多元、游客群体更加广泛、旅游空间不断扩展的趋势，为乡村旅游的发展提供了产业基础。据不完全统计，2009 年乡村旅游业收入约 1175 亿元，带动就业近 280 万人，其中吸纳农民就业达 267 万人。而在 2016 年，全国休闲农业和乡村旅游营业收入超过 5700 亿元，接待游客近 21 亿人次，带动 672 万户农民受益，增长十分显著。

（二）消费升级

中国经济在改革开放的 30 余年中有了巨大飞跃，2010 年以来，我国成为上中等收入国家，第三产业占比超过第二产业，城市化率超过 50%，上海、北京、广东、江苏、浙江、天津等东部地区大多已经步入后工业化时期。而同时 GDP 增速却开始回落，2012 年至 2016 年的增速分别为 7.7%、7.7%、7.3%、6.7%、6.7%（见图 2-6），自此告别了过去 30 多年平均 10% 的高速增长，进入中高速增长期。这标志着中国经济进入新常态。

在经济新常态时期，我国的城镇化率和国民消费能力都达到一定水平，对乡村旅游的消费偏好也因此而普遍提高。

首先，随着城市不断发展，市场群体逐步扩大。中国城市化率不断攀升，于 2010 年超过 50%（见图 2-6），预计在 2030 年将超过 60%。雾霾、高温、堵车、高房价、亚健康等大城市病愈加严重。受逐渐恶劣的城市环境影响，人们越来越向往乡野田园，间歇性、长期或半长期地逃离大城市成为一种潮流。因此乡村旅游客源群体大幅增加，2016年乡村旅游群体数量已经占到国内出游群体的一半。

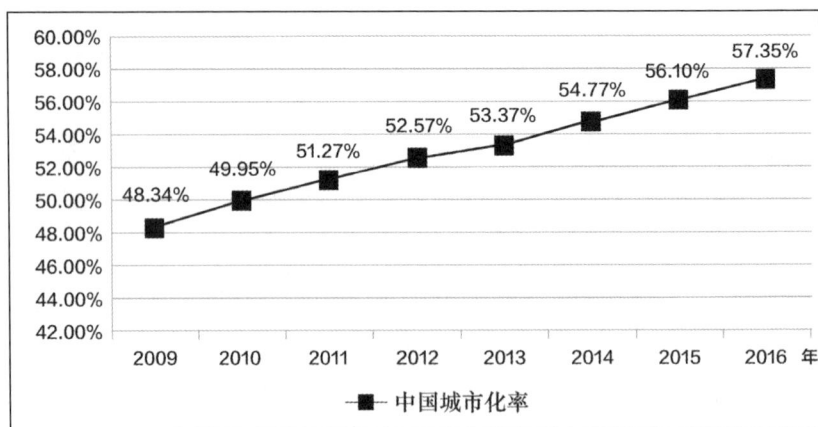

图 2-6　2009–2016 年中国城市化率

资料来源：国家统计局

　　十八大期间，国家为优化城乡发展格局而提出了新型城镇化战略，战略要求全面提升农村城镇化质量和水平，不是片面地追求城市空间扩张，而以提升文化和公共服务为中心，对于乡村地区的基础环境建设有着重要的推动作用，使乡村具有城市般的生活品质。环境和生活品质的提高弥补了乡村旅游发展的短板，将更有利推动乡村旅游市场需求的扩大。

　　其次，随着收入水平的攀升，消费偏好不断升级。消费结构升级是有规律的，过去30多年国家逐步满足了民众吃、穿、住、行、用五大基本需求，而随着收入水平和生活品质的提升，中国的消费结构正在向"学习需求、快乐需求、健康需求、安全需求、美丽需求"新五大需求方向升级。2016年中国人均GDP超过8500美元（见图2-7），已经从吃穿主导的温饱阶段步入服务主导的体验阶段，品质也成为游客选择旅游产品时优先考虑的因素之一。以乡村旅游为代表的非传统资源消费不仅能够满足传统需求的消费升级，同时也能够满足新五大需求的消费变化，是中国消费升级的重要承接者。乡村旅游产品也随着消费偏好的升级，向精品化、特色化发展，涌现出洋家乐、民宿、精品度假村等高品质产品类型。

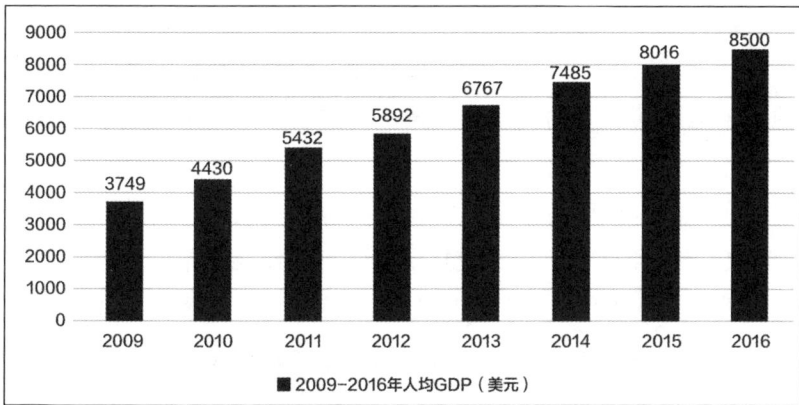

图 2-7　2009-2016 年中国人均 GDP（美元）

资料来源：中国国民经济与社会发展统计公报

（三）城乡统筹政策

至 21 世纪初，我国的城市先发优势越发明显，工业化进程逐渐进入中后期，而农业虽然在"三农"政策的扶持下得以发展，但由于农业自身潜力有限，城乡居民收入水平仍在不断拉大。而同时农村环境恶化，为农村发展敲响了警钟。

在这一背景下，党的十七大提出了"要统筹城乡发展，推进社会主义新农村建设"的要求，要把挖掘农业自身潜力与工业反哺农业结合起来，把建设社会主义新农村与稳步推进城镇化结合起来，加快建立健全以工促农、以城带乡的政策体系和体制机制，以最终实现城乡差距最小化、城市和农村共同富裕。这代表着我国的"三农"政策由只关注乡村产业经济发展和基础设施建设，向着城乡一体化融合发展转变，对于乡村地区的经济水平、生活质量和环境质量有了更高要求。

乡村旅游经历了近 30 年的发展，在提高农民收入和优化乡村环境方面起到的重要作用越发凸显，也因此在国家城乡统筹发展工作中受到重点关注。2013 年至 2017 年的中央一号文件中四次提及乡村旅游，从经营主体、开发模式、产业融合、基础设施和产品组织形式等方面做出相关要求，其关注内容逐步扩展和深化，尤其强调其在乡村扶贫和美丽乡村建设方面中的重要作用。

乡村旅游与扶贫开发。扶贫是为帮助贫困地区和贫困户开发经济、发展生产、摆脱贫困的一种社会工作，旨在扶助贫困户或贫困地区发展生产，改变穷困面貌。中国由于历史的和自然的原因,各地区之间和地区内部的经济发展不平衡,乡村贫困地区的生产力发展十分缓慢。旅游扶贫是一种借助旅游经济增加贫困地区"造血功能"的开发式扶贫,乡村是旅游资源富集地,更是扶贫开发的重要载体。

我国在 20 世纪 80 年代中期就已提出旅游扶贫政策,但并未大规模落实。2009 年国家旅游局正式成为国务院扶贫办领导小组成员单位,这一事件标志着乡村旅游在扶贫开发工作中成为中坚力量。2014 年,国家旅游局把乡村旅游扶贫工作列为全局重点工作之一,启动实施乡村旅游富民工程,组织各省区市旅游部门从全国 832 个扶贫重点县和片区县中挑选出 6130 个具备发展乡村旅游基本条件的行政村,作为乡村旅游扶贫工作重点村。为精准扶贫在浙江省湖州市设立了国家乡村旅游扶贫工程观测中心,并会同发展改革委等七部门启动乡村旅游富民工程,并联合下发《关于实施美丽乡村旅游富民工程推进旅游扶贫工作的通知》。

乡村旅游扶贫效果显著,国家乡村旅游扶贫工程观测中心统计数据显示,全国 2015 年建档立卡贫困村通过乡村旅游实现脱贫人口达约 264 万,占年度脱贫总人数 18.3%,通过乡村旅游方式使得农民人均年收入增收 39.4%,增收额达 2793 元。乡村旅游贫困人口就业贡献度(乡村旅游贫困人口从业人数/贫困人口从业人数)达 75.1%。扶贫观测点的乡村旅游经营场所 WIFI 覆盖率显著提升,乡村卫生状况明显改善,公共卫生厕所普及。

乡村旅游与美丽乡村建设。美丽乡村是我国新农村建设的升级版,"美丽"二字不仅体现在经济层面,更强调自然层面,也体现在社会层面,它不但要求经济发展,人民富裕,更要保护乡村的生态环境、生态平衡、环境美化,而且需要社会和谐,精神文明。

"美丽乡村"的理念最早出现在地方实践中。2008 年浙江省湖州市安吉县正式提出"中国美丽乡村"计划,并出台《建设"中国美丽乡村"行动纲要》,提出在十年左右的时间将安吉县打造成中国最美乡村。此后,这一计划得到广泛响应,浙江、广东、海南等省市县纷纷提出"美丽乡村"建设计划。

在地方实践的推动下,"美丽乡村"正式进入国家发展政策。2013 年的中央一号文件中提出,要加强农村生态建设、环境保护和综合整治,努力建设美丽乡村。同年启动了"美丽乡村"创建活动，对外发布美丽乡村建设十大模式（产业发展型、生态保护型、城郊集约型、社会综治型、文化传承型、渔业开发型、草原牧场型、环境整治型、休闲旅游型、高效农业型），为全国美丽乡村建设提供范本和借鉴。2014 年出台的《国家新型城镇化规划（2014-2020 年）》更是明确提出要建设各具特色的美丽乡村。

乡村旅游与美丽乡村建设具有共享资源、共同推进的重要关联性，美丽乡村为乡村旅游提供了更好的旅游发展平台，而乡村旅游为美丽乡村带来了经济发展的潜力。充分发挥乡村旅游业在美丽乡村建设中的优势地位和引领作用，带动乡村经济社会的综合发展，是促进美丽乡村建设进一步深入和可持续发展的重要途径。

在美丽乡村建设的框架下，乡村旅游与乡村产业相融合，极大地丰富了乡村旅游产品的形态。如"乡村旅游 + 文化"产生乡村文创基地、乡村工坊，"乡村旅游 + 美食"产生的美食村、美食街，"乡村旅游 + 交通"产生的绿道、风景道，以及"乡村旅游 + 教育"产生户外亲子课堂等产品等。

受政策鼓励，外部企业、外部资本和外部人才开始进入乡村，经营模式进一步深化和丰富，湖州裸心谷、"上海村"、三亚玫瑰谷和北京古北水镇是比较典型的代表。普通农民个体经营和村集体经营模式规模扩大，由于政府的支持和思维的解放，经营科学性和效益性都得到了提升。政府作为主要管理者，也部分加入了乡村旅游的经营，如贵州千户苗寨的开发模式中，政府在旅游规划、管理、收益等方面占据主要地位，并发动村民积极参与乡村旅游，是典型的政府主导模式。

另外，伴随着高铁、高速公路、航空大众化以及互联网的大发展，城乡之间的区位差异不断弱化，过去乡村区位劣势成了发展优势。上个阶段城市、景区、自成目的地周边大量的乡村旅游点兴起后，点与点之间的交通连线逐渐发展起来，部分交通线本身也成为旅游产品，如乡村绿道和乡村沟域等。点轴体系发展使得乡村旅游空间网络日日益完善，全域化格局显现，出现了如琼海、婺源、湖州等全域型乡村旅游目的地。

综上，对于此阶段乡村旅游业发展可以做出以下几方面的归纳。

市场方面：客源群体数量大幅增加，截至 2016 年，乡村旅游群体数量已经占到国内出游群体的半壁江山；同时消费需求普遍升级，好产品成为游客出行的重要动力。

产品方面：乡村旅游与文化、美食、交通、教育等产业融合，产生新业态产品，如乡村文创基地、乡村工坊、美食村、绿道、风景道、户外亲子课堂等。同时文化创意注入传统产品，品质升级得到关注，这个时期出现的洋家乐、民宿、精品度假村等都是典型代表。

空间方面：在过去点状分布的乡村旅游产品之间，借助交通线路形成轴线，并由轴线联动实现空间上的全域发展。

运营方面：企业主导和混合经营模式在这个阶段大量出现，并且在不断探索和深化。政府主导模式在某些特定资源的开发和保护上得到了应用。原有普通农民个体经营和村集体经营模式规模扩大，经营科学性和效益性都得到了提升。

管理方面：在战略政策的引导、行业政策的深化等方面加大了力度。国家美丽中国、新型城镇化、农业文件政策、乡村扶贫等都在战略政策层面明确了乡村旅游的地位和作用；旅游发展政策更是明确了乡村旅游的重要性，从提出发展到引导产品类型、发展方向、经营模式、金融支持等方面逐步深化，也出台了专项的乡村旅游发展规划。

【思考题】

1. 简述圈地运动、工业革命以及文艺复兴运动在乡村旅游活动的产生与发展中所起的作用。

2. 简述乡村旅游业的产生与发展阶段乡村旅游的主体特征和产品特征。

3. 简要说明 20 世纪 70 年代初 -90 年代末，世界乡村旅游业的快速发展阶段市场需求特征与动因。

4. 概括世界乡村旅游发展进程中主体变迁规律、市场特征规律及产品演变规律。

5. 中国乡村旅游分为哪几个阶段？每一个阶段划分的主要依据是什么？各阶段有哪些标志性事件？

6. 中国乡村旅游发展的市场需求导向阶段有哪些发展特征？

7. 中国乡村旅游发展的消费升级带动阶段有哪些发展特征?

8. 简述中国乡村旅游发展过程中乡村旅游经营主体的变迁状况及变迁背景。

9. 选择某一乡村旅游发展较为成熟的地区, 收集该地区与乡村旅游发展相关的资料, 对该地区乡村旅游发展过程进行阶段划分, 并简要说明划分依据。

【参考文献】

[1] C. M. Hall. Wine Tourism Around the World : development, management and markets. Elsevier, 2002.

[2] Department for Culture, Media & Sport. Tomorrow's Tourism: a growth industry for the new Millennium.

[3] DEFRA. Report on the Economic Position of the Farming Industry. 2003. http://statistics.defra. gov.uk/esg/reports/repfi.pdf.

[4] England Research, Rural and Farm Tourism. VisitBritain2004, 2005(6).

[5] G. Caire, M. Roullet. L'évolution du tourisme rural en France. Séminaire international sur les jumelages et la coopération des villes dans le domaine du tourisme rural, POPRAD (Slovaquie) : 1998(12).

[6] G. Canoves, M. Villarino, G. K. Priestley, A. Blanco. Rural tourism in Spain: an analysis of recent evolution. Geoforum 35 (2004) 755–769.

[7] Hall, T. E.; Shelby, B. 1998. Changes in use of three Oregon, USA wildernesses. Environmental Management.

[8] Holdnak, A., Pennington-Gray, L., A., Case Study Florida's Orange Groves, P&R, Pages 146- 156, September 2000.

[9] K. L. Sidali, A. Spiller, B. Schulze. Food, Agri-Culture and Tourism - Linking Local Gastronomy and Rural Tourism: interdisciplinary perspectives. Springer, 2011, p165.

[10] Michael Tracy, Government and agriculture in Western Europe, 1880-1988, New York, Harvester Wheatsheaf, 1989, p215.

[11] M. Bonneau. Tourisme et loisirs en milieu rural en France: bilan de trente ann··es de recherches g··ographiques. Revue de geographie de Lyon, vol.

59, n¡1 -2, 1984. pp. 51-61.

[12] 端木美等．法国现代化进程中的社会问题：农民·妇女·教育．第 98 页．

[13] 华国柱，世界农业机械化发展回顾和动向．世界农业，1992(5):49-50.

[14] 李天元．旅游学概论 [M]．天津：南开大学出版社，2014：23．

[15] 梁芷铭，吴雪平．欧盟共同农业政策分析．世界农业，2014(11).

[16] 焦丽荣．二战后英国发展农业的政策和措施．山东农业：农村经济版，1997(5):12-13.

[17] 乔尔·科特金，JoelKotkin．全球城市史．社会科学文献出版社：2006.

[18] 山田耕生．日本の農山村地域における農村観光の変遷に関する一考察．共荣大学研究论集，第 6 号，p13-25, 2008.

[19] 松井和久，山神進．一村一品運動と開発途上国：日本の地域振興はどう伝えられたか．アジア経済研究所，2006.

[20] 吴志强，李德华．城市规划原理（第四版）．中国建筑工业出版社：2010.

[21] 张君琳．田园情结：西方风景画产生的一个重要原因．艺术百家，2007，23(a02):52-54.

[22] 张文伟．论二战后日本小农体制与农业现代化．上饶师范学院学报，2001(4):48-53.

[23] 周维权．中国古典园林史 [M]．清华大学出版社，2010.

参考网站：

Website of Gîtes de France. Historique, les grandes dates Gîtes de France. https://www.gites-de-france.com/historique-gites-de-france.html.

Site of Les plus beaux villages de France. Les plus beaux villages de la Terre. http://www.les-plus-beaux-villages-de-france.org/fr/les-plus-beaux-villages-de-la-terre.

Site of National Farmers' Federation. Tourism and agriculture sow the seeds to support regional Australia. 12 July 2016. http://www.nff.org.au/read/5350/tourism-agriculture-sow-seeds-support-regional.html.

第三章 乡村旅游者

【学习目的】

通过本章的学习，让学生了解乡村旅游者的概念，掌握乡村旅游者的特征，熟悉乡村旅游者的主要类型；熟悉乡村旅游者的主要动机，掌握影响乡村决策动机的主要因素；了解乡村旅游空间行为的近距离性，掌握乡村旅游者空间行为的主要模式，并熟悉乡村旅游者空间行为的尺度划分和主要特征。

【学习内容】

1. 乡村旅游者

乡村旅游者的界定；乡村旅游者的特征；乡村旅游者的主要类型。

2. 乡村旅游者的旅游动机

乡村旅游需要；乡村旅游者主要动机；影响乡村旅游者决策动机的主观因素和客观因素。

3. 乡村旅游者空间行为

乡村旅游者空间行为的近距离性；乡村旅游者主要的空间行为模式；乡村旅游者空间行为的尺度划分和特征。

第一节 乡村旅游者

在上一章我们已经认识到，乡村旅游活动由人类最初的乡村旅行行为发展和演变而来。乡村旅游活动规模的扩大，使得外出乡村旅游的人群形成了具有足够规模的市场，从而造就出可以借以经营的商业机会。因此，不仅乡村旅游活动本身是乡村旅游者的活动，而且乡村旅游业的各项工作无一不是围绕适应和满足乡村旅游者的需要而进行。所以，认识乡村旅游活动的主体，了解乡村旅游者动机及决策的主客观因素，以及受这些因素影响而导致的乡村旅游者空间行为特征，便成了乡村旅游中不可或缺的研究内容。

一、乡村旅游者界定

联合国于 1963 年在罗马召开的国际旅游会议上对旅游者进行了界定，凡纳入旅游统计中的来访人员统称为"游客"（visitor），即指除了为获得有报酬的职业外，基于任何原因到非自己常住国家观光、访问的人。游客外出的目的可以是消遣活动，包括娱乐、度假、疗养、保健、学习、宗教和体育活动等，也可以是工商事务、家庭事务、公务、出席会议等，时间为一年以内。

乡村旅游者属于旅游者范畴，有学者基于旅游者定义，结合乡村旅游者的特征，提出了乡村旅游者的概念，即指到乡村旅游目的地进行观光游览、休闲度假、探亲访友、医疗保健、出席会议、购物、娱乐、参与节事活动，不通过所进行的活动而获取任何报酬的个人。

乡村旅游者是乡村旅游市场的主体，所有前往乡村地区进行旅游活动的游客都可以称为乡村旅游者。由于乡村旅游以乡野农村的风光和活动为吸引物，以都市居民为目标客户，故追求差异化体验的都市居民是乡村旅游的主要群体。与此同时，随着我国城乡一体化的发展和乡村居民文化生活质量的提高，乡村地区的居民也乐于体验不同的乡村环境，并逐步加入乡村旅游者行列。

二、乡村旅游者特征

乡村旅游者具有一般旅游者的共性，比如同是基于非惯常的环境，追求非惯常的体验，部分呈现非惯常的行为。但是由于乡村旅游通常是城市流向郊区的特定旅游活动，所以乡村旅游者在自然属性、社会属性以及出游行为方面会体现自身特性，对于这些特性的了解，有助于我们深入认识乡村旅游者，并以此为依据进行乡村旅游开发或管理。

在本节，我们从乡村旅游者基本属性理论出发，以能够取得的乡村旅游相关数据为基础进行剖析和解读。其中，国内乡村旅游者的研究以当下两个较为典型的大数据调研报告为基础[①]，国外乡村旅游者的研究则以英国、西班牙、

[①]中国旅游研究院：《"五一"小长假全国乡村旅游发展报告》；广东中建设计有限公司：《2015 年乡村旅游市场调研报告》

法国等地相关机构的研究报告、学者论文[①]作为依据作为参照进行讨论。在这里需要说明的是，由于乡村旅游统计自身的滞后性，本书所掌握的乡村旅游数据并不全面，但基本上可以满足我们对乡村旅游者做出一个相对合理的判断。

（一）基于自然属性的特征

我们参照人口统计学的基本变量及其与乡村旅游者的相关性，选取了性别和年龄两个属性因素，来认识乡村旅游者的基本特征。

在性别方面，总体上差异不明显。其原因在于，乡村旅游作为一种大众旅游方式，能够满足人们对于健康、休闲、愉悦的身心需求，这是所有性别游客的共同需求。而且通过数据来看，家庭和团体是乡村旅游主要客源群体形式，故而性别差异不大。但同时我们也能看到，在乡村旅游产品选择上，不同性别的游客存在不同的产品需求偏好，如女性更倾向于选择赏花、采摘、购物，而男性则更多倾向于选择攀爬、垂钓以及农耕等户外体验。

在年龄方面，国内外存在较大差异。通过两个报告的数据对比，我们可以发现，34 岁及以下青壮年群体是我国乡村游客源市场的主力军，55 岁以上老年群体是英格兰地区客群的重要组成部分，34 ～ 54 岁群体出游数量处于中游。我国 60% 以上乡村游客为 34 岁以下青壮年，而英格兰地区这一年龄阶段群体占比仅为 20%，不足中国的 1/3。同时数据显示我国乡村旅游者中 55 岁及以上的老年群体占比不足 8%，而英格兰地区老年游客占整个乡村旅游市场近40%，是乡村旅游客源市场构成的重要组成部分，如图 3-1 所示。

由此可见，相较于国外，我国中老年群体在乡村旅游者中所占比重相对较少，这与我国社会经济和旅游业发展的关系密不可分。一方面，中老年群体大多数经历了城市变迁，曾经参与或是体验过农村生活，对乡村环境的旅行活动并不热衷，很多人对于旅游的观念还处于观光阶段。表现为热衷于游览知名景区景点，偏向于团队出行以及更加新型时髦的旅游，如邮轮游等，注重旅行经历而忽略旅游质量；另一方面，这种现象与中国家庭传统有一定关系，我国中老年群体中的很大一部分出于亲情和家庭责任感，成为照看和抚育孙辈的主力军，相对而言减少了他们的闲暇时间。但随着我国人口结构的调整，加上生活

[①] 英格兰（Visit England, 2014）、苏格兰（Frochot I, 2005）西班牙（Molera L, 2007）、英国（UK Countryside Commission, 1997）、法国（FNSLA, 1989）

观念的改变，我国老年群体出游数量预计会大幅度增加，老年群体也将会逐步成为乡村旅游的重要客源之一。

年轻群体作为国内旅游出行的主力，依然会在一段时间内占据乡村旅游客源市场主要部分。随着社会经济发展、人民财富的积累及闲暇制度的调整，年轻人的出游半径将从近距离的"周末游"向更大区域范围延伸，可选择的旅行方式和内容也更加丰富。因此从总量上看，年轻群体在乡村游总体市场中的占比可能会有所下降，但是作为具有活力的群体，广袤、原生的乡村对他们依然有吸引力，因此年轻群体仍将是乡村旅游市场重要的组成部分。

此外，35～54岁的中年群体家庭和收入稳定，出行选择上更偏重于家庭关系的维护，度假型的乡村旅游是这部分群体的首选。中年群体的旅游消费内容更为丰富，消费品质更为关键，目前这类群体已经成为我国乡村旅游的中流砥柱，未来仍将构成乡村旅游市场最大的组成部分。

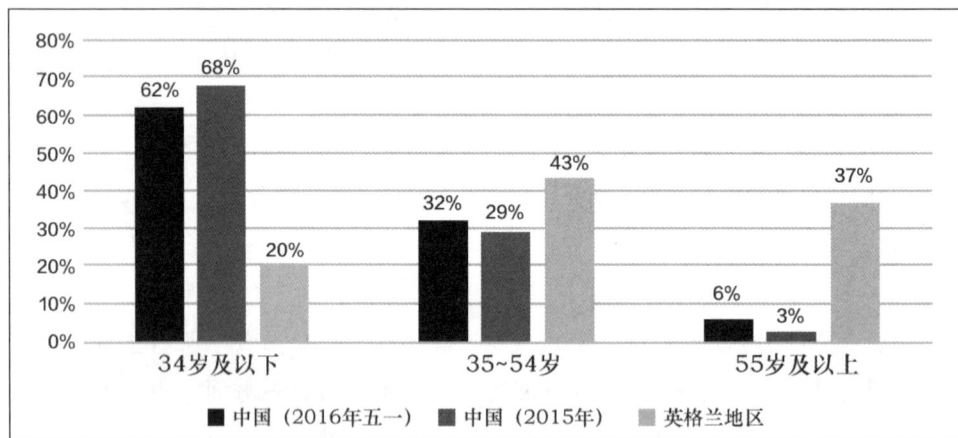

图 3-1　乡村旅游者年龄构成

来源：中国旅游研究院《"五一"小长假全国乡村旅游发展报告》、广东中建设计有限公司《2015年乡村旅游市场调研报告》、2015年英格兰乡村旅游报告

（二）基于社会属性的特征

社会属性是指在实践活动的基础上人与人之间发生的各种关系，自然属性是人存在的基础，社会属性则是人最根本的特性。我们从学历、家庭、经济收入三个社会属性因素来分析乡村旅游者的特征。

　　以高学历群体为主。数据显示[1]，我国乡村旅游者中,本科学历最多(49.8%)，占一半左右，硕士以上（23.8%）和大中专及以下游客（26.4%）比例相当。在整体客群中，本科和硕士等高学历游客合计占到了近统一表达（75%），这主要是因为高学历群体有更高的热情和兴趣去亲自感受世界，敢于去猎奇和发现新事物，同时一般高学历群体在收入上也相应有更好的保障，因此出游能力更强、体验深度更深，他们更愿意去大自然中发现，去乡村环境感悟、体会不一样的乡村度假生活。相对来说，低学历旅游者由于受视野和知识的局限，大多会选择观光游。

　　在家庭构成方面，更多的中国家庭选择带孩子参加乡村旅游，而英格兰地区家庭中更偏向于夫妻情侣参加乡村旅游。如图3-2所示，我们能够看出中英两国乡村旅游者在家庭构成上的不同，这与两国经济发展环境的不同密切相关。目前我国乡村旅游者主要集中在中大型城市，他们工作压力大、节奏快，家庭活动时间受到很大的影响。再加上城市生活与乡村自然的割裂，"四体不勤、五谷不分"几乎成了城市青少年的一个共性。家长们出于对孩子教育和身心健康的重视，在出游上越来越多带孩子同行，父母在自己的放松需求和家庭聚会需求得到满足的同时，可以有更多时间陪伴孩子。果蔬采摘、农活体验、健康

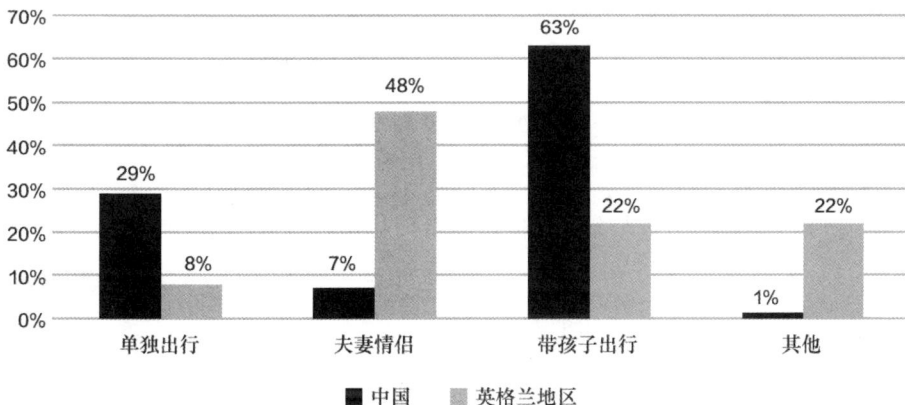

图3-2　乡村旅游者家庭构成

资料来源：广东中建设计有限公司《2015年乡村旅游市场调研报告》;Frochot I，2005

[1]中国旅游研究院：《"五一"小长假全国乡村旅游发展报告》

食品、户外娱乐等活动还可以让孩子接触和了解大自然。这种类亲子型家庭出游客群，由于家长更愿意为孩子买单，加上儿童消费更容易出现从众、好奇、喜新厌旧等心理，通常都拥有更强的乡村旅游消费力。

中高收入游客群体占比较大。如图 3-3 所示，参与乡村旅游的消费群体中收入在 6000 元以上的群体占到 64%，乡村旅游多位于郊区，能够参与乡村旅游的游客大部分是自驾出行，具备一定经济基础，愿意体验原生山水和文化以及有一定品质的服务，所以就目前来看参与乡村旅游的大部分为中高收入群体。但是随着国内整体收入的提升、城市化进程的推进以及公共交通的发展，将会有越来越多的人参与到乡村旅游，乡村旅游潜在消费群体会焕发更大的活力。

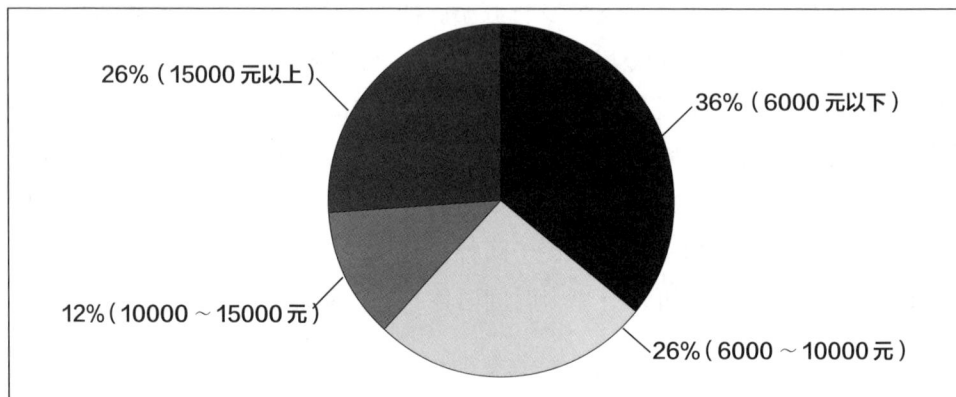

图 3-3　2015 年乡村旅游者月收入情况

来源：广东中建设计有限公司《2015 年乡村旅游市场调研报告》

（三）主要行为特征

在研究旅游者的行为特征时，我们通常会从出行方式、出游时间、出游频次、组织形式、消费偏好等方面分析，在本部分内容中，我们参考现有研究成果，结合能够取得的数据，从这几个方面进行描述和归纳。

出行方式首选是自驾游，其次是公共交通和其他交通方式。从图 3-4 可以明显看出我国选择小汽车（包括自驾、搭乘亲友车、出租车、租车）出行的比例达到了 72%，苏格兰地区选择小汽车出行的比例更是占到 89%。这是因为乡村旅游重游率高，自驾出行能够自行掌控出行时间，可出游的半径和范围也能够扩展。而且在我国的大部分地区，公共交通是滞后于快速发展的乡村旅游的，所以自驾出行的方式更加方便。随着乡村旅游快速发展，大量自驾群体对乡村的交通以及配套设施也构成很大的挑战，不少乡村旅游目的地出现了交通拥堵、停车占地、生态破坏等一系列问题，这些问题需要在今后的发展中得到解决。

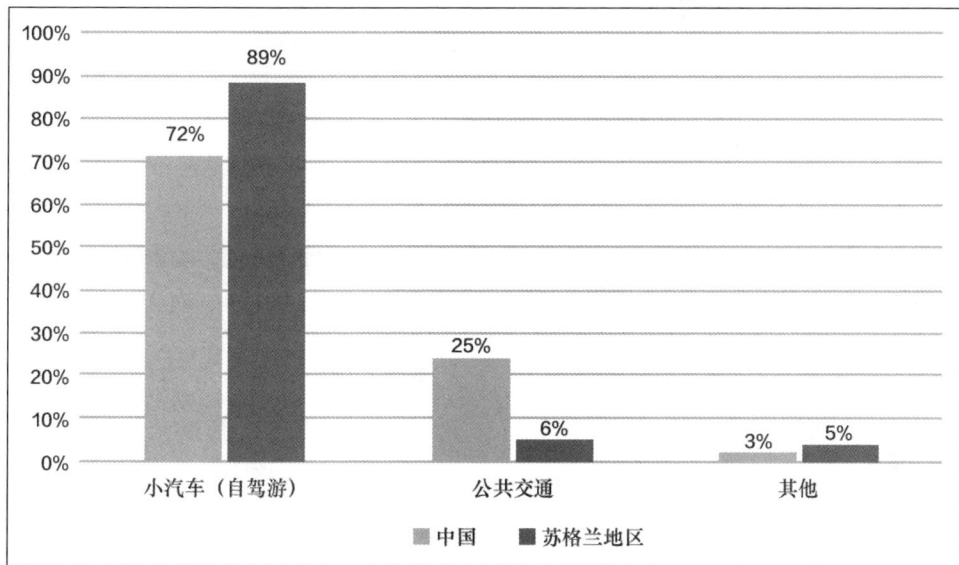

图 3-4 乡村游出行方式

来源：中国旅游研究院《"五一"小长假全国乡村旅游发展报告》

在出游时间方面，国内乡村旅游者平均每次出游时间达到 25 小时，苏格兰乡村旅游者近八成人群出游时间在一周以上，平均出游时间达到 7.9 天，如图 3-5 所示。国内外出游时间的差异主要是休假制度的差异造成的，目前我国乡村出游主要集中在周末或者小长假，带薪休假制度正在逐步完善，但需要时间去探索、落实和应用，而国外发达国家的带薪休假制度在"二战"之后基本完善，大量闲暇时间增加了乡村旅游的出行时间。对于国内来说，可以尝试增加周五下午出游时间，即加上周末的 2.5 天小长假，提高游客过夜率，增加旅游消费。

同时国内各区域出游时间也有较大差异，其中华东地区整体出游时间最长，西北地区整体出游时间最短，最大相差近 9 个小时。如图 3-5 所示，华东地区平均停留时间为 28.3 小时，排名第一，这不仅得益于长三角发达的经济水平，

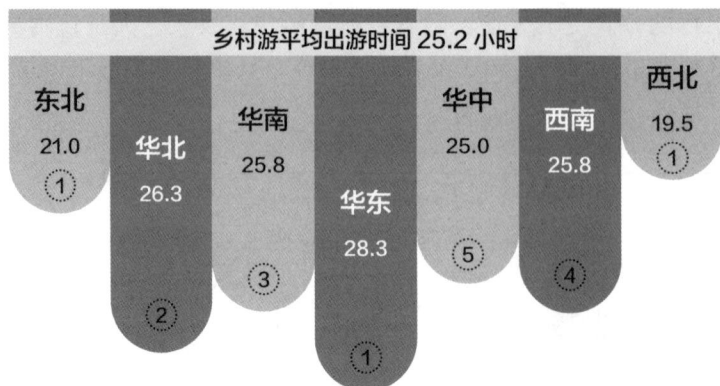

图 3-5　全国各地区乡村旅游单次出行平均出游时间对比（小时）

来源：中国旅游研究院《"五一"小长假全国乡村旅游发展报告》

还得益于其天然的乡村旅游环境基础，水网密布、鱼米充沛、气候宜人，是中国最适合发展乡村旅游的地区，因此长三角地区是中国乡村旅游发展较早也是较为发达的地区，因而平均出游时间最长，具有代表性的洋家乐、著名的滕头村以及悠闲的水乡古镇等都发源于此，成为中国受欢迎的乡村旅游度假地。对于排名第二的华北地区来说，巨大的京津冀客源市场成为乡村旅游重要动力，该地区利用具有特色的山地和民俗资源形成了斋堂、郭亮等一批国内知名的乡村旅游地，大大增加了游客的出游时间。同是经济发达的华南地区出游时间排名第三，主要由于工业和制造业的发展蚕食了乡村农业用地，乡村旅游发展略显缓慢。西北和东北地区整体时间偏短，其中新疆地区出游时间最短（12 小时），这与地区的经济和气候有很大关系，也与住宿设施、食宿接待和服务水平紧密相关。

　　综上，影响区域出游时间的主要因素是经济发展水平，其次是当地的资源基础，二者共同影响了区域乡村旅游者的出游时间。

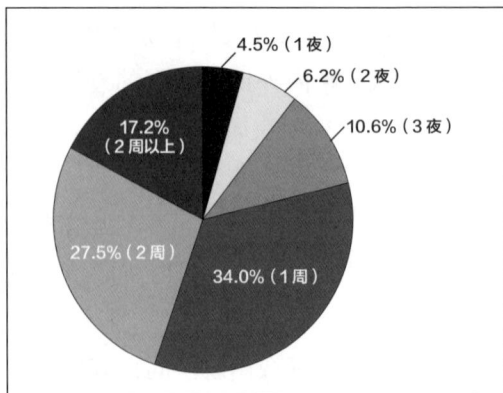

图 3-6　苏格兰乡村旅游者逗留时间分布

来源：Frochot I，2005

　　在出游频次方面，国内乡村旅游者单次出游时间较短，出游频次较高；苏格兰地区大部分乡村旅游者单次出游时间较长，出游频次较低。如表 3-1 所示，国内以每年出游 1 ~ 3 次者居多，未出行者占比超 1/3，出行在四次以上的也有一定比例（18%）；苏格兰情况则不同，由于单次出行逗留时间长，绝大多数游客出行频率在每年一次，而不出行及出行 3 次以上的比例均较小。这种乡村出游频次的差异性，很可能与两国的旅游发展阶段、假日制度和度假习惯等有一定关系，尤其是我国目前正处于观光、休闲、度假旅游综合发展的阶段，仍有一部分人以观光旅游为主要目的，他们更关注著名景点，乡村旅游对其不具备吸引力，所以全年都未参与乡村游的人也占有一定比例。

表 3-1　乡村旅游者出游频次

中国		苏格兰	
出游频次（次／年）	所占比例（%）	出游频次（次／年）	所占比例（%）
0	34.52	1	77.95
1	21.32	2	14.7
2-3	25.89	3	2.3
4-5	6.6	4	3.3
5+	11.68	4+	2.4

来源：广东中建设计有限公司《2015 年乡村旅游市场调研报告》，Frochot I，2005

　　在游客组织形式方面，国内乡村旅游群体中家庭或朋友结伴出游占主流，通过旅行社组团出游和个人出行占比较低[1]。数据显示[2]，37.44% 的调查者愿意选择 4 ~ 5 人进行乡村旅游，45.73% 的调查者倾向于 2 ~ 3 人出行，个人出行和 5 人以上出行占比较低；另有报告显示[3]，自助游是乡村旅游最主要的游客组织方式（89.92%），单位组织（3.88%）以及参加旅行社（0.78%）的游客比重很低，另有 5.43% 的游客选择其他方式出行。自助游、群体出游多主要因为乡村环境和活动是改善家庭环境和提升社交效果的重要途径，也是放松压力、体验生活的主要手段，同时较高的重游率也使得随心随机的自助出行更

① 庞兆玲，郑向敏 . 国内乡村旅游者旅游动机及消费行为研究综述 [J]. 企业活力 ,2011,(12):80-84.
② 中国旅游研究院：《"五一"小长假全国乡村旅游发展报告》
③ 广东中建设计有限公司：《2015 年乡村旅游市场调研报告》

为普遍，因此家人朋友结伴自助是乡村旅游出行方式的主流。而团队出行群体较少，主要是因为大部分乡村旅游点没有门票或者门票价格很低，旅行社无利可图，因此在线路设计中一般不安排乡村旅游；同时，游客去乡村主要是为了放松，旅行社组团、定时、固定计划等安排会影响到游客去乡村的休闲体验，所以乡村旅游者出行很少会选择旅行社。单位组织也是目前一类较大的乡村旅游群体，去乡村的集体活动或考察活动非常流行，但受统计群体数据来源的限制，这类群体在报告中的占比较低。

在消费偏好方面，国内外既有共性也有区别，如表 3-2 和表 3-3 所示。国内外乡村旅游者消费偏好的共性体现在品尝乡村美食、乡间漫步以及骑自行车、爬山等常见的乡间运动。这主要是由于原生乡村食材和宜人的乡村环境是国内外乡村旅游者出行的共同动力。此外，国内乡村旅游者更愿意欣赏田园风光，这与中国所处的观光、休闲、度假综合发展的阶段有关，观光还是国内乡村旅游者重要的旅游方式；由于乡村与城市文化差异较大，对于城市旅游者来说，他们更愿意观看乡村味道的旅游活动，因此乡村文化更有吸引力，比如民俗表演、乡村漂流、干农家活、乡村垂钓及节庆活动等，这与中国城乡二元结构相关。苏格兰乡村旅游者更愿意访问历史古迹等人文度假体验类活动这与国外旅游已经进入度假阶段有关。另外，国外乡村旅游者还更愿意参与爬山、高尔夫、骑马、水上运动、攀登、钓鱼、射击等各类体育活动，因为欧洲的城市和乡村整体经济发展水平差别不大，人们更愿意去乡村环境体验一些具有城市特点的旅游活动。

表 3-2　国内乡村旅游者最愿意参与的乡村旅游活动排名

旅游活动名称	百分比 %	排名
品尝农家美食	45.19	1
乡间漫步	44.18	2
漂流	37.17	·3
民俗风情表演	36.11	4
观赏田园风光	34.14	5
骑自行车	33.13	6
访问历史古迹	32.12	7
爬山	29.15	8

旅游活动名称	百分比 %	排名
野营	26.18	9
购买民间艺术品	21.19	10
采摘农产品	21.13	11
购买地方特产	19.17	12
参加农村节庆活动	16.19	13
垂钓	10.14	14
干农家活	8.12	15
其他	/	/

来源：胡绿俊；文军，乡村旅游者旅游动机研究 商业研究 2009/02

表3-3　苏格兰地区乡村旅游不同细分游客群的活动偏好

活动类型	积极型（39%）	放松型（13%）	观览型（35%）	乡村型（13%）	平均
自驾出行/郊游	86.8	72.7	87	82.9	82.3
访问古迹	75.6	71.4	75.5	81.6	76
美食	76.9	70.1	76.4	75	74.6
短途散步 (3 英里以内)	73.1	67.5	75.9	68.4	71.2
游客中心	65.3	50.6	67.6	56.6	60
野餐	38.8	22.1	42.1	35.5	34.6
长途步行	42.1	16.9	33.3	38.2	32.6
个人和家庭事务旅游 (VFR)	23.6	24.7	25	28	25.3
自然学习	23.1	13	24.1	15.8	19
骑自行车	15.3	7.8	6.5	15.8	11.3
打高尔夫球	7	18.2	6.9	6.6	9.7
骑马	9.1	6.5	1.9	9.2	6.7
水上运动	6.2	9.1	5.6	3.9	6.2
攀登	10.3	3.9	4.2	6.6	6.2
钓鱼/射击	8.3	7.8	5.1	2.6	5.9

来源：I. Frochot，2005

三、常见的乡村旅游者类型

由于研究角度和研究目的不同，人们所使用的划分标准难免会有所差异，所划分出来的乡村旅游者的类型也不尽相同。从乡村旅游业的实践来看，在对乡村旅游者进行分类方面，可供用作分类依据的变量很多，关键在于结合具体需求，从中选择某些最切合实际的变量作为划分依据。

（一）常用的基本分类

乡村旅游者的分类与旅游者类似，因此我们参考了《旅游学概论》（第七版）中的分类方法，根据停留时间、来源地域、来访目的和组织活动方式对乡村旅游者做基本分类：

根据停留时间：过夜者与不过夜的旅游者（一日游游客）

根据来源地域：国内旅游业者与国际（入境）旅游者

根据来访目的：消遣型旅游者、商务型旅游者及探亲型旅游者（VFR）

根据组织活动方式：团队旅游者与散客旅游者

当然，这些仅是作为初步划分的基础分类方法，更为精准的市场细分需要综合考量多种变量，而非仅仅依据某一变量而进行单纯的市场划分。大家可以选择参考旅游市场细分变量（表3-4），对乡村旅游者人群做进一步的划分，目的在于识别出本组织或本目的地所感兴趣的客源市场的具体特征。

表 3-4　旅游市场细分的基本变量

变量	因子	指标或列举
A 地理细分变量	A1 区域	南部诸州、中西部、大西洋沿岸诸省
	A2 市场区	都市、郊区、乡村
	A3 城镇规模	1 万以下、1 万～2 万、2 万～2.5 万、2.5 万以上
	A4 人口密度	都市、郊区、乡村
B 社会经济与人口学变量	B1 年龄与阶段	1～4 岁；5～10 岁；11～18 岁；19～34 岁；35～49 岁；50～64 岁；65 岁以上 青年、青少年、已婚、未婚
	B2 教育	初级、中级、大学等
	B3 性别	男、女
	B4 收入	5000 美元以下、5000～10000 美元、10001-15000 美元等
	B5 房屋拥有权变量	房屋拥有者或租赁者、居住类型、家庭流动性
	B6 家庭规模	1～2 人、3～4 人、4 人以上
	B7 家庭结构	年轻型、已婚型、无孩型、单身型
	B8 职业	专业与技术人员、职员、销售员等
	B9 种族、民族与宗教信仰	新教、天主教、伊斯兰教，其他

（续表）

变量	因子	指标或列举
C 心理分析变量	C1 社会阶层	上层、中层、下层团体法细分，多达近 50 类
	C2 人格特征	雄心型、独断型、冲动型
	C3 生活方式	保守型、解放型
D 行为变量	D1 旅行收益细分	方便性、可达性、声望、经济价值、求变
	D2 品牌忠诚度	未忠诚、中等忠诚、强忠诚、绝对忠诚
	D3 信息状态	未意识、有意识、有准备、感兴趣、强欲望
	D4 对区域旅游地的态度	热心、积极、不关心、反对、仇视
	D5 产品使用量	非使用者、少量、中等、大量使用者
	D6 效用细分变量	货品或服务对顾客有什么用？

资料来源：据 Mill 和 Morrison，1985:363;Foster,1985:218；届云波等，1999，第 3 章

（二）基于访问目的的乡村旅游者类别划分

在本节中，我们参考世界旅游组织的惯常做法，依据乡村旅游者的出游目的，将其划分为三种基本类型，即消遣型旅游者、因公型旅游者和因私型旅游者。这里对乡村旅游者做如此分类，主要是为了便于分析和认识这些常见的旅游消费人群的市场特点。

1. 消遣型乡村旅游者

从总体上讲，消遣型乡村旅游者通常具有以下特点：

① 人数多，比重大

在全部乡村旅游者总量中，消遣型乡村旅游者人数最多，所占比重最大，这一点可以从国内外对不同乡村旅游者出游目的的调查中得出。

2016 年五一期间，我国乡村旅游者的出游目的包括亲近自然、放松身心、与亲友增进感情、寻找乡村美食、亲子游、体育健身、棋牌娱乐等（图 3-7），消遣型活动内容的占比超过 90%。

而通过对英国和法国乡村旅游者的调查，发现其主要出行的目的是追求健康、和平安静、呼吸新鲜空气和放松幸福（图 3-8），这些也都是消遣型的旅游活动。

因此，不管国内还是国外，以消遣为目的的乡村旅游者都是占绝大多数的。

② 拥有较大程度的选择自由

在对出游目的地、旅行方式以及对具体出游时间的选择方面，消遣型乡村

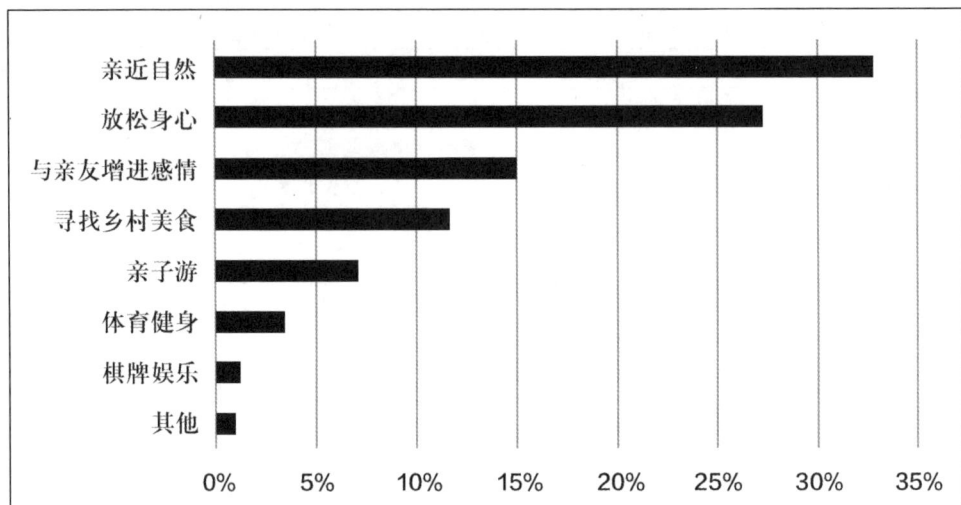

图 3-7 2016 年五一我国乡村旅游出游目的

来源：中国旅游研究院《"五一"小长假全国乡村旅游发展报告》

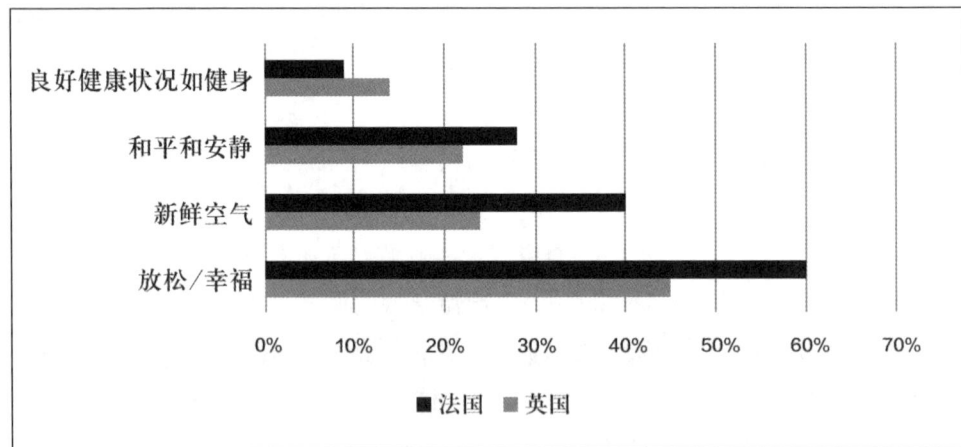

图 3-8 法国和英国乡村旅游出游动机调查

来源：①英国农村委员会 (UK Countryside Commission) 1997，② FNSLA, 1989

旅游者拥有较大的选择。例如在得知某个旅游目的地出现安全问题，或旅游接待工作质量下降，或旅游产品提价过高的情况下，消遣型乡村旅游者很可能会临时改变出游计划，转而另选其他的旅游目的地。此外，在具体的出行时间上也是一样，由于消遣型乡村旅游者多为散客，其中 70% 以上会选择自驾出游，受时间的限制并不严格，所以不少人会有一次"说走就走"的旅行，如果出游时遇到天气问题，消遣型乡村旅游者也很可能会临时决定推迟出游时间。在目的地的选择上，消遣型乡村旅游者也更加自由，比如自驾出行过程中，遇到感兴趣的风景则可以停下来露营。但也正因为消遣型旅游者的选择自由度大，这类游客也是同类旅游目的地和企业之间竞争最激烈的市场部分。

③出游活动的季节性强

消遣型乡村旅游者的出游活动季节性很强，这主要是因为，除了退休者以外，所有在职人员几乎都是利用休假时间外出旅游。目前我国带薪休假制度还尚未完善，乡村旅游者出行主要集中在双休日、小长假和黄金周，所以会有假期的季节性。此外，由于乡村旅游资源的季节性较为突出，不同季节的景致各有特色，同时乡村物产的时令性也较强，这就使得乡村旅游者的活动具有很强的季节性。

④结伴出游现象显著

乡村旅游是维系关系和联络感情的重要途径，因此消遣型乡村旅游者一般以家庭出行和亲朋好友的组团出行为主，这点通过对前面乡村旅游者行为特征的分析可以得出。消遣型乡村旅游者对于活动空间有一定的要求，他们更青睐相互结伴在户外露天的草地、缓缓溪流的河边、绿意灵动的山林，与大自然亲密接触、聚会休闲、畅谈人生。这类旅游者对于住宿设施，也有集中性的需求，通常更加青睐家庭房或是多人可以住在一起的别墅木屋。

⑤价格敏感

一般地讲，由于是自费，消遣型乡村旅游者大都对价格比较敏感。他们在选择出游目的地或选购旅游产品时，往往都会就价格进行纵向和横向的比较。如果他们觉得目的地旅游产品过于昂贵，则会拒绝前往该地，而另选择其他的同类旅游目的地。此外，消遣型乡村旅游者更关心货真价实，价有所值。目前有不少乡村旅游商品在包装、品质和品牌上下功夫，虽然价格提升了，但是消费者觉得物有所值，也会愿意为此买单；如果乡村旅游者觉得某次出行活动内容和服务与价值不匹配，则会直接影响到其下次出行。正是有了这项特征，因此无论是对于一个旅游目的地，还是对于一个旅游企业，其定价策略与其产品竞争力也都高度相关。

2. 因公型乡村旅游者

在旅游业里，以商务人员为典型代表的因公差旅型旅游者是重要客源之一，但是在乡村旅游者中，因公差旅型的旅游者很少。因为差旅人员的商务活动一般会集中在经济较为发达的城市。但乡村旅游者当中也存在很多因公型旅游者，不少政府机关、企事业单位出于增强团队凝聚力以及提升业务能力的目的，组织员工集体出游，这类群体的团建活动在乡村旅游的早期就已经出现，是乡村旅游者的重要组成。

与消遣型乡村旅游者相比，因公型乡村旅游者的市场特点包括：

①有组织的团队出行

因公型乡村旅游者参与的活动主要有两类，因此因公型乡村旅游者也主要分为两类。

一类是政府和企事业单位组织的团建活动。其中以强化企业凝聚力和奖励先进为主要目的的旅游活动，旅游者参与形式较为丰富，主要包括参与户外游览观光活动、集体拓展娱乐活动、乡村文化度假体验活动等；而以召开专业会议探讨议题为主要目的的旅游活动，旅游者参与形式则是以会议活动为主，会后会参与简单放松的旅游项目。在北京、上海、成都等城市的周边，因公型乡村旅游者非常多，大城市紧张的工作节奏让这些城市的单位乐于选择乡村开展促进交流的活动，以更好地激发员工活力。

另一类是从事旅游行业的政府、企事业单位组织的考察调研活动。为了能够学习先进的乡村旅游企业开发或政府管理经验，单位会组织员工考察调研，旅游者参与活动的形式主要是有目的观光游览、体验尝试，交流座谈，学习培训等，活动结束后还会有相应的总结任务。这种类型的旅游者是伴随着乡村旅游快速发展而兴起的，大众化、多元化、品质化的需求使得学习先进、提升自我成为一种潮流，一些乡村旅游发展的先进典型变成了热门的因公旅游者目的地，包括洋家乐发源地德清县、陕西咸阳的袁家村，不仅是普通游客的热门目的地，每年还需要接待超过 500 批次的考察人员。

与消遣型旅游者相比，因公型乡村旅游者的显著特点是有组织的团队出行。对于第一类因公乡村旅游者，一般由政府、企事业单位自行组织，并与目的地管理机构确定出行活动方案，也有大型单位会指定团建组织单位或会议培训单位进行整体活动方案的设计和落实。对于第二类因公乡村旅游者，主要是政府、企事业单位自行组织，与先进乡村旅游目的地的接待部门做好对接，目前也有一部分先进乡村旅游目的地成立了专门的接待培训机构，专门为这类客源市场提供服务。

②出行活动的自由度相对较小

因公型乡村旅游者的出行目的地的决策权大多在单位管理者，而且对于大多数单位来说，他们不会选择重复性的旅游目的地。绝大多数活动的参与者拥有一定的建议权，但大多只是作为参考。因此，对于各个旅游目的地来说，在面向这一人群争取客源的时候，更加注重目的地能否满足团队建设的需求，需要采用更多精准直达管理者的营销手段。当然，也有不少大中型企业会选择固定的目的地作为企业员工活动和会议的场所，这是在乡村旅游目的地的硬件设施水平、团队服务能力、公关维护能力的叠加下，形成的长期稳定优质客源。

③出游活动无季节性

因公型乡村旅游者的出行是出于团队建设和业务提升的需要，因而其出行活动通常没有季节性，出行时间的选择较为灵活。以团建为目的出游一般为短程，一天半左右、住宿一晚，或是一天往返、不住宿，所以选择的出行时间会集中在周五、周六，或者周六、周日。而以开会和考察为目的的出游，则没有固定出行时间。如果说这一市场的需求量也存在波动，那便是在旅游度假需求的旺季，他们外出的活动的可能性反而较低，因为他们此时很可能也要同家人一起度假。

④价格敏感度低

因公型乡村旅游者对待价格一般不太敏感。这是因为他们的活动并非自费，另一方面是因为他们没有选择和更改目的地的自由。组织单位一般会在前期明确相关的价格标准范围，即使既定目的地的旅游服务价格出现较大幅度的上升，他们仍会前往。当然如果该地旅游产品价格升幅过大，超过了其所属组织或企业愿意承担的限度，组织者也有可能选择其他目的地出行。

3.因私事务型乡村旅游者

与消遣型乡村旅游者和因公型乡村旅游者相比，因私事务型乡村旅游者的市场特点包括：

①出游活动无季节性

在出游时间上，他们中虽有不少人利用带薪假期探亲访友，但相当多的人选择传统节假日外出探亲，而各国传统节假日又不尽统一。此外，有些家庭及个人事务的办理，如去乡村出席亲友婚礼等，都有一定的日期限制，因此这类人员外出旅行的季节性较小。就此而言，他们与因公型乡村旅游者有共同之处。

②出游目的性强

因私出行的乡村旅游者一般有明确的出行目的，比如同学聚会、好友婚礼、结业典礼、拜访学习等，在主要目的事项处理完成后会顺带进行乡村旅游活动。例如，有不少人去乡村参加婚礼后，会在周边做短暂的休闲停留，这是主要目的之外的旅游活动。

③对价格不敏感

因私型乡村旅游者由于有特定的出游目的，没有选择旅游目的地的自由，因而他们对出游的价格不敏感，无论价格高低，他们都会前往目的地，这一点与因公型乡村旅游者较为相似。

第二节　乡村旅游者的旅游动机

在上一节中，我们界定了什么是乡村旅游者，并对乡村旅游者进行了画像。虽然从乡村旅游者的概念中似乎能够得出"人人都可以成为乡村旅游者"的推论。但在现实生活中，我们常常发现，并非所有的人都会参与或经常性参与乡村旅游，也就是说并非人人都能自动成为乡村旅游者。这就需要一定的"触发条件"，让潜在旅游者产生乡村旅游需求，并最终付诸行动，成为乡村旅游者。这些"触发条件"就构成了乡村旅游者的旅游动机。那么，乡村旅游的需求如何转化为引发行为的动机？乡村旅游者的旅游动机有哪些类型？乡村旅游动机如何激发而产生乡村旅游行为？这些都是本节要重点探讨的问题。

一、乡村旅游动机

（一）乡村旅游需要与动机

需要（need）是人和社会的客观需求在人脑中的反映，是个人心理活动与行为的基本动力。当人们在生存和发展中遇到有关条件不足时，就会出现不平衡的状态，而需要就是为了消除这一状态产生的内部驱动力。例如当人们口渴了，就会产生对饮水的需要，生活在人类社会中的个体会产生与人交往的需要。需要可以推动人们从事某种活动，以满足人们生理或社会的要求。

人在生活中逐渐形成和发展出了许多不同的需要，旅游需要就是其中之一。旅游需要属于人类总体需要中的一个方面，同时又是一种综合性的需要。因此人们的旅游需要也是多种多样的。在一个人的旅游需要中，可能同时包含有对于饮食、安全、休息、求知、审美、交往、自我实现等多种需要的内容。乡村旅游需要属于旅游需要的一种，是特指进行乡村旅游活动的旅游需要。

动机（motivation）则是指能引起、维持一个人活动，并将该活动导向某一指标，以满足某种需要的念头、愿望、理想等。动机是个体内在过程，行为是这一内在过程的结果。但通常行为与动机之间并非一一对应，而是相互交织的复杂关系。一方面，同样的动机却导致了不同的行为，而同样的行为又可以由不同的动机来引起；另一方面，由于人们的需要也是多样化的，因而一个行为往往受多种混合的动机来支配。

把以上关于"动机"的概念推而广之，我们可以认为，乡村旅游动机是引发、维持个体的乡村旅游活动并将这一行为导向旅游目标的心理动力。乡村旅游是人们的一种实践活动，它需要有一种力量来加以激发和推动，这样乡村旅游者就会向着预定的目标，调动其内部力量来实现这一活动。乡村旅游动机是建立在个体产生乡村旅游需要的基础上，来推动个体为实现其需要而进行各种努力。

乡村旅游的需要和动机不可拆分。事实上，动机是在内驱力和诱因两方面相互作用下而产生的。内驱力建立在需要的基础上，是驱使个体产生行为的内部动力，与需要大致呈正相关。如在城市久居会使个体产生一定的紧张和压力，为了求得解脱以获取内部的稳定，个体就会产生前往乡村的内驱力，并最终导致个体产生较为强烈的乡村旅游动机。除了内驱力外，外部诱因也是引起个体旅游动机的重要因素。外部诱因包括乡村旅游的客体，即乡村旅游目的地的条件，以及乡村旅游主客体所处的社会经济环境条件，在外部诱因的刺激下，个体也能充分调动乡村旅游需要，产生潜在的乡村旅游积极性，从而实现乡村旅游的行为。

（二）乡村旅游者的主要动机

学者们对旅游动机有着深入研究。如美国学者罗伯特·麦金托什（Robert W.McIntosh）将旅游动机分为身体健康的动机（physical motivators）、文化动机（culture motivators）、人际动机（interpresonal motivators）和地位与声望方面的动机（status and prestige motivators）等。日本学者田中喜一将旅游动机也归为四类：心理动机、身体动机、精神动机和经济动机等。

乡村旅游者的出游动机多种多样，与普通旅游者有着一定的共性，这一共性可以在乡村旅游市场调研数据中得以体现。从上节图3-7、3-8和本节图3-9中可以看出，中国和国外乡村旅游者的出游动机集中在缓解生活压力、追求清新环境、探寻异地文化和增进家庭关系等方面。

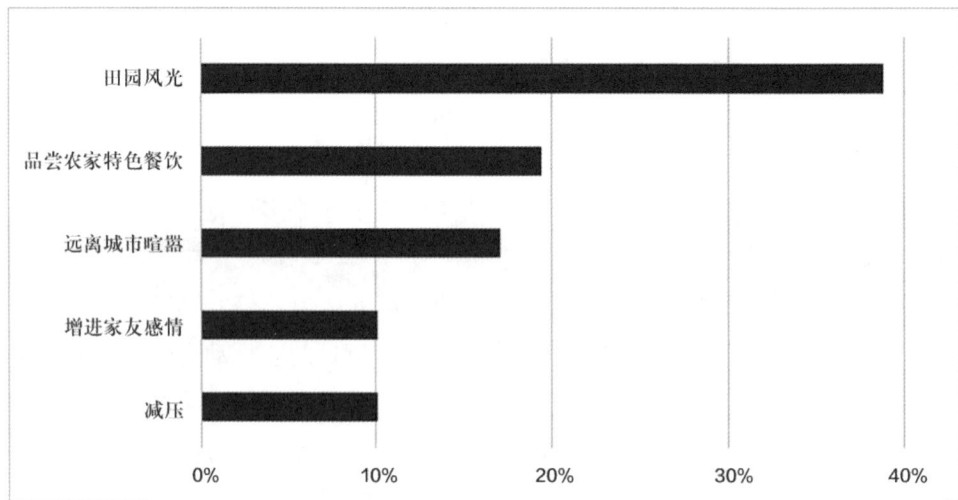

图3-9　2015年我国乡村旅游出游目的

来源：①英国农村委员会(UK Countryside Commission) 1997，②FNSLA, 1989

1. 缓解生活压力的需要

自农耕时代起，人们便日出而作、日落而息，过着恬静悠然、有条不紊的生活，而随着城市工业文明的快速发展，高强度、快节奏的生活方式打破了人们对生活的美好向往。城市化率越高，城市人群对田园生活的渴望就越迫切。在世界发达地区和我国城市化程度较高的城市，人们已经厌倦都市喧嚣的生活，人们需要逃避、需要放松、需要寻求和都市生活相反的放松方式。人们空前地渴求着返璞归真，亲近泥土，提升生存质量和改善生活方式。

而乡村自古就是贵族和帝王放松休闲和社交的场所，随着时代的发展，越来越多的都市人追求新生活方式的乐园。乡村完全不同于城市的惬意环境，能让人们暂时远离和忘却压力巨大的现实生活,乡村旅游的开发能够为人们描绘碧水蓝天、五彩田园、农耕劳作、欢乐乡趣以及品质乡居的美好图景,让人们在新的天地里寻找自我。

2.追求清新环境的需要

现代工业文明在带来人们物质生活极大便利的同时也带来对资源的巨大浪费和环境的污染,全球升温、臭氧层破坏与土地沙漠化、森林植被被破坏及生物多样性的减少、水资源危机及海洋资源的破坏、大气污染和酸雨等生态环境的破坏都和人类活动以及工业化进程密切相关。与此同时,房地产热使城市的绿地、树木越来越少,汽车尾气的污染、噪音污染、热岛效应等一系列生态环境问题日益严重,城市生活的快节奏和紧张工作使城市居民承受着来自环境和生活的双重压力。

而乡村拥有绿意盎然的田园风光、自然宜人的清新空气、恬静悠然的乡村生活、原生质朴的乡土文化,这些能够为生活在繁忙紧张和污染严重的都市内的人提供一方闲适生活的净土,带来不一样的清新环境。

3.探寻异地文化的需要

文化旅游是都市文化层的向往,其动机来源于探新求异的心理需求,驱使旅游者走向国内各方和世界各地,亲临境地接触各地居民,欣赏多种自然风光,体验异地文化,品尝特色美食。探新求异的需求使得人们的旅游方式在发生改变。随着旅游者文化知识水平和消费能力的不断提高,一般的观光旅游将会减少,而文化内涵越丰富的旅行将越受到人们的青睐。

乡村生活方式传承和延续了传统文化的血脉精髓,是乡村旅游兴起与发展的灵魂。乡村文化存在的形式丰富多样,"日出而作,日落而息"的辛勤耕作方式,生态自然的乡村美食,乡土气息浓郁的民俗风情,这些乡村场景传递着迥异于城市的恬静意境,散发着乡村旅游的独特魅力,令都市人在新奇的同时又为之神往。乡村旅游能够呈现乡土风貌的建筑、体验乡土气息的生活,感受别样的家族文化,领略风情极具的民俗,为现代都市人探寻异地文化,形成认同感和归属感创造了环境。

4.增进家庭关系的需要

乡村地区优美的自然山水、怡然的田园氛围和保存完好的传统习俗为情感的寄托和交流提供了良好的外部条件。中国传统乡土文化是以人为中心不断向外扩散的同心圆差序格局，村落形成以人为节点的紧密关系网络。这一文化特质在高速城市化进程中逐渐被遗忘，现代生活出现过度物质化倾向。

回到乡村、留住"乡愁"，已超越了观看别样风景的传统旅游目的，更有助于重新认识传统儒家思想中以人为本的社会体系，通过旅游获得精神层面的提升。在上节对乡村旅游者特征分析中，我们已经了解到，家庭和亲朋好友出游是乡村旅游出游的主要形式，在田园山水中共同出游、共同体验、共同生活的方式，能够促进相互之间的深入沟通和交流，打造维系亲子、夫妻、家族等情感纽带，满足人们对于增进家庭关系的需要。

二、乡村旅游者决策动机的影响因素

在上一部分中我们了解到，仅仅有乡村旅游的需要并不一定能够实现乡村旅游活动，需要能否得到满足、动机能否得到实现，还受到主观因素和客观因素的影响。

（一）主观因素

乡村旅游者的旅游需要是产生乡村旅游购买动机的首要条件。在有关人类需求的各种理论中，流传最广的一种当属由人文主义心理学家马斯洛提出的"需要层次理论"（Hierarchy of Needs）。人们广泛引用这一理论去解释人的行为动机的产生，包括借用这一理论去解释乡村旅游者的旅游行为。马斯洛的这一"需要层次理论"的内容要点包括：人有着多种不同的需要；这些不同的需要之间有层次高低之分；对于任何个体而言，只有当较低层次的需要得到满足之后，才会向上一个层次的需要发展，也就是说，才会产生向上一个层次的需要。

马斯洛将人的需要归纳为 5 个层次，分别为：生理需要，例如对食物、饮水及氧气的追求；安全需要，例如对治安、稳定、秩序以及受保护的追求；爱的需要，例如对情感、归属感、（亲友间的）感情联系的追求；受尊重的需要，例如对自尊、声望、成功以及成就的追求；自我实现的需要，即最大限度地发挥个人潜力的追求。

这五个层次的需要由低至高的排列关系如图 3-10 所示。

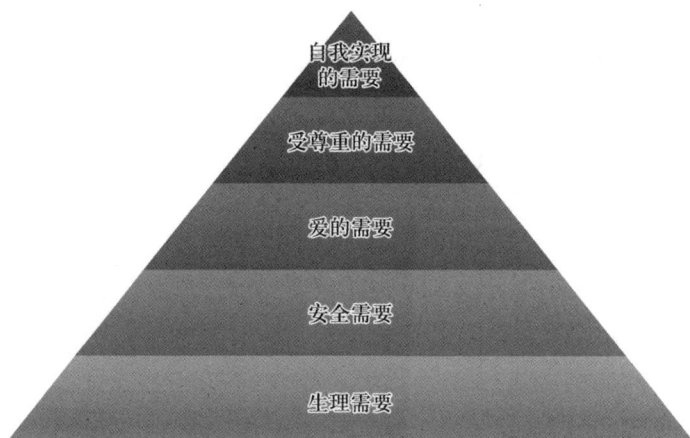

图 3-10 马斯洛的需要层次理论示意图

在这一需要层次理论的基础上，马斯洛在晚年又提出了求知和审美的需要，从而进一步完善了这一理论。从马斯洛需要层次理论的视角出发，我们可以对乡村旅游者的旅游需要进行分类。

1.乡村旅游者的生理需要

生理需要是乡村旅游者最基本的需要，也是最容易满足的部分，但往往被乡村旅游经营者所忽视。旅游者到乡村旅游时，希望饮食、住宿、康体休闲要有别于城市，表现为在饮食方面追求绿色新鲜，在食品加工环节要求卫生安全，在住宿方面要求整洁舒适、设施齐全，在休闲活动方面具有农家特色等，因此餐饮、住宿和乡土活动都成为乡村旅游者最为关注的产品，不仅要满足基本的标准，也要在特色和品质上有所提升。袁家村的美食、德清的洋家乐等都已经成为乡村旅游者出行的主要目的。

2.乡村旅游者的安全需要

乡村旅游地的经济和社会治安状况对乡村旅游者出行也具有重要影响，只有目的地能够为旅游者提供人身、财产、心理安全方面的保障，免除旅游者由于人生地不熟带来的紧张焦虑甚至恐惧心理，旅游者才有可能将该目的地作为出行的选择。以新疆地区的乡村旅游为例，虽然当地的资源特色很突出，但是由于当地政治环境的不稳定，游客对其人身安全的担忧影响了他们的出行选择。

3. 乡村旅游者的社会交往需要

乡村旅游者渴望与乡村村民坦诚交往，这种交往不局限于了解旅游地的民俗文化，更重要的是能够与当地村民和谐相处，因此乡村旅游者在出行选择时，更愿意选择能够体现村民纯朴生活、融入乡村文化氛围的旅游产品。比如湖南凤凰古城周边的村落，因为没有古城的喧嚣，村民的质朴和原生生活被保留了下来，相比古城，游客更愿意选择能够体会乡村生活的村落。此外，乡村旅游者也渴望与有共同话题的其他旅游者有更多的交往机会，因此有人会更倾向于选择例如乡村文创社群、乡村骑行团队、乡村亲子俱乐部等能够促进社会交往的产品。

4. 乡村旅游者的受尊重需要

游客到乡村旅游不仅是为了逃避紧张的工作和生活状态，也是为了能从旅游过程中获得日常得不到的被尊重感。虽然来到经济相对落后、人口相对稀少的乡村地区，很多人更渴望接受更好的服务，体会更好的品质。因此，不少乡村旅游者选择类似于德清的裸心谷、法国山居等高等级、高价位的度假村，来体会与城市不同的被尊重感。

5. 乡村旅游者的求知需要

通过上节的学习，我们已经了解到在我国很大比例的乡村旅游者带孩子出游，他们希望在旅游的同时能够让孩子体会大自然，认识乡村社会，增长见闻。对于这类家庭亲子游客，人们一般会倾向于选择能够增长见闻、增强动手能力的教育型旅游产品，如自然课堂、农园劳作、乡村工坊、乡村博物馆等。

6. 乡村旅游者的审美需要

随着人们收入的提高，有关审美要求也越来越高。一方面，人们更愿意欣赏大自然景观的美，如辽阔的大地田园、稀有的独特生物、粗犷的郊野生境等；另一方面，人们愿意欣赏社会文化的美，不同地区具有特色的乡村生活方式、传统习俗、风土人情、文化艺术等也会成为游客出游的选择。比如四川阿坝州的浮云牧场，乡村旅游者不仅能够在山顶感受无边恒温泳池的惬意以及米其林大厨的手艺，更重要的是置身山顶，旅游者可以感受浮云从身边飘过，获得"天地有大美而不言"的独特体验。

7. 乡村旅游者的自我实现需要

乡村旅游的多样性为不同群体提供了自我价值实现的机会，能够成为自我价值实现的平台。一些追求个性的青年群体，他们更愿意去乡村感受不一样的人生体验，结交不一样的人群，通过参加徒步、骑行、穿越、探险、露营等个性化乡村旅游活动，在追求自我兴趣的同时实现自我价值的释放。还有一部分老年群体，他们在退休后愿意去乡村耕种、农作、社交，通过在乡村地区的旅居养老继续实现更有价值、更加充实的人生。

（二）客观因素

影响人们乡村旅游的外部条件包括个体的支付能力、闲暇时间、前往乡村旅游点时的交通情况等。随着社会发展水平的提高、闲暇时间的增加、个人经济收入的提高、交通条件的改善等，越来越多的人能够加入乡村旅游者的行列中去，由潜在的旅游者成为现实的旅游者。

1.足够的支付能力

一个人的收入水平和富足程度，或者确切地说是其家庭的收入水平和富足程度，不仅决定着他是否能够产生和实现乡村旅游的需求，也决定着他在外出乡村旅游过程中的消费水平。

很多调查结果都显示，当一个家庭的可支配收入尚不足以满足购买基本生活必需品的需要时，该家庭很少会外出旅游。然而，一旦家庭可支配收入水平超过这一临界点，该家庭外出旅游度假的可能性便会大大增加。此外，收入水平不仅仅决定了一个家庭是否具有实现外出旅游度假的经济条件，还为这类消遣性旅游需求提供了很大的收入弹性。也就是说，当家庭可支配收入超过上述临界水平之后，每增加一定比例的可支配收入，用于旅游度假的消费额便会以更大的比例增加。根据世界旅游组织（WTO）的估测，消遣性旅游需求的收入弹性系数大约为1.88，也就是说，可支配收入每增加10%，用于旅游度假的消费额便会增加约18.8%。

同时我们还能看到，收入水平的高低也会影响人们乡村旅游期间的消费构成。例如相对富有的乡村旅游者会在食、宿、购、娱等方面花较多的钱，以追求更高的品质，从而使得交通、门票等费用在全部乡村旅游消费中所占的比重相应减小。

总之，收入水平意味着支付能力，它影响着一个人能否成为现实的乡村旅游者，影响着乡村旅游者的消费水平以及消费构成，甚至还会影响到乡村旅游者对出游目的地以及对旅行方式的选择。当然，这并不意味着凡是收入水平高的个体就一定会花费更多的钱进行乡村旅游。

2. 足够的闲暇时间

不少事实都表明，有些人虽然拥有很高的支付能力，但却依然很少进行乡村旅游活动，主要原因在于他们缺乏足够的闲暇时间。因此，这也成为个体产生和实现乡村旅游需求的一个重要的客观条件。

闲暇时间是指在日常工作、学习、生活以及其他方面所必须占用的时间之外，可由个人任意支配、用于开展消遣娱乐以及自己所乐于从事的任何其他活动的自由时间。可以用公式表达为：

闲暇时间 = 全部时间 - 法定的就业工作时间 - 必要的附加工作时间 - 用于满足生理需要的时间 - 必要的社会活动时间

闲暇时间并不是完全一致的概念，它可以划分为多种类型，不同类型的闲暇时间对乡村旅游者的旅游行为起到显著的影响作用：

（1）每日闲暇，即平日的工余时间扣除日常限制性活动所需时间之后的剩余部分，这类闲暇时间过于零散，虽然可以用于当地娱乐和休息，却不足以用于外出进行乡村旅游。

（2）周末闲暇，即周末工休时间，目前一般为周末双休制。这种类型的闲暇时间比较集中，适用于开展近距离的周末一日游或过夜游活动，尤其是城市周边的乡村旅游活动。我国有的省市开始实行 2.5 天休假制度，可以预计，这一制度将会激发更多的乡村旅游活动。

（3）公共节假日，特别是连续 3 天以上的公共假日，多是人们外出探亲访友或短期度假的高峰时间，也是乡村旅游活动经常发生的时间。其休假时间的长短影响到乡村旅游的路程远近，在时间较长的公共假日，人们往往有机会选择离居住地较远的乡村旅游目的地出行。

（4）带薪假期，世界各国的带薪假期长短不一，通常由每年五天至二十多天不等。带薪休假期间的闲暇时间较多且连续集中，往往成为人们外出旅游度假，特别是开展远程旅游的最好时机，这在国外的乡村旅游中体现得较为明显。国外乡村旅游出行频率低，但是一般时间都比较长，很大一部分是带薪假期较长的缘故。而国内带薪休假制度尚不完善，即使能够带薪休假的人群也常常将带薪假期与公共节假日相连，选择长途异地旅行，而非专程进行乡村旅游活动。

总的来看，虽然乡村旅游对闲暇时间的长度并没有很大的限制，但拥有足够的闲暇时间仍是实现个人乡村旅游决策不可缺少的必要条件。

3.其他方面的客观因素

拥有足够的可随意支配收入和足够的闲暇时间是实现个人乡村旅游需求所必须具备的两项重要条件，但并不是说，一个人只要具备了这两项条件就肯定能实现乡村旅游活动。实际上，一个人能否成为现实的旅游者，除了这两项条件之外，可能还会受到某些其他方面因素的影响和制约，比如我们在本节开头提到的交通情况，以及乡村旅游目的地的环境因素、气候因素、社会治安因素等。

其中，交通情况是旅游者得以完成旅游活动的先决技术条件，交通通达深度、交通基础设施的完善程度、交通服务质量直接影响到乡村旅游者出行。以济南南部山区柳埠镇秦家村的乡村旅游为例，当地有一个4A级乡村型景区，节假日会吸引大量客流，但是进入景区的最后一公里是一条仅能错开一辆车的上坡路，而且这条路是连通其他村子的主要公路，大量游客被滞留在这条路上，严重影响了游客的出游兴致和下次重游。一项针对国庆节不出游人群的调查就显示，有近五成的人是为避开交通拥堵而选择留在家中。

第三节 乡村旅游者的空间行为

一般认为，旅游者的空间行为指旅行行为地域移动的游览过程。那么乡村旅游者的空间行为与其类似，即乡村旅游者从客源地到目的地的地域移动游览过程，该过程受旅游者决策动机的主客观因素影响，从而在进行旅游线路选择时形成相应的空间行为特征。明确乡村旅游者的空间行为特性有助于指导乡村旅游空间结构的优化和重组，并针对需求特征明确规划开发和运营管理方向，从而做出科学的开发决策。

对于旅游者空间行为的研究由来已久，但是对于乡村旅游者空间行为的研究并不多见，因此本书一方面基于大量旅游者空间行为研究成果，另一方面参考了部分学者乡村旅游空间行为研究内容，并结合了大量案例推导。由于现有研究成果的欠缺，本书中部分结论和观点难免有不足之处，需要在后续研究中进一步完善，也希望能够启发更多学者在此方面进行研究。

一、空间行为的近距离性

根据多数学者的观点，旅游者的空间行为存在着距离衰减规律，即随着距离的增加，受距离阻力影响，去往客源地游客数量会逐渐减少。乡村旅游者空间行为也存在这样的衰减规律，这一点可以从一些对乡村旅游目的地客源行为的调查得出。

通过对全国"五一"小长假期间全国乡村游出游距离统计看，全国平均出游距离约 70 公里，其中出游距离最长和最短的分别为北京和黑龙江地区游客，其乡村游出游距离分别为 131 公里和 60 公里。分区域来看，华东地区游客出行距离最长，平均达 92.7 公里，出行距离长短与当地的经济发展水平有一定的相关性。此外，有学者对袁家村旅游者的出行人群数量和出行距离进行了分析，发现距离在 75 公里以内的乡村旅游者占到 79.5%，客源集中程度最高，75 公里以外，旅游者数量逐渐减少，到 135 公里后衰减至较低水平。这说明乡村旅游者出行距离集中在 70 公里左右，超过 100 公里和低于 60 公里的占比都不高。

同时我们通过全国周边游的统计发现，300 公里是最为集中的出游半径，未来随着带薪休假或是 2.5 天周末制度的推行，出游半径将拓展至 500 公里。这已经是乡村旅游出游距离的 5 ～ 7 倍，充分说明乡村旅游者空间行为的近距离性。

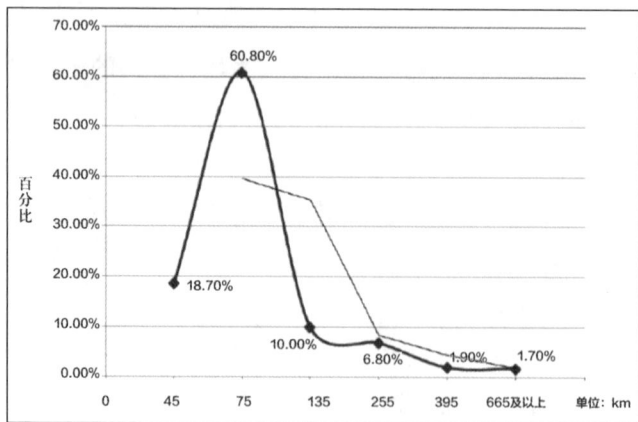

图 3-11　袁家村乡村旅游者空间分布曲线

来源：张运洋，陕西省乡村旅游者空间行为研究——以袁家村为例，2015

乡村旅游者的这一空间行为特征主要受两个方面的影响。一是乡村旅游市场供给。乡村旅游产品一般具有趋同性，少有不可替代、极具吸引的产品，所以游客一般不会为了大致相同的产品而远距离出行。二是乡村旅游者的主观因素。乡村旅游者去到乡村更多的是为了缓解生活压力、追求清新环境、增进家庭关系，而这些要求在城市周边的乡村环境即可满足，并不需要远程旅行；此外受假日制度的影响，国内的乡村旅游者每次出游时间较短、出游频率相对较高，远距离出行则无法满足这种短时多次的出游限制。

结合这样的行为特征，也考虑到不同地区的经济水平差异，距城市 70～130 公里是发展乡村旅游较为适宜的空间距离，超过这个距离区间就需要乡村旅游地具有较强的市场吸引力或是紧邻较大并有很强消费力的市场，对乡村旅游的开发提出了较高的要求。

二、空间行为的主要模式

通常情况下，乡村旅游者在进行旅游活动时不同个体在空间行为选择上具有很大差异，但目前还没有专门针对乡村旅游者空间行为的研究模型，因此一般参考旅游空间行为模式进行构建。

（一）旅游者主要空间行为模式

旅游者空间行为比较复杂，不同类型的出游目的决定了不同的空间模式，有很多学者都对旅游者的空间行为模式做过研究，其中以下几种类型与乡村旅游者的空间行为模式关系密切。

有学者对美国黄石公园旅游者空间行为提出的直游式（Direct Route）、直游-周游式（飞行/驾驶式）、周游式模式，如图 3-12 所示。直游式是指在一般情况下，旅游者从居住地出发直接到达旅游目的地，旅行结束后直接从原路径返回，该类旅游者一般选择的是单个目的地，很少会再去游览其他旅游目的地。直游—周游式是指该类型旅游者的一些旅游路径与直游式相同，到达旅游目的地附近的区域后，旅游者的旅游途径变成环形，主要呈周游式，即顺次游览不同的旅游目的地，周游结束后，沿着来时的路线返回居住地。由于这种模式的直游路径通常是通过飞行完成的，到达旅游地附近后再使用汽车等工具进行周游，因此又被称作飞行/驾驶式。周游式是指该类旅游者的旅游路线完全呈现环形，从一个地方出发来到旅游目的地区域，并浏览多个旅游目的地，最后从另外一个地方返回居住地，线路与出发时的路线不重合。

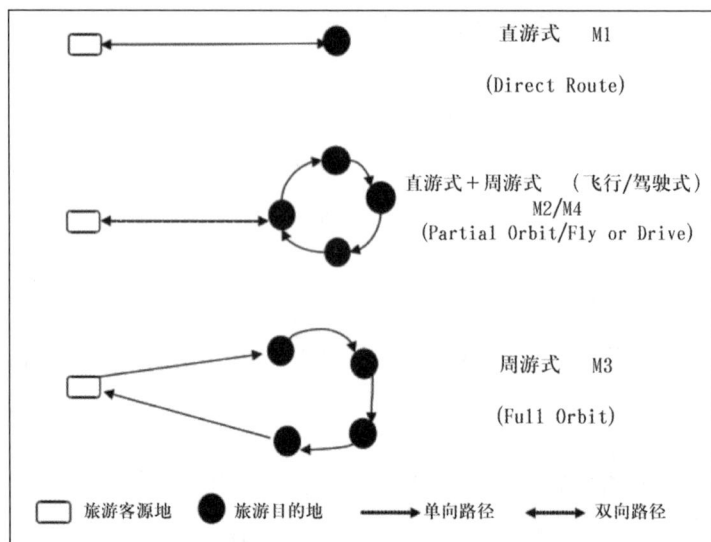

图 3-12　乡村旅游者空间行为模式

来源：杨美虾，乡村旅游者空间行为研究—以闽南地区为例，华侨大学

还有学者提出了类似的四种空间行为模式，包括直游式、直游—周游式、周游式和基地—辐射式，其中基地—辐射式是以住所或某一旅游目的地为基地，辐射到基地周边的景区（点），如图 3-13。

图 3-13　乡村旅游者空间行为模式基地－辐射式

来源：张运洋，陕西省乡村旅游者空间行为研究，长安大学

虽然这些具有代表性的旅游空间行为模式不是针对乡村旅游的，但是基本上可以分析和呈现乡村旅游者主要空间行为。事实上，乡村旅游空间行为可能符合其中一种模式，也可能符合其中几种模式，通过对模式的解析可以为乡村旅游的空间布局和方向明确起到一定的引导性作用。

（二）乡村旅游者空间行为模式

在第一章中，我们按照乡村旅游发展的区位条件和依托内容将乡村旅游分为中心城镇依托型、重点景区依托型、优势资源依托型和交通干线依托型，这几种类型与乡村旅游发展的空间关系紧密，因此最能体现乡村旅游者的空间行为特征，具有研究分析的代表性。

1. 中心城镇依托型

中心城镇依托型是比较常见的类型，一般依托中心城镇的客源或配套发展起来，有很多自成旅游目的地。该类型的旅游者大部分选择直游式空间行为模式，主要是因为该类型乡村旅游者多为短程出游，多次重游，一般出游目的明确，游览完成即原路返回，目的地具有清晰的主题和功能。其次是直游—周游式和基地放射式，如果目的地周边有较好的产品，游客会以目的地为大本营，在周边进行简单环线游览或成放射式游览。这样的选择主要是由于目的地周边的项目在距离上有一定优势，在内容上有差异性，若时间允许游客会顺带游览，游客一般不会同时游览几个目的地，所以周游式空间行为较少。

以袁家村为例，其依托西安和咸阳的客源市场发展成为知名的美食旅游目的地。据统计，去往袁家村的旅游者有72.6%只参观袁家村，不选择到其附近的景区（点）进行游玩，一是因为袁家村旅游定位清晰，主题明确，即打造成为城郊的美食旅游目的地，同时有住宿功能，已经能满足消费者的基本旅游休闲需求，这与直游模式基本一致。与此同时，另有27.4%的乡村旅者前往附近的昭陵等景区进行参观，即为袁家村为大本营参观附近的景区（点），空间线路为放射状或者环形，这类群体相对较少，这与目的地周边景区开发不完善，市场营销不足等多种因素有关。

根据乡村旅游者空间行为规律，这一类型在开发过程中需要注意以下几个关键：一是建设完善的城市公共交通服务体系，提升承载力和延伸力，尤其是道路停车场等的最后一公里延伸，做好支持旅游者进行"直游"的保障；二是要有明确主题定位和功能特色，为市场提供更好的要素产品和服务供给，形成让旅游者"直游"的吸引；三是要辐射或联动周边旅游节点，形成多中心的旅游区域，延长旅游者停留时间，提升综合效益。比如可以袁家村为中心，辐射带动周围昭陵、昭陵博物馆、醴泉湖、文庙和御桃园等景区（点）发展，积极发挥辐射带动作用，形成具有带动效益的综合型乡村旅游区域，在品牌和效益上进一步升级。

2. 重点景区依托型

重点景区依托型一般依托大型或特色景区发展，该类型的旅游者大部分选择周游式，主要是因为该类型乡村旅游者游览的主要目的是景区，乡村旅游作为景区游的补充存在，所以游览行为会串联景区和乡村旅游地，形成周游模式。其次该类型的旅游者还会选择直游-周游式，主要是因为著名景区虽然具有很强的吸引力，但是游览人群多、体验性不强很容易影响游客的消费体验，因此其周边原生的田园景致和田园生活也吸引旅游者以此为基地，与景区游形成环线。由于景区的客源可能会来自各个地方，所以会存在飞行/驾驶式空间行为，但考虑到乡村旅游的近距离性，这一类群体的占比并不高。

以云水谣为例，它主要依托永定土楼发展，这是典型的重点景区依托型乡村。直游-周游式和周游式空间行为模式占85.8%，多目的地旅游的空间行为特征较明显，如表3-5所示。

表3-5 苏格兰地区乡村旅游不同细分游客群的活动偏好

模式	频数	比例（%）	主要旅游线路	客源地	比例（%）
直游式	13	4.7	厦门—云水谣—厦门	厦门	2.9
直游—周游式	117	42.5	厦门—和贵楼—云水谣—石桥村—厦门	厦门	4.4
			泉州—和贵楼—云水谣—怀远楼—塔下村—裕昌楼—田螺坑—泉州	泉州	4.4
周游式	119	43.3	福州—漳州—和贵楼—云水谣—塔下村—裕昌楼—田螺坑—厦门—福州	福州	1.5
			深圳/梅州—田螺坑土楼群—裕昌楼—塔下村—云水谣—承启楼——甜祝—深圳/梅州	广东	1.5
			莆田—鼓浪屿—云水谣—东山岛—莆田	莆田	0.7
飞行/驾驶式	26	9.5	上海—厦门—和贵楼—云水谣—塔下村—下坂村—田螺坑—厦门—上海	上海	2.1
总计	275	100			17.5

来源：杨美虾，乡村旅游者空间行为研究—以闽南地区为例，华侨大学

根据乡村旅游者空间行为规律，这一类型乡村在开发过程中需要注意以下几个关键：一是加强地方政府统筹规划引导，将乡村旅游纳入景区系统整体考虑，进行功能业态差异性和互补性发展；二是要加强景区和周边乡村旅游统一管理，实现内外一体化全域发展；三是要优化组合旅游线路，结合游憩和度假群体需求设计科学合理的游线，满足不同类型的旅游需求。

3.优势资源依托型

优势资源依托型一般区位相对独立，多数位于偏远地区，自身具有较强的资源竞争力，并且会形成旅游目的地。该类型的旅游者大部分选择直游式空间行为模式，主要是因为该类型乡村旅游地本身吸引力较强，能够成为游客出行的唯一选择。其次是周游式或直游-周游式，如果周边有相对特色的资源，旅游者可能会串联游览，形成环线，保证较远距离出行的性价比，也可能飞行到达，然后进行周游。

以黑龙江雪乡为例，该目的地虽然位于偏远林场，距离城市较远，但特色的积雪资源吸引了大量外地旅游者，因此一般旅游者到达雪乡的用时多在8小时以上，占到客源比例的60%，其次是用时4～8小时的客源占比22.5%。大量远程游客选择在雪乡体验冰雪风情度假，比如享受林场风光、体验林区生活、体验穿越探险、领略最深的积雪和最美的雪景等，因此直游式游客占比最多。部分游客会在行程的后期安排周边其他景点，并返回出发地。目前雪乡的经营也遇到了困境，因为旅游者对于雪乡的信息服务、工作人员态度、公共指引标志满意度较低，同时对雪乡收费价格满意度最低，网络上也出现了很多高价欺骗消费者事件，这种重短期利益、轻长期口碑的做法，也是这类以远程直游式游客为主要客群的旅游目的地容易陷入的误区。

根据乡村旅游者空间行为规律，这一类型乡村在开发过程中需要注意以下几个关键：一是需要找准核心吸引物，例如雪乡的雪、藏寨的风情等，并做好围绕核心吸引物的目的地建设；二是要做好营销，酒香也怕巷子深，越是偏远的地方越是要做好营销来吸引旅游者，如雪乡就是通过参与《爸爸去哪儿》一炮而红的；三是要做好以人为本的服务，服务体验的口碑直接影响旅游的持续发展；四是要做好扶贫支撑，政府应充分发挥统筹和带动的作用，在交通配套、基础建设和资金扶持方面打好基础。

4. 交通干线依托型

还有一类是交通干线依托型，这一类旅游者基本采取直游式（见图 3-14），从出发地到达交通干线，并沿交通干线完成游览活动，部分旅游者会在中途选择目的地停留，体验干线周边的美景和风情。以 318 国道为例，其一路景色壮丽，有雪山、原始森林、草原、冰川和若干大江大河（金沙江、澜沧江、怒江等），是旅游探险爱好者、摄影师等各类旅游者的乐园，虽然经历了收门票到开放的风波，但是依然有大批游客蜂拥而至，带动了周边产业的发展，有政府和学者代表建议把 318 国道打造成为一条产业带，发展沿线乡村旅游、特色旅游，打造中国的旅游通道。

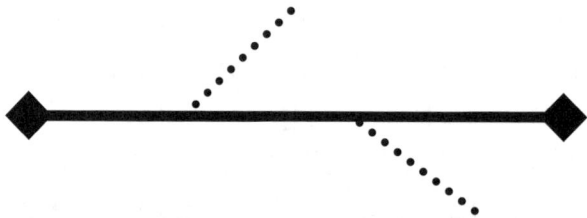

图 3-14　交通干线依托型乡村旅游空间行为模式

来源：刘德龄（Alan A.Lew）和鲍勃（Bob McKercher）实证研究

根据乡村旅游者空间行为规律，这一类型乡村在开发过程中需要注意以下几个关键：一是交通干线建设应与周边发展形成一体化，在开发建设前期做好规划，同时做好周边的产业布局和服务配套；二是打造与交通干线观光互补的沿线度假产品，形成线下吸引。

三、空间行为的尺度性

通过上述分析，我们可以看出不同类型的空间行为是有尺度之分的。根据乡村旅游者涉及的空间大小，可以划分为大、中、小三个尺度。小尺度的乡村旅游者空间范围主要是乡村旅游目的地所在地区（市）70 公里左右的城市范围，中尺度的空间范围主要是乡村旅游地所在省内或以乡村旅游地所在的核心都市经济圈，大尺度的空间范围主要是省外及更远的客源市场（见表 3-6）。以珠三角地区乡村旅游者为例，来自目的地所在市区占 42%，来自珠三角地区占 30%，来自粤东西北地区占 14%，来自港澳台以及其他省份和地区的游客分别占总人数的 8% 和 6%，本市及珠三角地区占据了该乡村旅游市场的 72%，该地乡村旅游客源的空间尺度表现得较为鲜明。

表3-6 乡村旅游者空间行为尺度划分

尺度	涉及空间范围（乡村旅游者）
大尺度	省际、全国、国际
中尺度	目的地所在省内或以目的地为核心的都市经济圈
小尺度	目的地所在地区（市）70公里左右的城市范围

1.大尺度空间乡村旅游者行为特征

乡村旅游者在大尺度的空间行为表现为以下特征：

力图到较高知名度、较高级别品牌，并选择自然环境和文化环境与居住地差异较大的乡村旅游地旅游。以中国比较典型的大尺度省际、国际乡村旅游目的地为例看，他们多是知名度高，自身具有一定级别，或依托一定级别景区发展。比如浙江省德清县由洋家乐裸心谷的带动形成了中国精品民宿的集聚地，国际品牌效应突出，吸引了大量外国游客，这种大尺度的吸引力还来源于德清自身的竹海生境，康养环境极佳，同时也来源于附近的国家级风景名胜区莫干山，其丰厚的历史底蕴也是国内外游客关注的，这些体验都是旅游者在居住地很难得到的。再比如江西婺源，其保留了原始的农业生产生活形态，并进行放大宣传，万亩的油菜花海、别样的乡村秋晒、古朴的民居等，都是差别体验的着眼点，同时婺源被外界誉为"中国最美的乡村"，还是国家乡村旅游度假实验区，其品牌力量也吸引了很多远距离客源。西递宏村则是因其自身就是世界历史文化遗产而成为大尺度的旅游目的地之一。

有学者研究认为，大尺度空间的旅游行为主要包括周游型和逗留型两类，乡村旅游者大尺度空间行为也主要包括这两类。周游型特点在于旅游者线路中包括有多个旅游目的地，一般旅游者会串联旅游，比如去德清民宿的旅游者会串联莫干山游览，去西递宏村的旅游者会串联黄山旅游。逗留型特点是旅行线路中多为一个旅游目的地，例如去婺源的远程游客一般会把婺源当成度假地，而不再去其他的地方。这与上文说到的景区依托型和优势资源依托型的乡村旅游者空间行为是大体一致的。

一般而言，大尺度的乡村旅游空间行为并不占多数，因为很多乡村旅游地本身品牌和资源的吸引力都不足以吸引远距离的游客,即使是国内著名的乡村旅游地,其省外和国际的游客占比也很低。因此,如果定位为可能吸引大尺度空间范围的乡村旅游者,就需要自身在文化底蕴和自然景观特色上具有极强的吸引力,在服务上也要有一定的品质,拥有区域化高等级品牌或者是依托周边强力吸引核。

2. 中小尺度空间乡村旅游者行为特征

旅游者在中小尺度空间的行为具备一些大尺度空间所没有的特征,即无论在居住地还是在暂住地附近旅游,只要旅游行为所涉及的是中小尺度空间,乡村旅游者就有采用节点式旅游路线的倾向。

在居住地附近旅游。在中小尺度空间内,旅游者一般不愿意在外长时间留宿。所以,进行中小尺度旅游的旅游者会倾向于在短时间内完成游览,并多次出游。在北京周边进行的乡村旅游调查发现,很多旅游者宁可采用往返走回头路的节点式路线,而不采用环路在一次数天的旅游中把全部景点游完。例如去昌平的乡村旅游者,会因采摘草莓、泡温泉、爬山等不同的目的而多次出行。

在暂住地附近旅游。当暂住地附近的旅游点到驻地距离可以保证旅游者在一天内完成该点的旅游时,旅游者也会采用节点式旅游路线。旅游者在选定暂住地后,除非暂住地条件特别差,一般不会耗费时间和精力去寻找更好的暂住地。这种以暂住地为中心,采用节点式旅游路线往返的行为,与中心城镇依托型的空间行为模式较为一致。旅游者的这种行为特征,使得大城市周边的某些乡村旅游点虽然位置相距不远,但依然很难成为一条成熟旅游线路。

【思考题】

1. 如何理解乡村旅游者的内涵与外延?

2. 乡村旅游者与普通旅游者在自然属性和经济属性特征上存在哪些差异?

3. 乡村旅游者与普通旅游者在决策动机因素与行为特征上存在哪些差异?

4. 结合乡村旅游者的类型和旅游动机,试着写一套乡村旅游市场调查问卷。

5. 任选一处乡村旅游目的地,尝试对该地乡村旅游者进行分类,并说明据此分类的可行性及其意义。

6. 简要分析乡村旅游者空间行为的主要模式,并举例说明。

7. 概述乡村旅游者空间行为的尺度划分及不同空间尺度行为的主要特征。

【参考文献】

[1]Lue C, Crompton J L, Fesenmaier D R. Conceptualization of multi-destinationpleasure trips.Annals of Tourism Research, 1993,(20):289-301.

[2]Opperman M. Rural tourism in southern Germany[J]. Annals of Tourism Research, 1996, 23(1) : 86-102.

[3]Kastenholz E, Davis D, Paul G.Segmenting tourists in rural areas:The case of north and central Portugal[J]. Journal of Travel Research,1999,37(4) : 353-363.

[4]Frochot I, Morison A M. Benefit segmentation: A review of its applicationsto travel and tourism research[J]. Journal of Travel andTourism Marketing, 2001.9(4), 21-45.

[5]Frochot I.A benefit segmentation of tourists in rural areas: a Scottishperspectives[J]. Tourism Management, 2005, 26(3):335-346.

[6]Molera L, Albaladejo I P. Profiling segments of tourists in rural areasof south － eastern Spain[J]. Tourism Management, 2007, 28(3):757-767.

[7]Fleischer A, Felsenstein D. Support for Rural Tourism—Does it Make a Difference[J]. Annals of Tourism Research,2000, 27(4):1007-1024.

[8]Oppermann M. Rural Tourism in Southern Germany [J].Annals of Tourism Research,1996, 23(1):86- 102.

[9]Nilsson P A K. Staying on Farms—An Ideological Background [J].Annals of TourismResearch, 2002, 29(1):7- 24.

[10]Perales RMY.RuralTourism in Spain [J].Annals of Tourism Research, 2002,29(4):1101? 1110.

[11]Forsyth T J. Tourism and Agricultural Development in Thailand [J].Annals ofTourism Research, 1995, 22(4):877- 900.

[12]Hjalager A M. Agricultural Diversification into Tourism—Evidence of a EuropeanCommunity Development Program [J].Tourism Management, 1996, l7 (2):103-111.

[13]CLARKE J, DENMAN R, HICKMAN G,et al. Rural tourism in Roznava Okres: aslovak case study[J].Tourism Management, 2001(22):193-202.

[14]SHARPLEYR. Rural tourism and the challenge of tourism diversification: the case of Cyprus [J].Tourism Management, 2002(23):233-244.

[15]Velikova M P. How Sustainable is Sustainable Tourism [J].Annals of Tourism Research, 2001, 28(2):496-499.

[16]Hall D R. Tourism Development And Sustainability Issues In Central And South-eastern Europe [J].Tourism management, 1998, 19(5):423- 41.

[17]Pearce D. TouristTime-Budgets [J].Annals of tourism research,1988,15(2): 106-121.

[18]Leiper, Neil. Partial Industrialization of tourism systems [J]. Annals of tourism research, 1990, (17): 600- 605.

[19]Lundgren J. geographical concepts and the development of tourism research in Canada [J]. Geo-Journal, 1984, 9(1):17- 25.

[20]Di Matteo, Livio;Di Matteo, Rosanna. The determinants of expenditures by Canadian visitors to the United States[J]. Journal of Travel Research, 1993, 31(4):34-42.

[21] 谢彦君 . 以旅游城市作为客源市场的乡村旅游开发 [J]. 财经问题研究 ,1999 (10) : 79-81.

[22] 黄进 . 乡村旅游的市场需求初探 [J]. 桂林旅游高等专科学校学报 ,2002,13 (3) :84-87.

[23] 熊元斌 , 邹蓉 . 乡村旅游市场开发与营销策略浅析 [J]. 商业经济与管理 ,2001(10) : 46-48.

[24] 彭耀根 , 粟路军 , 郑旗等 . 城市居民乡村旅游消费行为特征研究——以长沙市为例 [J]. 热带地理 , 2007,27(3) :275-278.

[25] 杨美虾 . 乡村旅游者空间行为研究——以闽南地区为例 [D]. 华侨大学 ,2015.

[26] 张运洋 . 陕西省乡村旅游者空间行为研究——以袁家村为例 [D]. 长安大学 , 2015.

[27] 庞兆玲 , 郑向敏 . 国内乡村旅游者旅游动机及消费行为研究综述 [J]. 企业活力 ,2011,(12):80-84.

[28] 汪惠萍等 . 乡村旅游市场细分研究——以安徽西递、宏村为例 .

[29] 郭丽.珠三角地区乡村旅游客源的市场结构特征.

[30] 杨望暾,张阳,郭威等.陕西省乡村旅游客源市场定位与预测分析.

[31] 刘昌雪.苏州乡村旅游客源市场特征及开发对策.

[32] 保继刚,楚义芳.旅游地理学[M].北京:高等教育出版社,1999:8-24.

[33] 肖洪根.时空尺度与旅游行为关系探析[J].经济地理,1997(旅游专辑):19-23.

[34] 杨萍.区域旅游者行为模式及影响研究[J].经济问题探索,2003(6):114-117.

[35] 杨新军,马晓龙.大西安旅游圈:国内旅游客源空间分析与构建[J].地理研究,2004,23(5):696-704.

[36] 要轶丽,郑国.西安及其毗邻地区国内客源市场空间结构分析[J].地理与地理信息科学,2004,21(1):96-99.

[37] 刘萍.山东省国内散客旅游者空间行为研究[D].济南,山东师范大学,2009.

[38] 万先进.武汉旅游景点国内游客行为特征分析[J].经济地理,2001,21(5):637-640.

[39] 刘泽华,李海涛,史春云等.短期旅游流时间分布对区域旅游空间结构的响应——以云南省黄金周旅游客流为例.地理学报,2010,65(12):1624-1627.

[40] 张朝枝,保继刚.休假制度对遗产旅游地客流的影响.地理研究,2007,26(6):1295-1303.

[41] 卢松,陆林,王莉等.古村落旅游客流时间分布特征及其影响因素研究——以世界文化遗产西递、宏村为例.地理科学,2004,24(2):250-256.

[42] 保继刚,郑海燕,戴光全.桂林国内客源市场的空间结构演变[J].地理学报,2002,57(1):96-106.

[43] 曾菊新.空间经济:系统与结构[M].武汉:武汉出版社,1996.198-199.

[44] 张捷,都金康,周寅康等.自然观光旅游地客源市场的空间结构研究——以九寨沟及比较风景区(点)为例[J].地理学报,1999,54(4):357-364.

[45] 李天元.旅游学概论[M].天津:南开大学出版社,2014:23.

第四章　乡村旅游资源

【学习目的】

通过本章的学习，学生应该了解乡村旅游资源的概念、范畴和主要特性；要能够熟练运用四种不同方式对乡村旅游资源进行分类；掌握乡村旅游资源调查和评价的基本方法；了解乡村旅游资源规划的意义、类型、流程以及关键；熟悉乡村旅游资源开发的意义、主体、内容和流程；并基于书中内容，对保护乡村旅游资源的原因和举措形成自己的理解。

【主要内容】

1.乡村旅游资源的概念、特性和分类

乡村旅游资源概念范畴，乡村旅游资源的主要特性，乡村旅游资源的几种分类方法

2.乡村旅游资源的调查和评价

乡村旅游资源调查的主题、深度、内容和方法；乡村旅游资源评价的方法

3.乡村旅游资源规划

乡村旅游资源规划的意义，乡村旅游规划的类型和流程；乡村旅游规划的关键

4.乡村旅游资源开发

乡村旅游资源开发的意义、主体、内容和一般流程

5.乡村旅游资源保护

开发与保护的辩证关系；乡村旅游资源被破坏的原因；乡村旅游资源保护举措

第一节 乡村旅游资源概述

一、乡村旅游资源的概念和特性

（一）概念回顾

在第一章我们已经了解到，乡村旅游资源是指存在于乡村地区的旅游资源，是一系列因其所具有的审美和愉悦价值而使旅游者为之向往的自然存在、历史文化和社会现象。乡村旅游资源不仅仅指农业旅游资源，也不只包括乡野风光等自然旅游资源，还包括乡村建筑、乡村聚落、乡村民俗、乡村文化、乡村饮食、乡村服饰、农业景观和农事活动等人文旅游资源；不但包括乡村景观等有形的旅游资源，也包括乡村经济社会等无形的旅游资源。

（二）概念范畴解读

伴随着乡村旅游在我国的快速发展，关于乡村旅游资源范畴的研究不断深入。大部分学者从内容上对乡村旅游资源进行界定：郑凤娇认为"乡村旅游资源包括乡村农事生产、农村民俗文化和田园风光"，杜江认为"乡村旅游资源主要包括农业生态环境、农业文化景观、农事生产活动"，王兵认为"乡村旅游资源是以乡野农村的风光和活动为吸引物"。

综合以上观点，我们可以看出，乡村旅游资源并不局限于农业旅游资源的范畴，但也不能扩大至除城镇外的所有旅游资源的集合，而是大致由乡村地区的自然旅游资源、文化旅游资源和社会旅游资源三部分构成的有机整体。

一是乡村自然旅游资源，包括气候条件、风光地貌、水文条件、动植物资源等，这些天然环境构成乡村旅游的生态本底，如一些紧邻山河湖海的乡村、具有更加旖旎的风光和更加优越的环境，自然而然地形成旅游吸引。但长久以来，很多乡村地区的环境和气候资源并不被认为是旅游资源，东北的冰雪就是一个很好的例子——我国东北地区冬季漫长寒冷，降雪较多且积雪时间较长，从传统视角来看并不是开展乡村旅游的好时节，但在市场的视角下，这种丰富的雪资源对来自其他地区的游客构成极强的吸引力，以雪乡为代表的一批冬季乡村旅游精品应运而生，让特有的冰雪资源得到了充分利用。类似的，我国山地乡村的避暑气候、南方乡村的避寒气候等，也都属于自然性乡村旅游资源的范畴。

二是乡村文化旅游资源，包括民居建筑文化、农事农耕文化、民俗节庆文化、乡村艺术文化四类，形成乡村旅游的独特灵魂。乡村旅游文化资源不仅包括具有观光、访古、探奇价值的古镇古村、名人故居、民族建筑等物质文化元素，非物质的文化元素如地方节庆活动、乡村文化习俗等，也能够成为极具在地性的旅游吸引物，甚至本地人习以为常的事物——如农舍、商铺、物产乃至猪圈等乡村文化元素，经过创意的包装却成为提供独特体验的载体。因此，在市场的视角下，乡村文化的方方面面都有可能成为引起旅游者共鸣的重要资源。

三是乡村社会资源，是由乡村特有的经济活动、社会结构、科教成就等所形成的吸引物，兼具一定的生态性和文化性，包括乡村景观风貌、乡村经济成就、农业旅游资源、社会好客精神等。如江苏省华西村的经济水平、云南省摩梭村寨的母系氏族社会、浙江省余村的"两山理论"起源，都成为全国知名的旅游吸引。值得一提的是，农业旅游资源因农业这种经济活动而产生，也是一种社会性资源。丰富的农业景观、农事活动和农业物产等，可供游人观光、体验和购买，是自然生态基底和人类主动创造的深度结合，也是乡村旅游资源重要的组成部分之一。

需要注意的是，构成乡村旅游资源的三个部分并非截然分开、彼此对立，而是相互融合，横跨自然和人文旅游资源大类，从而构成了旅游资源大族群中的一个重要分支。

（三）资源特性

一般而言，旅游资源所具备的多样性、吸引性、不可移动性、非消耗性、可创新性等特点，对于乡村旅游资源也都适用。但由于乡村旅游资源与乡村地区的自然环境、经济水平、社会结构、乡村产业和乡土文化密不可分，又会体现出更加独有的资源特性，对于这些特性的了解，有助于我们更好地发掘和评价乡村旅游资源，并以此为依据进行乡村旅游资源的利用和保护。

1. 乡土性

20 世纪以来，乡村和都市的并存构成了重要图景，在中国更是如此。"从基层看去，中国社会是乡土性的。"费孝通先生在他的《乡土中国》中，开门见山地给我们打开了认识乡土性的一扇大门。"乡村旅游"，是旅游必须紧密地与乡村资源环境、乡村社区环境和生产生活环境相融合，这种有别于城市、专属于乡村的本质属性，也就构成了乡村旅游资源的乡土性。

　　虽然在制度改革与市场经济的叠加作用下，费孝通教授笔下当年的"乡"与"土"都在发生着深刻变化，乡村地区正在经历深刻转型。但是，长久以来，许多乡村仍然延续了自给自足的生活，秉承日出而作、日落而息的作息，形成了与城市人快节奏、忙碌生活相对应的闲散自由的生活方式。此外，乡土气息浓厚的民间艺术、绿水青山的乡村环境，为乡村旅游打上了更为鲜明的乡土烙印。可以说，乡土性越强，与城市形成的反差也就越强，这样的乡村旅游资源才更加具备吸引力和竞争力。遥远的乡愁、土生土长的乡趣，以及浓稠得化不开的乡情，已经成为都市人心头越来越热烈的向往。

　　乡土性虽然是乡村旅游资源最专属的特性，但不仅体现在乡村地区，还作为中国重要的文化特色，在新型城镇化进程中发挥重要作用。在 21 世纪的全球化浪潮中，当我们回眸寻找有中国本土特色的文明方式时，自然而然就会关注到乡土性。2013 年召开的中央城镇化工作会议上指出，要"把城市放在大自然中，把绿水青山保留给城市居民……让居民望得见山、看得见水、记得住乡愁"。乡土性的保存，已经成为我国城镇化战略的基本共识之一。

　　乡村旅游资源的乡土性是其吸引力的主要内容，但也容易出现资源替代性强、市场影响力有限等问题。这就需要找到一个突破点，用心用情打动城市人——乡村旅游的主体客群，让乡土性成为人们梦中的世外桃源。自称"乡下人"的沈从文在《边城》中精心构建了一个湘西世界的神话，讲述了一个传统意义上牧歌式的乡土故事。在故事的发生地——花垣县边城镇，国内外无数文人骚客前来观光采风，从而带动了当地乡村旅游业。这也让当地政府看到了乡村旅游的潜力，随即在 2005 年将原有的"茶峒镇"正式更名为"边城镇"，从命名的角度，充分体现旅游资源的乡土性，扩大了其资源影响力和独特性。

　　2. 时令性

　　从前述乡村旅游资源的概念我们可以得知，乡村旅游资源既包括自然旅游资源，还包括人文旅游资源，与农业生产等经济活动也密切相关。自然旅游资源和农业生产常常受到自然条件的周期性影响，如气候变化、水热条件、四季变更等，从而产生明显的周期性。人文旅游资源中的岁时节令、生养婚娶、游艺竞技等也常常集中在某一个时期。正是由于乡村旅游资源的以上特点，导致其在时间分布上呈现出一定的周期变化，这种跟随时令而变的周期性模式，就是乡村旅游资源的时令性。

"掌握季节，不违农时"是农业生产最基本的要求之一。古农书《齐民要术》上就写道："顺天时，量地利，则用力少而成功多，任情返道，劳而无获"。自古至今，节气和时令就与农业生产有着紧密联系，时令性对乡村旅游资源的影响力也不言而喻。在乡村地区，许多景物在一年四季中显露出不同的美，例如有着"世界梯田之冠"美誉的龙脊梯田就会随季节的更替而变幻无穷，春如层层银带，夏滚道道绿波，秋叠座座金塔，冬似群龙戏水。有些景点有特殊的时令性，只有在某一特定的时间季节才会展现出最好的景致，比较出名的有日本的樱花季、婺源的油菜花季、中国雪乡的雪季等。再者，像泼水节、三月三等民族节日，也只有在特定的时间内才可以参加，因而旅游应"当令""当时"。

而当乡村旅游资源的时令性作用在乡村旅游产业之上，便会使旅游者人数和旅游收入在不同时节体现出不同的差别，即有了旺季、平季和淡季的区分。有的学者将这种差别称为旅游中最容易理解却最难以解决的问题，也有学者认为这种"潮汐式波动"是全球旅游的主要特征。通常来看，旅游资源的多样性越强，可吸引市场的混合度越高，旅游资源时令性所带来的淡旺季就越不明显。在实践中，各地也常常通过不同时节的资源搭配，来最大化时令性带来的优势，降低时令性的负面影响。桂林市灵川县海洋乡就充分利用成规模的银杏、桃林、山地等乡村旅游资源，形成"春赏万亩桃花，夏品优质水果，秋看金色杏叶，冬观高山雪景"的四季乡村旅游格局。

3. 民族性

我国是一个多民族聚集的国家。共有 5 个少数民族自治区，26 个少数民族自治州。少数民族大部分地处偏远山区、牧区以及高寒地区，即范围广阔的乡村地区，这为乡村旅游的发展提供了其赖以存在的基本物质基础。原始秀美的自然环境、特有的民族文化元素、生态与文化相结合的民族乡村景观以及淳朴厚重的民族风情，共同构成了乡村旅游资源的民族性特征。

民族性为不少落后地区的发展带来了希望。一方面，许多少数民族地区在经济、社会等诸多领域存在着较大劣势，另一方面，其在乡村旅游资源方面具有显著优势。有学者认为，民族村寨是开展民族文化旅游最好的地区，是一种能够全方位、集中展示最真实民族文化的旅游资源，这里的民俗是活着的民俗，是正在发展着的民俗。内蒙古自治区的蒙兀室韦苏木就是一个鲜活的案例，在旅游扶贫的带动下，农牧民生活水平得到大幅度提升，从事旅游相关产业的户数占地区总户数的 50% 以上，乡村家庭游经营户年平均收入 10 ～ 12 万元，实现了脱贫致富。

民族性还为中国元素的国际化做出重要贡献。"民族的就是世界的！"这已是人类的共识。越是民族性强的乡村旅游资源，也越具有吸引力。尤其是在传统意义上地处边远地区的少数民族乡村，不仅对国内游客具备独特吸引，更是吸引国际游客的重要筹码，让国际游客除了到访"京、西、沪、桂、广"等传统目的地外，也能来到极具民族性的乡村地区，来体验另一种意义上的中国。1986 年，在法国巴黎金秋艺术节上，贵州黎平侗族大歌一经亮相，技惊四座，世人方知侗乡在黎平。如今，被称为"侗乡之都"的贵州黎平，已经拥有 90 多个中国传统村落，被众多法国游客称为"让灵魂得到释放的地方"。

4. 脆弱性

乡村旅游成为众多游客喜爱的一种旅游形式，重要的一点是游客向往无污染、无破坏的自然生活。乡村地区远离喧嚣，拥有独特的民族民俗风情，散发着自然、原始的味道，是吸引众多游客到此旅游的重要原因。

但是，我国高品质的乡村旅游资源大多数分布在偏远地区，原始形态的保留程度较高，如果一经破坏，很难恢复原来的面貌。同时，由于乡村地区经济条件与生活水平相对落后，当地可能会通过一些不合理的更新改造和开发建设来提高生活水平，在很大程度上对乡村旅游资源造成不可逆的破坏。加上乡村旅游资源的规模通常较小，与大规模的山水旅游资源、高恢复力的城市旅游资源相比，显得更加脆弱。

从资源类别的角度来分析，乡村旅游资源的脆弱性又主要表现在两个方面。

一方面是乡村生态资源的脆弱性。乡村生态环境是一个自然生态系统与社会系统共同组成的更为复杂的大系统，不仅是旅游活动的客观环境，也是广大农民赖以生存与发展的基础。因此，对乡村旅游资源进行开发利用时，必须遵循生态学的规律，把保护乡村生态环境放在重要位置，始终坚持保护性开发原则。以怀柔雁栖镇的"虹鳟鱼一条沟"为实例，这里的水系传承着千年的历史文化,同时也是供给当地所有住户生活所需的用水源泉。但自从开发乡村旅游后,每天到此游玩用餐的游客就超过千人,拥有上百家集虹鳟鱼观赏、垂钓、烧烤、食宿、娱乐于一体的垂钓园和度假山庄,严重污染了水质,造成当地百姓吃水、用水难的问题。如若不加以规范管控,越来越多的餐饮、旅店等乡村旅游配套产业将会进一步影响当地的生活用水水系,为乡村自然环境带来更大的破坏。

另一方面是乡村旅游文化资源的脆弱性。旅游活动发生发展的过程也是不同性质文化相互接触、碰撞、取舍、融合的过程。在第二章我们已经了解到,城市居民是参加乡村旅游的主要群体,其所携带的文化是"强势文化",相较而言乡村地区文化则是一种"弱势文化"。一般而言,"强势文化"会对"弱势文化"产生巨大的冲击。由于文化本身的价值趋同性,在旅游活动的过程中,乡村居民会受到旅游者所携带文化的影响,从而在观念上趋同于城市游客的"强势文化",丢失原有的一些传统文化观念。广西巴马的案例就充分体现了其长寿文化资源的脆弱性:随着乡村旅游的发展,巴马人受外来饮食文化的影响,不再以蒸煮清淡饮食为主,煎炸、膨化食品等油腻食品比重上升,良好的饮食结构被打破,加上从事体力劳动的人口比例减少,益寿习俗逐渐退化,从而对巴马人的健康长寿形成影响。

二、乡村旅游资源的分类

在乡村旅游大发展的热潮中,国内外学者对于乡村旅游资源的分类进行了长期的研究,但由于乡村旅游资源的多样性及时代的延展性,目前对乡村旅游资源的分类尚没有统一的分类标准和分类方法。常见的分类方式是依据国家旅游局于 2003 年 5 月 1 日颁布的《旅游资源分类、调查与评价》(GB/T18972 – 2003) 的分类体系对乡村旅游资源进行类型归属,如邹宏霞等结合乡村旅游资源的特性与内容,将其分为自然景观、人文景观 2 大主类,地质景观、水体景观、气候景观、生物景观、历史遗迹景观、聚落景观、民俗景观、农业景观、农村工业景观 9 个亚类。王敏等借鉴前人研究的成果,并考虑乡村旅游资源的特点将乡村旅游资源分为主类、亚类和基本类三个层次,主要包括:乡村自然生态景观、乡村田园景观、乡村遗产与建筑景观、乡村旅游商品、乡村人文活动与民俗文化和乡村景观意境 8 个主类，23 个亚类。

旅游资源分类的目的是"更好地把握旅游资源所具有的核心竞争力，并更加有效地将潜在的旅游需求转化为现实的旅游需求"，而基于《旅游资源分类、调查与评价》(GB/T18972 - 2003) 的乡村旅游资源分类方式着眼于乡村旅游资源的自身特性，在乡村旅游资源的多重性，尤其是与市场需求的结合方面显得十分不足。乡村旅游资源是一种复合型资源，多角度地对乡村旅游资源进行分类有助于增强资源的现实效用性。本书基于旅游规划实践，从资源的保护、挖掘、开发利用等方面对乡村旅游资源进行分类研究，意图加深对旅游资源属性和价值的再认识。

（一）基于资源属性的分类

最为常见的旅游资源分类方式是根据旅游资源自身的属性，将其划分为自然旅游资源和人造旅游资源两大类，这种划分体系最早由 M. 彼得斯提出，由于使用的分类依据比较直观，操作起来也比较容易。本书在这一分类的基础上，根据常见的旅游资源事物的基本属性，结合乡村旅游资源类型，将其划分为三大类，即自然旅游资源、文化旅游资源和社会旅游资源。

1. 自然旅游资源

自然旅游资源通常是指那些以大自然造物为吸引力本源的旅游资源，是由地貌、气候、水文、土壤、生物等要素组合的自然综合体，是形成乡村旅游资源的基底和背景。在自然资源各要素的影响下，会形成乡村景观的地域分异规律，如农业类型、农作物分布、民居形式等，是构成乡村旅游资源的重要吸引力之一。结合乡村旅游资源的性状、成因、美学特征，可将自然旅游资源分为以下几种：

气候条件。如光照充足、空气清新、清凉避暑、干爽宜人等。气候条件一方面影响着动植物分布、土地类型、耕作制度及民居类型，对乡村景观起着巨大作用，影响乡村旅游活动的开展，如元阳的壮美梯田、婺源古村的油菜花海等就是受气候条件的影响形成的特有景观。另一方面，气候条件是形成乡村旅游资源季节性特征的重要原因，即随四季的变化而形成的农业生产、社会生活的季节性变化规律。

风光地貌。地貌条件对乡村景观的宏观外貌起着决定性的作用。其中，海拔的高低、地形的起伏决定了乡村景观的类型，如江南平原地区的水乡景观、山区的梯田景观等。而地貌条件也制约着一些地区资源的利用和开发程度，从而影响各地乡村的社会经济和人们的生活状况，形成不同经济发展水平的乡村景观。

水文条件。水文条件也影响着农业类型、水陆交通、聚落布局等。如位于龙门山构造带中南段的四川虹口地区，水文资源独特，岷江水系的龙溪河和白沙河属常年性自然河，再加上另外一些贯穿于整个地区山溪小河使得这个地方成为夏季人们常光顾的避暑胜地，尤其"水中麻将"更是让其声名在外，成为乡村旅游的典范。

动植物资源。各纬度带和高度不同的地区，动植物的品种和生长状况完全不同，除了可观赏性之外，还有可闻性、可食性、可听性、可感性等特点。植物形成了各具特色的森林景观、农田景观、草原景观等，不同的动物种群又形成了牧场、渔场、饲养场等不同的乡村景观，可满足人们观赏、保健、休养、狩猎、垂钓、考察等多元需求，并进行各种旅游活动的开发。

2. 文化旅游资源

我国乡村地区地域特色鲜明，江南民俗、农耕文明、古都风情等保存相对完好，文化旅游资源的优势十分明显。乡村文化旅游资源是乡村地区人们在生产生活过程中积聚的精神财富，也是游客在乡村旅游过程能亲身体会和感受到的重要内容和对象。

依据不同文化资源的表现形态，本书将乡村文化旅游资源划分为民居建筑文化、农事农耕文化、民俗节庆文化、乡村艺术文化四类。

民居建筑文化。由于地形、气候、建筑材料、生产生活方式和生产力水平不同等诸多因素的影响，我国的乡村民居呈现多种形式，如北方游牧民族的帐篷或毡包、西南少数民族的竹楼、陕北黄土高原的窑洞等。有些地方的民居建筑已成为当地乡村的地标和核心吸引力，如皖南的宏村、浙江的诸葛村、江苏的周庄、福建的客家围屋等，深受游客的喜爱。

农事农耕文化。乡村地区是我国农业发展的主战场，拥有丰富多彩的农事文化。在农业生产中，不同的耕作方式使用的农具各种各样，不同作物的耕种与收获必须按照不同的时令，再加上当下乡村中传统耕作方式与现代高科技耕作方式相混杂，规模经营与农户经营相混杂的局面，充分体现出乡村内涵深厚的农耕文化。如今，城里人到乡村去体验采摘、养殖、放牧、挤奶、采茶等农事活动俨然已成为一种时尚和生活方式。

民俗节庆文化。我国拥有五十六个民族，民俗风情各有特点，节庆活动也是多种多样，可以说丰富的民俗节庆文化是乡村旅游最为宝贵的资源之一。民俗文化承载的是历史发展长河中人们的精神与情感，是农村原生态的、深厚的文化积淀，所涉及的范围非常广泛，有文学、音乐、舞蹈、体育竞技、医药、手工技艺、服饰、礼仪、婚俗等方面。节庆除了我国传统的端午节、中秋节、元宵节等节日外，各民族都有别具特色的节庆活动，如藏族的浴佛节、侗族的播种节、苗族的吃新节、彝族的火把节，傣族的泼水节等，形成了深受游客喜爱的乡村风情。

乡村艺术文化。民间艺术是区域大众生活的体现和特征，在乡村地区流传着许多传统精湛的手工艺制作，如木版年画、剪纸、手编花篮、手工刺绣、皮影、泥塑、蜡艺等，是乡村非物质文化资源的重要载体。正因为民间艺术的这一特性，逐渐成为乡村文化创意旅游的一个重要方面，通过传统艺术创新，不仅丰富了乡村旅游体验，而且强化了旅游目的地的品牌形象。如吴桥借助杂技这一民间艺术，将杂技文化成功融入美丽乡村建设，成为全国乃至世界的旅游名片。

如果说自然资源是乡村旅游发展的基础，那么文化资源就是乡村旅游发展的灵魂，没有文化内涵的乡村旅游是苍白的。我国的乡村凝结了中华民族几千年的文化内涵，具有极大的可挖掘性，要想使我们的乡村对游客具有持久的吸引力，必须重视对文化旅游资源的开发与利用。

3.社会旅游资源

社会旅游资源是指在特定社会文化区域中，对旅游者产生吸引力的人群及与其生活有密切联系的事物和活动。通常包括能反映或表现旅游接待地区的社会、经济发展成就或特色，从而对旅游者产生吸引的各种事物。社会旅游资源也体现出现代人的创造力，以河南省开封市的"宋都御街"为例，店铺的门面、招幌，店员的服饰，都像北宋画家张择端的《清明上河图》中所描绘的那样，游客可领略到千年以前大都市的市井风情和繁华景象，虽是现代人造景观，却成为开封市社会旅游资源中的精品。

常见的社会旅游资源包括：

乡村景观风貌。主要是指具有一定特色的乡村旅游设施、乡村风貌、建设成就等。真正富有特色的乡村景观，对各种类型的旅游者都有或大或小的吸引力。例如浙江桐庐，将灵动的富春山水和各个风情村镇巧妙结合，培育了 25 个风情特色村（点），让桐庐乡村"处处是景、时时见景"，成为闻名遐迩的美丽乡村。

乡村经济成就。乡村的经济发展状况包括该地的城乡交流状况（如观光农田、农村修养地建设等）、乡村的产业发展、乡村特产如有机农产品、特产加工品的生产等。最为典型的是乡村农副土特产品，它具有地域特色强、品种多样的特点，对城市、外地游客来说是新鲜而宝贵的旅游资源。将农副土特产品融入乡村旅游中，不仅是增强乡村旅游吸引力的有效途径，也是促进农副土特产品销售、提高农民收入的便捷途径。

乡村农业旅游资源。乡村农业旅游资源指可被旅游开发利用的农、林、牧、渔等农业资源，源于人们对利用的自然环境要素进行农业生产而形成，相较于一般的自然环境有人工参与的痕迹，是人与自然和谐相处的产物，同时也是我国悠久的农耕文化的具体体现。人们在土地上开展的各种生产活动，并由此形成各具特色的乡村旅游资源，如田园风光、草原牧场、渔区景色、林区景观、城郊农业景观等。马里莫普提村庄是马里尼日尔河上岸边的一个村庄，坐落在尼日尔河及其支流巴尼尔河汇合处的 3 个小岛上，因其特有的地域优势和丰富的渔业资源，每个居民家都有船，并可直接在家门口进行捕鱼，成为当地支柱的经济产业，同时成为其独有的景观而吸引各地人们前往。同时，田畴、农舍、篱笆、鱼塘等元素构成宁静舒缓的生活节奏。水车灌溉、围湖造田、采藕摘茶等农事活动充满着浓郁的乡土气息。

社会好客精神。中国素来就是著名的"礼仪之邦"，孔子有云，"有朋自远方来，不亦乐乎"，好客的礼仪是中华民族的优良传统。乡村旅游是体验经济和生态旅游相结合的产物，人们选择乡村旅游不仅仅是远离城市体验乡村生活，更是寻找绿色文明以及尚存的传统淳朴的民俗文化氛围，是对具有"亲和力"的生活环境的向往。这种好客文化体现在乡村各种待客礼俗、参与式的民族歌舞乐等各种各样的文化事象之中，典型的代表如藏族的哈达、苗族的拦路酒、壮族的对歌等，营造乡村旅游中好客的文化氛围。

（二）基于资源可利用性的分类

从旅游资源的可利用性角度，可将旅游资源划分为两类，一类为可再生性旅游资源，另一类是不可再生性旅游资源。

1.可再生性旅游资源

可再生性旅游资源是指在旅游活动中被部分消耗或遭受毁坏，但能够通过适当途径进行自然恢复或人工再造的旅游资源。以垂钓资源为例，一个地区若因为游客垂钓活动的开展而导致鱼类数量有所损失，但是该地鱼类资源的自然繁衍能力很强，则可通过采取相应的管理措施，使鱼类资源得以恢复，这一类资源便属于可再生性旅游资源。还有一类资源是以主题公园为代表的当代人造旅游景点，其历史价值和文化意义并没有那么重大，可经过人们加以仿造或重建，这一类资源也属于可再生性资源。

2.不可再生性旅游资源

不可再生旅游资源是指在自然生成或长期历史发展过程中形成，并保留至今作为旅游资源使用的自然遗存和文化遗存。

乡村旅游资源具有脆弱性和不可再生性，不可再生性体现在一旦某一乡村旅游资源遭到破坏，将很难再生，例如某一农业地肥沃的土壤一旦被破坏，将很难恢复。而乡村旅游资源中的文化资源，例如带有宗教或历史色彩的建筑，在损毁之后，即便可以重修，但其带给旅游者的感知和愉悦都会和原来产生偏差。此外，乡村旅游在经济发展中也要注意保留乡村本土文化的原真性，防止过度商业化，保证本土文化不被侵袭。没有资源的保护利用，乡村旅游的可持续发展无从谈起。因此，对于这类不可再生的乡村旅游资源在开发过程中应在保护的基础上合理地开发利用，挖掘其旅游价值，坚持走"保护—开发—保护"的可持续发展道路。

根据资源的可利用性进行分类，更多的是从乡村的可持续发展角度去考虑的，对于指导旅游区的规划、开发、经营与管理工作具有重要的意义。旅游资源具有脆弱性、易损性特点，假如开发利用不当，极易遭到破坏，尤其是对于不可再生的旅游资源，一旦破坏，将很难恢复。因此，在旅游需求飞速扩张的现代社会，对乡村旅游资源的开发应以保护为前提，而绝不能完全以市场为导向。

（三）基于资源开发现状的分类

根据乡村旅游资源的开发现状，可将其划分为现实旅游资源和潜在旅游资源。

1.现实旅游资源

所谓现实的旅游资源，通常是指那些不仅其本身对旅游者具有吸引力，而且客观上已经具备必要的接待条件，并且正在接待大批游客前来访问的旅游资源。对于这类旅游资源，其开发重点在于整合提升原有乡村旅游资源的价值，使其更具有旅游吸引力。

2.潜在旅游资源

潜在旅游资源通常是指那些其本身可能具有某种令人感兴趣的特色，但由于不具备交通条件或其他接待条件，加之可能尚不为外人所知，目前还无法吸引大量游客前来观赏的资源。通过差异包装、创意打造、视角变化等方式，这类资源也有可能转化为供游客观赏并且可供旅游开发的现实旅游资源。

对于乡村来说存在很多潜在型旅游资源，一是对于当地人习以为常、司空见惯的事物，但对于城市人却相对稀缺的生态文化资源，如青山绿水、蓝天白云、乡村景致，以及传统的慢生活、特有的烹饪方式、特色的火炕住宿、民俗活动等。这些资源并非传统的旅游资源，但对于城市人来说，却具有极大的差异性，能产生很大的新鲜感。二是从审美、艺术、创意的角度出发，目前虽有使用价值，但还不构成资源吸引力的内容，如瓦片、磨盘、水车、古井、古树、棚架等。这类资源只要经过简单的艺术加工，比如摆放形式、摆放位置等，就可以体现出浓郁的乡土气息。植物、石材、木、砖、陶等乡土自然材料，通过造景手法处理也可以营造出独一无二的乡土庭院景观，形成特有的乡村景观吸引力。三是以市场的角度看待乡村旅游资源，那些传统旅游资源概念里难以提及，甚至在从前不认为是旅游资源的事物。诸如土特产、农舍、村落、商铺、物产甚至是猪圈等元素，通过创意设计及产品化之后，也能成为能够引起旅游者共鸣的重要资源。

这种划分方法有利于了解乡村旅游资源的禀赋条件，并在此基础上评估旅游资源的可塑性。同时，由于潜在旅游资源的开发成本往往大于现实旅游资源的开发成本，借助此种分类方法可以从开发成本角度有效权衡资源开发的方式与方向。

（四）基于资源等级的分类

根据旅游资源管理级别进行分类，将其分为世界级、国家级、省级、市县级旅游资源四类。这样划分的目的在于掌握一定区域内旅游资源的垄断程度和对旅游者可能产生吸引力的程度。

1.世界级乡村旅游资源

这类资源主要指乡村类世界遗产地，因其不同要素和景观的组合方式而形成独特的乡村旅游资源，可满足游客亲近自然、体验遗产原真性、感受人类与自然和谐共生的多重旅游需求，对游客有极强的吸引力。

《世界遗产名录》中收录了我国四个乡村遗产地（表4-1）。

表4-1 我国乡村旅游资源被列入《世界遗产名录》的项目（截至2013年底）

遗产地名称	类型	列入时间
皖南古村落：西递、宏村	文化遗产	2000
开平碉楼与村落	文化遗产	2007
福建土楼	文化遗产	2008
红河哈尼梯田文化景观	文化遗产	2013

资料来源：根据《中国旅游年鉴》和中国遗产网有关资料整理。

世界级乡村旅游资源多以世界文化遗产、5A级旅游景区的形式出现，汇聚了具有世界性突出价值的民居建筑、乡村聚落、村落布局、产业活动、民间习俗、文化节事等要素，旅游资源独特，吸引力半径大。不同于一般乡村旅游目的地，乡村类世界遗产地旅游资源有其独特性和垄断性特征，以皖南古村落——西递、宏村为例，其村落布局独具匠心，村落与山水地貌浑然一体，民宅建筑清雅脱俗，古村落文化底蕴深厚，旅游资源价值独特，成为中国乡村类旅游地的典型代表。

2.国家级乡村旅游资源

这一级别的旅游资源由国务院审定并公布，主要包括中国历史文化名村、国家级美丽乡村、国家农业公园、国家级现代农业示范园、国家级重点文物保护单位等，具有重要的观赏价值、文化价值或科技价值。

国家级乡村旅游资源大多拥有国家级称号，在全国具有一定的知名度，除了省内游客和周边游客外，对远程游客也具有很强的吸引力。这类乡村均视旅游业为主导产业，旅游产业结构佳，游客量逐年增长，旅游收入效益较好并能有效带动农民就业。以浙江安吉为例，其建设的最大特点是以经营乡村的理念推进美丽乡村建设，立足本地生态环境资源优势，大力发展竹茶产业、生态乡村休闲旅游业和生物医药、绿色食品、新能源新材料等新兴产业，仅竹产业每年为农民创造收入6500元，占农民收入的60%左右。2017年五一小长假（4月29日至5月1日），全县共接待游客76.2万人次，旅游总收入95750万元、门票收入为1785.7万元，相较于2016年，增幅分别为17.6%、18.2%、8.2%。

3.省级乡村旅游资源

省级乡村旅游资源数量众多，主要涉及省级历史文化名村、省级美丽乡村示范村、省级现代农业示范园、省级农业公园、省级休闲农业示范点等。

这一级别的乡村旅游地生态环境优良、交通便利，发展特色鲜明，示范引领作用突出，以城郊休闲为主，重点针对家庭游、亲子游、商务游、周末休闲游等市场进行产品设计，主要吸引3小时经济圈以内的游客，游客出行方式中以自驾为主。如贵州凤冈县田坝村，通过以茶为主导经济产业走出了"茶旅一体化"的发展好路子，形成种类丰富、特色鲜明、功能配套、服务规范的多元化乡村旅游体系，荣获2016年贵州美丽乡村推荐旅游目的地。

4.市县级乡村旅游资源

这一级别的旅游资源主要为各地的市县级文物保护单位、市县级现代农业示范区、市县级休闲农业示范点等。市县级乡村资源数量繁多，一般规模不大，以吸引城市周边两小时交通圈客群为主，产品丰富多样，但同质化现象较为普遍，因此特色化、产业化发展成为关键。

第二节　乡村旅游资源调查和评价

通过上面对乡村旅游资源的概念、特征和分类的解析，我们能够看出，乡村旅游资源分布广泛，多种多样。一方面，乡村旅游资源随着时间的变迁和利用方式的改变，自身的构成及其在周边环境中的地位不断发生变化；另一方面，随着人们生产力水平的不断提高和认识能力的增强，乡村旅游资源的深度和广度都得到了拓展。为了使乡村旅游资源得到充分而合理的利用，首先必须摸清"家底"。所以，对乡村旅游资源的调查和评价，是实施开发之前的两项基础性工作。通过资源调查和评价，我们能系统地查清调查区域内可供利用的乡村旅游资源状况，相对全面地掌握乡村旅游资源的数量、质量、规模、性质、成因、特点、级别、时代及价值等基本情况。这两项基础性工作紧密联系，相辅相成，调查是评价的基础，评价是调查的深化。其共同目的都是为乡村旅游资源的科学开发和合理利用做好准备，为乡村旅游发展提供决策依据。

一、乡村旅游资源调查

当我们具体开展对乡村旅游资源调查工作的时候，需要清楚调查主体，根据其要求采用不同的调查深度，从而确定调查内容，并运用合适的调查方法，按照调查程序的要求来完成调查工作。

（一）调查主体

一般地，有三类主体会对乡村旅游资源进行调查，分别为政府及相关职能部门、市场开发者和学术研究者。政府及相关职能部门对所辖区域内的乡村旅游资源进行调查，目的更多地在于了解本地区乡村旅游资源的整体情况，如数量、规模、分布情况等；市场开发主体一般针对所要开发的对象进行详细调查，并对周边环境和旅游影响因素等进行相应的了解；学术研究者一般根据课题项目的要求对相关课题的乡村范畴内的旅游资源进行调查研究。不同的调查主体因其所做调查目的的差异，故而在调查深度、调查内容、调查方法上的选择和应用也是不一样的。

（二）调查深度

在乡村旅游资源调查中，不同的调查目的对资源的全面性和调查精度的要求也是不一样的，即的调查深度的选择。乡村旅游资源调查通常有概查和详查两个档次。详查是为了解和掌握整个调查区域内乡村旅游资源全面详细的情况，按照全部既定调查程序进行的调查。而概查是对乡村旅游资源进行一般性的调查，且简化工作程序，资料收集限定在与相关项目有关的范围内。例如在对某省乡村旅游资源进行调查时，采用详查需成立专门的调查组且成员一般由专业人员担任，根据"国标"①对某省范围内所有的乡村旅游资源进行全面调查，完成所有的调查程序，并建立全省乡村旅游资源数据库，用于某省的乡村旅游研究、开发和信息管理等。而如果要做某省内"某村酒地生态农业观光园总体规划"时，则可以在某省的乡村旅游资源信息库的基础上，采用概查的方式，选取与某村酒地生态农业观光园相关的乡村旅游资源进行调查，简化调查程序，从第二手资源入手分析，小范围内进行实地调研，出具相关调查报告并为"某村酒地生态农业观光园总体规划"服务。在具体的乡村旅游开发中，详查的结果是基础资料，概查是必要的工作。为了让大家更全面的认识和掌握乡村旅游资源调查，本书以下关于调查内容、调查方法和调查程序，按照详查的要求进行介绍。

（三）调查内容

1. 乡村旅游资源形成的环境

通过对乡村旅游资源的认识，我们知道，乡村旅游资源形成的背景环境主要包括自然环境、人文环境和社会环境三个方面。值得注意的是，在通常情况下，同一地区的不同资源单体，几乎都拥有相同或相近的形成环境，可以一并进行调查。

自然环境。主要调查可影响当地农业生产的地质地貌要素、水体要素、气候气象因素和动植物因素，这些环境要素对乡村旅游资源的形成产生重要影响。

人文环境。主要调查乡村的历史沿革，包括曾经在此发生的历史事件、名人活动、民族文化起源等，以充分认识历史变迁对于当地古民居、古建筑、民风民俗的影响因素。

社会环境。一要了解乡村概况，包括所在县市、面积、人口、农业情况及依托的周边城市等。二要了解经济状况，包括乡村的经济特征和经济发展水平、农民收入、收入来源、消费结构与消费水平、物价指数与物价水平等。三要了解社会现状，包括安全水平、民族分布、受教育程度、宗教信仰、风俗习惯、价值观念、文化禁忌等。四要了解政策法规，包括当地有关乡村旅游资源开发、管理的有关方针、政策，社会经济发展规划，以及资源法、乡村旅游法、环境保护法、乡村旅游管理条例和乡村旅游管理措施等的建立及执行情况。

---

① 中华人民共和国国家质量监督检验检疫总局.《旅游资源分类、调查与评价》（GB/T18972－2003）,2003.5.1

2.乡村旅游资源单体

在调查中最重要的内容即为乡村旅游资源本身，表现为乡村旅游资源单体的类型、特征、成因、规模、组合结构及开发状况等。具体为：首先找出其在乡村旅游资源分类中最贴切的类型；其次调查其相应特征；并对这一资源进行成因分析；再确定其规模，如有多少古民居，占地多少等等；然后了解其资源结构，如农田、草场等自然风光或传统文化、历史名居等人文景观，或者是两者相结合；最后需要了解其开发状态及已开发的项目、类型、时间、季节、旅游人次、旅游收入、消费水平等，同时与周边地区同类旅游资源的开发比较，并拟定未来的开发计划等。

3.乡村旅游配套要素

交通设施，包括大交通和小交通两个方面，大交通主要指乡村的可进入交通方式，由于其客源主要来源于周边城市，故自驾车（包括租车和出租车）和公共汽车是游客的主要选择，需要了解其公路情况，尤其需要注意的是乡村停车场的数量与分布。住宿设施，包括本乡村地区的民宿、民居、商业宾馆等当地多种住宿设施的规模、数量、档次、功能、分布情况、卫生状况、接待条件和能力、床位数、房间数、出租率、收入等。餐饮配套，包括可提供餐饮的农家和餐厅的规模、数量、分布情况，当地的特色食材、名特小吃、特色菜品、卫生状况和服务质量等。其他服务设施，包括零售商店、购物中心、土特产销售店与咨询服务中心、乡村会议中心、网络通信、医疗服务等的数量、分布、服务效率、服务人员素质、服务频率等。

（四）调查方法

在乡村旅游资源的实地调研中，需要选取合适的调查方法，或是几种调查方法相结合，以提高调查效率。常用的乡村旅游资源调查方法主要有以下几种：

座谈访问法：包括座谈会和访问两种形式。在乡村旅游资源调查中，座谈会是调查人员与当地政府、村民代表、年长者及相关专家等共同参加的会议，一般在调查地当地进行。这种集中探讨式的信息量大、效率高，会上要做好会议文字记录、录音、录像等工作。访问法是在考察过程中进行的，对象主要是当地相关部门、居民及旅游者，通常采用设计调查问卷、调查卡片、调查表等，通过面谈调查、电话调查、邮寄调查、留置问卷调查等形式进行访问。由于大量乡村地区的历史和文化习俗并没有文字资源，一般通过语言口口相传，所以访谈法在乡村旅游资源调查是常用和非常重要的调查方法，能获得大量必要并且有价值的第一手资料。

现代科技调查法：由于乡村地区所处的地理位置一般较偏僻，同时由于周边可能有较大规模的森林、草场等，固在对其旅游资源进行调查时可采用遥感技术收集多种比例尺、多种类型的遥感图像和与之相匹配的地形图、地质图、地理图等，不仅能对乡村旅游资源的类型定性，为其定量标志，且可以发现一些其他调查方法不易发现的潜在旅游资源。

资料搜集分析法：通过收集乡村旅游资源的各种现有信息数据和相关资料，从中摘取与调查项目有关的内容，进行分析研究，从而获取研究范围内乡村旅游资源的文字和图片信息，但由于乡村地区语言文字特点，一般文字资料较少，且乡村一直处于人与自然的互动状态，很多资源的特性也会随着时间而变化，相关的一些信息数据和相关资料会有时效性不强的特征，因此，在乡村旅游资源调查中，这种方法只能是一种辅助的调查方法。

统计分析法：任何一个乡村都是由多种旅游景观类型和环境要素组成的。对各种景观类型和环境要素的基本数据进行统计，对确定一个旅游资源区的旅游特色和旅游价值具有重大意义，也是设计乡村旅游环境和生态系统的基本依据。

分类分区法：把乡村地区的旅游资源，按其形态特征、内在属性、美感、吸引性等加以分类，并进行研究调查，与同类型或不同类型的其他乡村加以比较、评价，得出该乡村旅游资源的种类、一般特征与独特特征、质量与其他的差异，以便于制定开发规划以及有助于乡村旅游资源的开发利用。

（五）调查程序

1.准备阶段

进行乡村旅游资源调查的第一步，就是要成立专门的调查工作小组，在工作小组的共同讨论和分工协作下，明确调查问题并制定旅游资源调查的工作计划和工作方案，准备调查设备设施；然后，需要拟定乡村旅游资源分类体系、设计乡村旅游资源调查表和调查问卷。接下来则是第二手资料的准备，主要指已有的资料，包括有关区域内的与乡村旅游资源单体及其赋存环境有关的各类文字描述资料（公开发表的各类书籍、杂志、报刊和宣传材料上的文字记述，地方志书等），与乡村旅游资源有关的各类图形资料（如专题地图），相关的各种照片和影像资料（从网络或者当地政府提供获得）等。一般来讲，乡村旅游资源的第二手资料较少。

2. 资料和数据采集阶段

在开展调查前，还需要确定乡村的具体位置和调查线路，为实地的资料和数据采集做好准备。在收集分析第二手资料的基础上，调查人员通过选取合适的调查方法进行实地调查获得第一手资料，并填写《旅游资源单体调查表》。在进行实地调研时需要注意：由于乡村的文化差异性，应协调好当地向导及相关语言翻译准备；做好野外防护措施，防止摔伤及被野生动物侵害等；同时做好文字记录和录像等工作。

3. 文件编辑阶段

整理分析资料：首先审查收集的第二手和第一手资料，剔除有错误的资料，并补充、修正资料；其次应用科学的编码、分类方法对资料进行编码与分类；然后借助一定的统计分析技术，并进行分析；最后采用常规的资料储存方法或计算机储存方法，将资料归卷存储，以利于今后查阅和再利用。

编写乡村旅游资源调查报告。即为综合性成果的图文资料，此为整个调查工作的具体结果和体现，借助此调查报告可以了解此乡村区域内旅游资源的总体特征，并可获取专门资料和数据。调查报告是进行乡村旅游开发的核心内涵，是乡村旅游资源评价的主要素材。

二、乡村旅游资源评价

乡村旅游资源评价是指按照一定的标准确定某一旅游资源的地位，以确定被评价资源的重要程度和开发利用价值。通过资源评价，有助于了解、认识其旅游吸引力的强弱，明确其市场定位及发展方向。故而资源评价的准确性直接关系到旅游资源的开发前景，因此，乡村旅游资源评价是乡村旅游发展的重要基础性工作。

乡村旅游的资源评价通常由乡村旅游行业管理者或资源开发者来组织实行，目的是用科学客观的评价结果来指导其招商重点或开发重点。一些政府机关由于资源保护或称号申报的原因，也会组织开展乡村旅游资源评价。另外，还有一些院校和机构出于学术研究的需求，对乡村旅游资源进行评价。

乡村旅游资源评价工作看似简单，但要真正有效地开展起来实属不易。很大一个原因是评价工作的实施者往往受到自身经验或主观意愿的影响，关注和使用的评价标准多有差异，评价结果也因人而异。当然，一项资源评价工作不可能面面俱到、毫无瑕疵。但如何使乡村旅游资源评价做到科学而客观？人们往往会有多种不同的认识角度。多年以来，专家学者研究出的定性或定量评价方法也不胜枚举。但是仅从实用性的角度出发，目前相对权威的评价方法还是国家旅游局 2003 年颁布的《旅游资源调查、分类、评价》(GB/T18972-2003) （以下简称"国标"）。

该评价标准包括评价项目、评价因子、评价依据、评价赋分四个方面。评价项目包括"资源要素价值""资源影响力""附加值"三项。其中，"资源要素价值"项目包含"观赏游憩使用价值"（30分）、"历史文化科学艺术价值"（25分）、"珍稀奇特程度"（15分）、"规模、丰度与概率"（10分）5项评价因子。"资源影响力"项目包含"知名度和影响力"（10分）、"适游期或使用范围"（15分）2项评价因子。"附加值"项目包含"环境保护与环境安全"（±5分）1项评价因子。其评价赋分标准如表4-2所示。

表4-2 旅游资源评价赋分标准

评价项目	评价因子	评价依据	赋值
资源要素价值	观赏游憩使用价值	全部或其中一项具有极高的观赏价值、游憩价值、使用价值	30～22
		全部或其中一项具有很高的观赏价值、游憩价值、使用价值	21～13
		全部或其中一项具有较高的观赏价值、游憩价值、使用价值	12～6
		全部或其中一项具有一般观赏价值、游憩价值、使用价值	5～1
	历史科学艺术价值	同时或其中一项具有世界意义的历史、文化、科学、艺术价值	25～20
		同时或其中一项具有全国意义的历史、文化、科学、艺术价值	19～13
		同时或其中一项具有省级意义的历史、文化、科学、艺术价值	12～6
		历史价值或文化价值，或科学价值，或艺术价值具有地区意义	5～1
	珍稀奇特程度	有大量珍稀物种，或景观异常奇特，或此类现象在其他地区罕见	15～13
		有较多珍稀物种，或景观奇特，或此类现象在其他地区很少见	12～9
		有少量珍稀物种，或景观突出，或此类现象在其他地区少见	8～4
		有个别珍稀物种，或景观比较突出，或此类现象在其他地区较多见	3～1

(续表)

评价项目	评价因子	评价依据	赋值
资源要素价值	规模、丰度与概率	独立型旅游资源单体规模、体量巨大；集合型旅游资源单体结构完美、疏密度优良级；自然景象和人文活动周期性发生或频率极高	10～8
		独立型旅游资源单体规模、体量较大；集合型旅游资源单体结构很和谐、疏密度良好；自然景象和人文活动周期性发生或频率很高	7～5
		独立型旅游资源单体规模、体量中等；集合型旅游资源单体结构和谐、疏密度良好；自然景象和人文活动周期性发生或频率较高	4～3
		独立型旅游资源单体规模、体量较少；集合型旅游资源单体结构较和谐、疏密度一般；自然景象和人文活动周期性发生或频率较少	2～1
	完整性	形态与结构保持完整	5～4
		形态与结构有少量变化，但不明显	3
		形态与结构有明显变化	2
		形态与结构有重大变化	1
资源影响力	知名度和影响力	在世界范围内知名，或构成世界承认的名牌	10～8
		在世界范围内知名，或构成全国性的名牌	7～5
		在世界范围内知名，或构成省内的名牌	4～3
		在本地区范围内知名，或构成本地区名牌	2～1
	适游期或使用范围	适宜游览日期每年超过300天，或适宜于所有游人使用和参与	5～4
		适宜游览日期每年超过250天，或适宜于80%左右游人使用和参与	3
		适宜游览日期超过150天，或适宜于60%左右游人使用和参与	2
		适宜游览日期每年超过100天，或适宜于40%左右游人使用和参与	1
附加值	环境保护与环境安全	已受到严重污染，或存在严重安全隐患	－5
		已受到中度污染，或存在明显安全隐患	－4
		已受到轻度污染，或存在一定安全隐患	－3
		已有工程保护措施，环境安全得到保证	3

资料来源：国家旅游局《旅游资源调查、分类、评价》(GB/T18972-2003)

　　根据对旅游资源单体的评价，得出该单体旅游资源共有综合因子评价赋分值。依据旅游资源单体评价总分，将其分为五个等级，从高级到低级为：五级旅游资源得分值域≥90分、四级旅游资源得分值域≥75～89分、三级旅游资源得分值域≥60～74分、二级旅游资源得分值域≥45～59分、一级旅游资源得分值域≥30～44分。总分≤29分的单体称为"未获等级旅游资源"或等外旅游资源。其中五级旅游资源又称为"极品级旅游资源"，五级、四级、三级旅游资源统称为"优良级旅游资源"，二级、一级旅游资源统称为"普通级旅游资源"。

"国标"中的评价方法，在理论上适用于所有的旅游资源，但由于乡村旅游资源通常规模较小，观光价值一般，且具有乡土性、时令性、脆弱性等特征，有其独特之处。故从"国标"的各项评价因子来看，仍有部分因子与乡村旅游资源的契合度不高，导致以"国标"来评价乡村旅游资源时，常常出现等级过低（以普通级和未获等级资源为主）的问题。因此，国标并不完全适用于对乡村旅游资源的评价，不宜作为唯一评判标准，但"国标"却为研究更加适应乡村旅游资源的评价方法奠定了基础。

首先来看"观赏游憩使用价值"评价因子，该评价因子与黄辉实提出的"六字七标准"评价法中"美、古、名、特、奇、用"属异曲同工之巧，是一项组合式因子，用于评价观光资源或景区景点类资源时效果极佳。但大部分乡村旅游资源的观赏价值有限，使用价值也一般，仅保有部分的游憩价值，无法用该项因子来进行很好的评价。在这里我们建议可对该项因子的描述和权重进行一定程度的修正。

在"历史文化科学艺术价值"评价因子中，当资源达到相应的世界级、国家级、省级意义后，可以获得较高的分值。虽然我国不乏世界级、国家级的乡村旅游资源，但绝大多数不以历史、文化、科学或艺术价值取胜。陕西的袁家村、德清的洋家乐、长兴的水口乡、成都的五朵金花等乡村旅游的佼佼者，几乎都不具备很高的历史文化科学艺术价值；与之相对，一些历史文化价值很高的乡村，受限于区位交通等开发瓶颈，难以成为乡村旅游的热点。因此我们建议，在评价乡村旅游资源时，需要对该项评价因子的权重进行下调。

至于"珍稀奇特程度"，因为乡村地区极难出现拥有"大量珍稀物种""景观异常奇特"或是"其他地区罕见"的现象，恐怕也不是适宜于评判乡村旅游资源品质优劣的评价因子。

"规模、丰度与概率"和"完整性"两个因子，虽然都适用于乡村旅游资源，但均非乡村旅游资源吸引力的决定性因素。不少乡村民宿就以小而精、小而美著称，而不以规模取胜。我们建议可调低该两项因子的权重。

至于"知名度和影响力"和"适游期或使用范围"两个因子，用于评价乡村旅游资源有其部分正确性。但是由于乡村旅游资源的辐射范围以周边市场为主,几乎不可能形成"世界承认的品牌",再加上在前文中提到的时令性特征,少有全年适游的乡村旅游资源。因此,我们也不适宜过度放大该两项因子的权重。

反而当我们讲到"环境保护与环境安全"时,很多乡村地区的吸引力就在于此。与绝大多数城市环境相比,乡村地区更加亲近自然、空气清新,令人心情舒畅。从第三章我们也已经了解到,更多人以家庭为单位,选择带孩子参加乡村旅游,安全性已经成为出行选择的首要考虑。因此我们建议,可在评价乡村旅游资源时,加大该项因子的权重系数。

除了以上"国标"中提到的"资源要素价值""资源影响力"和"附加值"三个项目外,还有更多因素需要考虑。这里并非是说"国标"的评价方法不可取,而是说单纯以"国标"来评判某项乡村旅游资源是否值得开发显然是不够的。因此,本书所要强调的是,在对待开发的旅游资源进行评价方面,归根结底还要以项目的市场价值作为评价标准。在评价市场价值时,评价因子可以更加侧重于对乡村旅游资源开发利用条件的评价。卢云亭"三、三、六"评价法中,就突出强调了六大资源开发利用条件的评估,包括地理位置和交通条件、景物的地域组合条件、景区旅游容量条件、游人市场条件、投资能力条件、施工难易条件。在刘庆有构建的乡村旅游资源综合评价模型中,则突出了对外围吸引物、可进入性、设施和乡村性的评价。以上方面都是在完善乡村旅游评价方法时,可以考虑加入的评价因子。

综上所述,在"国标"的基础上,我们结合乡村旅游资源的特性,给出了一定程度的修正建议,现将其总结如下:一是建议下调"资源要素价值"评价项目中"观赏游憩使用价值""历史文化科学艺术价值""珍稀奇特程度""规模、丰度与概率"4个评价因子的权重;二是增加有关"资源开发利用条件"的评价项目,包括"可进入性""旅游者市场条件""开发难易条件"等评价因子;三是上调"附加值"评价项目中"环境保护与旅游安全"因子的权重。通过这几项调整,我们尝试构建更加适宜乡村旅游的评价体系,并希望启发更多人在此方面做出更具科学性和实用性的探索。当然,由于乡村旅游资源种类多样,一个评价方法并不能完全客观地应用到所有的乡村旅游地,在具体运用时,还应根据实际情况做适当的调整。

第三节 乡村旅游资源规划

在上两节当中我们介绍了乡村旅游资源分类与调查评价，那么如此丰富的乡村旅游资源在经过调查评价之后应当如何利用，如何引导和带动乡村旅游资源的开发与保护，为乡村旅游发展服务，为乡村建设服务，这就需要有科学规划的引领和指导，以下简称"乡村旅游规划"。本节内容将着重介绍有关乡村旅游规划的知识，明确重要意义，厘清主要类型，明晰基本步骤，并提出规划关键，为乡村旅游科学有序发展和可持续发展起到一定的指导作用。

一、乡村旅游规划的意义

乡村旅游规划，是旅游规划的一种，强调对乡村旅游资源的科学开发与保护。随着全面建设小康社会进程的加速，改善农村人居环境、提升农民人均收入以及建设美丽乡村的任务更加迫切，因此需要通过旅游规划引领好、建设好、发展好广大乡村。

乡村旅游规划的意义主要体现在三个方面。一是乡村旅游规划一般具有前瞻性，能够基于当前的发展，进行适度超前谋划，明确发展目标，制定合理蓝图，能够充分发挥引领作用，统一认识，形成乡村旅游发展的合力。二是乡村旅游规划一般具有体系的专业性，乡村旅游规划集成了科学理论和艺术审美，既有市场学、地理学、历史学、建筑学、环境学、社会学、经济学和规划学等基础理论的支撑，也有色彩、透视、美学和设计等艺术科学的融入，因此乡村旅游规划能够软硬兼顾，科学而柔性地美化乡村环境。三是乡村旅游规划一般具有内容的专业性，包括产品、品牌、空间、线路、生态保护、旅游容量、社区营造及开发序列等专业内容，能够为乡村旅游发展树立品牌形象，带动招商引资，保护和改善环境，促进社区和地区的整合，因而科学而落地的内容谋划能够为乡村旅游健康有序发展起到推动作用。综上，乡村旅游规划可以成为促进乡村旅游健康发展的有效途径之一。

二、乡村旅游规划的主要类型与规划流程

（一）乡村旅游规划的主要类型

在我国，旅游规划起步较早，自改革开放以来便伴随着旅游业的发展而存

在，并经历了资源导向、市场导向、产品导向以及生活导向规划思想的转变，国家旅游局也出台了《旅游规划通则》(GB/T18971-2003) 规范旅游规划的类型和内容，并对规划编制单位和规划编制流程进行了规范和约束。2013 年旅游发展规划在《旅游法》当中被纳入国家法定规划，规划地位和规划要求得到了明确。

　　乡村旅游规划作为旅游规划的一种类型，起步较晚，集中出现在 2009 年后乡村旅游快速发展时期（见表 4-3），因而乡村旅游规划发展时间较短，尚处于起步阶段。通过梳理全国各地乡村旅游规划，结合《旅游规划通则》对旅游规划的分类，可以发现乡村旅游规划主要有以下几种类型。一是乡村旅游发展规划，即根据乡村旅游的历史、现状和市场要素的变化所制定的目标体系，以及为实现目标体系在特定的发展条件下对旅游发展的要素所做的安排，按行政管理层级主要分为省级乡村旅游发展规划、市级乡村旅游发展规划、县级乡村旅游发展规划和镇村域乡村旅游发展规划。二是乡村旅游区规划，是指为了保护、开发、利用和经营管理乡村旅游区，使其发挥多种功能和作用而进行的各项旅游要素的统筹部署和具体安排，按规划层次分总体规划、控制性详细规划、修建性详细规划等，主要包括乡村旅游度假区规划、乡村旅游集聚区规划、乡村旅游实验区规划、乡村旅游产业区规划等。三是乡村旅游专项规划，主要包括乡村旅游公共服务规划、乡村旅游投融资规划、乡村旅游项目开发规划、乡村旅游用地规划、乡村旅游线路规划、乡村旅游营销规划、乡村旅游保护规划、旅游服务设施规划、新农村规划、扶贫规划等。

表4-3　国内部分乡村旅游规划及编制时间

地区	时间
海南省乡村旅游总体规划	2014-2020
湖北省乡村旅游发展规划	2016-2025
陕西省乡村旅游发展规划	2017-2020
黑龙江省乡村旅游专项规划	2013
江西省乡村旅游发展规划	2013-2017
安徽省乡村旅游发展三年行动计划	2013-2015
江苏省乡村旅游发展规划	2016-2020
三亚市乡村旅游发展专项规划	2014
青岛市乡村旅游专项划	2015-2020

（续表）

地区	时间
重庆市乡村旅游发展规划	2013-2020
泉州市乡村旅游专项规划	2010
赤峰市乡村旅游发展实施方案	2016-2020
湖州市乡村旅游发展规划	2011-2015
平顶山市乡村旅游发展规划	2016
江北区乡村旅游发展规划纲要	2008
重庆市长寿区乡村旅游总体规划	2016-2025
湖北省十堰市岩屋村旅游发展总体规划	2016
湖州市旅游交通建设专项规划	2016
湖州市旅游产业用地专项规划	2016
三亚旅游导向型新农村发展概念性规划（台楼村）	2015
和龙市光东民俗旅游村修建性详细规划	2013
张家界市乡村旅游暨旅游扶贫专项规划	2016
凤凰县老洞村旅游扶贫发展规划	2015
阜平县国家旅游扶贫试验区总体规划	2013
巴马县平林村旅游扶贫规划	2016
婺源国家乡村旅游度假实验区总体规划	2013
湖州市乡村旅游集聚区产业发展专项规划	2015
北京特色民俗村规划设计等	2011
保亭美丽乡村试点村建设规划	2015
……	

（二）乡村旅游规划的流程

乡村旅游规划流程是制定乡村旅游规划的基本步骤，主要基于旅游规划的编制流程。乡村旅游规划共分为五个阶段：规划准备阶段、调查分析阶段、确定总体规划思路阶段、具体规划阶段、实施阶段。

第一阶段：规划准备和启动

规划的准备和启动工作主要包括：明确规划的基本范畴；明确规划的制定者和执行者；确定规划的参与者，组织规划工作组；设计公众参与的工作框架；建立规划过程的协调保障机制。这些是启动乡村旅游规划应该具备的基本条件。由于规划受到当地社会经济发展水平、政府部门结构、行政级别等因素的影响，特定地方的规划可以跨越其中某些步骤。

第二阶段：调查分析

这一阶段的工作包括：乡村旅游地总体现状分析，如乡村旅游地自然地理概况、社会经济发展总体状况、旅游业发展状况等；乡村旅游资源普查与评价，可以利用国家颁布的旅游资源分类与评价标准对乡村旅游资源进行科学、合理的分类，并做出定性和定量评价，将人们对乡村旅游资源的主观认识定量化，使其具有可比性；客源市场分析，通过调研客源市场，详细分析客源流向、兴趣爱好等因素，为市场细分和确定目标市场做好基础；乡村旅游发展 SWOT 分析，在以上三个方面科学分析的基础上，对当地发展乡村旅游进行全面的综合考察，找出发展乡村旅游的优势和机遇，并摸清存在的劣势和面临的威胁。

第三阶段：确定思路

这一阶段的主要工作是：通过对以上乡村旅游发展的背景和现状进行整体的联系性剖析，结合乡村的历史、社会、经济、文化、生态实情，综合确定乡村旅游发展的战略定位，在宏观上确定乡村旅游发展的方向定位，在此基础上，确定未来乡村旅游的具体发展目标、产业重点和项目特色。

第四阶段：制定规划

制定规划阶段是乡村旅游规划工作的主体部分，是构建乡村旅游规划内容体系的核心，主要工作就是根据前几个阶段调查和分析到的结果，并依据发展乡村旅游的总体思路，提出乡村旅游发展的具体措施。需要注意的是，在制定详细的规划内容时，必须考虑规划区域的乡村社区建设和社区居民的切身利益。

第五阶段：组织实施

依据乡村旅游规划的具体内容，并结合乡村地区实际发展情况，切实做好乡村旅游规划的具体实施工作。要根据经济、社会、环境效益情况，对规划实施的效果进行综合评价，并及时做好信息反馈，以便对规划内容进行适时的补充、调整和提升。

三、乡村旅游资源规划的关键

（一）注重理念引领

乡村旅游发展的最大优势在于原真性的乡土文化和原生态的乡村环境，因此乡村旅游规划要以天人合一的理念为引领，在规划方法、规划内容、规划技术等方面应用和落实。

引领乡村旅游发展的原真性。在工业化和城市化急剧扩张之后，人们开始抛弃以往对现代性的要求，形成一种后现代语境下的"新乡村主义"，亟待去乡村寻回正在逐渐消逝的原真性。由于绝大部分乡村不是文化遗产，要求绝对保持"原真性"既无必要也不大可能，尽可能保持乡村的原真性，实则是要求尊重乡村的差异和特色，保护其原有基本格局、肌理、风貌与生活，关注原住房、原住民、原生活及原生产等原真性核心吸引物，同时要融合时代发展特性，做好传承和创新。

引领乡村旅游发展的原生态。原生态的乡村环境强调人与自然的和谐共生，在规划当中应强调生态环境保护，比如应规划好山林、水系生态系统的保护，规划好生活垃圾的分类、排放、处理；同时规划还应注重对乡村旅游资源环境承载能力的评估，制定合理旅游发展规模；另外在规划设计中还需要融入环保理念，在建筑与景观的修复、构建中，优先采用当地乡土材料、乡土植被，利用本地手工艺人的建造工艺，在设计细节上体现原乡性与环保性。如湖州的裸心乡民宿，其房间没有空调、煤气，夏天靠电风扇，冬天靠火炉，烧的是本地废木料、木屑压制成的柴火；门前有蓄水池承接雨水，循环使用；垃圾要分类，树叶、苹果皮要埋在地下；把村里拆房剩下的雕花木梁、石墩、马槽回收上来，用作装修材料；不仅充分体现了环保意识，同时创造了有新意的民宿空间。

（二）注重把握重点

乡村旅游发展与一般意义上的旅游有着很大不同，因而规划要注重把握三个重点：一是乡村旅游的发展定位，也就是要做什么样的乡村旅游产业与产品，适合所在区域和经营者的特点；二是乡村旅游的空间布局，要在保护生态的前提下，对产业和产品进行科学合理的布局；三是乡村旅游的项目安排，在战略定位和科学布局的基础要求准确确定开发的项目，以好项目来引导好产品，以好产品来引导好产业；四是乡村旅游的产品特色，在产品上乡村旅游一定要有差异性，形成自己的个性。

（三）注重统筹兼顾

乡村旅游规划较为综合，涉及文化、教育、金融、体育、娱乐、地产、建筑等多个领域，涉及文化、生态、水利、农业、交通、土地等多个部门，还涉及政府、企业、协会、农民、专家、规划团队等多个主体，因而需要综合考虑，统筹兼顾。

统筹规划力量。旅游规划不仅是一种政府行为，而且是一种社会行为，还有经济行为。不仅要求政府参与，而且还一定要有未来经营管理人员参与，并与当地公众、投资方相结合，避免规划的"技术失灵"。为此，应建立"开放式"规划体系，允许多重决策权威（专家、官方、企业、公众）的协调参与，避免规划师单纯根据领导的意图编制蓝图。此外，还应建立一种机制，使规划师有能力在各部门的决策者之间进行协调，最终产生一个好规划。

推进多规合一。一直以来，旅游发展规划都被要求与土地利用总体规划、城乡规划、环境保护规划以及其他自然资源和文物等人文资源的保护和利用规划相衔接，2013年颁布的《旅游法》（第十九条）更做了明文规定；同时《旅游法》第二十条也明确指出，各级人民政府编制土地利用总体规划、城乡规划，应当充分考虑相关旅游项目、设施的空间布局和建设用地要求。乡村旅游规划也需要做到这样的衔接和统筹。"多规合一"并非只有一个规划，而是要强化"系统工程"理念，在制定规划时以国民经济和社会发展规划为依据，强化与城乡建设、土地利用、环境保护、文物保护、林地保护、综合交通、水资源、文化旅游、社会事业等各类规划的衔接，确保"多规"确定的开发边界、体量规模、保护性空间等重要空间参数一致，以实现优化空间布局、有效配置土地资源。在实际操作中，一方面可尝试在乡村旅游规划中囊括其他相关部门的规划内容，体现文化、林业、水利、交通、土地等相关部门的规划要求；另一方面可在直接相关产业规划中体现乡村旅游发展需求，二者统一协调。

（四）注重规划落地

"规划规划，全是鬼话，嘴上说说，墙上挂挂"，这是很多人对旅游规划的评价，这说明规划的落地性不强，没有真正实现"画得好才能建得好"。乡村旅游规划关键是落地，能够真正指导乡村旅游发展实践，因此乡村旅游规划在编制前期就应当考虑落地性问题，可尝试由原先的教科书式规划向操作手册式规划转变，编制落地导向规划。比如应根据规划地实际情况，规划哪些产品项目适合招商引资开发建设、哪些项目适合农户直接经营、哪些项目需要政府投入或支持引导的落地路径，并提出与实施路径相配套的具体建设和经营管理方案；同时尽可能地结合规划设计单位已有的社会资源，引荐导入专业性强的旅游投资开发商及运营管理商进行投资建设和经营管理，让规划设计的产品项目真正落地生根。

乡村旅游规划不仅是一种科学规划，而且是一种实用可行的规划，二者必须兼顾，才能规避"规划失灵"。

（五）注重动态调整

乡村旅游规划编制不是静态的物质形态蓝图式描述，而是一个不断反馈、调整的动态过程，我们不仅要关注规划本身，也要关注规划的组织实施。对于规划实施的动态调整可以从两个方面入手，一是进行规划修编，即针对实施后空间布局的不适宜，产品的不合理差等问题进行适时修编，动态调整；二是进行全程规划服务，即在规划初始就明确规划团队从规划设计到规划落地到跟踪服务的全程服务内容，能够及时发现问题，及时调整，保证落地效果。

第四节　乡村旅游资源开发

乡村旅游资源的开发是指运用一定的资金和技术，对乡村的自然旅游资源、文化旅游资源和社会旅游资源进行开发利用，使其产生经济价值及其他多种价值，或加强其已被利用的广度和深度而提高其综合价值。

现阶段，我国乡村旅游资源的开发还处于一种高速度、低质量的粗放型发展阶段，乡村旅游资源开发对乡村的影响，引起了人们的普遍关注。如何秉承乡土特色、市场导向、经济与社会效益双赢、产业惠民富民等原则，协调各类相关主体，既保持乡村旅游资源的独特魅力，又实现乡村旅游资源的充分合理利用，将是乡村旅游发展中的关键点和难点。

一、开发意义

乡村旅游资源的潜在的优势不容忽视，合理进行乡村旅游资源开发，能为乡村带来经济、社会、文化、环境等方面的积极影响，从而促进旅游精准扶贫和乡村产业发展，有利于减缓城乡二元经济结构对乡村地区的负面影响。有学者就认为，乡村旅游是 21 世纪最具潜力的产业，能够在带动农民脱贫致富、推动农业产业结构调整等方面发挥重要作用。

在经济方面，乡村旅游资源开发有利于农业增效、农民增收、农村和谐，其直接受益对象是农民。乡村旅游业可以调整产业结构，促进农业向第三产业转移，增加农民的收入。同时，乡村旅游开发也成为各级政府和私人投资的热点，一方面为地方吸引大量的资金，另一方面旅游开发推进了乡村的基础设施建设。

在社会方面，旅游业的发展具有显著的就业效应，可为农村剩余劳动力提供大量就业机会。一方面，发展旅游业可以推动农民就业，另一方面，就业的扩大反过来促进旅游业的发展，实现发展旅游业与扩大就业的良性互动。

在文化方面，乡村文化一直以其独有的淳朴、善良为世人所称赞，地方民俗文化、节庆文化、民间艺术，乃至历史文化遗产等文化资源构成了乡村旅游发展的独特吸引力，旅游资源的开发可有力促进优秀乡村文化的对外传播，促进本土文化的弘扬和保护。同时，通过城市资金和项目的引进，吸引市民到乡村休闲旅游，促成城乡文化的互动与交融。

在环境方面，随着乡村旅游资源开发的推进，乡村地区可以积极申请省市、各部门的扶持资金，或统筹利用部分乡村旅游经营性收入，从改善乡村生产和生活条件的角度出发，加大乡村基础设施投入，改善农村用电、用水、交通、卫生条件和农业生态环境。

二、开发主体

乡村旅游资源开发作为一种发展模式，自然存在着诸多利益相关者，由多种力量共同决定开发的方向。当前阶段，我国乡村旅游资源开发的主要参与者包括政府、企业、农户和村委会，这几类利益相关者都有其各自需要扮演的角色。有学者认为，利益相关者的合作是乡村旅游成功的关键，而建立合理的管理机制和乡村旅游利益分享机制就是一项重要内容。

举一个简单的例子，如果当地居民的利益被外部力量所剥夺，心理不平衡的积聚最终可能导致乡村居民采取非理性的行为来表示抗议。如2011年8月，江西婺源李坑景区就出现当地居民封堵景区大门的事件，甘肃景泰黄河石林景区、安徽霍山铜锣寨景区，甚至作为乡村旅游致富典范的成都三圣乡旅游景区也出现了类似的问题。这些问题凸显了部分地区在开发乡村旅游资源时，对于各个参与方的利益保障和分配缺乏未雨绸缪的长远考虑。

那么各开发主体如何在开发经营过程中形成深度互动？不同主体主导的开发模式有何要点？各种开发模式有无成功案例？这些也都是读者关注的问题，在本书的第九章还会有进一步的详细阐述。

三、开发的内容

要通过旅游开发，把乡村旅游资源变为一个相对成熟的乡村旅游目的地，离不开硬件设施的支撑，以及吸引力和软服务的注入。通常来说，需要开发的内容包括基础服务设施、乡村旅游产品、乡村旅游要素体系、乡村旅游节庆活动等。

基础服务设施。通常包括乡村公路、农村供水设施、农村电力设施、农村污水垃圾处理设施等农村基础设施，也包括旅游停车场、旅游厕所、标识牌等乡村旅游服务设施，是乡村旅游资源开发的首要前提。一般情况下，该项内容由地方政府负责开发，但需特别关注各类设施的功能性、美观性等方面，要与乡村旅游需求相衔接，尽量实行农村基础设施和乡村旅游服务设施的一体化开发建设，避免割裂建设和重复建设。

乡村旅游产品。原始状态的乡村旅游资源，需要经过创意的设计、包装、打造，才能成为具备市场吸引的乡村旅游产品。依据基本经营形态和生产生活空间，利用相应的乡村旅游资源，我们可以开发民宿、农庄、度假村和市民农园四类产品。在乡村旅游资源组合性较强的地区，我们还可以开发乡村旅游村域、乡村旅游景区、乡村旅游集聚区、乡村旅游度假区四类产品。在乡村旅游中，打造得当的乡村旅游产品通常都是市场青睐的核心吸引，成为游客心向往之的具体对象。各类产品的发展历程、打造手法、组织形式等内容，在本书的第六章还会有深入的解析。

乡村旅游要素体系。面对成批旅游者的到来，仅有基础设施和核心产品是远远不够的，还应该考虑怎么让他们食有佳肴、住有房舍、行有道路、观有美景、购有特产、玩有体验。这就需要在原有乡村外形的基础上，做一定的改造和建设，将旅游的"吃、住、行、游、购、娱"等要素融入乡村旅游中。各类要素的具体开发方式在本书的第五章进行详细介绍。

乡村旅游节庆活动。结合民族节庆和乡村资源，周期性地开发采摘节、服饰节、音乐节、美食节、过大年等节庆活动，可在乡村地区形成一种特殊的旅游吸引。通过节庆活动的举办，可以吸引区域内外大量游人，具备强大的经济和社会效益。张北中都草原就是一个因节而兴的典型案例，在 2014 年张北草原音乐节的 3 天内，约有 35 万人涌入张北草原，旅游综合收入近 3 亿元。

四、开发的一般流程

乡村旅游资源的开发是一项复杂的系统工程，要从资源固有的客观规律着手，有计划、有步骤地进行，避免旅游资源的浪费甚至破坏。根据开发主体、开发内容的不同，乡村旅游资源的开发流程也各有差异，但是一般来说，乡村旅游资源在开发时有以下几个步骤：

组建开发小组。负责对整体开发工作进行筹划、规划、监督和执行。

筹措开发资金。依据"谁投资，谁受益"的原则，预估资金投入和回报，自筹或融资，合理投入于资源开发的各环节之中。

规划和建设。基于对乡村旅游资源的调查和评价，制定旅游开发规划方案，有的还需要制定单体项目的设计方案，并由投资主体严格按照开发和设计方案进行各种项目建设工作。

经营和营销。就目前而言，大多数的乡村旅游开发者就是乡村旅游的经营者，但很多乡村旅游点只重建设不重管理，只重噱头不重品质，常常造成了盈利能力低下和发展后继无力。在经营过程中，如何加强宣传、拓展渠道，通过营销来激发游客出行欲望，也是一项容易被忽略的难题。因此，组建更专业的经营和营销团队，实施合理的经营和营销策略，也是乡村旅游资源开发流程中的重要环节。

定期更新和升级。为保持乡村旅游项目的长期竞争力，需要有计划地进行更新升级。湖州市从 1998 年开始每隔 5 年左右，就在市场和政府的双重引导下，进行一次乡村旅游产品的全面更新，其发展阶段不断提升，目前已经由"农家乐"到"乡村旅游"再到"乡村度假"和"乡村生活"，被称为"中国乡村旅游第一市"，就是因为其始终领先竞争对手一步，进行乡村旅游产品的更新和升级，维持乡村旅游的竞争力。

第五节　乡村旅游资源保护

乡村旅游资源保护是伴随着乡村旅游资源开发而提出来的一项重要议题。它不仅包括对乡村吸引物本身进行保护，使之不至于因为开发和使用不当而遭受破坏，而且涉及对其所在自然生态和人文环境的保护。我们能给后代子孙怎样的自然美？那些正在消失的语言文字能否留存和传承下去？如何让生活在这片土地上的人们更好地享受自然的馈赠？这些让我们对乡村旅游资源的保护变得更有意义。

一、开发与保护的辩证关系

丰富的乡村旅游资源成为发展乡村旅游的前提和保障，这些资源的存在和延续不单单是为了增添游客的乡村旅游体验，更是当地人们生存环境和生活条件的优化表现。国家的繁荣预示着人民的幸福，人们的生活稳定愉悦也是国家富强的具体表现，尤其对于中国这样的农业大国，在广泛的乡村地区，人们拥有好的生活状态更是国家层面的需求。具体而言，乡村地区的人居环境和社会环境是促进农村地区安全稳定的风向标。通过保护，以期能更好地维持自然生态环境，保持"乡村性"，维系"乡土"情节。

然而，资源的价值体现在更好地为人类的需要服务，对资源的开发恰恰有可以提高其价值的可能性。中国的西递、宏村，荷兰的 Giethoorn（羊角村）、日本的濑户内、意大利 Cinque Terre（五渔村）等村落，借着市场化的手段，开发成为现代人向往文化气息的生活休闲之地，不仅更好地体现了其利用价值，同时也让其得到了更好的保护。那么像这样开发利用得当，作为逻辑意义上非消耗性资产的旅游资源也是可以"用之不竭"的。但是在实际的实践中，利用和管理不善却是常态，所以很容易造成这些资源的破坏。可以预见的是对乡村旅游资源的破坏会造成其质量的下降，影响其市场吸引力；更为严重的破坏甚至会摧毁乡村旅游资源，使得该地区的乡村旅游业失去存在的基础。所以，开发是在保护的基础上，通过周密的规划和妥善的管理，将问题的可能性降到最低。换句话说，保护与开发并不是对峙的，我们不能将它们对立起来。片面强调发展进行开发而不计较可能出现的不良后果是错误的，然而一味固守保护，过分坚守自然主义的观点也是不可取的。

二、乡村旅游资源被损害和破坏的原因

为了有效地保护乡村旅游资源，人们首先有必要认清致使乡村旅游资源遭受损害和破坏的原因。大体上来讲，主要有自然因素和人为因素两大类作用所致。

（一）自然因素的作用

由于自然因素的作用而致使某些乡村旅游资源遭受损害和破坏的情况很多，其中较为常见的情况包括：

1. 突发性自然灾害

一些重大的突发性自然灾害的发生，如旱灾、洪涝、台风、风暴潮、冻害、雹灾、海啸、地震、火山、滑坡、泥石流、森林火灾等，往往会使受灾地区的旅游资源遭到重大破坏。有的甚至对某个乡村地区是毁灭性的破坏，如2008年汶川地震，使位于四川省北川县县境南部的漩坪乡全部淹没于地震形成的唐家山堰塞湖之下。而这些重大突发性自然灾害发生在乡村地区的概率超过城镇地区，例如泥石流一般发生在半干旱山区或高原冰川，其中在西藏、四川西部、云南、甘肃等地的乡村地区极易发生雨水泥石流，一旦发生，可能冲毁乡村，破坏房屋、农作物、林木、耕地，对乡村旅游资源是毁灭性的冲击。同时，由于自然条件和基础设施等限制，在发生自然灾害时，乡村地区往往遭受更严重的破坏，如洪水来临时可能淹没沿途的很多乡村，但在城市地区却可以有效避免。甚至于在灾害发生时，由于交通的影响，救援不及时、乡村地区物资设备缺乏，还会给乡村居民带来更严重的生命安全问题。

2. 动物性原因

某些动物性原因，例如鸟类和白蚁的破坏作用，往往会对乡村历史建筑和水利设施类旅游资源的安全构成威胁，古有"千里之堤，溃于蚁穴"，今有古建筑"蚁患成灾"，如"国家级历史文化名村""首批中国传统村落"的傅村镇山头下村的多座古建筑遭到白蚁的大面积侵蚀，部分古建筑甚至存在倒塌的危险。而病虫害对农、林、牧业的影响也导致以此为基础的乡村旅游资源遭受破坏。农田景观和草场景观是大部分地区乡村旅游的核心资源，而它们所依赖的农作物和草场却极易受到病虫害的影响。例如在我国西北部分地区乡村旅游赖以发展的森林草场等，鼠害便是草场致命因子，其中以大沙鼠、黄兔尾鼠优势鼠种为甚，它们在地下挖掘洞道并采食地面植物，对草场植被破坏严重，可降低草场30%～40%产草量，同时还是多种疫源性疾病病原体的自然携带者，对当地畜牧业造成影响，并直接降低牧民收入，同时造成草场退化、载畜量下降、草场面积缩小，严重危害当地自然环境。

（二）人为因素的作用

除了自然因素的作用之外，更值得关注的则是人为原因而对乡村旅游资源造成的破坏。这里所指的人为原因在很大程度上并非是有意的人为破坏，而是由于乡村地区的发展和旅游开发中的某些因素导致的破坏性后果。较为明显的这类原因主要包括：

1. 城市化因素

毋庸置疑，城市化为乡村旅游带来发展的机会，然而机会与挑战并存，在城市化的过程中对乡村旅游资源造成破坏和损害的例子也很多。如"贵州某县的县级文物保护单位——龙家民居一夜被拆""江苏某市的市级文物保护单位——牛市古民居因野蛮施工被损毁"等等，这种由于城镇化建设的需要而拆掉古民居等古建筑的现象在城市化过程中不断地上演。更甚的是对某一区域内整个乡村的拆除，让乡村不复存在，而存在于这一地区的乡村旅游资源也自然无从谈起了。例如有"中原第一文物古村落"之称的马固村为配合某某产业园建设，全村整体迁移，让占地500余亩的千年古村落变成一片黄土和废墟。

城市化进程中乡村地区遭受破坏和损害的远远不止这些可以直观感受到的物质文化景观，同时城市"强势文化"对乡村传统文化的冲击不容小觑。其中世界范围内的小语种灭绝便是来源于城市化的"功劳"，人们更愿意去学习那些主流的语言以便能获得更多机会。我国的乡村地区也面临同样的情况，尤其是一些偏远和少数民族地区，发展可能失去了本地区本民族语言的传承，那些没有文字只能靠口传的语言更加容易受到影响和遭受毁灭。另一方面来讲，城镇化浪潮冲击下，以土地为依赖、以农耕生产方式为支撑、以血缘地缘关系为经纬的传统乡村社会面临解构。人们不再主要依靠土地和农业生产经营来维持生计。由于人口流动和职业分化，乡村空心化现象越来越严重。乡村肌理的慢慢褪去与乡村空心化，都提醒着我们城市化可能带给乡村旅游资源的质的破坏。

2. 开发建设因素

乡村旅游多为经营者自主开发，有些开发者在开发建设的过程中，由于不注意环境保护或是出于一己私利等原因而导致当地环境景观遭到破坏的现象也较常见，例如随意炸山开路、砍伐森林、大兴土木等，结果可能还没建好，环境就已经被较严重地破坏了。此外，乡村旅游资源过度开发客观上也是导致当地乡村旅游资源质量下降的重要原因之一。例如不少乡村旅游地大兴土木、大建楼堂馆所和大型娱乐设施、乡村旅游地被改造成主题公园、从而村落景观失真，使得乡村旅游赖以存在和发展的乡村旅游资源特色消失，造成农村地区乡村特性的淡化和乡村景观的庸俗化。这些乡村低水平开发和重复建设的现象，还体现在很多乡村地区建筑物的外观统一和盲目跟风的情况，导致乡村缺乏地域特色。

3. 旅游活动因素

在我国乡村旅游业的发展过程中，旅游开发引起旅游者数量增加，大量旅游者的踩踏使土壤板结，树木枯死；游人在山地爬山登踏时，部分游客挖掘土石，从而造成水土流失，树木根系裸露，出现成片山草倒伏的情况等现象，对自然生态环境产生了巨大破坏。此外，游客的进入和旅游活动的开展对乡村自然生态环境也可能造成污染。旅游活动中交通工具排出的废油、废气，对乡村地区的空气环境构成影响，超过当地的承载量之后对空气质量会造成污染；游客食宿产生的生活污水和生活垃圾也会对乡村地区的水体质量和生态环境造成影响，有的时候会变成较严重的破坏。可以说，旅游活动在一定程度上加剧了自然生态环境的恶化和污染。

除了对自然生态环境的负面影响，随着大量游客的涌入还加速了自然风化的速度，导致古迹的破坏。更有甚者部分游客对文物古迹的任意划刻、涂抹，尤其是乡村古建筑，对乡村旅游资源在景观价值和吸引力方面会造成严重损失。同时，随着外来者的涌入，异族以及同族异地文化、思想意识、生活习俗的引入，使某些乡村地区传统的民族文化、民族风情正被逐渐冲淡、同化以至消亡，从而加速了地方文化的变迁。因而，旅游活动还加速人文生态资源的损坏和变迁。

4.经济落后

一般来讲，乡村地区的经济较为落后，由于经济方面的原因对乡村地区的旅游资源造成破坏和损害的例子也越来越多。例如山西某县被誉为"活化石"的半坡古村，全村有明清时期的院落古宅多达六七十处，由于地下煤资源能够带来当地经济指标的上扬，当地政府便以煤矿开采获取为由，对全村的近200户居民进行了强制搬迁，又以复垦的名义将这里的古宅强制拆除。另外还有一些古民居的主人由于拆迁能获得高额补偿，纷纷将旧建筑拆掉，建成二、三层的新楼，导致很多优秀古民居消失，如厦门海沧东屿村的李妈吕宅等。从很大程度上来讲，经济因素会从内部瓦解人们对乡村旅游资源的保护意识。除了从外部获得经济补偿而从主观上破坏乡村旅游资源的现象外，还有一些令人惋惜的情况，由于没有经济的保障及当地居民的外出，很多有历史和文化价值的民居没有得到很好的修缮和保护，很多优秀的非物质文化技艺没有新的传承人，而让那些传承数千年的非物质文化遗产濒临失传。

以上所述只是导致乡村旅游资源被破坏和损害的原因的一部分，而非全部。人们应当充分关注这些问题和现象，并有着清醒的认识。为了让乡村旅游资源持续地为我们和我们的后代造福，更好地促进乡村地区的旅游发展，需要采取措施对它们加以保护。

三、乡村旅游资源保护的举措

对乡村旅游资源的保护有主动式保护和被动式保护两种，它们之间的关系也就是通常所讲的防治和治理之间的关系。明显地，我们在对乡村旅游资源进行保护时应当以"防"为主，以"治"为辅，"防""治"结合，运用行政、经济、技术、法律等方面的手段，进行管理和保护，实现乡村旅游的可持续发展。

（一）实施规划统筹，适度留白

对于开发建设因素可能带来的危害，在开发者进行开发前就应当采取必要措施进行预防。例如湘西老司城遗址在开发之初便设立了相关的保护条例，要求开发利用遵循对文物原样保护，并在设定的保护范围内不得有任何破坏老司城遗址、危害文物安全的事物和行为产生，从而降低开发不当可能带来的破坏。像这种开发前实施规划统筹，对旅游资源利用设立"开发红线"，实行适度留白的策略，是乡村旅游资源开发的前提，同时很好地保护了资源周边的生态环境和文化环境。通过控制其开发规模和方式，不过度开发、循序渐进进行建设，如新建住宿等旅游设施应注意减少对当地原生态的影响，力求做到和谐一致，同时加强对游客文明出行的引导教育。防止标准化、商业化、城市化对"乡村性"的侵袭，从而实现旅游者向往"回归自然"、渴望"返璞归真"、体验"天人合一"的旅游愿望。

（二）落实经济扶持，切实保护到位

经济是发展的目标也是发展的基础，经济与政策的倾斜是乡村旅游发展的保障。2005年全国有代表性的古村落有5000多个，到去年只剩下不到3000个，而且还在以每月1座的速度消失，情况不容乐观。浙江省已安排专项扶持资金，分别给予首批43个历史文化重点古村落500万元～700万元；217个一般村，30万元～50万元左右的资金扶持，用于古建筑修复、村内古道修复与改造等建设项目的补助。经过十年的实践，浙江成为我国历史文化村落保有量较多的省，并且走在了乡村旅游发展的前列。资金充足使乡村旅游资源能得到最有效的开发、乡村的基础设施也能得到更好地建设、交通可以很好地得到改善，而这些也能更好地激励当地居民参与到保护中来，实现乡村旅游资源的可持续利用。

（三）促进当代价值活化，收益反哺

我国地域文化异彩纷呈、戏剧、传统手工艺、绘画、音乐、器具、生活方式等都是地方文化的活化石，一些博物馆记录了远古的生产状况和农耕文明，展示了乡土文化的独特魅力。通过举办节庆活动，可谓是活化这些地方传统文化的当代价值。通过这些有效措施既有利于扩大知名度，又有利于延续地方文化传统。位于滇西北"三江并流"的普达措森林公园，在评选为世界自然遗产之后景区收益显著增加，为了更好地保护自然生态环境，从景区收入里拿出一部分来补助牧户，并给村民发放了森林生态效益补偿金和生态旅游补偿金，以此来调动村民保护生态的积极性，从而使得景区在遗产申报评定中获得好评，这种收益反哺的举措可谓是一举多得。显然通过举办地方文化节庆活动等举措，活化传统文化资源的当代价值和收益反哺，实现遗产申报等资源保护措施，能有效地防止乡土文化丧失，促使自然生态良好，乡村旅游资源永续利用。

（四）加强技术创新，节能减排

在劳动人们的智慧和辛勤劳作之下，乡村地区很好地演绎了人与自然的和谐。被称为神秘"东方古堡"的理县桃坪羌寨，从建立至今已有2000多年的历史，人们在感叹其就地取材的绝妙和建筑艺术的精湛时，更惊奇其完善的地下水网，它是无管道的"自来水"，是最便捷的"消防灭火装置"，是最环保的"空调加湿器"，甚至还是逃生的"诺亚方舟"。像这种天然的低碳社区，可以在适当的地区因势利导地开发旅游，不仅保护了原有的旅游资源，同时增添了当地的资源魅力。除了发掘古人的智慧中的技术在现代旅游开发上的运用，还应引入现代先进的科学技术，如广泛地推广和应用清洁能源技术，安装先进的排污系统等。某些乡村地区开展旅游业的同时发展畜牧业，不仅增添了旅游吸引力，同时利用畜牧业可能的粪便污染进行沼气发电，实现"变废为宝"。技术的引用可以有效地保障乡村旅游发展的社会、经济、环境效应，自然也就能更好地保护我们的乡村旅游资源了。

（五）强化立法，严格执法

有关旅游资源和旅游环境保护方面的立法，就是给旅游者、旅游经营者和旅游管理者制定行为规范。世界上不少国家一直非常重视旅游资源和环境的保护工作，有保护旅游风景环境为目的的政策法规。早在1872年，美国就立法保护了第一座国家公园——黄石公园；日本也在1963年颁布了《旅游基本法》。我国自20世纪50年代初开始先后制定了多种旅游法律法规，保护旅游资源和环境，但实际保护工作不尽如人意，而具体落实在乡村地区的尚属空白。关于乡村旅游及其资源保护的立法需相关部门提上日程。而制定和实施乡规民约，提高旅游目的地居民的自我约束能力和资源保护意识，也显得非常重要。在此过程中要积极探索完善乡村旅游执法和综合管理机制，组织乡村旅游执法人员暨乡村旅游服务质量监督员培训，开展联合执法检查，对旅行社门市部、车站、宾馆、乡村旅游点等接待单位进行检查，提高乡村旅游接待服务水平。还应加强乡村旅游安全管理工作，指定专职人员抓好本地区乡村旅游安全工作。

最后，无论我们采取规划手段，还是技术手段，抑或是法律手段来解决可能导致乡村旅游资源破坏和损害的原因，关键问题在于在乡村旅游发展过程中相关利益群体能否群策群力，落实保护的决心和承担相应的责任。强化政府管理职能，做好立法监督，严控开发建设，引导政策扶持，同时结合市场手段以利用促保护，实现乡村旅游资源的可持续利用。当然，由于目前乡村旅游的发展阶段问题，如何将保护工作落到实处，将是乡村旅游资源保护工作成功的关键。

【思考题】

1. 简要说明乡村旅游资源的概念和特征。

2. 乡村旅游资源有哪些类型？请举例来进行分析。

3. 现有的乡村旅游资源评价方法有什么优点和不足？试举例论述你的观点。

4. 简要说明我国乡村旅游开发中存在的主要问题并分析其成因。

5. 简要说明乡村资源规划主要类型和规划流程。

6. 概述乡村旅游资源规划的几个关键。

7. 乡村旅游资源开发有何重要意义？开发的主要内容有哪些？

8. 简要说明乡村旅游资源开发的一般流程。

9. 乡村旅游资源保护有何重要意义？如何辩证地理解乡村旅游开发与保护关系？

10. 乡村旅游资源破坏的原因有哪些？试举例进行分析。

【参考文献】

[1]Butler Rw. Seasonality in Tourism: Issues and Implications[A]. Baum & Lundtorp(Eds.). Seasonality in Tourism[C]. Oxford: Pergamon. 2001.

[2]Bramwell B，Sharman A. Collaboration in Local tourism Policy making[J]. Annals of Tourism Research. 1999,26(2):392-415.

[3]Yacoumis J. Tackling Seasonality? the Case of Sri Lanka[J]. International Journal of Tourism Management. 1980, 1(2):84-98.

[4] 李天元 . 旅游学概论（第七版）[M]. 天津：南开大学出版社 .2014.

[5] 李团辉，段凤华 . 浅析旅游季节性表现及成因 [J]. 桂林旅游高等专科学校学报 . 2006(2).

[6] 刘庆友 . 乡村旅游资源综合评价模型与应用研究 [J]. 南京农业大学学报：社会科学版 . 2005(4):93-98.

[7] 贾红凤、李云霞 . 基于循环经济理念的云南乡村生态旅游开发研究 [J]. 经济问题探索 . 2009(5): 131-133.

[8] 金颖若 . 试论贵州民族文化村寨旅游 [J]. 贵州民族研究 . 2002(1):61-65.

[9] 徐学书（主编）. 旅游资源保护与开发 [M]. 北京：北京大学出版社 . 2007.

[10] 王敏，陈国忠，孙文秀 . 乡村旅游资源分类与评价体系探讨 [J]. 齐鲁师范学院学报，2015.

[11] 邹宏霞，于吉京，苑伟娟 . 湖南乡村旅游资源整合与竞争力提升探析 [J]. 经济地理 , 2009,29(4):678-682.

[12] 邹统钎 . 旅游开发与规划 [M]. 广州：广东旅游出版社 .1999.

[13] 中华人民共和国国家质量监督检验检疫总局 . 旅游资源分类、调查与评价（GB/T18972－2003）,2003.5.1

[14] 陆崇林 . 充分开发乡村旅游资源 以旅游扶贫带富山村 [N]. 钦州日报 ,2016-12-12(001).

[15] 李会琴，王林，宋慧冰，等 . 湖北省乡村旅游资源分类与评价研究 [J]. 国土资源科技管理 ,2016(05):26-31.

[16] 于霞 . 乡村旅游资源评价指标体系研究 [J]. 四川旅游学院学报 , 2016(05):51-53.

[17] 李明德 . 乡村旅游资源的普存性和乡村旅游产品的特色性 [A]. 中国区域科学协会区域旅游开发专业委员会、湖北省农业厅、湖北省旅游局 . 第十六届全国区域旅游开发学术研讨会论文集 [C]. 中国区域科学协会区域旅游开发专业委员会、湖北省农业厅、湖北省旅游局 ,2012:7.

[18] 胡粉宁，丁华，郭威 . 陕西省乡村旅游资源分类体系与评价 [J]. 生态经济 (学术版),2012(01):217-220.

[19] 王翠娟 . 中国乡村旅游资源的可持续发展 [J]. 党政干部学刊 ,2010(06):38-40.

[20] 王浪 . 乡村旅游资源的分类与评价体系构建 [N]. 中国旅游报 ,2010(007).

[21] 周晓平 . 乡村旅游资源特征与利用探讨 [N]. 华东旅游报 ,2007-08-30(010).

[22] 刘庆友 . 乡村旅游资源综合评价模型与应用研究 [J]. 南京农业大学学报 (社会科学版),2005,(04):93-98.

[23] 高曾伟 , 王志民 . 论乡村旅游资源 [J]. 镇江高专学报 ,2001(01):13-16.

[24] 雷晚蓉 . 乡村旅游资源开发利用研究 [M]. 湖南大学出版社 ,2012.

第五章　乡村旅游要素体系

【学习目的】

通过本章的学习，了解乡村旅游"吃、住、行、游、购、娱"六要素的基本含义并理解乡村旅游与六要素之间的相互关系；熟悉每种分类的特征和相关案例；了解主要要素的历史发展演进脉络以及当前国际国内的发展情况、未来趋势。

【主要内容】

1.乡村旅游餐饮

乡村旅游餐饮的作用；乡村旅游餐饮的演进；影响乡村旅游餐饮成功的关键因素

2.乡村旅游住宿

乡村旅游住宿的演进；乡村旅游住宿的类型；乡村旅游住宿的质量管理

3.乡村旅游交通

乡村旅游交通的概念与分类；乡村旅游主要内部交通方式；乡村旅游交通开发的关键因素

4.乡村旅游观光

乡村旅游观光的界定；乡村旅游观光的内容及要点；乡村旅游观光的运营方式

5.乡村旅游购物

乡村旅游购物的演进；乡村旅游购物的作用；乡村旅游购物的发展趋势

6.乡村旅游娱乐

乡村旅游娱乐的内涵；乡村旅游娱乐的分类；乡村旅游娱乐的运营模式

第一节　乡村旅游餐饮

伴随着乡村旅游的异军突起,乡村旅游餐饮获得较快发展,餐饮作为吃、住、行、游、购、娱六要素中的首要要素,其地位不言而喻。特别是随着旅游观念的转变,肠胃经过大鱼大肉"洗礼"的城市游客越加青睐乡村餐饮,乡村旅游餐饮成为乡村历史、文化和生活的重要载体。甚至一些缺少特色景观的乡村仅凭借特色美食而成为人们追捧的旅游地,如日本的十胜、北京怀柔、溧阳天目湖等。在个别乡村,餐饮已经成为乡村旅游发展的重要一极。如今,政府、学界、行业等多个领域对乡村旅游餐饮的关注度不断提高。

乡村旅游餐饮包含三个特性:一是乡村性,即餐饮活动发生在乡村,而非城市;二是旅游性,即消费主体是旅游者,而非一般消费者;三是餐饮性,即消费客体是"吃",而非其他要素。以此为出发点,本节将在理解乡村旅游餐饮作用的基础上,梳理中国乡村旅游餐饮历程,分析阶段演化,并对影响其未来发展的关键因素进行简要归纳。

一、乡村旅游餐饮的作用

随着人们生活条件的不断改善,吃已经不仅是满足人们的生理需求,而成为一种休闲活动,成为丰富生活的象征。尤其是随着自媒体时代的到来,乡村美食成为"晒朋友圈"、专题分享等方式的重要内容,旅游者不仅关注乡村餐中吃的味道,还关注吃的服务、吃的文化、吃的环境等。

正所谓"食在民间",餐饮对于乡村旅游者来说,已经由原来的一种派生性需求逐渐成为乡村旅游者到达旅游目的地的根本性需求,俨然成为重要的旅游吸引物,对于美食家和偏爱活态文化的旅游者而言更是如此。对于乡村居民来说,餐饮业也是提高收入、增加就业的重要途径。对于目的地来说,乡村旅游餐饮已经成为一张重要名片,与之相关的文化游、体验游和养生游丰富多彩,并推动乡村旅游业壮大。具体来说,乡村旅游餐饮在旅游发展过程中发挥的作用主要表现在:

(一)乡村旅游餐饮是旅游者得以完成旅游活动的基础支撑

班固《汉书》曰:"民以食为天",自古以来,食是人们生活的第一要义。

不管是城市旅游还是乡村旅游，"吃"都是旅游过程的基本需要。尤其对于乡村旅游者来说，从城市到达乡村旅游目的地的时间行程短则半个小时，长则两到三个小时，这样一段时间的行程必然会产生至少一次的乡村餐饮服务需求。此外，乡村旅游活动大多数还是一种较高体力要求的特殊活动，比如爬山、农事体验等，需要较高的能量补充。因此，可以说乡村旅游餐饮是保证游客旅游行程持续进行的基础性支撑要素，乡村旅游餐饮直接影响旅游者对旅游行程满意度的评价。

（二）乡村旅游餐饮对农民收入、旅游经济发展具有带动作用

与其他形式的旅游产品相比，乡村旅游餐饮开发具有投资小、重复利用高、效益明显和游客接受程度高的特点，乡村当地居民可以直接利用自己的住宅地、成本低廉甚至零成本提供餐饮服务，实现就业与收入的双重保障。学者萨拉等人对美国北部乡村的研究发现，旅游餐饮收入的增加额与其带动的乡村居民收入比例为 1.65，对乡村就业的比例达 1.29。被誉为"全国农家乐第一村"的重渡村，2000 年全村 1465 人年人均收入不足 400 元，随着乡村旅游发展，目前全村九成以上农民从事旅游餐饮、住宿等接待服务，2015 年农民人均收入达 3.5 万元，十五年间实现近 90 倍增长，其中餐饮业贡献率占到 50% 以上。

乡村旅游餐饮因其产业关联度高，能够带动旅游地其他相关产业的发展，提高经济发展水平。据有关学者分析，在我国，每 1 元餐饮业 GDP 中旅游业的贡献率为 0.07734（依绍华，2007）。尤其是随着产业链条的延伸加工，乡村旅游餐饮的外溢效应得到有效发挥。正如台湾盛产的虱目鱼，既可以深加工做成虱目鱼粥、虱目鱼香肠等，也可以使用虱目鱼的鱼鳞做成面膜、虱目鱼手工皂等，在此基础上逐渐形成虱目鱼产业园区。

（三）乡村旅游餐饮有助于提高旅游目的地的吸引力和品牌形象

长期以来，中国的美食和风景名胜、文物古迹已经成为中国旅游业的三大优势。在中国，也有不少乡村凭借着特色美食成为人们追捧的旅游地。随着旅游需求内涵和形式的转变，如今的旅游者不再满足于到乡村欣赏田园风光、舒缓紧张情绪，而是渴望获得更加真实的乡村生活体验，在异质的乡村文化中寻找乐趣。因此，乡村旅游餐饮逐渐成为了解乡村文化、深入乡村体验最直接、最快捷的途径之一。调查显示，92.31% 的消费者表示会首选旅游目的地的特

色餐饮店，寻找美食成为旅游的一大目的和动力。中国乡村地广人稀，区域跨度大，很多时候同一个乡镇不同村之间因自然地理的隔绝，形成了一套自有的饮食方式，其所具有的地域差异性形成了"靠山吃山，靠水吃水"就地取材的特征。旅游者通过品尝乡村旅游餐饮，让游客在特色食材、饮食习俗、用餐礼仪、饮食典故和用餐环境中深层次体验与探究乡村的异地文化，了解当地的自然环境、历史渊源、生产生活特色、风土人情和宗教信仰等，进而能让游客心情愉悦。美食与迤逦的乡村风光相得益彰，相映成趣，让游客流连忘返。

因此，乡村旅游餐饮在旅游营销中扮演重要角色，很多地方如袁家村的关中名吃、浙江安吉大溪村的"山里菜"等成为当地品牌。同时，以乡村美食节为主题的宣传日益丰富，较为知名的乡村美食节有江苏盱眙的"小龙虾节"、阳澄湖的"螃蟹节"等。许多地方政府的宣传网站上也打出乡村旅游美食线路、美食地图、美食套餐，如台湾桃园县大溪镇在 2010 年"怀旧客家桐花宴"旅游美食纪录中，曾推出"油桐花精致套餐"，包括"牧童遥指杏花村""黄金八宝布袋鸡"和"红糟封肉桂竹笋"等闻名遐迩的文化创意菜肴，吸引了不少游客参与游赏。可以说，乡村旅游餐饮正成为旅游目的地的生命力所在。

二、乡村旅游餐饮的演进

当然，乡村旅游餐饮作用的放大与发展演进同乡村旅游活动发展历程有着密切的关系。从世界范围内看，二次工业革命后，世界经济发展一直趋向平稳增长，乡村旅游餐饮发展变化不大，主要依托民宿、B&B、休闲农场、庄园等形式而存在，在组织形式上一直没有太明显的阶段划分。从中国范围内看，1980 年以前真正意义上的现代乡村旅游餐饮还没有兴起，古代时期的乡村旅游餐饮行为更多的是皇帝狩猎、巡游、体察民情及诗人游历等产生的宫廷膳食、社交访友的乡村饮酒，基本上不存在普通老百姓的出游餐饮行为，也没有形成以经济收入为目的的乡村旅游餐饮接待行为。清末到改革开放之前的这段时间因政治、战事、经济等因素，乡村旅游餐饮更无从谈起。

因此，本节主要着眼于国内改革开放之后的乡村旅游发展，乡村旅游餐饮呈现出鲜明的时代特点和市场特征，可以说，它是一种从初级低水平、廉价到有品质、有文化、有主题的演进历程。国内乡村旅游餐饮的发展大致可以划分为五个阶段：

（一）观光农业伴生阶段

20世纪80年代以来，乡村旅游餐饮首先从服务观光农业开始，当时国家鼓励农业产业结构调整，农业与第三产业融合出现。最早的成都郫县农科村，80年代中期撤队建村后，出现一大批花木种植专业户，整个村成为大型花木生产基地。因业务需要，以部分农户带头进行非营业性的餐饮接待。随着花卉园林观光的兴起，村里的徐家大院率先搞起营业性的农家餐饮旅游接待，至90年代初期，农科村的农家旅游餐饮接待已初具规模。

与此同时，在经济发达城市深圳、上海、广州等发达城市先后搞起一批观光农业园、绿色大棚，城市游客到郊区观光的同时，也会一尝新鲜无公害蔬菜、水果，并进行简单的餐饮活动。可以说，餐饮在此时更多是游客农业观光行为下的产物，餐饮的种类与服务还没有明显提升。

（二）景区旅游伴生阶段

如第二章介绍到，1995年国家实施双休日制度以后，城市游客因厌倦于平常紧张的工作环境，对大自然、大乡村的出游欲望与需求得到释放。这个时期人们出游主要集中在一些比较有名的大景区，如泰山、黄山、张家界、天涯海角等，和知名地标的合影也成为当时人们乐意炫耀的物件。在天时地利人和的有利背景下，乡村旅游餐饮随着景区游客的火爆，在景区周边逐渐发展起来，形成功能互补。1998年，浙江省首个发展农家乐的村落湖州市大溪村，因为处于安吉县天荒坪景区，当时的旅游部门开始有意识地发展餐饮接待，并组织旅游团队进驻农家，使经营农户开始尝到了甜头，并纷纷发展。

这个阶段乡村旅游餐饮最大的优势在于物美价廉，当时的游客普遍停留在观光旅游阶段，餐饮不是主要动机与目的，而是一种派生性需求。而乡村旅游餐饮成本极低，主要食材原料自给自足，免去中间运输成本，人力成本低。甚至有的地区如袁家村为休闲餐厅免去了房租，只需交纳部分水电费。凭借成本优势，乡村餐饮以迅速得到了旅游者的青睐。

（三）规范及品质发展阶段

随着乡村旅游餐饮需求高涨，乡村旅游餐饮经营者开始扩大规模，增加餐桌和服务人员数量。与此同时，由于经营者只考虑眼前利益，开始抬高餐饮和住宿价格，其设施也开始与宾馆趋同，求大、求全、求高档，服务、收费等出现了不规范现象。2003 年上海市颁布实施的《农家乐旅游服务质量等级划分》是我国第一个地方性乡村旅游标准，对农家乐餐饮服务标准作出了要求。2005年，浙江省湖州市长兴县率先出台农家乐管理的系列优惠政策，同时开展农家乐认定、星级评定及精品农家乐示范点建设等重大举措，乡村旅游餐饮服务得以不断升级。截至 2009 年，我国共有包括四川、浙江、广东、海南等 22 个省、直辖市制定了乡村旅游或农家乐餐饮的相关规范与标准。2015 年，国家旅游局决定开展乡村旅游"百千万品牌"推介行动，即在全国认定推介百家"中国乡村旅游模范村"、千家"中国乡村旅游模范户"、万名"中国乡村旅游致富带头人"，一定程度上促进了中国乡村旅游餐饮的规范与品质发展。

（四）个性化特色发展阶段

伴随着全国农家乐餐饮的大量出现，竞争化激烈，加之游客消费需求不断注重个性化、多元化，如何提高乡村旅游餐饮的核心竞争力成为此时的重点。乡村餐饮在这其中开始显现其地域特色价值，并逐渐成为核心角色。许多古村、古镇、民族村寨及地方特色餐饮品牌在这个时候异军突起，通过文化包装，形成了不同的乡村美食特色，乡村旅游餐饮的观光价值、文化体验价值不断凸显。

就餐饮风味特色而言，地域性餐饮标签成为许多乡村的第一特色。如北京怀柔的虹鳟鱼一条沟，经过近 30 年的发展，美味的标签深入人心；溧阳天目湖的砂锅大鱼头带火了天目湖景区；"一日吃遍陕西"的关中名吃，让咸阳袁家村成为独树一帜的陕西旅游新名片。就餐饮做法特色而言，许多古法炮制的特色得以彰显，如海南临高县新盈镇的土窑美食，通过烧制泥土高温加热进行烹饪美味，这种看似简单原始的制作方式如今也成了时尚美食。就乡村餐饮礼仪特色而言，内蒙古包的跳舞表演、云南普者黑苗族山寨拦门酒仪式、浙江湖州"百笋宴""百鱼宴"、湖州市长兴县"上海村"的"八大碗"等，是旅游者体验乡村文化的重要内容。就美食环境特色而言，像小桥流水的农家小院、瓜果飘香的农庄、特色的主题餐厅都会带给城市居民别样的感受。浙江桐庐乡的猪栏咖啡，本来一个普通的猪栏，改造为别致有趣的咖啡馆，一杯咖啡能卖到 45 元，却受到游客追捧。

（五）品牌化输出发展阶段

伴随着乡村旅游餐饮主题化的发展，乡村美食集聚效应开始发挥作用，以美食街区为核心，开始逐渐成为游客的主要旅游目的，并逐渐配套发展商业娱乐、住宿、度假别墅等，形成特色乡村旅游目的地。陕西咸阳礼泉县的袁家村的关中第一美食品牌，发挥集聚效应，已经替代了西安市内著名的小吃一条街——回民街，仅餐饮业的日营业额已超过200万元，一年加上其他收入，基本上超过10亿元。随着乡村旅游餐饮的品牌价值的倍增，袁家村开始在西安银泰美食城进行品牌注入，年盈利达到3千万元。未来，随着资本价值的不断扩大化，乡村旅游餐饮将成为投资的新方向，品牌连锁输出也会是未来的重要发展路径。

三、影响乡村旅游餐饮成功的关键因素

综合乡村旅游餐饮的发展阶段，乡村旅游餐饮不断发展的根本原因在于迎合了旅游者的需求变化。无论未来是资本化时代还是品牌化时代，乡村旅游餐饮最核心的吸引还是在于原汁原味、环境氛围及乡土文化的体现，只有这样才能保持长期的吸引力。

（一）原汁原味的绿色本底

随着城市雾霾、空气污染越来越严重，各种添加剂、有毒新闻屡屡爆出，长期生活在城市里的人们，对原材料新鲜、卫生，口味纯正自然的农家餐饮一直心向往之，游客们从附近城市赶来农村，为的就是品尝到的乡村味道。这意味着，乡村旅游餐饮必须在食物的"乡村味道"上下功夫。如袁家村的美食原材料皆实现自给自足，村内保留辣椒坊、醋坊、面粉坊三大生产作坊，每家店从原料到做法、到味道都由村委会把关，让游客吃得放心、吃到原汁原味。此外，与城市餐饮不同，乡村旅游餐饮由于其原生态、近自然的生产生活氛围，允许旅游者参与到乡村旅游餐饮活动中来，游客可以边采摘，边制作，了解餐饮全过程参与，这也成为未来乡村旅游餐饮的一个重点方向。

（二）环境氛围的利用与营造

乡村旅游餐饮不仅在口味，更在于其开放式的环境，自然环境与乡村餐饮融为一体。游客美食消费所追求的不仅是感官刺激，更能在自然舒适的环境中舒缓压力，并找回新的生活憧憬。因此，乡村旅游餐饮产品不能只是为"食"

而"制"，更要以"食"而"解"，学会利用乡村自然大环境，培育情境化的美食餐厅，如采摘篱园、稻田里的餐厅、果园里的餐厅，用一种乡土建筑环境、乡土自然环境构筑一场美味的美食体验。此外，小环境的营造也很重要，如每一家店铺店面的传统老物件、摆设，或是如艺术文化的创意装饰表达，皆构筑一场美味的美食体验。

（三）特色文化的挖掘与融入

乡村保持着很好的乡土文化基础，拥有制作地方美食的传统食材和烹饪工艺，成为乡村地区打造地方特色招牌菜的杀手锏。很多地方结合文化特色打造主题餐饮，如荷花宴、荞麦宴等主题农家宴纷纷涌入人们的视野。2004 年，北京延庆的柳沟村，利用深具乡村风情的取暖工具——火盆，制作出新的火盆锅，恢复了传统的柳沟豆腐砂锅，同时游客可以体验制作豆腐的过程，这不仅吸引了北京市场的游客，还接待了韩国、美国、日本、澳大利亚等国的上千名外国客人。到 2012 年，柳沟村的乡村民俗旅游接待户达到 84 户，年接待游客 67.8 万人次，实现旅游收入 3735 万元。游客前往柳沟的主要吸引物就是吃豆腐宴，成为目的地的核心吸引。因此，未来乡村可在农耕文化、现代农业科技、农村生态系统、乡村地域文化和乡村社会变迁等方面下功夫，通过多种文化表达手法，实现乡村旅游餐饮文化的异彩纷呈。

第二节　乡村旅游住宿

在逆城市化现象出现及不断加速的背景下，乡村旅游目的地成为人们出游的重要选择。尤其是随着家庭游客群体的壮大，旅游出行不再仅是观光一日游行为，休闲度假需求呼之欲出并日益强烈，为乡村旅游住宿提供了广阔的市场空间。乡村旅游住宿业态的规模和品质成为衡量乡村旅游目的地发展状况的重要标志。由此，住宿业在乡村旅游发展中的作用越发凸显。有研究表明，住宿业的收入一般占到乡村旅游总收入的一半以上，游客花费的住宿方面的支出则占总花费的 30% 左右。

乡村旅游住宿是旅游者在旅行游览活动中必不可少的"驿站"。人们对于乡村旅游住宿有着不同的称谓，如农家乐、民宿客栈、度假村、乡村酒店、背包客旅馆、家庭旅馆等。这些称谓是在乡村旅游发展不同时期，为了满足旅游者不同需求偏好而独立或并行出现的乡村住宿形式。

一、乡村旅游住宿的演进

无论国际还是国内，在古代时期并不存在乡村住宿，人们出行往往是就近就便寻找食宿地，称为"借宿"。但随着社会生产的发展，尤其是简单商品经济的发展，商业贸易活动在一些国家和地区越来越频繁，出现了一些专门通商的商队，于是在商队的必经之路出现了乡村专门提供商队食宿的场所，这种场所被称为乡村客栈。在古希腊时期，雅典出现了供人们集会和住宿的公共设施"卡烈斯"。古罗马时期几乎所有的商路上都有这种场所，并且为官方所办。我国商朝时期也出现了这种官办的乡村驿站。这时的驿站或客栈条件较差，规模较小，设施简陋，除满足投宿者吃饭、睡觉等基本需求外，不提供其他服务，这点从《龙门客栈》等代表性的影视剧中也可以侧面得知，当时的旅客一般是商客，或者文人墨客，没有发展为大众性的住宿形式。

可以说，早期的乡村住宿群体不是出于乡村旅行旅游的目的，后来随着人们旅游活动的发展，乡村旅游住宿逐渐发展起来，并在形式业态、经营群体等方面出现不同阶段的变化。纵览世界乡村旅游发展进程，以经营主体与服务主体为切入点，乡村旅游住宿发展大致有以下三个阶段的划分：

（一）专属经营萌发阶段

综合国际国内的情况来看，最早具有旅游意义的乡村住宿是从庄园、乡村别墅、行宫别苑、疗养度假村等典型代表形式开始出现。

就世界范围而言，随着11世纪以英国为代表的圈地运动、庄园经济的兴起，前往乡村庄园进行社交、狩猎等贵族活动现象出现，以庄园作为第二居所是当时比较流行的度假方式。18世纪法国贵族式的农村休闲度假也开始兴起，当时欧洲贵族闲暇时到乡村别墅进行定点度假旅游，体验平民化的农家生活和田园化的乡村景观。后来，随着工业化进程的加速，新型资本家崛起，贵族衰落，庄园、别墅也成为新型贵族群体进行乡村社交度假的主要场所。

就我国情况而言，从秦汉时期之后，社会经济兴盛，兴建的离宫别苑绝大部分位于乡村地区，只供帝王、诸侯度假避暑享乐之用，整个封建时期乡村旅游住宿大多以这种形式存在。一直到新中国成立后，一批现代疗养型度假村出现，如北戴河、杭州、陕西临潼、广东从化等疗养胜地，安徽黄山、江西庐山等名山大川也开始修建疗养院，一般不对外开放，属于政府经营。改革开放后，20世纪70年代，在北京近郊四季青人民公社、山西昔阳县大寨大队出现了"农家乐"性质的政治性旅游住宿接待形式。

从以上可以看出，这个阶段的乡村旅游住宿最突出的特点是其服务群体的特殊性，高端化、专属化特征明显。这种意义上的乡村旅游住宿对于当时的一般民众而言不具有普及性，也因此没有大规模地发展起来。随着后期城市游客大量住宿需求的兴起，才出现了民众参与的乡村旅游住宿。

（二）个体经营扩张阶段

随着国家经济振兴战略的加强、市场需求的增加、农民自由劳动力的解放，这个时期个体经营的乡村旅游住宿自发产生并不断扩张，主要以农家院、家庭旅馆、农庄、市民农园等为典型代表，国际国内发展的具体情况各有不同。

从世界来看，19世纪中叶后，有钱有闲并有回归田园需求的城市中产阶级市场群体壮大，与此同时，农业机械化发展提高了务农人员生产效率，使他们有更多的时间去从事其他工作。欧洲国家相继开始鼓励农民自营农家院，加之交通铁路及旅行社的出现，助推了农民加入乡村旅游发展中来。19世纪末20世纪初，德国首先出现农民改造旧有住宅设施成为度假客房。1951年法国第一个农家院出现之后，其乡村住宿逐渐发展为独院出租型、客房出租型、亲子型农家院、农家露营地、简易团体型农家院等五种类型。之后乡村旅游住宿在欧美甚至亚洲国家开始全面兴起，像英国的B&B（Bed and Breakfast）、新西兰农场、日本农业体验式民宿、我国台湾民宿等得到迅速发展，其中日本民宿在发展鼎盛期，曾多达2万多家。虽然各个国家都有不同的住宿形式，但大体上存在两种发展方向，一种是住宿业态纵向拓展，如依托农场，拓展农业体验，住宿为配套业务，或者在住宿基础上开发其他业态，住宿是主营业务；另一种方向是与区域内其他产品如采摘园、餐馆结合，互相推荐，横向整合共同开发。

从我国情况来看，改革开放后，国家鼓励农业经营方式调整，随着农业统购派购制度的取消，农民开始依托农业开展多种经营。在此背景下，中国农家乐旅游发源地——成都郫县农科村农家乐诞生，并逐渐发展为花园观光园林式的综合接待服务区。此外，在当时的住宿也有依托观光农业采摘节如深圳的荔枝节发展而来。随着 1995 年国家推行双休日制度之后，乡村旅游住宿在我国自然风光优美的乡村地区发展得尤为迅速，此时的乡村住宿主要作为城市居民周末景区游的配套服务。此后的很长一段时间，乡村住宿依托森林、渔业、民俗文化等发展出不同形式的业态，如森林人家、渔家乐、民俗接待户等，并展开以住宿接待为主的其他业态的开发，包括采摘、农事体验、垂钓、田园观光等。

综合来看，这个阶段乡村旅游住宿的主要特点是经营主体的农民性（虽然也有投资者经营，但多数是农民自营）、经营空间的农家性（利用自家院落）、经营内容的农耕文化性（提供具有浓郁乡土气息的住宿及餐饮等服务）。

（三）多元经营升级阶段

伴随着个体经营住宿数量的大规模扩张，乡村住宿逐渐出现供给过剩的情况，单一的供给形式已经不能满足人们日益升级的消费需求。尤其是全球休闲度假旅游时代的崛起，使乡村旅游住宿业的多元化逐渐成为旅游目的地的核心竞争力。

20 世纪中期后，世界经济高速增长，欧美国家自由主义经济思潮盛行，英国、西班牙等国家开始出现私人经营的住宿业态。而由于市场竞争激烈、投资出现过剩，80 年代的日本大型企业开始重新盘整资源，建设大量度假村，导致以农民为主体的民宿回落。此时，户外露营地、休闲农场、分时度假公寓、家庭旅馆等全面开花，并不断向高品质发展。

乡村旅游住宿在中国的多元化发展尤其明显，2009 年以后，旅游业发展迎来高潮，旅游住宿市场竞争激烈，此时乡村住宿开始在主题化、个性化等方面有所突破。在经营主体上，出现以外来企业资本、个体经营、政府主导经营、混合经营等多种形式的乡村住宿。外来资本的进入有利助推了乡村住宿业态的多元化，各种主题度假村、民俗村、主题度假客栈、品牌连锁酒店等如雨后春笋般出现，并不断拓展休闲度假、商务会展、康养等新兴业态。一批针对国际游客的国际驿站开始出现，如浙江湖州的裸心谷、法国山居、阳朔民宿等，有力促进了乡村旅游住宿的升级换代。

值得注意的是，这个阶段我国出现了"民宿"这一新兴产品，并随着创客返乡和投资狂潮掀开了乡创乡建新热潮。文创和跨界为特征的新造乡运动，革新了乡村旅游的开发逻辑，地域文化得以传承，乡村活力得以释放。各路资本注入，社会的财富和一部分资源正从都市向乡村转移，品牌、连锁运营模式助推民宿品质高端化发展。据统计，截至 2015 年，全国民宿客栈共超过 4 万家，袁家村生活客栈、乌镇客栈、花间堂民宿等精品民宿成为新宠。

二、乡村旅游住宿的类型

根据实际工作的需要，人们有时会对乡村旅游住宿进行类别划分，对于乡村住宿的划分并不存在绝对统一的依据或标准，尤其是随着新业态的层出不穷，更加难以清楚地分类。综合整理人们对有关乡村旅游住宿类型的称谓，我们可以从不同的维度对乡村旅游住宿类型进行划分：

根据乡村旅游住宿的档次划分：大众型的乡野民宿（农家乐）、经济型客栈、休闲度假村、乡村精品民宿或度假酒店（如：湖州市德清县的"洋家乐"）。

按照乡村旅游住宿经营主体的不同划分：农民主导型、政府主导型、企业主导型、混合型。如浙江乌镇民宿，采用集团化混合式经营，2006 年到 2009 年先后吸收中青旅和风险投资公司 IDG 入股，以整体产权开发、复合多元运营的模式开创了奇迹。

按照乡村旅游住宿的功能特色划分：度假型酒店、汽车露营基地、家庭旅馆、国际驿站。

按照星级评定标准划分：一般来说，国际国内都采取星级评定标准，国际上从 1 星级至 6 星级的划分居多，国内一般从 1 星级到 5 星级不等，同时，我国各省市地方标准分别有地区特色，如海南省的椰级评定标准。

这里特别需要指出的是，根据依托资源不同，还可将乡村旅游住宿划分为：自然环境依托型，主要指依托原生的山地、湖泊、草原、田野等乡村环境开发的旅游住宿类型，如依托山地竹林的湖州市德清县乡村精品民宿后坞生活；乡土文化依托型，以农村聚落、村庄、农民民俗生活文化为依托，如日本合掌屋、中国蒙古包；农业生产依托型，主要指依托乡村的生产活动、产业，融合生活方式，形成如牧场、农场、花园、酒庄、船坊等住宿，如爱丁堡葡萄酒庄园、三亚玫瑰产业庄园。

事实上，在乡村旅游住宿发展过程中，任何一种都并非单纯属于"某一类"，划分类型的意义在于指导不同业态的实践。从住宿档次划分，有利于实现对住宿经营规模、层次的定位；从经营主体划分，有助于了解经营模式；从功能划分，有助于定位市场需求；从星级标准划分，有助于指导住宿质量管理；从吸引力划分，则对住宿选址、创意策划提供借鉴。无论如何，对乡村旅游住宿进行分类只不过是为达到某一目的而采用的一种手段，而非工作目的本身。

三、乡村旅游住宿的质量管理

不同于城市或者发展成熟的旅游目的地，乡村旅游住宿存在的从业人口素质低、学历水平低、自律意识不强等问题，且乡村旅游经营者散布广泛、三农问题错综复杂，这些问题大大增加了行业监管难度，相对粗放的管理模式已难以满足旅游者不断变化的需求。因此，乡村旅游住宿的质量管理在国际国内都引起了各界的注意，尤其是政府在标准化、等级评定方面发挥了重大作用。

（一）国外乡村旅游住宿质量管理

质量认证制度的全面推行。欧洲各国政府一直在实施对乡村旅游有效管理，如德国、法国政府部门对农场旅游实行质量认证和管理等。德国农业协会为保障游客的合法权益，在1972年建立了乡村旅游质量认证和考核制度，农场质量标准化认证是这一制度的核心，其通过登记认证凡合格者颁发认证标识，并由经济部、财政部等负责推行度假农场的后续认证工作。部分国家在乡村旅游法律法规建设方面的发展更为严格，西班牙、意大利、法国、爱尔兰、罗马尼亚、德国等都制定了乡村旅游法或行业标准，在西班牙，每一个地区政府都有乡村旅游方面的立法。

行业协会的自律管理明显。国外尤其是欧洲乡村旅游管理的一个重要特点就是政府少量干预和行业协会等专业组织的自律管理相结合。最有代表性的当属法国的乡居，意思是"将农民房屋租给游客使用"。1955年，在法国农林部和观光部的资助扶持下，成立了法国乡居联合会，以及95个省级乡居联合会，雇佣员工600余名。1983年，在政府支持下，英国成立了农家度假协会（Farm Holiday Bureau），给"各自为战"的农家院提供组织化保障，设计统一的宣传口号"停留在农家（Stay on a Farm）"及品牌。可以说乡村旅游协会在乡村住宿发展过程中发挥了非常大的作用。

　　总结国外乡村旅游住宿管理经验我们不难发现，在国外乡村旅游发展比较成熟的地区，通常都会设立统一管理的协会，或者将乡村旅游住宿的行业标准、法规列入国家立法当中，以此形成强有效的管理机构和制约体系。政府在其中更多扮演的是少量干预的角色，提供制度保障和财政支持。

　　（二）我国乡村旅游住宿的标准管理

　　在我国乡村旅游住宿作为一项新型业态，至今还存在不少问题，例如基础设施不完善、卫生状况不容乐观、对周边环境易造成不良影响以及从业人员综合素质不高、经营形式过于单一等。由于乡村旅游的地域性和文化在地性等特点，目前乡村旅游住宿尚未能形成全国性的统一标准，尽管部分省、市、自治区已针对其区域内农家乐的开展情况制定了一系列的标准，或是模仿星级宾馆的评定形式也对农家乐进行了星级评定，但要真正实施"地方性农家乐标准"在一定程度上仍存在局限性。我国乡村旅游住宿的标准可以说大致经历了两个阶段：

　　1. 规范起步期

　　乡村旅游发展较早地区为顺应乡村旅游发展，引导乡村旅游进行环境生态建设，提高软硬件水平，并进一步促进地方乡村旅游规模发展而制定一系列规范和标准，是后来各地乃至全国制定乡村旅游规范的基础。这一现象主要集中在北京、上海、浙江等都市依托型乡村旅游发展较好的地区。2003 年，上海市颁布实施《农家乐旅游服务质量等级划分》，是我国第一个地方性乡村旅游标准，将"农家乐"旅游服务质量由高到低分为三星级、二星级、一星级三个等级，并从基本条件、住宿、餐饮、活动项目和组织管理 5 个方面提出要求。2005 年浙江相继颁布实施《浙江省省级农家乐特色村认定办法》《浙江省民宿管理办法》。这一阶段制定的规范，大多是乡村旅游接待点的等级评定标准，多从硬件条件方面进行规定，以保障接待点的基本设施条件，并划分星级为游客选择设施服务提供依据。

　　2. 规范管理发展期

　　2007 年商务部制定的《农家乐经营服务规范》为各地结合自身特点制定地方标准提供了依据。地方标准制定不论从规范数量还是涉及地区都达到了一个高潮，且规范的视角大都扩大到整村级别。同时，随着乡村旅游设施条件的改善，产品、特色和服务的重要性逐渐提升。规范内容除了原有的评比标准以外，还有专门为提高乡村旅游服务而制定的服务规范。北京市旅游局 2009 年发布的《乡村旅游特色业态标准及评定》将乡村酒店界定为依托乡村自然人文风景、民俗民风，为国内外游客提供乡村住宿、餐饮、娱乐度假等功能的独立旅游住宿经营主体。2015 年国家旅游局印发《开展创建"金牌农家乐"、打造乡村旅游升级版的通知》提出为促进乡村旅游转型升级，推报万家"金牌农家乐"，有效促进了地方乡村旅游住宿规范化管理。2014 年，浙江省湖州市质监、旅游、农业和林业 4 个部门联合出台了《湖州市乡村旅游示范农家（湖州人家）认定办法、湖州市乡村旅游示范农庄（湖州人家）认定办法、湖州市乡村旅游示范村认定办法、湖州市乡村旅游集聚区认定办法》，2015 年出台了《湖州市乡村民宿管理办法（试行）》。2017 年 4 月贵州省质监局、贵州省旅发委联合发布《贵州省乡村旅游村寨建设与管理标准》《贵州省乡村旅游经营户服务质量等级划分与评定标准》和《贵州省乡村旅游客栈建设与管理标准》 3 个地方标准，从基础设施、餐饮服务、安全服务、卫生环保等不同方面对乡村旅游住宿管理进行评级管理，以高标准引领百姓富、生态美的新发展。

随着全国各地乡村旅游住宿相关评定标准和管理办法的颁布，乡村旅游住宿在注重地方性经营特色的同时逐步在设施建设维护、服务管理上形成了一定的通用标准。

第三节 乡村旅游交通

在旅游六要素中，旅游交通和旅游住宿、旅行社业是旅游业的三大支柱，交通运输是旅游者得以完成旅游活动的先决技术条件。没有"行"也就没有乡村旅游，交通通达深度、交通基础设施的完善程度、交通服务质量是决定乡村旅游业发展的前提条件。交通条件的改善，不仅使旅游业从中受益，还可以带动乡村农村和工业等其他产业的发展。与此同时，伴随着科学技术的发展、市场消费需求的个性化、体验化，乡村旅游交通也不断凸显其产品的体验性、形式的多元化等特点，甚至成为一种特定的旅游吸引物。

一、乡村旅游交通的概念与分类

（一）乡村旅游交通的概念

在国内外的乡村旅游研究中，"乡村旅游交通"是人们长期以来约定俗成的一个惯用表述，不论是在业界、学界，似乎皆无"乡村旅游交通"这一用语，比较常用的是"旅游交通"或"交通运输"。参考李天元的《旅游学概论（第七版）》中对旅游交通的定义，我们这里提到的"乡村旅游交通"具体指以乡村为旅游目的地，旅游者通过某种交通手段或旅行方式，实现从一个地点到达另外一个地点的空间转移过程。它既是乡村旅游爱好者抵达乡村旅游目的地的手段，也是在旅游目的地之内进行活动来往的手段。其主要是为了满足乡村旅游者的需要，使乡村旅游者实现快速、舒适的"移动"，同时满足乡村旅游者休闲、观赏、猎奇等寻求愉悦的需要，而这些需要与使用一般交通的乘客只实现空间转移的需要有所不同。

（二）乡村旅游交通的分类

随着交通运输业技术的不断进步和旅游者空间行为以及消费需求的不断变化，乡村旅游交通由最初的简单承担通达功能的公路逐渐演变成为兼顾交通通达功能和体验功能的多种类型并存的形态。

1. 按构成要素进行分类

理论上，研究乡村旅游交通的分类，首先要明确构成乡村旅游交通体系的要素有哪些。从乡村旅游交通构成要素角度大致可以分为以下三类：

第一，乡村旅游交通线路可分为人工修筑线路和自然形成线路。人工修筑线路包括乡村旅游公路、乡村旅游铁路专线、旅游索道等。自然形成线路包括乡间小路、旅游内河与湖泊游览线路、低空飞行体验线路等。一般而言，人工修筑的乡村旅游交通线路成本较高，线路建设规范要求严格，旅游者按照规划预先设定的观光线路开展乡村旅游体验活动；自然形成的线路耗资相对要少，对于项目的设计没有明确的要求，旅游者可以根据个人喜好进入乡村旅游活动体验。

第二，乡村旅游交通运载工具，主要包括现代旅游交通运载工具、传统旅游交通运载工具和特殊旅游交通运载工具。其中，现代旅游交通运载工具包括汽车、观光专线大巴、观光电瓶车、环保自行车、电瓶车、观光小火车、水上皮艇等。传统旅游交通运载工具包括人力车、轿子、溜索、竹筏、羊皮筏等。特殊旅游交通运载工具有观光缆车、热气球、滑翔伞、游船画舫等。现代旅游交通工具是目前乡村旅游目的地活动中的主要运送工具，而传统旅游交通工具和特殊旅游交通工具主要用于丰富乡村旅游体验活动的类型，如海南保亭县呀诺达旅游区的溜索、乌镇的乌篷船，已成为最受旅游者欢迎的交通体验项目。

第三，乡村旅游交通驿站，这是旅游交通运送节点，旅游者的集散地。根据不同的运输方式和旅游消费需求，乡村旅游交通港站可分为停车场、自行车租赁站、泊船码头、低空飞行体验基地等，浙江省湖州市安吉县已经出现一批要素齐全的乡村交通驿站，也称"旅游驿站"。

2. 按空间尺度和旅行过程进行分类

实际上，旅游出行活动的组织中，区分不同的乡村旅游交通类型，往往更依赖于旅游者居住地到乡村旅游目的地的距离和在旅行过程中所采用的交通方式和工具。按照乡村旅游的空间尺度和旅行过程，大致可以分为以下三类：

第一，外部交通，是指从旅游客源地到乡村旅游目的地所依托的中心城市之间的交通方式和等级，其空间尺度跨国或跨省，交通方式主要有航空、铁路和高速公路。外部大交通是乡村旅游兴起和发展的前提条件，涉及外部进入性问题，甚至说是乡村区域旅游发展的命脉。即使乡村旅游资源再丰富，如果大交通少或没有跟上，也很难在乡村旅游者的规模上实现突破。如海南外部交通主要依靠三亚凤凰和海口美兰两大国际机场，每年的游客吞吐量有限，影响了外省来海南乡村旅游的游客规模。与之相反，袁家村虽然规模小，但交通发达，高速、高铁皆通达，且距离咸阳机场仅半个小时左右车程，交通的便利化为袁家村旅游发展带来了巨大效益，一个仅为300多亩的民俗村却能每年吸引游客300万人次左右。

第二，中间交通，涉及中小尺度的空间，指从旅游中心城市到乡村旅游点之间的交通方式和等级，交通方式主要有铁路、公路和水路交通。尤其是公共交通汽车的普及化、班车化发展，如北京很多郊区乡村旅游都有便利的公交达到，从东直门枢纽站到怀柔、门头沟、平谷等郊区的快速交通线路班车每天平均半个小时就有一次班车。旅游汽车的发展也在某些地区形成了汽车旅游圈，如我国长三角地区以上海为中心，半径约400公里的沪宁杭地区，以旅游汽车为主要交通工具乡村旅游发展迅速，各地之间开通一站式旅游直通车，有 10 多条跨省市旅游专线供游客选择。

另外，自驾游也是很多乡村旅游者心目中的出行方式，成为中短途交通中的重要出行方式。在被称为"车轮上的国家"美国，自驾车旅行是乡村旅游业中不可或缺的重要组成部分，79% 的美国乡村旅游使用小汽车、皮卡车、房车，或租赁的小汽车。在我国，近年来私人汽车的数量实现了飞跃，截至 2016 年，全国私人汽车保有数量已经达到 1.65 亿辆，私家车作为出行的交通工具日益普及。乡村旅游因此很大程度上受益于周边大城市客群自驾游活动的发展。而自驾车出游过程中，为满足自驾车游客在出行中的各类需求，带动了系列相关产业（如汽车租赁、房车、汽车俱乐部）的发展。

第三，内部交通，指乡村旅游目的地内部的交通，基本是景点间的短距离空间位移。内部交通相对复杂，视乡村旅游目的地规模的大小、区域内地形变化的幅度、景点间的距离，以及旅游活动的特色而异。

这种交通一般可以分为两种形式，第一种是连接乡村旅游点与景区或点与点之间的串联交通，更多的作用在于串联、盘活全域资源，如绿道交通。第二种是乡村旅游目的地内部的体验性、观光性的特种交通工具，如观光巴士、游船、低空飞行等，如游客进入乡村景区一般需换乘观光巴士，在游览过程中，游客可在需要的站点随时上下车，观光巴士上设有随车讲解员，极大地便利了乡村旅游者的游览。这种交通工具逐渐发展为一种乡村体验项目，如游览丽江——拉市海茶马古道时，游客可以边骑马边领略底蕴深厚的茶马古道马帮文化及欣赏优美的自然风光。

二、乡村旅游主要内部交通方式

上文提到，乡村旅游的内部交通工具主要有两种，一种是绿道代表的串联型的交通；一种是体验性、观光性的特种交通，它们对于乡村旅游目的地的资源盘活串联、目的地吸引力的提高、产品体验性增强、经营收入的增加等方面，具有重要作用，因此，在下文中将对这类交通做详细说明。

（一）绿道串联交通

绿道是指以自然要素为基础，以自然人文景观和休闲设施为串联节点，由慢行系统、服务设施等组成的绿色开敞空间廊道系统。我国的绿道思想起源于公元前 1000 多年的周代，当时主要是指道路绿化。隋唐的京杭大运河两岸、南宋西湖十景中的"苏堤春晓"、秦始皇时期经过 8 次行道树种植和改造的剑门古蜀道、兴于唐宋盛于明清的茶马古道等都是我国早期"绿道"的实例。西方国家的绿道思想则起源于 16 世纪，最初只是用于野生动物通行的廊道，后经历了景观轴线、林荫大道、早期的绿带、公园路、绿道及绿道网络等数百年的演变与发展。总体上看，20 世纪以前的绿道以串联城市公园、国家公园为主，20 世纪初至 90 年代注重景观、生态等方面的开放空间规划，第三个阶段则是当前全球化背景下绿道的基础理论研讨和建设热潮兴起的过程。

绿道交通在乡村旅游目的地中发展中尤其重要，在盘活乡村分散的资源、提升休闲功能、延长服务链条发展方面发挥了重要作用。

一是串联盘活乡村资源。绿道是串联乡村自然空间、郊野公园、乡村、小镇等的绿色线性空间。乡村旅游资源点之间分布往往不集中，容易形成单打独斗的局面，这对于本来就相对闭塞的乡村旅游区域来说发展不利，因此，绿道发挥的串联作用尤为明显。可以说，国内外乡村绿道发展已经成为普遍性选择。海南省琼海绿道也是一个典型案例，它以绿道为串联，利用邻近乡村资源，联合打造形成了博鳌乡村公园，在原有自然景观和田园风光的基础上，将毗邻博鳌镇的朝烈、美雅、岭头、南强、大路坡共 5 个自然村的村庄，进行整合规划、连片开发，将乡村公园周边的乡村、鱼塘、河道、槟榔园、椰子林等要素串联起来，形成了不同主题的绿道。

二是增强乡村休闲体验功能。绿道系统与滨河、森林生态、农业观光体验等旅游设施可以实现同步建设，比如海南气候温暖、阳光强烈的特点，结合"遮荫绿廊"功能建设绿道系统，重点采用了榕树、椰子树等树冠较大且具有海南特色的树种来绿化道路，为游客烈日下的休闲提供条件。同时，绿道的发展还带动了乡村记忆墙等休闲体验点的开发建设，为游人呈现出一幅幅世外桃源式的田园画卷。

三是延长乡村旅游配套服务链条。绿道的发展能够带动相关服务业发展，其本身就是一种慢旅游出行方式，游客在游行过程中会产生休闲休憩或节点服务需求，因此，带动了自行车驿站、服务驿站等的出现，并以此为节点，推进了沿线标识系统、景观绿化、安全防护设施、电力、电信、给排水、环卫等服务的配套。进一步说，为当地农民提供了就业机会，促进乡村经济的发展。

（二）特种体验交通

随着乡村旅游业的快速发展，旅游者的消费需求不断增多，旅游者已经不仅仅满足于交通便捷、舒适，更注重旅行过程中的体验和猎奇。从乡村旅游交通的休闲功能角度看，其不仅是联通内外的桥梁，更是一种体验方式。从空间的角度来看，大致可以分为三种类型：

1. 陆上体验交通

陆上交通体验项目在众多类型的交通体验类型目中的发展最早，目前也是从交通工具到组织管理最完善的一种交通体验形式。在乡村旅游目的地内部交通已经出现的形式包括发展观光巴士、观光摩的、风采车、观光电瓶车、观光缆车、环保自行车、电瓶车、观光小火车等。一般陆上交通主要作为一种农业观光的方式，如日本富田农场为增添游趣，节假日期间增设名为"富良野·美瑛"号观光小火车，车厢采用怀旧设计木制座椅配有无敌大窗观赏景色一流，非常值得一坐。从实践来看，其开发运营往往成本不高，如湖南郴州"绿心童乡"的小火车，由油漆桶改造而成，虽然看起来简陋，但体验性很强，很受游客尤其是小孩子的欢迎。在很多时候，这种体验交通也成为景区盈利的主要来源之一，如呀诺达旅游区的溜索，在溜索的基础上实现了拍照、服装租赁等多次消费开发，投资成本80万元，但一年收入达到了300多万。

2. 水上体验交通

在滨海、滨河湖等自然条件的乡村，可以选择发展水上摩托艇、香蕉船、水上沙发、游船等特色交通工具。很多江南水乡的乡村旅游适合水上划船，能够让游客迅速融入地域生活方式中。如乌镇以乌篷船作为主要交通工具，恢复水上集市等以前的水乡生活形式。这样的交通一般要做好码头的配置，其他还有一些湖泊游船、竹筏、快艇等也是比较好的体验方式。

3. 空中体验交通

空中交通因涉及规范、人才问题是目前发展较少的交通形式，但在国外很多乡村旅游中发展得较为成熟，以热气球、滑翔伞、动力三角翼、动力滑翔伞等最为常见。乡村旅游因其地理跨度大，花海、稻田、梯田等大地景观壮美，空中交通是一种观光欣赏的重要方式，未来我国乡村旅游发展条件较好的地方可以增强此方面的开发。

三、乡村旅游交通开发的关键因素

通过以上对乡村旅游交通的分析，我们总结出当前阶段下需要关注的几个重点问题。

（一）交通组织的可进入性

可进入性是指利用特定的交通系统，从某一区位到达指定活动区位的便捷程度。交通的最基本特征就是交通具有可达性，它是连接旅游集散地和乡村旅游目的地的重要途径。交通组织的可进入性对于乡村旅游的产业发展、项目空间划分、公共服务设施、土地利用等都有着重要影响。因此，要做好用于沟通乡村旅游景点至外部城镇或连通该地区干线、支线公路的建设，它是吸引游客进入乡村旅游基础。有些乡村旅游发展较好的地方甚至与客源地直接建立交通联系，如浙江湖州长兴县水口乡的"顾渚村"，联合县运管部门组成了具有营运资质的农家乐旅游车队，为上海、杭州等地游客提供上门接送服务，为当地乡村旅游客源的输送提供了很好的渠道。

（二）交通建设的规范性

在交通道路的建设过程中需要尤其注意道路的规范性、合理性和细枝末节的联通性，形成为旅游和生活服务的乡村交通网络。还要做好乡村旅游的道路设计管理，如停车场数量是否满足客流量，人行道与车行道如何分开，各村各景点的巴士如何接驳，自驾车流如何引导等，综合考虑近期、中长期乡村旅游的游客数量及出游方式。2004 年交通部为加强农村公路建设的技术指导，确保建设质量，提高投资效益，根据《公路工程技术标准》，结合农村公路建设实际，制定《农村公路建设标准指导意见》，到 2016 年住建部印发《绿道规划设计导则》，中国的乡村旅游交通发展正逐步走向规范化。如在绿道标识方面，上海的绿化部门为绿道配置了统一的标识（LOGO），提高绿道的辨识度和专业性。

（三）交通开发的体验性

交通的体验性开发越来越成为一种趋向，结合乡村旅游的本底资源和在地文化，一方面，需要注重线路的体验性设计，路线策划的体验性对于增强乡村旅游的趣味性，延长旅游活动时间，促进消费需求有着积极的引导作用。除此之外，还应注意工具的体验化、设施的体验化，因地制宜地扩展诸如索道、游船、滑竿、骑马等体验性活动项目，增加共享单车等类型的交通工具。对于这些具有休闲体验性质的乡村交通，同时目前面临的很大问题是后期的运营，运营的费用从何而来，由谁来运营，怎么进行盈利反哺，如何带动周边致富等都需要进行深入探讨。

第四节 乡村旅游观光

长期以来，我国的传统旅游观光市场以具有代表性的大山大水、历史文物遗产等"重量级"资源观光为主，直至现在，旅游观光也是大部分假日游客的首要选择。乡村旅游观光似乎在其中发挥的作用不甚明显，更多是传统旅游观光下的重要补充形式。

伴随着乡村休闲度假市场的繁荣与崛起，传统的旅游观光产品，对相当一部分崇尚自由、以追求休闲度假为主要目的地的游客的吸引力正在减弱。乡村旅游观光因其既保持了原始风貌，又有浓厚的乡土风情，其贴近自然、返璞归真及人与自然和谐共处的特点，成为乡村休闲体验的重要内容，乡村观光产品的开发也逐渐受到很多经营者的关心和重视。

一、乡村旅游观光的界定

（一）乡村旅游观光的概念

我国的"观光"一词，最早出现于两千多年前《易经》中的"观国之光，利于宾王"。意为巡游其他地区，以扩大见闻，了解实情。长期以来，旅游观光一直是我国历史最悠久、产品最丰富和成熟、市场占有份额最高的旅游形式。直到今天，旅游观光仍受到众多旅游者的欢迎和喜爱。旅游观光是人类萌生旅游动机的第一选择，它给予人的刺激最直观、最深刻，最容易被各层次人所接受，也是开展其他旅游项目的基础。本书认为，旅游观光主要指旅游者以游览欣赏为主要目的，通过欣赏异地他乡的自然风光、文物古迹、民俗风情等，得到美的享受、获得愉悦和休闲的一种旅游形式。旅游者仅仅是参观者，以视觉去看待、欣赏旅游地所呈现出来的场景，持续时间一般较短，突出特点是场景带给游客的视觉冲击。简单来说，也可以这么认为，这里的旅游观光更多是一种传统意义上的景区观光行为。

随着乡村旅游受到游客的青睐，乡村旅游观光也越来越成为一种旅游观光种类，与一般的旅游观光有所不同，乡村旅游观光则是将观光游览活动的范围限定在乡村地区，通过欣赏乡村的绿水青山、田园风光、乡土文化的外在体现等内容，使旅游者获得与城市生活有所不同的审美体验和心灵放松。

（二）乡村旅游观光与传统旅游观光的区别

从以上定义，我们不难看出，乡村旅游观光与传统意义上的旅游观光的区别主要在乡村环境，而环境的差异直接造成了两者的本质区别，为便于我们了解乡村旅游观光的地位以及指导未来的开发运营，我们主要从以下三个方面的区别进行阐述（表5-1）。

一是旅游动机的区别。李天元在《旅游学概论》一书中讲到，对于一个旅游目的地来说，旅游景点作为该地旅游资源中的精华，在该地整体旅游产品供给中处于中心地位。也可以说，旅游景点观光是传统观光游客选择旅游目的地的根本动机。与之不同的是，乡村旅游观光不是游客的直接动机，旅游者到乡村旅游的出游动机主要在于休闲度假，并顺便游览乡村风景观光。故而，乡村旅游观光资源更多的是一种环境衬托，当然不排除依托优质资源而成为核心吸引物的乡村。

二是旅游行为的区别。首先是重游率的差异。一般说来，传统的旅游观光在景区停留的时间较短且多为一次性的游览活动。曾经游览过的旅游目的地多难以再次满足人们求新求异求奇的旅游需求，一般不会促使旅游者"故地重游"。即使有重游的情况，重游率也较低。毕竟，通过拍照的形式证明自己曾经"到此一游"已经达到了观光旅游的目标追求。而乡村旅游观光则不同，游客往往会因其之前游览时留下的美好印象和回忆，再次产生故地重游的动机。其次是时间停留差异，传统旅游观光具有目的地性，时间较快，行程安排较紧，游客一般采取走马观花式的旅游方式。乡村旅游观光一般属于自愿行为，是游客在茶余饭后进行的游览行为，重在追求休闲度假旅游所带来的身心放松和心灵慰藉，通常游客在目的地停留时间较长。最后是客流集中程度的差异，因受法定节假日等因素的影响，传统旅游观光游客多在"黄金周""小长假"等特定时间内集中出游，故常常导致客流"高峰集聚"现象。乡村旅游观光的客流分布则相对较为均衡，乡村旅游一般处在城市周边的郊区或远郊乡村，相对跨省市的行程来说距离较短，为人们在选择出行时间上提供了较大的自由。

三是运营方式的区别。毫无疑问，传统旅游观光的产品形式更多的是景区，通常以门票经济为主，也是旅游目的地收入的主要来源，如九寨沟、泰山等景区的门票是当地政府最大的财政收入来源。在此情况下，也容易导致景区"内外两重天"的结果，不利于带动当地区域经济、社会、生态效益的全面发展。除了资源等级较高的目的地，如婺源、西递宏村等，乡村旅游观光产品的开发一般很少依赖门票经济，更多是一种开放式的发展形式，就这一点本节会在第三部分的运营方式里进行详细介绍。

表5-1　传统旅游观光与乡村旅游观光的差异比较

比较内容	传统旅游观光	乡村旅游观光
旅游目的	旅游者根本目的是观光	附带性观光
活动方式	按照旅游线路浏览	随意性浏览为主
旅游形式	团队游客居多	散客、家庭游客为主
开发方式	门票经济居多	开放型居多
停留时间	较短	较长
重游率	低	高
环境影响	影响较大	影响较小
出行距离	中长线为主	短线为主

二、乡村旅游观光的内容及要点

相对于传统旅游观光来说，乡村旅游观光内容较为灵活，更多的是全域性资源的利用与盘活。乡村旅游观光资源反映出人类自然的生存状态，是人类长期以来适应和改造自然而创造出来的生活、生产、生态交融的和谐环境。因此，以生活、生产、生态"三生"资源为切入点，本书对乡村旅游观光进行分类。大致可分为乡村历史文化（生活）观光、乡村产业（生产）观光、乡村山水生态观光三类乡村观光内容。

（一）乡村历史文化观光

这一类型的乡村观光资源重点在于其深厚的文化底蕴，历史长期发展形成的村庄肌理（古村选址、街巷格局、山水风貌等整体空间形态与环境）、传统建筑（文物古迹、历史建筑、传统民居）、环境要素（古路桥涵垣、古井塘树藤）、文化民俗（少数民族文化、传统技艺、民间风俗等与其相关的实物和场所）等都是重要观光内容，像浙江兰溪诸葛村的八卦阵街巷肌理、贵州雷山县西江千户苗寨的传统吊脚楼建筑、周庄的小桥流水及婺源的"晒秋"民俗等都是现实中具有代表性的案例。

在这类乡村旅游观光开发中，需要关注以下几个方面：一方面，要注重文物遗迹的保护，像乌镇 2004 年因其历史遗产的保护模式荣获联合国颁发的"2003 年亚太地区遗产保护杰出成就奖"，尤其是在非遗民俗上实现了"活态保护"。另一方面，文化观光解说系统的打造对于深度观光具有重要作用，类似交通标识指引、电子导游、虚拟体验、生态博物馆等，全面向游客解说文化内涵。此外，在很多成功开发的观光型古镇古村内，还特别注意文化观光与其他业态的穿插融合。乌镇在主街游览线上，每隔一段距离就有一个故居遗址，这样不仅分隔了业态类型，也给游客提供了不一样的游览体验。

（二）乡村农业产业观光

随着农业机械化尤其是观光农业的发展，大规模的农业种植、生产等逐渐成为另一种观光资源，而产业的生产过程本身也是一种观光资源，从原料采集到加工制作成成品，因其具有地方文化性、技术神秘性、知识科普性、科技的视野性等特点，往往成为观光的独特看点，如台湾的凤梨酥工厂。

这类乡村旅游观光，与农业生产的时令性有关，也往往具有一定的季节性，因此，为避免季节与景观的单一性，在很多地方开始注重产业景观的四季培育，例如日本富田农场的"七彩花田"，种植花卉种类繁多，有薰衣草、罂粟花、金盏花、向日葵、波斯菊、鼠尾草等 150 多种，一年四季都有不同的风情。规模化、景观化也是产业观光的必备条件之一，比如有些地方种植茶叶就统一模式，保证种植整齐美观性。在此基础上，主题化的景观延伸也是很多地方的实践经验，融合主题景观小品、景观风貌的开发，为产业景观营造主题氛围。

（三）乡村山水生态观光

乡村的山水生态资源，可具体分为两类，一类是传统的大山大水资源，因其具有优质的、吸引力较高的观光价值，往往也开发成景区。另一类是遍在性的普通山水生态资源，该类往往居多数，虽比不上大山大水，但却别有一番原汁原味、天人合一的韵味。遍在性的观光资源一般散落在乡村周边，是乡村聚落的重要环境依托。

因此，针对遍在性的乡村山水生态观光资源，需要做好游步道、绿道、标识等服务配套建设，形成移步换景、串珠成链的体验感。在全域旅游发展背景下，我国很多地方开始将整个乡村按照景区的标准来打造，盘活山岭、溪流、森林、湖泊等资源，使得游客步入乡村就如步入一个大的田园诗画中，营造出了处处是景的游览氛围。正如湖州市安吉县的山川乡，通过构建六廊七亭和 21个景观节点，将全乡旅游资源打包融入乡域国家 AAAA 级旅游景区中。

三、乡村旅游观光的运营方式

前面的分析我们讲到，乡村旅游观光资源除了具有景区开发潜质的重要资源外，更多是一种普通的、分散式的观光资源，那么如何根据实际情况进行有效的开发利用，本书将从乡村与周边环境的关系方面进行分析，以此为切入点，乡村旅游观光的运营方式大致可以得出三种类型。

（一）边界自营型

边界自营型在这里更多是指乡村与周边或自身观光资源打包成为一个有边界的独立单位的运营方式。根据是否收费，分为两种具体方式：一是门票制度。类似景区观光的运营方式，乡村周边或自身具有非常优质的观光资源，欣赏价值高，自然资源禀赋、历史文化风情或产业景观具有突出优势，能够成为核心吸引。通过将整个乡村观光资源进行整合，在乡村外围设立边界形成乡村旅游景区，统一收取门票。这一类目前常见于江南的水乡古村古镇，如有着"中国最美的乡村"之称的婺源，将全县 2900 平方公里的风景进行整合，集古村古镇、自然山水、田园风光、峡谷溶洞等为代表风景，并实施一票观光制，即购买景区通票即可游览县内 12 个景点。同时，随着产业庄园的不断壮大，很多乡村田园景观、农业景观呈现出壮观的大地景观，深受市场欢迎，诸如三亚玫瑰产业园、日本富田农场的七彩花田、桂林的龙脊梯田等。

另外一种方式是免费观光，游客观光更多是餐饮、住宿等其他服务的衍生需求，观光的开发主要是一种环境氛围营造，很多乡村酒店或度假村通过内部造景的方式来丰富景观资源，如位于泰国清迈城十五公里的山脚下的清迈四季酒店，酒店位于 MaeRim 山谷的稻田之中，通过创意稻田景观的打造，酒店内风景别出心裁，令人心旷神怡。在国内，随着新农村的发展，很多乡村在外立面、乡村风貌上实施改造，营造出独特的人造主题景观，为乡村塑造了良好的景观环境，例如云南金龙村的九色玫瑰小镇等。

（二）背景依托型

背景依托型主要指乡村对周边环境进行借势发展的运营方式。众所周知，不是所有乡村都拥有卓越一流的自然风景或悠久的文化底蕴，虽然没有大山大水，但相比城市而言，很多乡村却有山溪、竹林、椰林等较好的生态环境。那么这些优良的生态环境逐渐成为很多乡村旅游发展的重要依托和点睛之笔。像很多欧洲的田园乡村，与周边的风景融为一体，碧绿的平原、波光粼粼的湖泊、遍野开放的鲜花、湛蓝的天空等构成了乡村的一种点缀，使乡村变得更有吸引力。在此情况下，生态环境就成了乡村旅游宣传营销的一个重要因素，正如湖州的乡村民宿，因其处于郁郁葱葱的竹林中，营造出一种绿意盎然的休闲度假氛围，深受长三角地区游客的欢迎。

（三）丰富补充型

丰富补充型是指乡村与周边景区捆绑互动的运营方式，多应用于大景区周边的乡村地区。景区往往与周边乡村在文脉、地脉以及社会经济等方面具有地域一致性，为了增加新的吸引点留住游客，很多景区将周边乡村纳入开发范畴，通过优化乡村游览环境、建设景区项目的配套工程等措施，打造成为景区发展的重要补充。一般景区与乡村采取门票分离的形式，像浙江长兴的顾渚村与"皇家茶厂"大唐贡茶院，游客进入茶院需要购买门票，而在村庄内参观游览则不需要付费。这种乡村观光往往与景区互相依赖，互送客源，一般通过线路连接的方式联动发展。但这类乡村需要注意与景区的差异化发展，要明确如何通过自身的定位，打造具有自身特色的核心吸引，特色化、主题化、品牌化发展是其可持续发展的必然选择。

第五节　乡村旅游购物

旅游六要素中，食住行游是构成旅游目的地收入的基础，而购物和娱乐的开支在一定程度上可以说没有上限。因此长期以来旅游业发达的国家和地区都十分重视发展旅游购物，以期最大限度地增加旅游收入。旅游购物一直是我国旅游业的短板之一，发达国家旅游购物占旅游收入的比例在 60% ～ 70%，而目前我国旅游购物的比重还不到 40%。

伴随着国内旅游需求的日益壮大，旅游购物的发展潜力已经得到各级旅游发展主体的重视。尤其对于乡村地区来说，发展乡村旅游购物可以有效带活乡村产业发展，大幅度增加乡村旅游收入，并在吸纳乡村居民就业、传承乡村文化等方面有着良好的示范带动作用。因此，我们有必要了解乡村旅游购物的发展历程和特点，充分认识乡村旅游购物的作用，并对未来乡村旅游购物的发展趋势有更好的把握，希望能进一步指导乡村旅游购物的开发。

一、乡村旅游购物的演进

国外较早的乡村旅游购物与庄园发展有着较为密切的关系，如 20 世纪 40 年代澳大利亚酒庄庄园的"葡萄酒直销店"，将葡萄酒购物由原来的经销代卖转变为庄园环境中的边品尝边购买形式。可以说，环境的营造在国外乡村旅游购物中一直受到重视，尤其欧洲国家乡村街边的精美橱窗、商店，自身就成为一道靓丽的风景。在购物内容上，国外对乡村传统工艺品、地方土特产品最为青睐，最早对乡村旅游购物进行系统研究的莱切尔（Littrell）认为传统工艺品及其相关联的乡村旅游记忆有助于游客参与不同寻常的体验，感受乡村的生产、生活方式，拓展世界观，增加自信以及体验艺术的乐趣等。例如日本，为了继承、传播本地土特产品的制造技术，设立众多工艺馆、民艺馆、资料馆、展示厅、教育基地等。韩国可以说也是东亚地区旅游购物较为发达的国家，20 世纪 60 年代外国人在韩国主要购买人参、陶瓷、漆器、手工艺品、木工艺品等传统工艺品，到 90 年代，乡土服装、泡菜等销售量急剧上升。由此我们可以看出，国外在乡村旅游购物的发展已经非常成熟，其在环境营造、传统工艺品的打造等方面对我国乡村旅游购物具有重要的借鉴意义。因国外在乡村旅游购物发展阶段中没有特别明显的变化，以下我们主要对我国国内的情况进行阐述。

新中国成立以前，我国的旅游业十分落后，旅游购物几乎无人问津，当时的旅游购物活动，都是在自发和分散的情况下进行。从新中国成立后到改革开放的 30 年间，旅游的政治服务功能远超其经济功能。与此相适应，旅游购物的发展也不是为了获取经济利益，更多是为了满足外事活动的需要。严格讲，改革开放之前我国还没有真正意义上的旅游购物。与我国旅游发展的大背景相一致，一直到改革开放初期现代乡村旅游才真正兴起，因此乡村旅游购物也从改革开放之后逐渐释放发展潜力，迅速成为乡村旅游经济新的增长点。

（一）初级内容服务阶段

20 世纪 80 年代初期，国家高度重视农业发展，激发了农民自主经营和多元探索的积极性，乡村旅游作为农业与旅游业融合发展的新思路，在这样的背景下应运而生。但处于起步阶段的乡村旅游仍是以满足游客的基本需求即餐饮和住宿为主，乡村旅游购物作为可有可无的要素并未引起足够重视。80 年代后期，改革开放较早的深圳市首先开办了荔枝园举办荔枝节，吸引城市人群前往观光、采摘，旅游者的"无心插柳"行为带动了荔枝这一乡村产品的交易量。之后，观光采摘园、生态大棚等经营形态开始被各地复制，也成为这一阶段乡村旅游经营的主要业态之一。当时采摘园的功能相对单一，主要以农产品收费采摘为主。因此这一阶段乡村旅游购物多是购买原始的乡村农副产品，是乡村旅游观光游览过程中附带性、随机性的旅游消费。

（二）规范升级服务阶段

1992 年邓小平"南行讲话"之后，市场经济意识全面强化，中国旅游市场格局发生变化，国内旅游需求快速增长，从原来只有入境旅游逐渐转化为入境、国内、出境旅游并重的新局面，我国的乡村旅游购物市场也开始进入新的阶段。

一方面，国家鼓励乡村旅游规模化、多元化发展，这一时期旅游有关部门也认识到我国旅游购物市场的劣势，相继出台了一系列与旅游购物有关的法规文件。如《全国旅游商品定点生产企业审批及管理办法》，并举办旅游纪念品大赛、旅游购物节等活动，推动我国旅游购物的发展。另一方面，随着旅游者购物需求的不断演进，游客不再满足于购买原始的、初级的农副产品，对于经过加工包装、代表乡村文化内涵、具有纪念意义的购物品需求愈加明显。在供给和需求两方面的共同作用下，乡村旅游购物走上了规范化发展的道路。这一阶段的旅游购物转变成乡村地区有意识地主动地生产、制造、包装和销售的行为，旅游购物品的种类呈现出多形态、多品类的特点，包括旅游纪念品、手工艺品、农副产品等，乡村旅游的售卖也主要依托旅游区内的商品店，或专门建立旅游商品购物中心。像北京的历史文化古村爨底下村，不仅将当地各色杂粮和野山茶开发成了特色旅游农产品，并以当地明清遗迹为原型开发了一系列旅游纪念品，包括微缩的砖雕、石雕、木雕和刺绣工艺品。

（三）文创体验服务阶段

进入 21 世纪的经济高速发展时期，很多方面都在为经济让步，文化在其中的作用似乎未得到充分发挥。而随着经济趋于平稳，人们又重新审视曾经丢失的东西。尤其是乡村大环境下，其所蕴藏的民俗、历史文化资源，逐步显现文化价值。在乡村旅游发展的过程中，虽然乡村旅游购物在乡村旅游经济贡献中的比例逐渐攀升，但是乡村旅游商品对乡村文化内涵的表现形式也只是浮于表面，缺乏对于游客精神层面的吸引。在此态势背景下，文化创意产业与旅游业的结合成为当今乡村旅游购物开发的出口。文创旅游商品将文化元素通过更符合时代潮流、现代审美的方式展现出来，使乡村旅游商品更具视觉冲击力，同时兼具趣味性、故事性和实用性，逐渐形成旅游商品品牌。其中，台湾在文创商品的开发与品牌打造在世界上名列前茅，最有代表性和最具学习意义当属台湾客家乡村的桐花祭，将乡村里常见的桐花提取为文化图腾，与文创商品开发深度结合。到 2008 年，88 家文创者所推出近 400 种桐花商品，共在 37 个销售点绽放，包括桐花漆器、桐花糕点、桐花木雕、桐花花布、桐花器具等，可谓"样貌与实力"兼备。

在这个阶段，乡村旅游商品的销售形式也趋于体验化发展，如现在流行的"前店后园"，指前面是销售商店后面是加工制作园，在国内外乡村旅游商品销售中也被广泛应用，其特点主要是乡村旅游者能见到旅游商品的加工过程，对于商品加工原料、制作工艺、加工环境等都有直观认识，并可以在现场品尝试用，刺激乡村旅游者的购物消费欲望，如台湾飞牛牧场的奶酪，游客可以自己制作然后购买带走，大大增加了体验性。

二、乡村旅游购物的作用

我国是一个以农业为主的多民族国家，各地不尽相同的风土人情、传统工艺和土特产品，为乡村旅游购物产品的开发提供了得天独厚的条件，同样，乡村旅游购物的发展也将是激活乡村旅游资源开发的重要途径，在增加乡村旅游创收、延长乡村产业链条、带动乡村就业、提升目的地旅游形象等方面具有重要作用。

（一）乡村旅游购物是旅游创收的重要来源

旅游经济效益主要体现在其旅游收入的多少，旅游收入即旅游者消费支出的总额，其规模主要取决于两个因素：接待人数和旅游消费水平。前者受旅游接待能力、旅游环境容量及客源的制约，属于速度发展型。后者则要以最大限度满足游客消费需求为条件，旅游消费水平提高程度取决于能够满足其消费需求的程度，属于效益发展型。因此旅游购物的花费是"活消费"，需求弹性较大，范围也相当广泛，其旅游经济收入具有相对的无限性。

乡村由于其有别于城市的自然生活环境和历史文化积淀，有着丰富的物质资源基础和旅游购物开发潜力。乡村原生特色的农副产品、世代传承的手工技艺都对旅游者有着强烈的吸引力，通过有效的开发、包装和创新，可以引发游客的购买欲望，最大限度地满足旅游者的购物消费需求，提升旅游者在乡村旅游活动中的消费水平。因此发展乡村旅游购物能够大幅度增加当地旅游收入，活跃地方经济，促进乡村居民增收。例如在中国首届乡村旅游节举办的时候，其中一项重要活动是参观考察旅游产品购物中心，成都在乡村旅游区建立了三个专门的乡村旅游商品购物中心，开发出100余种乡村旅游商品，其销售收入在乡村旅游总收入中所占比重得到了很大提高。

（二）乡村旅游购物能够延长产业链条的发展

发展乡村旅游的一个重要作用就是带动农副产品加工、手工艺品加工、旅游用品和纪念品、商贸、运输等产业发展，促进农村产业结构向高产、优质、高效、生态、安全和深度加工的方向调整和发展。由购物带动的旅游商品生产与销售在所有旅游要素中牵扯面最广，牵动的行业和产业最多，对地方经济增长和就业机会增加促进最大。因此，把旅游购物作为延长乡村产业链条、强化乡村旅游的带动作用的突破口最为合适。

通过发展旅游购物，可以将乡村旅游的各种资源作为素材组合进行深度加工，通过对产业链上下游的延伸、原材料的深层次加工衍生出多形态、多功能的旅游购物品从而满足多样化的市场需求，促进乡村产业结构的优化调整。如我们常见的水果——柿子，在邻国日本却是另一番状况，以柿子为主要原料或辅助材料为题材的深加工产品以及衍生产品，达到 100 多种。仅仅对一种乡村常见的原生食物进行深度加工，就能衍生出覆盖多个产业的不同购物品，足见开发旅游购物的巨大潜力。这种类型的案例在国内也非常普遍，像海南三亚玫瑰产业园、云南普洱茶庄园等产业型的乡村旅游在农业主题的旅游商品开发方面都实现了很大跨越。

（三）乡村旅游购物能够带动居民就业，有效缓解"空心村"问题

乡村地区由于长期的经济落后、产业效益低下导致乡村青壮年人口大量流失，外出务工和求学的村民不再愿意回到贫困的乡村，老弱妇孺为乡村常住人口，空心村的现象成为越发严重的社会问题。但是随着乡村旅游的火热发展，旅游业对吸引青壮年人口回流已经起到了明显的带动作用。调查显示，2015 年全国休闲农业和乡村旅游接待游客超过 22 亿人次，农民从业人员 630 万人，带动 550 万户农民受益。

发展旅游购物能够有效地放大这种"回流效应"，一方面，旅游购物品与手工艺行业密切相关，大部分旅游商品生产属于劳动密集型行业，在各个生产环节上需要大量的手工操作者，同时相对应的销售、运输环节也会有劳动力的空缺，可以为乡村居民提供丰富的就业机会；另一方面，旅游购物品的生产多适合于小企业，与生产加工销售等环节相关的工作对于受教育水平和专业技能的要求没有那么高，因此门槛相对较低，有利于妇女和老人就业，带动乡村剩余劳动力的再就业。被称为中国最美乡村的江西婺源就是最明显的一个案例，以生产砚石著称的江湾镇大阪村，目前已经形成砚石产品一条街，砚石厂及店铺达到 238 户，带动农民就业 1800 余人，农民年均收入 1.2 万元，旅游商品的生产销售成为农村经济发展的支柱和新农村建设的动力源泉。

（四）乡村旅游购物能够宣传旅游地形象，形成二次推广效应

旅游购物可能不是乡村游客选择目的地的关键因素，但良好的购物体验却往往很大程度上影响游客的满意程度。如今游客在乡村进行购物消费，尤其是购买具有当地特色的旅游商品，更多是为了对旅行经历的纪念、铭记和回忆，其给旅游者带来的精神满足远大于其实用价值，如剪纸、绣花、刺绣、竹编、面塑、粗布、米酒等，这些东西都体现了一段时期的乡村历史记忆。

旅游购物品大多具有乡村地域特色，携带着乡村的形象信息，可反映出乡村的资源形象、文化特色、艺术水平和特点等。旅游者将乡村旅游商品携带回居住地，通过使用、展示或者馈赠，就可以通过这些有形物品将乡村旅游地的形象信息、文化禀赋展现、传达给所有接触到这些购物品的人们，从而促进更多的人对乡村旅游地的注意、兴趣和了解。像云南腾冲新庄村，通过设立高黎贡手工造纸博物馆，让游客了解其传统工艺。通过旅游购物品的传播形成对乡村旅游地的二次甚至多次营销推广，优质的旅游商品甚至能形成强大的旅游吸引力促进游客数量的增长。

三、乡村旅游购物的发展趋势

（一）文化性和功能性相结合

由于近些年文创旅游商品市场的火热，经营者多从文化、科技角度去设计、研发、销售旅游商品，形成了旅游商品市场上新产品貌似很多，但游客购买量却不大的"叫好不叫座"的现象。片面强调文化，导致商品的功能反而被忽视。有研究发现，游客对"华而不实"的工艺品的兴趣逐渐降低，其购买量也逐年下降。尤其在出境游比例扩大后，游客在欧美等发达国家购买的旅游纪念品、工艺品在旅游购物中占比微乎其微。在国内的旅游商品销售中，生活类工业品在高速增加，在旅游购物中所占的比重也在逐年上升。在一些经济发达地区旅游业中，游客购买的生活类工业品在旅游购物中的比重已高达80%。

因此，文创旅游商品的开发要从第一代资源导向型发展到现在趋向生活方式导向型，"最贴近生活的，才是客户最想要的"，这也是一个必然趋势。乡村旅游商品应该逐渐从旅游纪念品、工艺品、农副产品的小圈子，向旅游工业品等更广阔的旅游商品领域迈进。乡村旅游购物品的开发，也应当在提炼乡村文化特色的基础上，开发设计更多"接地气"的旅游购物品，着力提升商品品质，向实用化、生活化方向发展。

（二）强化开发与设计的人才支撑

乡村旅游购物是从乡村本土的原生产品发展起来的，最初的生产者、制造者都是乡村居民。但是随着旅游需求的更新演变，相对粗糙的旅游商品、传统手艺的直白体现已经跟不上时代发展的潮流了。在乡村旅游购物品的转型升级中，人才起到了关键的作用。

在乡村旅游购物品的开发方面，引进专业的、多学科背景的设计人员和机构，能够为乡村文化、传统技艺注入新鲜血液，将文化元素与现代需求相融合；在乡村旅游购物品的生产环节，同样需要培育以专业化工艺为主的生产厂家，使旅游商品生产能够跟得上庞大的旅游购物需求；在乡村旅游购物品的营销环节，由于乡村居民知识文化水平的限制，往往在市场开拓意识、现代营销手段方面能力不足，因此需要引进具备专业营销背景的人才，帮助乡村旅游购物走向品牌化发展的道路，浙江省湖州市统一开发了"天下湖品"旅游商品品牌，积极培育"十大特产"。

在未来的乡村旅游购物开发过程中，要加大对专业人才的引进力度，鼓励不同行业人才之间的跨界合作，使乡村旅游商品的设计与时代潮流对接。旅游商品经营企业要创造合适的物质条件和融洽的工作环境，鼓励专门人才留在乡村、不断创新。还可以有计划地组织有关人员到其他模范地区甚至国外考察学习、取经研讨，不断吸取新鲜思想来指导本土旅游购物品的升级换代。

（三）注重购物场所和销售方式的同步创新

旅游购物发展的关键不仅在于旅游商品本身的创意创新，更在于整个购物流程的优化与创新。由于游客越来越注重场景化的体验，乡村旅游购物也应该在购物场所和销售方式上多花心思，为游客提供完善的购物经历。在购物场所上，乡村旅游购物可以在乡村博物馆、乡村驿站、乡村连锁店、乡村购物区、乡村购物街等进行，购物场所设计要整体体现乡村元素或创意主题元素。同时乡村购物场所不能深藏于角落，应在最醒目的地方，成为游客美好旅程开始和完美收尾的确定性选择。

在销售方式上，将购物与其他主题活动相结合，注重包装设计，促进游客的感性消费。可以借助互联网和物联网的发展优势，打通线上乡村购物渠道，推动乡村品牌的传播。还可以定期举办乡村文创主题市集，推动乡村购物品开发设计者的经验交流和思想碰撞，从而促进购物品的创新迭代。例如德清莫干山脚下的庾村文化市集，包含了艺文展览中心、特色农贸市集、主题餐饮酒店等多种业态，不仅促进了旅游购物品的开发设计，还带动了其他产业要素的联动发展。

第六节 乡村旅游娱乐

乡村旅游娱乐与其他乡村旅游形式相比,具有更强的体验性。在乡村这一特定的地域内,其独特的生产方式、特有的生产工具、劳动过程等体现出的人与自然的紧密关系、人与社会发展的密切联系,应该成为乡村旅游娱乐体验的主要内容。与城市旅游娱乐有所不同,乡村旅游娱乐最大的特征在于其乡村的乡土性,它是洞察民族风俗文化的重要窗口,将乡村居民在生活和生产中的传统文化以更为突出的形式呈现在旅游者面前,同时,乡村旅游娱乐也因乡村生活、文化的多样性展现出体验的丰富性特征。当然,乡村旅游娱乐还具有植入的延展性特征,在乡村大环境下,很多城市里的娱乐活动如公园娱乐、康体娱乐等在乡村地域内也得到扩展,极大地丰富了乡村旅游娱乐内容。

一、乡村旅游娱乐的概念与现状

(一)乡村旅游娱乐的概念

"娱乐"的含义最早见于《史记·廉颇蔺相如列传》:"请奉盆缶秦王,以相娱乐。"后见于阮籍《咏怀》诗:"娱乐未终极",都是"娱怀取乐"的意思。古代的"娱乐"主要还只是王公贵族、才子佳人等少数特权阶层的取乐活动,而现代的乡村旅游中"娱乐"则成为人民大众普遍喜欢、能够体现乡村生活情境、文化特色和参与互动性强的娱乐活动。《中华人民共和国旅游度假区等级划分标准》中也要求休闲娱乐活动设施及产品的设置与资源密切结合,充分发挥资源优势,并宜与周边区域的旅游资源相衔接。

本书认为,乡村旅游娱乐只是一次乡村旅游活动中的一种旅游行为,不一定以娱乐为主要动机,也可能是其他类型旅游活动过程中穿插的一种文娱活动。更强调地方特色和参与性,时间不宜过长,针对不同旅游者适宜安排不同类型的娱乐节目,娱乐活动项目应常变常新,实现高雅文化与民俗文化的互相结合,寓教于乐等等。

(二)国内外乡村旅游娱乐的发展现状与趋势

人类生活早期,旅游属于劳作性质的旅行活动。生活在原始生态环境中的先民，在其周围的资源不足取用时，便开始向大自然的纵深处前进。这样，采集、渔猎、游牧、交换、迁徙等原始的旅游活动便开始产生。

国外乡村旅游娱乐一般围绕农庄、农场等形式，依托农业生产、季节气候和民俗文化资源开展三类相关娱乐活动。首先，以农业生产为主的娱乐活动最为常见，例如在西班牙，现代乡村旅游者的年龄多处于 25 ～ 45 岁之间，主要是社会文化水平高、购买力强的城市居民，主要的乡村旅游活动包括运动、与农业相关的劳动等。其次，针对季节气候特点，开发四季性的娱乐活动，像芬兰的伊洛拉旅游度假农场，一年四季对游客开放，夏日人们在湖边垂钓、划船，到林中采浆果；秋季在森林里远足、采蘑菇；冬天在冰上钓鱼或者乘坐马拉雪橇在雪野中驰骋。最后，节庆活动是最直观的体现民俗文化的手段，在法国最美丽的乡村旅游胜地普罗旺斯，从年初 2 月份的蒙顿柠檬节到 7 ～ 8 月的亚维农戏剧节，欧洪吉的歌剧节到 8 月普罗旺斯山区的薰衣草节等节庆活动，吸引来自世界各地的游客观赏参与。

我国农业发展历史悠久，各地的自然资源、民俗风情、生产活动和生活方式各不相同。一般以生产依托型、生活依托型和环境依托型三类为主。首先，农耕文化展示以及农事活动体验，如种田、采摘、拉磨、打垛等，干农家活、吃农家饭。其次，丰富多彩的传统节日节庆活动，展示乡村的原貌生活，如藏族的"雪顿节"、壮族的歌墟、白族的三月街、丽江的龙王庙会等，以及龙舟竞渡、摔跤、赛马、射箭、斗牛、赶歌等民俗活动都蕴藏着中国独特而神秘的民族生活文化。最后，充分利用乡村的山水田园以及独特的地理环境资源发展起来的以运动、健康等时尚主题为特色的乡村旅游娱乐活动。这种充满地域特色和民族特色的活动，深深地吸引了国内外游客参与到乡村旅游娱乐中来。

纵观国内外乡村旅游娱乐活动发展现状，我们可以发现，成功的乡村旅游娱乐活动策划具有多样性、参与性、独特性和传承性特征。注重在乡村旅游娱乐活动中充分融入乡村独有的农耕生产场景、农民生活方式和自然质朴的田园乡村景观，把乡村旅游娱乐活动经营得有声有色，不仅是乡村旅游业进一步发展的要求，也是乡村旅游业永葆魅力的重要条件，从而使其在众多的旅游出行目的地中具有更强的竞争优势。

总体来说，乡村旅游娱乐在乡村旅游业中创汇、创收比重并不大，但利润可观，随着人们生活水平和生活质量的提高，对精神层面消费需求增加，乡村旅游娱乐的发展前景十分广阔。

二、乡村旅游娱乐的分类

由于乡村旅游目的地的自然资源不同，人文风俗迥异，具体的旅游娱乐类型也不尽相同。因此，乡村旅游娱乐产品的分类标准也不同。按照娱乐活动组织的时空性，大致可以分为室内型、户外型、长期型、短期型；按照游客参与程度不同，大致可以分为主动参与型和被动接受型；按照旅游者收获感悟不同，大致可以分为娱乐型、学习型、精神型、体能型等。

我们这里主要介绍另外一种分类方式，为了便于乡村旅游资源的合理开发，更好地帮助和指导乡村旅游经营者组织设计乡村旅游娱乐活动，按照依托乡村旅游的核心资源不同进行分类，大致可以分为生产依托型、生活依托型、环境依托型，这三种类型的乡村娱乐在核心竞争力、客群定位、活动组织形式等方面都具有不同的呈现，以下对这三种类型进行详细阐述：

（一）生产依托型

生产依托型的乡村旅游娱乐活动主要是与当地的农业生产场景和农副产品制作相结合，旅游者通过参与农事活动，如采摘瓜果蔬菜、犁地、耕田、灌溉、饲养、骑马等活动，体验乡村生活的质朴淡雅和耕种收获的喜悦。在美国黑莓牧场，游客可以亲自参与到牧场的农业生产活动中，制作各种加工品，游客也可进入果园采摘并参与加工，在体验劳动的过程中了解农业知识，体验亲手劳动的快乐。此外，也可以再现传统的农耕生产活动场景，让游客参与淳朴的农耕活动，收获一种田园诗般的农村生活体验。如浙江桐乡通过以实物的形式集中展现从远古至今的过去农具及农村生活用品系列，同时组织旅游者参与插秧、收割、打稻等。更有趣的是，也有一些休闲娱乐活动围绕单一主题，将从生产到加工的体验做到极致，如在日本小岩井农场，依托羊倌的工房内部是各种参与性的活动，游客自己纺线、编织，体会 DIY 的乐趣。

这一类的乡村旅游目的地大部分位于城市近郊的农村，主要针对周六日度假休闲的家庭游、亲子游的城市居民。旅游者在深度参与体验乡村的劳动场景的同时也能获得生动的农业生产相关知识并带走自己亲子耕种制作的农副产品。

（二）生活依托型

生活依托型的乡村旅游娱乐活动是与当地农村民俗文化、节庆活动等相结合，通过参与民俗节庆活动，使乡村旅游者融入乡村生活和乡土文化的传承中，体验热情而富有特色的乡村生活。如在澳洲葡萄酒庄园，围绕当地人们的生活开展丰富的旅游娱乐活动，一年四季层出不穷的精彩节庆，2 月份的音乐节、10 月份的爵士节和戏剧节等。我国民族地域的多样性和独特性，经过岁月的沉淀，形成了很多不同的文化和风情民俗，并被传承和延续下来，如台湾香格里拉休闲农场会利用稻草开发工艺作品传播稻草文化以及中国传统的木屐文化；婺源围绕古村落主题，推出了"民俗风情展览周""民间彩灯巡演""婺源风情篝火晚会"等系列主题乡村旅游活动。许多少数民族地区结合当地民俗文化开发出的一些旅游娱乐项目，受到了国内外游客的普遍欢迎，特别是结合各种民族节日开发的旅游娱乐项目，例如傣族的泼水节、那达慕大会上的骑马比赛、云南的民族歌舞等，以具有在地文化特色的乡村生活节庆场景吸引旅游者参与其中，体验当地古老而富有魅力的风俗。

通常这一类的乡村旅游目的地大部分是位于具有地方或者民族特色的乡村，以节庆活动和民俗表演为主，适合作为周末或是小长假期间的旅游目的地选，旅游者可以体验当地乡村生活的民族、地域特色和节日狂欢。

（三）环境依托型

环境依托型的乡村旅游娱乐活动主要是与当地的自然山水相结合，依托山地、河流、田园、草原、冰雪等乡村自然风光，让游客乘着习习凉风、呼吸着清新的空气，听着泉水韵律、望着流星明月，感受"天人合一"的审美境界。需要注意的是，要充分结合乡村旅游目的地的自然山水形态，因地制宜地设置徒步、慢跑等慢节奏的娱乐体验活动，如在台湾南投清境农场，依托当地的高山资源，设计了"翠湖步道""柳杉步道"等六大步道。另外，利用乡村旅游目的地一些独有的自然资源，如温泉、石林等可开展温泉 SPA 等娱乐休闲活动，例如在腾冲热海的"大滚锅"，旅游者可以泡温泉澡、吃温泉煮鸡蛋，进行一次奇特的"拔温泉水罐"治疗。此外，还可以利用乡村的场地空间开展登山、徒步、垂钓、温泉等以健康、运动为主题的乡村户外拓展活动，从而达到强身健体、增强体质、放松心情、陶冶情操等目的。

这一类的乡村旅游目的地大部分是位于城市远郊或者风景区附近的农村，适合周末或者小长假期间团体游、户外拓展爱好者出游，在享受乡村自然风光和清新空气的同时，开展养生、运动等活动。

三、乡村旅游娱乐的运营模式

为帮助乡村旅游经营者分析不同经营模式的利弊和发展要求，本书从乡村旅游经营者提供配套服务的完善程度以及游客参与程度的不同，大致可以将乡村旅游娱乐运营分为以下三种模式。

（一）设施提供型

这一类型主要指具有休闲放松和社交的功能，诸如乡村酒吧、烧烤、唱吧KTV等类型的乡村旅游娱乐项目。该类型通常会设置在乡村旅游目的地中田园风光优美、场地视野相对开阔的区域，如马灯部落的乡村酒吧坐落在西湖湖畔，游客享受美食的同时可以饱览西湖美景。一般为自有经营或者是承包给当地的农民参与经营，只提供给旅游者基本的休闲娱乐场地和工具，收取场地和设备的租赁费用，由游客自己安排活动内容。这种运营模式的优点在于前期投入少、经营者运营管理比较简单而且具有较强的可复制性，同时游客又拥有比较大的自主权，所以在各地乡村旅游目的地中迅速地发展起来，尤其受到青年游和团体游等这一类乡村旅游的个人和团体的喜爱。但是它的缺点在于容易缺少与当地风土人情的融合开发，自身缺少核心吸引力。

（二）参与服务型

这一类型主要是指结合乡村生产生活场景，设置相关互动体验项目，旅游者可以参与其中，在娱乐体验的同时产生益智教育的功能，如葡萄酒DIY制作、动物喂养、吹糖人等类型的乡村旅游娱乐项目。该类通常会设置在乡村旅游目的地内的交通便捷、人流聚集的区域，如飞牛牧场的动物喂养、DIY体验等活动都设置在牧场集中游览区域附近。经营者一般是当地农民，以体验项目收费为主要收入来源，除了提供固定的场地和工具外，还需要派专门的人员进行体验指导，经营者和游客一同完成体验活动。这种运营模式的优点在于前期投入少，可以增强运营者和游客的互动，能够帮助更好地建立两者之间的情感纽带，同时游客可以通过娱乐活动体验学习新的知识。因此这类娱乐活动更多受到家庭游、亲子游团体的偏爱。但这种经营方式同样存在着缺少当地文化，自身缺少核心吸引力的问题，无法形成独特的"符号"。

（三）专业秀场型

这一类型主要是以乡村地方资源特色和人文特色为主题，通过专业的方式打造更多以秀场、演艺为代表的乡村旅游娱乐项目。这类项目开发的目的更多在于彰显乡村旅游的文化内涵，活跃旅游气氛，兼具观赏性和知识性，如暖泉古镇的"打树花"表演、乌镇的戏剧节、古北水镇的灯光秀等。该类娱乐活动通常需要设置固定的表演场所，对场地质量要求比较高。经营者一般是政府、连锁运营商，以观赏表演的门票收入为主。其优点在于给游客的视觉和心理震撼大，能够迅速抓住游客的眼球，同时具有当地特色，能吸引各类旅游人群参与观赏。与此同时，其缺点在于项目的前期投入成本比较高，而且需要大量具有一定专业水平的人员参与表演。目前，已经有越来越多的乡村旅游目的地通过这种模式运作旅游娱乐的核心引爆项目。

【思考题】

1.总结乡村旅游六要素在我国旅游业发展过程中所发挥的作用及特征。

2.乡村旅游六要素如何与商、养、学、闲、情、奇等新要素实现对接？讨论并举例说明。

3.乡村旅游餐饮的开发要注意把握哪些要点？

4.纵览世界乡村旅游住宿发展历程，我国的住宿发展有什么特点与不同？

5.乡村旅游外部交通与内部交通的作用有什么不同？并举例说明。

6.乡村旅游三种观光类型未来的发展中应该掌握哪些要点？

7.何谓文创体验服务购物？有何特点？文创时代下的乡村旅游购物产品在开发上要关注哪些要点？

8.讨论演艺产品在乡村旅游发展中的形式及存在问题、解决办法。

【参考文献】

[1]ela A, Knowles-Lankford J, Lankford S. Local food festivals in Northeast Iowa communities: a visitor and economic impact study[J]. Managing Leisure. 2007.

12(2):171-186.

[2] 李天元.旅游学概论第七版 [M].天津：南开大学出版社，2014.

[3] 林乃.中国古代饮食文化 [M].中共中央党校出版社，1991.

[4] 刘丽梅，吕君.区域旅游开发与规划研究 [M].中国财政经济出版社，2008.

[5] 刘琳.乡村美食，"吃"出来的乡村旅游 [N].企业家日报，2013(11).

[6] 陆素洁，如何开发乡村旅游 [M].北京：中国旅游出版社，2007.

[7] 石美玉.旅游购物研究 [M].北京：中国旅游出版社，2005.

[8] 谢春山，邱爽.观光旅游与度假旅游的差异分析 [J] 旅游研究，2015.7(4): 11-15

[9] 吴殿廷，王欣，耿建忠，等.旅游开发与规划 [M].北京师范大学出版社，2010.

[10] 杨帆.浙东地区休闲观光农业规划与探索——以宁波市宁海县胡陈乡为例 [D].浙江农林大学，2014.

[11] 张凌云.时少华.李白等，旅游学概论 [M] 北京：旅游教育出版社，2013.

[12] 赵承华.我国乡村旅游产业链整合研究 [J].农业经济，2007(05):18-19.

[13] 朱华.旅游学概论 [M].北京：北京大学出版社，2014.

[14] 中国旅游新闻网.中国消费者协会发布 2013 年旅游餐饮调查报告 [EB/OL]. http://sn.ifeng.com/lvyoupindao/youfenxiang/detail_2013_11/26/1511868_3. shtml.

第六章　乡村旅游产品与组织管理形式

【学习目的】

通过本章的学习，旨在使学生了解世界范围内民宿类产品的演进过程；熟悉民宿类产品的内涵；了解农庄类产品的主要类型；掌握农庄类产品发展的关键；了解农园类产品的演进；熟悉农园类产品的类型；熟悉度假村的常见类型；掌握度假村的概念；了解乡村旅游村域型组织形式的发展关键；熟悉度假区型组织管理形式的发展关键。

【主要内容】

1. 乡村旅游产品

民宿类产品的演进；民宿类产品的概念；农庄类产品的类型；农园类产品的演进；农园类产品的类型；度假村未来发展的趋势

2. 乡村旅游组织管理形式

常见的四种乡村旅游组织管理形式；村域型组织管理形式的特征；度假区型组织管理形式的特征及发展关键

第一节　乡村旅游产品

随着旅游业的迅速发展和市场需求的升级转变，乡村旅游的产品类型日益丰富，产品名称也多样化，使得学术界和产业界对相应概念的界定难以统一，人们往往需要花费大量的时间去区分其中的内容。这种现象的出现，无论给学术界还是产业界都带来了困扰。通过梳理国内外关于乡村旅游产品的研究可以发现，在众多乡村旅游产品中存在着具有相似性质的基本经营单元。为了便于研究，我们将其归纳为四种类型，即民宿类产品、农庄类产品、度假村产品和市民农园产品。

一、民宿类产品

"住"是旅游产业的基础要素之一。作为旅游消费链上的重要一环，住宿业也经历了漫长的历史演变，而较早以民宿形式出现的接待设施，可以看作住宿业发展的雏形，如在罗马帝国时期就已经出现了满足旅行者需求的私营旅店。伴随着城市化进程、旅游业发展以及民众对旅游市场需求的激增，住宿产品在世界范围内相继发展，其中就延伸出了包括 B&B（Bed & Breakfast）、乡居、家庭旅馆、农家乐、洋家乐等在内的一系列住宿类型。虽然这些产品的名称各不相同，但因其有着共同的基本特征——以自有住房为依托、自主经营、为游客提供简单食宿等，因此，在这里，我们将其统称为"民宿类产品"，并将其作为我们的研究主体。直至今天，民宿类产品已成为乡村旅游乃至旅游活动中最基本、最常见，也是发展最持久的产品类型，是旅游产品中不可忽视的重要组成部分。

（一）民宿类产品的演进

民宿类产品的演进同旅游活动的发展密切相关，尤其是伴随着乡村旅游的发展而发展，这一关系突出地反映在民宿类产品演进的各个阶段。在整个世界范围内，关于民宿起源的说法并不统一，而出现在 20 世纪 50 年代英国的 B&B（Bed & Breakfast）往往被认为是民宿发展的雏形。总体而言，从大的历史背景和时间阶段进行观察，世界范围内的民宿类产品的演进，大致可以分为以下三个阶段。

1. 20 世纪 50 ～ 60 年代的初步发展时期

这一时期为"二战"后的初期发展阶段。从旅游发展环境来看，自二战以后，世界范围内的旅游业快速发展，大众化的旅游现象在经济发达国家中率先出现，尤其在整个 60 年代，全世界国际旅游活动的规模逐年增长，良好的市场环境为民宿类产品的发展提供了庞大的市场基础。从城市发展方面来看，加快城镇化进程、恢复经济成为当时国家的主要任务。伴随城市的快速发展和地域扩张，大量乡镇居民前往城市寻找新机会，这就导致城乡人口失衡，乡村中大量闲置房屋出现。随着欧美发达国家经济水平的提高以及政府对居民工资福利的改善，又进一步推动了城市居民的出游和消费，乡村旅游得以快速发展。但该阶段各国仍处于资本积累时期，普通工薪阶层的收入仍处于较低水平，对价格也较为敏感。在多重因素的作用下，为了迎合市场的时代需求，同时满足农民增收的需要，一些村民就开始利用自有住宅接待游客。而民宿类产品也因其低价位、便利性获得市场青睐。

这一时期的民宿类产品大致可分为两种类型：一是以法国、英国为代表的乡村旅游带动型，二是以美国、日本为代表的户外旅游带动型。1951 年法国阿尔卑斯省的参议院为满足城市人的游玩需求，创建了第一个农村家庭旅社；20 世纪 60 年代初期，英国的西南部与中部人口较稀疏的农家，为了增加收入开始发展民宿，B&B（Bed and Breakfast）家庭接待方式的出现，成为英国最早的民宿形式。不同于英国和法国，美国乡村民宿的出现得益于该时期爬山、钓鱼、泛舟和山地滑雪等户外运动的发展，但由于受到来自周边汽车旅馆的竞争，户外民宿的便利性、价格优势并不明显，而且美国人青睐于标准化的服务，民宿的个性化服务没有得到认同，因此这一时期的美国民宿发展并不顺利。和美国民宿起源相同，日本民宿（Minshuku）的发展也得益于户外运动的发展，最初的民宿是由一些登山、滑雪、游泳等爱好者租借民居而衍生并发展起来的，因而多位于山水奇、险之地。后来，这些奇、险之地慢慢发展为旅游观光胜地，于是，民宿的对象也不再仅仅是一些运动爱好者，这也成为日本民宿由分割自家房子租借转而经营家庭式旅馆的重要契机之一。

整体而言，这一时期的民宿类产品较早出现在以英国、法国、美国等为代表的欧美国家和以日本为代表的亚洲国家，产品形式较为初级，该阶段可视为民宿类产品发展的起步阶段。该类产品的兴起主要由于乡村旅游的发展和户外运动的带动。从自身发展来看，这一时期的民宿类产品以自主经营的家庭式招待为主，拥有房产的农民是唯一的经营主体；由于自发性较强，经营主体的管理经验普遍缺乏；此外，民宿功能较为单一，只能提供简单的住宿和早餐，整体发展规模较小。

2. 20 世纪 70 年代的规范发展时期

从这一时期开始，各国经济的发展开始有了较明显的增长，人均 GDP 普遍超过 10000 美元，物质生活的富裕足以支撑普通民众都能够加入游山玩水的行列，这进一步促进了旅游大规模发展。为了满足日益增长的住宿需求，民宿类产品也随着旅游活动的多样化而逐渐丰富。例如，1973 年法国出现了亲子乡居，随后出现了城堡驿站、露营地、途中驿站、青年旅馆等民宿类产品；1970 年后期英国民宿类产品经营的范围扩大至露营地、度假平房（Flat）；美国则为了适应"注重原自然生态，追求文化历史"旅游趋势，开始开发具备这些特点的民宿，并致力于开发和经营乡村土地，季节房得到快速发展；日本则出现造型西化的洋风民宿等。这一现象也使得民宿类产品的经营者开始分化，村集体、商人开始介入民宿经营，大量投资涌入民宿，但总体而言，农民仍是民宿类产品的主要经营者。

随着民宿类产品的无约束发展和日益庞大，一些问题也逐渐暴露。最突出的是各地民宿类产品在发展过程中并没有统一的标准和实施规范，这就导致该类产品质量参差不齐，价格恶性竞争时有发生。政府也注意到了这种变化，开始从政策方面加以制约和引导。与此同时，一些民间协会也自发组织起来，加强对民宿类产品的制约和监管，由此，民宿类产品的发展开始逐渐规范化、有序化。总体而言，政府和协会的双重合作成为这一时期民宿类产品发展的重要推动力量。例如，1974 年，法国颁布《质量宪章》，规定了乡居设施和服务标准，且定期检查相关人员的服务水平，并由法国乡居协会进行认定，另外"法国家庭农舍"品牌机构，根据农舍的周边环境、软硬件设施、房间舒适度等标准将农舍分为 5 个等级（用麦穗数量表示）；1983 年英国民间组织设立了"农场假日协会"，制定了民宿的规章条文，并对民宿进行了等级划分。这种等级划分方式的出现对以后各国民宿的发展也产生了非常大的影响。

相较民宿类产品的起步发展阶段，这一时期的民宿类产品发展较为迅速，主要表现在三个方面：一是民宿类产品的内容逐渐丰富，迎合市场需求的主题化民宿开始呈现；二是民宿类产品的经营主体逐渐多元，外来企业和资本开始介入；三是规章制度及"等级划分"的标准化管理办法出现，有效规范了这一时期的民宿类产品的发展，使得民宿类产品向全球化、规模化、标准化发展成为可能。

3. 20 世纪 80 年代以来的全面发展时期

20 世纪 80 年代以来，全球民宿类产品数量急剧增长。就美国加州地区来说，1982 年约有 1200 处民宿，到 1993 年就增加到 9500 多处；而在英国，民宿已成为英国旅游业的重要组成部分，全英大约有 2.5 万家民宿，营业额约 20 亿英镑。随着世界范围内经济水平的提高，人们的消费能力也逐渐增强，旅游者更关注乡村旅游产品的服务与设施质量，以及体验活动的丰富性。据英国市场调研数据显示，2000 年初，英国乡村旅游游客多来自较高的社会阶层，对住宿条件、服务设施要求较高。高品质的乡村旅游成为发展趋势，这也意味着，对民宿类产品的高品质需求成为必然。这一时期，各国民宿类产品进入了相对稳定的全面发展时期，品质化、标准化、主题化成为这一时期民宿类产品发展的主要特征。相比发展较为成熟的欧美国家，中国台湾及大陆的民宿类产品则刚刚起步，成为这个时期发展的后起之秀，并呈现出自身的发展特点。

随着世界范围内民宿类产品的快速发展，在旅游市场需求、农业产业升级等因素的刺激下，20 世纪 80 年代，国内也出来了类似民宿的产品——农家乐。它是由农民自发建设，以"住农家屋、吃农家饭、干农家活、享农家乐"为主要内容的乡村旅游形式，被视为中国早期民宿发展的雏形。农家乐起初流行于中国内地大城市周边，以农民自营为主，且因依附资源主体不同，而又分为渔家乐、林家乐、牧家乐等，整体品质较低。进入 21 世纪，农家乐开始分化，一部分在内容、标准上进行优化，逐渐升级演变成休闲农业与乡村旅游示范点、金牌农家乐等；另一部分农家乐逐渐与国际接轨，升级为民宿，能提供简单的餐饮娱乐和住宿服务且品质得到提升。2003 年，"家庭旅馆"的概念引入中国并一度盛行，该类住宿产品的出现有效缓解了旅游旺季时住宿供不应求的压力。随着旅游的发展和产品升级，我国的民宿类产品愈发呈现出一片大好的发展态势，集中出现了大批高质量、精品化、主题化的民宿产品，如标准民宿、优品民宿、精品民宿、温泉民宿等。截至 2016 年初，我国民宿类产品达到 4 万多家，其中云南以 6466 家客栈民宿的数量位居全国第一，民宿从业人员近 100 万人。2015 年我国民宿行业市场规模已达 200 亿元人民币，预计到 2020 年，我国民宿行业行业规模将达到 362.8 亿元人民币（表 6-1）。

随着民宿业不断发展，外地人也开始租赁农民房屋进行经营，单一的经营主体变得多元。由此出现了因民宿经营主体是外国人而命名的"洋家乐"。不同于传统民宿，"洋家乐"因倡导无景点健康休闲旅游，注重低碳环保备受推崇。相比农家乐而言,"洋家乐"更强调高品质和原生态生活,住宿已不再是"洋家乐"的主要功能,而更多的成为一种附带服务。随着产品的升级,目前"洋家乐"已突破了作为单一住宿接待场所的功能限制,发展成为一种新的旅游吸引点,且不再以经营主体的国别进行判别,逐渐演变成民宿类产品的一种新产品、新形式。

为了有效规范各地民宿类产品的发展,各地陆续探索并出台了相关标准。例如,2015年4月,中国首部县级乡村民宿地方标准规范——《乡村民宿服务质量等级划分与评定》在德清县通过评审;浙江湖州更是创新性地制定了《乡村民宿服务质量等级划分与评定》标准,规定了乡村民宿的术语和定义、服务质量基本要求、等级划分条件及评定规则。整体而言,随着旅游业的发展和游客对品质的需求,我国的民宿类产品正在由低端初级阶段向中高端品质化、专业化、主题化趋势发展,就其发展迅猛态势而言,未来民宿业发展实力不容小觑。

20世纪80年代以来,民宿类产品在全世界范围内得到迅速发展,民宿类产品更加丰富多元。总体而言,民宿类产品处于全面发展时期,主要表现在:民宿类产品逐渐向品质化、标准化、主题化等方向发展;产品类型不断丰富;经营主体更加多元。

表6-1 民宿类产品的发展演进及阶段特征

时期	代表国家或地区	特征
20世纪50～60年代起步发展时期	法国、英国、美国	(1)所有者即是经营者,管理经验缺乏; (2)伴随乡村旅游和户外运动的发展而出现; (3)产品功能单一,以提供住宿为主; (4)家庭式招待,规模较小。
20世纪70年代规范发展时期	日本、美国、英国	(1)经营主体多元; (2)类型丰富; (3)逐渐规范化
20世纪80年代以来全面发展时期	中国台湾、中国大陆	(1)品质化、标准化、主题化; (2)产品类型多样化; (3)经营主体多元化

（二）民宿类产品的概念和类型

1.民宿类产品的概念

民宿一词源自日语Minshu-ku,相对于传统旅社和客栈而言,其根本特征在于注重"宿"和"家庭氛围",具有人情味的旅游体验。一般意义上,广义的民宿是指利用自有住宅的空闲房间，结合当地人文、自然景观、生态、环境资源及农林渔牧生产活动，以家庭副业方式经营，提供住宿、餐饮等服务场所；狭义的民宿是指具有独特吸引力的小型旅馆住宿接待设施。

早在 20 世纪 50 ~ 60 年代，民宿的最早雏形就已出现在欧洲，各国的民宿也相继发展。但不同国家的民宿因其所处的地理环境及文化背景存在一定的差异，民宿的名称、含义也各不相同，如表6-2，我们都将其称为"民宿类产品"。

表6-2　世界范围内民宿类产品及内涵

代表国家或地区	名称	特征
英国	B&B（Bed&Breakfast）	只提供睡觉和早餐的乡村民居。
法国	乡居	法国民宿的主要产品形态，依托有房产为游客提供基本食宿。
美国	家庭旅馆（Home Stay）或青年旅舍（Hostel）	居家式的住宿，不经过刻意的布置，价格比宾馆便宜。
日本	民宿	由本地居民以家族经营的方式开办的住宿设施，多数情况下规模很小，主要用于接待观光、休假的客人，客室（客房）风格多为和式。
中国台湾	民宿	利用自用住宅空闲房间，结合当地人文、自然景观、生态、环境资源及农林渔牧生产活动，以家庭副业方式经营，提供旅客乡野生活之住宿处所。
中国大陆	农家乐	以农民为主的各类自然人，利用农民自建房或农村闲置房产，结合当地人文、自然景观、生态环境及农林渔牧生产活动，以旅游经营方式为游客体验乡村生活提供吃住，依法申办经营的接待场所。
	家庭旅馆	通常意义上，家庭旅馆是指以家庭为经营主体的旅馆。一般是利用自有住宅改造成的住宿场所，只提供简单食宿，是一种传统的住宿服务产品。具有成本低、价格低、规模小的特点。
	洋家乐	"洋家乐"是一种具有低碳环保理念、投资主体多元且兼具中外文化内涵的乡村文化旅游业态。
	家庭客栈	最早出现在丽江、大理、长三角地区等古城镇中，以提供住宿服务为主，因建筑具有仿古性，人们习惯将其称为客栈。现把依托原有房屋进行改造的客栈称为家庭客栈，属于民宿类产品，一般房间不超过15间。

综合以上分析，我们可以发现，民宿类产品大都具有以下特点：（1）房屋产权是农民或是集体的；（2）经营者不限于房屋主人；（3）以提供住宿为

基础，与当地本土文化和自然环境紧密结合；（4）一般房屋会经过设计和改造；（5）住宿规模有限，只能提供少量的住宿容量。

根据上述分析，本书认为，民宿类产品就是利用乡村房屋，结合当地人文、自然景观、生态环境及乡村生产、生活等方式，经过整体设计、修缮和改造，为游客提供住宿、餐饮及乡村体验等旅游服务的场所。

2. 民宿的类型

民宿发展至今，已随着市场需求的刺激和自身发展的需要，衍生出众多类型。为了实际工作中研究的方便，我们往往会根据研究的具体内容而选择不同的划分依据，这里并不存在绝对统一的划分依据和标准。综合观察人们对民宿的称谓，在这里，我们将民宿分类的依据归纳为以下几种。

（1）按地理位置进行分类

依据民宿所在的行政区位，可分为城市民宿和乡村民宿。前者随着小城镇的发展而出现，多以公寓大楼式的形式呈现，建筑风貌以现代风格为主；后者则多依赖田园乡村、自然景观类景区而发展，建筑风貌以田园风格为主，乡土气息浓厚。

（2）按产品功能进行分类

依据民宿的产品功能，可分为纯粹住宿型民宿和特色服务型民宿。前者一般邻近景区，主要依托周边景区的人气而发展，具有干净清爽、价格低廉等特点；后者通常会与周边旅游资源构成联动开发，形成具有某种主题的特色民宿，具有个性化、主题化的特点，例如温泉主题型民宿、乡村运动型民宿等。

（3）按资源基础分类

依据民宿的资源基础，可分为农家乐、牧家乐、林家乐、渔家乐，其中牧家乐是以牧民家庭为基本接待单位，利用自家的庭院、操场、花圃、果园、农田、种养等自然条件和民俗民情吸引城市居民，开展融观光、休闲、娱乐、餐饮、采摘、住宿为一体的旅游接待场所；林家乐是利用优良森林资源、农家庭院为载体，结合地域性自然、人文景观和生态、环境资源，以家庭副业方式经营，为城市消费者提供以森林及林家生活为特色的餐饮、住宿以及劳动体验、休闲娱乐、观光度假等服务的经营方式；渔家乐是以渔民为市场经营主体，以渔民所拥有的渔船、庭院和渔业资源为依托，以服务游客为手段的家庭经营方式。

（4）按品质等级分类

依据乡村民宿的经营场地、接待设施、安全管理、卫生环保、服务水平、主题特色等软硬件水平进行评分确定，按照分数由低到高，可将乡村民宿依次划分为标准民宿、精品民宿和示范民宿三个等级。（主要依据湖州《乡村民宿服务质量等级划分与评定》划分。）

除此之外，对民宿的划分还有不同的依据或标准，这里不再一一列举。观察上述各种类型，我们不难发现，其实所划分出的民宿类型，都难具排他性，都难免会与按照其他依据划分出来的某一类型发生交叉或联系。如特色服务型民宿也可能是乡村民宿、精品民宿等。由此可知，对民宿划分只是一种手段，重要的是应当学会根据自己的工作需要去选择合适的划分依据和标准，并针对所划分出的民宿类型去分析各自的特点，否则，类型的划分将变得毫无意义。

（三）民宿类产品成功的关键

1. 展现当地乡土文化

民宿类产品是植根于当地乡土文化的特色住宿和餐饮形式，也就是俗称的"农家乐"，作为旅游发展的重要支撑产品，日渐获得市场的青睐。伴随着旺盛的市场需求，民宿类产品的开发出现了规模化、批量化、同质化开发的现象。但在民宿火热集中发展的情况下，并非所有的民宿都能对游客构成强吸引。游客对民宿的认可主要集中表现在：民宿对当地乡土文化的外观展现和对乡土文化的环境营造。因此，民宿的开发者应立足当地的乡土文化，利用乡村民俗资源和环境资源，通过建筑设计、产品创新、环境改造等方式，为游客提供具有乡土风情的旅游体验。例如，位于江西婺源的篁岭民宿，依托六百多年的徽州古村而建，通过雕梁画栋、流檐翘角的徽派建筑、原生态自然环境以及民宿晒秋等居民生活的呈现，最大程度上展现了篁岭村的村落建筑和古村文化，成为婺源精品民宿发展的典型和婺源旅游发展的重要品牌。

2. 依托区域发展环境

民宿的发展受到外部和内部发展环境的双重影响。从外部发展环境来讲，探究民宿的起源，民宿的发展往往出现在城市周边或资源较好的景区周围，换言之，民宿的发展不具有均一性，而是某些特定区域的产物，这就意味着，在民宿发展的初级阶段，要适当依托当地的优势资源或特色主题，借势而为，不过也不排除民宿自身成为旅游吸引点的可能，但旅游发展的大环境仍是不可忽略的重要因素。从内部发展环境来讲，个体民宿作为一个经营单体，自身体量过小，难以与市场实现有效对接，如此单打独斗的经营模式会使得民宿经营难以为继。因此，在旅游发展的大浪潮中，民宿经营者需要树立共同富裕、区域合作的发展理念，积极与周边景区共谋合作，主动加强与同行的合作，并不断创新开发本地旅游业态，从而形成多元盈利模式，增强抗风险能力。例如，台湾垦丁民宿片区，依托景区形成了四大发展区域，规模效应显现；位于厦门市的鼓浪屿民宿，依托海岛风情及特色建筑，已形成约 1200 家的民宿集群，为民宿及周边景区的发展营造了有利的发展环境；云南丽江古城民宿也依托玉龙雪山、泸沽湖等景区，形成了具有自身特色的住宿产品。

3.顺应游客消费需求

伴随着旅游消费升级，个性化、品质化的旅游方式备受追捧，游客不再满足于标准化的旅游产品和低品质的服务设施，转而更加关注个性化、特色化、品质化的旅游产品和旅居方式。所有这些因素的影响，都会促使游客提升对旅游产品档次和旅居服务的要求。随着游客消费需求的提升，以前的旅游产品和服务已不能满足现代游客的消费需求。这意味着民宿要承接两个主要方面的变化：一是民宿产品的变化。对于民宿经营者而言，要深刻意识到游客消费需求的变化，及时更新服务条件和产品业态，保障民宿的建设既要充分展现当地乡土文化，又要通过对周边生态环境和内部住宿设施的改造，为游客提供高品质的消费需求。二是民宿服务的变化。民宿经营者要重视软环境的打造，通过提高自身服务水平，来应对不断变化的消费市场需求。例如，莫干山裸心谷的高端度假乡居，通过外部环境营造和内部设施的改造，满足了度假体验及高端商务需求，带来了巨大的消费市场。

4.注重社群营销理念

随着旅游产品的日益丰富，营销则成为旅游产品快速推向市场的主要手段，而恰当的营销手段尤为重要。随着移动互联网技术的高速发展和整个社会的不断进步，人们之间的关系开始通过某种共同的"兴趣"得到关联，逐渐形成一个个庞大的客群主体，且具有较强的稳固性和辐射性，我们可以称之为"社群"。社群营销凭借其强大的"兴趣黏性"和便利的传播手段，成为新兴的营销方式。

不同于大众化景区景点式的营销，当前民宿品质化、主题化、个性化发展方向及其独具主人情怀的特点，往往成为小众客群的选择，这为民宿社群营销奠定了的市场基础。游客往往会因为共同的价值认同和乡村情怀而成为民宿的固定客群。因此，民宿经营者要深入理解社群营销理念，学会使用自媒体工具，包括微信、微博等媒介，做足经营特色与调性，培养自己的固定客群，做到精准营销。例如，莫干山的"洋家乐"刚开始采取的就是小众的定向营销，客群主要来自老板的朋友圈和人脉网络，培养了自己的固定社群。

二、农庄（庄园）类产品

曾有人言："古罗马人学会了奢华，就有了名利的庄园；英国人看透了工业，就有了乡村的庄园；俄国人得到了农奴，就有了贵族的庄园；法国人创造了葡萄酒，就有了飘满酒香的庄园"。相比民宿类产品，依托庄园、农牧场而衍生的旅游产品，其出现的时间更早、功能更为丰富，产生的背景和原因也更为复杂。伴随乡村旅游的发展，世界范围内已经出现了大量以第一产业为支撑，同时附加住宿、观光、娱乐、度假、体验等功能的旅游产品，形成了包括庄园、农牧场、休闲农庄等在内的旅游产品体系。因为该类产品有着相似的产业支撑和附加功能，由此，我们将其统称为"农庄类产品"。农庄类产品发展至今，已成为除民宿类产品之外最为常见也最为重要的乡村旅游产品类型。

（一）农庄类产品的演进

和民宿类产品不同，农庄类产品则更多地依赖第一产业的发展而发展。就整个世界范围内而言，罗马时期出现的贵族庄园可以视为农庄类产品的雏形。由于各国发展环境不同，农庄类产品的发展也存在着差异。总体而言，从历史进程和时间阶段上看，农庄类产品的演进大致可以分为以下三个阶段。

1. 20 世纪 50 年代前期的萌芽期

这一时期，农庄类产品的典型代表是庄园和牧场。

庄园第二居所功能初显，农牧场在欧美国家大量出现。早在罗马帝国时期（公元前 27 年—395 年）就出现了最早的庄园形态，但此时的庄园是贵族所有，发展农业仍是其主要作用。随着罗马帝国的衰亡，欧洲开始进入中世纪，伴随圈地运动的推进，农民原有的土地被抢占，变成了新兴资产阶级和新贵族的私有牧场和农场，由此，大量农牧场逐渐兴盛于欧洲主要国家。当时的封建贵族生活富足，热衷于狩猎、探险等活动，此时庄园作为第二居所的功能初显，与此同时，以社交、狩猎等为目的的小规模休闲活动开始出现。

15世纪末至16世纪初期，伴随新航路的开辟，欧洲贸易中心由地中海沿岸转到大西洋沿岸，经济贸易的迅速增长使得产品需求持续增加。由此在欧洲国家产生了为工业提供原料的本土农场和牧场，此时农牧场的所有者仍以大贵族或大资产阶级为主。农牧场虽以盈利为目的，但也并未妨碍可供社交、休闲的第二居所的出现，以庄园为依托开展的休闲度假活动开始发展，因此，我们可以认为其是最早的农庄类旅游产品，但现阶段规模化的旅游活动较少。

1776年北美十三州独立后，英国的殖民事业受到很大打击，只能向资源更为丰富、市场更为庞大的澳大利亚、新西兰等地寻求发展空间，当地的农牧场初现，但仅作生产之用，并未作为旅游产品对外开放。

以美国为代表的牧场休闲功能出现。18世纪，美国经过独立战争后，在农村普遍建立了农民的土地所有制。随着农民的两极分化，资本主义农场迅速发展起来。同时期，美国攫取了西部的大片土地，由政府以低价大面积地出售给移民，从而使农场的独立经营在西部也得到了普遍的发展。同时，由于城市居民对乡村田园生活的向往和乡村旅游的发展，1880年美国第一个休闲牧场在北达科他州诞生。牧场的休闲功能开始出现。

这一阶段所涵盖的历史时期较长，庄园虽诞生较早，但也只是贵族进行社交、狩猎等活动的第二居所。随着历史的推进，贵族则不再是庄园的唯一经营主体，老牌贵族逐步让渡庄园的经营权。同时期，农牧场大量出现，农场主仍是农牧场的经营主体，而部分资本家通过从贵族手中租赁土地，也加入到农牧场的经营主体队伍，经营主体趋向多元。随着乡村旅游的带动，农牧场逐步由单一的农业功能开始向"农业 + 旅游"的功能转变，开始发展包括野餐、住宿、骑马、牧羊等基于农业的简单休闲活动。

2. 20世纪50～80年代的发展期

"二战"之后，社会的环境相对稳定，经济也得到了恢复，为乡村旅游的发展及农庄类产品的发展创造了良好的社会和经济环境。这一时期，各种各样的农庄类产品在世界范围内陆续出现，可视为农庄类产品的发展期。其中欧美地区农庄类产品发展快、数量多、开发程度好，尤以老牌庄园和农牧场的发展最为突出。

度假型和产业型庄园成为典型。在此阶段，庄园出现了两种主要的发展类型，一是依托自身环境，以休闲度假为主要功能的度假型庄园。二是依托特色产业，以主题化形式发展的产业型庄园。其中，澳大利亚的大多庄园就是依托葡萄酒产业而发展起来的，最初以葡萄酒销售和酒庄社交为主要功能。例如，1962 年 Hunter Valley 的酒庄开始创建葡萄酒品牌并进行直销，同时设立了葡萄酒直销店，邀请消费者亲自前来品尝和购买，这也成为澳大利亚较早的产业型庄园。

农牧场趋向规范化、主题化、多样化。该时期，乡村农牧场的规模化发展多源于农牧业机械化水平的提升。同时，伴随着"二战"后城市化率的提升，城市居民对农场、牧场的休闲需求不断显现，多国政府都积极参与到农场旅游的开发过程中，并出台了相关法律和制度规范来引导农牧场的旅游化发展，由此，促进了具有旅游元素的农牧场的出现和规范化发展。在这一阶段，政府和民间的资本也开始涌入。例如，20 世纪 50 ～ 60 年代，荷兰政府开始陆续设立农业贷款担保基金、农业发展和改组基金，加之民间资本力量的推动，荷兰儿童农场、郁金香农场等主题农场发展迅速。同时期，得益于美国联邦政府的土地政策支持，农村地区私人经济开始发展，绝大部分农村劳动力逐渐转入了非农产业，美国大量农场、牧场得以建立，为美国农牧场休闲旅游的发展奠定了基础。直到 20 世纪 70 年代，随着城市化的发展，城市居民对大城市的生活质量越来越不满意，这就使得美国中高等收入者开始向农村迁居。为了满足来自各地的城市游客，在乡村地区出现了观光农场、牧场旅游等。西班牙政府更是从 20 世纪 60 年代起，就将路边的大农场等进行旅游功能提升，开展了徒步、骑马、滑翔、登山、漂流等多种休闲活动并改造了住宿设施，用以留宿过往游客。

就本阶段农庄类产品的发展而言，庄园出现了以度假型和产业型为主的产品类型；农牧场的规模逐渐扩大，政府开始关注农牧场的发展，并参与到农牧场旅游的发展中，多元资本的涌入更进一步刺激了农牧场旅游的发展。

3. 20 世纪 80 年代以后的成熟期

20 世纪 80 年代，世界各国的发达国家处于经济复苏时期，各国通过采取降低税率、减少政府支出以及政府对企业的干预等措施，先后走出了"滞涨"时期，经济出现持续增长。伴随乡村旅游发展迅速，同时期，农庄类产品的数量也急剧增加，旅游功能逐渐深化。

国外农牧场规模、数量提升，旅游化程度加深。一方面，与庄园相比，农牧场的发展则实现了规模和数量的双突破，同时成为该时期农庄类产品发展的代表。以澳大利亚为例，自从 1978 年第一家农场旅游协调公司成立以来，农场不断进行合并，实现了规模化扩张，直到 1988 年共有 12.65 万个农场，其中年总产出在 2 万澳元以上的大农场更是占到了 94%。进入 21 世纪以来，英国的有机农场数量逐渐增多，1992 年，农场类景区数量已达到 186 个，且旅游业态更加丰富，服务水平得到较大提升。荷兰大型农场数量就从 2005 年的301 家增至 2013 年的 803 家，增长率高达 166.78%，其中仅在 2010 年，荷兰单个农场的平均年收入就达到了 5.6 万欧元，农场净增值约 10 万欧元，总资产约 214 万欧元。另一方面，随着农牧场旅游的不断成熟，旅游化程度加深，衍生了一批集生产、生态、生活等功能于一体主题化、特色化农牧场产品。

国内农庄类产品的多元发展。庄园综合体和休闲农庄成为我国农庄类产品发展的两个典型代表。对比国外农庄类产品的发展，我国该类产品的发展较为缓慢，这是由于我国大陆地区的农场、牧场是在特定历史条件下为承担国家使命而建立，尽管截至 2015 年底我国 31 省（自治区、直辖市）已经建成 1780个国有农场，但相比国际仍较为封闭，尚未全方位开放，发展相对滞后，功能单一。我国现代化意义的庄园产生于 1978 年十一届三中全会以后，家庭联产承包责任制的推行调动了农民生产的积极性，在广东等经济发达的地区，农民依靠家庭的力量进行适度规模经营，并根据规模大小雇佣数量不等的劳动力，农业生产形势从自给自足经济向商品化生产转变。随着经济形势变化和农村土地政策的放开，一些地产、能源投资商开始转向农村寻找新的投资机会，旅游市场的快速发展也在吸引一批农业企业向旅游产业延伸；同时，中产阶级的崛起提升了对农业与旅游市场的品质要求。经过多年的发展，乡村旅游也从原来的自发发展、低水平重复开发、农民自主经营、服务设施落后、旅游产品单一，向标准化引导、市场规范、规模提升、生态升级发展，现代庄园经济应运而生。与此同时，现在农业庄园正在从单一的农业种植（养殖）向一个更加系统化的多功能有机体演变，其中包括依托于农业基础的农副产品加工、依托于自然生态景观的观光休闲、依托于优质生活环境的旅游度假、依托于健康生活方式的养生养老、依托于有机绿色农产品的生产基地和依托于文化内涵的交流平台，我们将这样一个经济主体称为——庄园综合体。相比庄园综合体，休闲农庄出现的时间较晚，整体规模较小。它基本上是以乡村企业开发为主，涵盖了观光采摘园、产业园、传统农庄等多种类型，旅游体验功能也随着旅游的发展不断丰富和完善，多采取景区化的管理方式。随着国家对乡村旅游发展的推动，休闲农庄也得到了重视，农业部已经出台了一些关于休闲农庄的建设指导意见，加速推进休闲农庄发展。

整体而言，世界范围内的农庄类产品无论从数量还是旅游化水平方面都得到了提升。相比国外农庄类产品的发展，我国农庄类产品的发展还处于初级阶段，但随着旅游市场的发展和旅游消费需求的升级，以庄园综合体和休闲农庄为代表的农庄类产品逐步趋向成熟。

（二）农庄（庄园）类产品的概念和类型

1. 农庄（庄园）类产品的概念

农庄（庄园）旅游，是依托于作为聚落空间和生活空间的农庄（庄园），并伴随乡村旅游发展而衍生出来的一种乡村旅游的形式。聚焦国内外农庄（庄园）类产品的发展，总的来说从经营主体、经营规模、经营特色和盈利渠道等方面都有一些共性，主要包括：（1）基于农业产业；（2）经营主体多元；（3）以体验农村生产和生活方式为特色；（4）能为旅游者提供观光、娱乐、餐饮、住宿、购物、休闲等消费需求。

综合上述分析，农庄（庄园）类产品是指以规模化的农（林、牧、渔）业等特色产业为基础，依托农牧业生产单位、生产组织或生产企业，利用乡村特有资源和优美环境，以体验农村生产和生活方式为特色，为旅游者提供观光、娱乐、餐饮、住宿、购物、休闲以及耕作等服务的经营实体的总和。

2. 农庄（庄园）类产品的类型

随着农庄（庄园）如火如荼的发展，出现了众多农庄（庄园）类产品，在这里，我们按照不同的分类依据将其归纳为以下几种。

（1）按主题功能进行分类

依据农庄（庄园）类产品不同的主题功能，可分为景观休闲型农庄（庄园）、科普观光型农庄（庄园）、生态度假型农庄（庄园）、主题游乐型农庄（庄园）、产业博览型农庄（庄园）。

（2）按产品形态进行分类

依据农庄（庄园）类产品的产品形态，可分为庄园、农（牧）场、休闲农庄三种旅游产品类型。

庄园旅游产品是指依托特色建筑，以庄园文化为核心，借助特色农业、园林和生态环境，具有休闲、度假、养生、教育功能的经营实体和休假场所。

农牧场旅游产品是指利用自然生态环境资源及田园风貌景观，结合农林牧渔的产业经营，并融合农家生活、农村文化与生态，为人们提供农业与休闲体验的经营场所。

休闲农庄旅游产品是以农业生产文化为主题、以休闲度假为目的，有一定独立性和较强综合性的生态农业园区。

（三）农庄类产品发展的关键

1.产业链的构筑

农庄类产品依托传统种养殖业而发展，其经济效益的获得，不仅需要旅游消费的带动，更多地需要依赖产业链的全面构建。据相关数据显示，国内许多经营状况良好的农庄，第三产业项目带来的收益只占到整个农庄收入的一小部分，而第一、二产业，诸如种植苗木、养殖家禽、农产品深加工等收入却占到70%以上。换言之，如果没有农庄的种植、养殖和加工产业的全面支撑，农庄经营仅依靠第三产业将难以为继。为此，我们一方面要重视基础农业的培育，形成自身的产业支撑；另一方面要强化基础产业的上下游延伸，深化种植、养殖、农产品深加工等一、二产业的融合，通过"主产业"来促进"休闲业"，进而拓展农庄类产品的盈利空间，提升经济效益。例如，占地600余亩的日本小岩井农场依托自由畜牧业，不仅开展了动物表演等观赏活动，还利用绵羊养殖提供的原料，成立了"小言井农场商品公司"，主要负责农场产品深加工与销售，同时成立了"山麓馆"购物中心，销售农场自制的土特产、羊毛仿制品等。有数据显示，小言井农场仅用0.12%的面积，就创造了农场60%的收益，由此，产业链的上下带动成为小言井农场发展的重要因素。

2. 主题化的经营

随着乡村旅游的全球性蔓延，农庄类产品迅速发展。正如我们所知，传统种养殖业是农庄类产品得以开发的基础支撑，而该类产业往往又都具有相似的资源和形态，因此，在农庄类产品开发的过程中，同质化现象不可避免，这就意味着，缺乏特色化的产品将不具备明显的竞争优势。其次，随着旅游消费市场的需求升级，游客更加注重产品的个性化、特色化体验，换言之，随着游客需求层次的提高，无差异的产品将会变得不再具有吸引力。因此，提升特色文化、增强核心竞争力成为农庄类产品发展中的关键问题。这就意味着，农庄类产品的经营主体要主动寻求差异化的经营模式，而"特色化和主题化"往往成为打破同质化格局、突显差异化的有效手段，这就要求农庄类产品的经营者一方面要深度挖掘所依托的产业资源和本土文化特色，形成区域特色；另一方面要精准定位市场需求，通过主题化手段构筑产品的核心吸引。例如，台湾休闲农业的主要发展模式就是主题型农庄，其中大湖乡草莓农场，依托种植草莓的产业优势，建设了草莓文化馆、草莓主题餐厅，每年都会举办多场草莓节庆活动，并且围绕草莓开发了草莓酒、草莓饮品等几十种产品，将草莓的主题形象深入人心，每年草莓上市季节都会吸引全岛成千上万的游客来此观光。

3. 体验活动的丰富

拥有原生态的乡野环境和特色农业资源是农庄类产品最初发展的推动力。随着旅游消费升级的转变，游客更多地关注个性化及体验性、参与性强的旅游项目。因而具有强体验性和强参与性的旅游项目往往成为旅游者的首要选择。对于农庄类产品而言，如果仅关注在单一的住宿及餐饮服务，则不能较好地满足现代游客的需求。因此，对于农庄类产品的项目设计，一定要强化其体验性和参与性，通过项目体验让游客切身感受乡野氛围和乡野文化。例如，位于山野之中的台湾飞牛牧场，整体分为农业经营体验区、休闲活动区、农业景观及自然生态区，游客在这里不仅能享受乡村之美，而且能通过各种农事活动项目充分体验农场生活；澳大利亚的突奇鳟鱼农场，依托自身养殖产业优势，鼓励游客参与剪羊毛、钓鳟鱼的等体验活动，较好地满足了游客的体验需求。

三、农园类

农园是乡村旅游的基本产品之一。早在 19 世纪后半期，德国贵族就已开始建设市民农园，这可以认为是农园发展的雏形。此后经过不断的探索和发展，在世界范围内又出现了观光农园、观光果园、观光茶园等不同主题的农园产品类型。虽然名称各异，但都有着相似的产业支撑和产品功能，因此在本书中我们将其统称为"农园类"乡村旅游产品类型。

（一）农园类产品的演进

农园类产品的发展依赖于第一产业，最早出现的市民农园主要是为了满足城市居民的食品供应。随着乡村旅游的发展，农园类产品的类型和功能逐渐丰富，形成了以市民农园和观光农园为主的两类产品类型，能满足消费者观光、休闲、娱乐、科普、体验等需求，但彼此间各有不同。纵观全球范围内这两大产品类型的历史发展过程，大致可以分为以下三个阶段。

1. 功能单一的起步期（19 世纪初期 -20 世纪 50 年代）

这一时期，以满足市民食品供应需求为主的市民公园最先出现，以农业生产为主，功能较为单一。

伴随 19 世纪工业化进程的加快，农民大量涌入城市成为产业工人，城市人口激增导致了住房和食物的相对紧缺。在多种因素的影响下，政府、协会开始将城市或近郊区用地规划成小块，出租给市民使用。承租者可以在农地上种花草、树木、蔬菜、瓜果等，同时享有种植成果。可以说，该阶段市民农园的出现，一方面缓解了食品的供给不足，另一方面缓解了城市带给城市居民的压力，并满足了市民的休闲需求。

在此阶段，出现了两种形态的市民农园：一种是以德国为代表的政府推动型市民农园。例如，19 世纪后半叶，德国政府为了保障有足够的食物而正式建立的市民农园。当其他国家的市民农园萌芽之时，德国就已开始进行市民农园法制化探索，在 1919 年颁布了有关市民农园最早的法律——《市民农园法》，规定市民农园的土地以租赁方式获得，土地可转让但不得买卖。另一种是以荷兰、日本为代表的协会推动型市民农园。例如，1894 年丹麦的"工人保护协会"创建了第一批市民农园，此后市民农园在丹麦的大部分城镇逐渐蔓延；20 世以来，日本开始在市民农园领域进行探索，1924 年在京都市园艺协会的推动下出现了"园艺俱乐部"，其发展理念与德国相近，但更多的是让市民体验农业生产生活。

随着时间的推移，尤其在两次世界大战期间，市民农园主要为保障前线食品供应而备受重视，并逐渐被人们熟知。在两战期间，各国政府鼓励民众开展农园生产活动，除了在城市和郊区，在乡村和低收入地区也建设了市民农园，这种现象在德国、美国尤为突出。其中在德国，农作物种植区的大量农产品无法运输到城市地区，黑市食品的价格异常高，以生产蔬菜和水果为主的市民农园便成为重要的功能区；而同时期的美国，城市中能被利用的土地几乎都被耕种了，市民农园生产的蔬菜占当时全国产量的 44%，成为主要的蔬菜供给源。

在该阶段，建设市民农园的最初目的多是自给或休闲。这与现代意义上以旅游为主要功能的农园类乡村旅游产品有所不同，休闲娱乐的功能并不明显。通过梳理文献资料我们发现，"二战"后的市民农园实现了较大程度的发展，更接近于现代意义上的农园类产品。

2. 旅游功能的深化期（20 世纪 60 年代 -20 世纪 80 年代前期）

"二战"以后的经济复苏期，各国的经济都得到了飞速发展，主要表现在城市工业化程度不断提高，城市居民的收入和物质生活水平不断提高，道路交通条件得到改善等。但与此同时，城市规模不断扩大，城市人口增多、密度增大也使得城市中绿地所占比例在不断减小。在此背景下，城市居民不再满足于享受单一的物质生活，而是希望利用余暇时间租用郊外的小片土地来种植蔬菜、花木等，以体验农耕的乐趣，陶冶情操，缓解城市带来的压力。

在此阶段，两种农园类产品得以发展，旅游功能逐渐深化。一是以美国、荷兰、德国等为代表且发展较早的市民农园。"二战"后美国联邦政府鼓励人们在郊区大量建设房屋居所，这为人们开展庭院和市民农园种植提供了广阔的发展空间，同时更加注重发展市民农园的休闲功能。同时期，荷兰市民农园的内容和功能更加多元，经营者可以在农园内搭建大棚、修葺花园甚至小型住所等，农园的功能也由之前单一的生产功能向休闲娱乐功能转变。在这一阶段，德国市民农园的品质得以提升，农园内因出现灌木园、水生池等特殊园林艺术品而逐渐变得奢华，但依然没有完全放弃其实用功能，慢慢发展为精致化的实用花园，70年代后更是遵循生态理念，让农园内的植物自然生长，这种形式不仅改变了花园的使用功能，同时发展了花园景观。

二是以日本、中国台湾地区为代表的观光农园。受60年代以来亚洲经济高速发展的影响，农村人口开始大量向城市集中，农村人口逐年减少。伴随观光旅游的发展，农村开始大力发展乡村观光旅游，由此产生了农园产品之二——观光农园。但70年代经济进入低增长期，各地纷纷出台了振兴农村发展的政策，这在一定程度上促进了农业旅游的发展。以日本为例，1954年川越市观光协会组织农家户结盟来发展观光旅游，自1962年起先后开辟了40多公顷的观光农园，80年代日本民间资本开始涌入农村观光农业，建设了大量观光农园。而早在70年代的台湾地区，随着苗栗大湖观光草莓园、台北木栅观光茶园的相继开发，出现了由少数农民经营的观光果园、观光花市等。从80年代开始政府有计划地开展观光农园辅导，并于1982年发布了《农林厅七十一年度之农建计划》，1983年实行"发展观光农业示范计划"，此后便陆续出现了各种观光农园，面积均超过1000公顷，发展范围包括14个县、42个乡镇、22种作物。

这一阶段的农园类产品逐步增加了休闲旅游功能，开始向休闲化、娱乐化发展。但农业生产仍是农园的主要收入来源。随着村集体、地方政府、民间资本等纷纷加入观光农园经营，经营管理主体愈发多元，农园的规模不断扩大，业态日益丰富，联合经营的大型果园开始出现。

3. 多元发展的转型期（20世纪80年代中期以来）

该时期的农园类产品功能更加多元，旅游功能更加完善。

在此阶段，市民农园开始呈现主题性、个性化的发展特征。以德国为例，除了实用园、生态园和康体园三大主流形式外，在自然疗法、瑜伽、冥想、健身运动兴起的浪潮下，还出现了许多主题园，如白色花园、冥想花园、健康主题园等。日本于1990年出台了《市民农园整备促进法》，明确土地可以租借，农场主可以赚取土地租金和管理费，此后开始着手建设50～100平方米的大面积市民农园，并推出温泉休闲、特色植物花卉等项目，以此吸引游客前来体验乡村生产生活。

此外，以日本、中国台湾为代表的观光农园开始成为经济发展新的增长点。这在日本表现得尤为突出，80年代后期因开发农产品加工业使得观光农园开始失去竞争力，加之泡沫经济的破灭使日本陷入了长达 10 年的停滞期，因此日本把目光转向了观光产业，于 2003 年提出"观光立国"战略，观光农园开始逐步恢复，2006 年《观光立国基本法》出台的以及观光厅的成立更加巩固了此战略。台湾观光农园在 20 世纪 90 年代就开始不仅提供农产品，还形成了具有田园之乐的休闲区，进入 21 世纪更是推行了"休闲农渔园区计划"。目前已经开发的观光农园达 70 公顷，经营的水果、蔬菜以及花卉达 20 多种。仅台北市的观光农园就超过 300 公顷，共有 300 多个农户参加。

随着世界范围内农园类产品的快速发展，我国大陆地区在经济开放、农业改革等因素的催动下，于 20 世纪 80 年代开始出现了观光农园的雏形。最初观光农园的主要功能是满足游客采摘、购买的需求，随着后来的发展，观光农园逐渐增加了农家餐饮等服务功能。伴随农业科技的发展，高新农业科技示范园区开始出现，除生产农副产品之外，园区还可供人们参观游览，门票成为园区经济来源的一部分，与台湾的农园比较类似。20 世纪 90 年代之后，农园开始把单纯的观光旅游与体验乡村野趣结合起来开发乡村旅游项目，但尚未形成完整体系。21 世纪以来，观光农园也在探索升级，主题化、特色化愈发鲜明，出现了诸如休闲农业观光园、观光农业示范园、科普休闲观光园等类型的主题农园，无论在数量上还是在质量上都有了很大的提升。随着农园数量和规模的加大，政府开始加强规范引导，如北京、宁波等地陆续出台《观光农业示范园评定标准》《农业观光园评定标准》等标准。

在此阶段，国内外各国政府持续大力倡导和扶持农园产业的发展，规章制度和财政政策也都逐渐完善，为农园类产品的发展提供了较好的市场环境和资金基础。同时，促进农业协会等组织也发展壮大，并在农园类产品开发中扮演着重要角色。为了应对快速发展和多元化需求的消费市场，农园类产品逐步转型升级，呈现出主题化、科技化，多元化的农园产品类型。

（二）农园类产品的概念和类型

1. 农园类产品的概念

市民农园是指将城市或近郊农地划成小块土地出租给市民，供市民种植花草、蔬菜、果树或经营家庭农艺。而观光农园发展至今，已有众多称谓，如现代农业园区、都市农园、农园、都市农业园、农业观光园等，但目前也尚未形成公认的、统一的定义，一般认为观光农园是以农业为重点和核心，农业与旅游业相结合，集观光采摘、科技示范、休闲度假和农业教育于一体的特殊农业形态。

由此，我们可以看出，观光农园和市民农园具有以下主要特征。

（1）生产性。具有农业生产经营的特点，可提供绿色和特色农产品，满足人们的食物需要。

（2）参与性。消费者可以参与农业生产活动，体验农业生产的乐趣。

（3）生态性。都注重保护生态环境，塑造乡村风貌。

（4）效益高效性。实现了闲置土地的有效流转，增加了农民收入。

通过综合分析，我们认为农园类旅游产品，是以农业资源为核心，能够满足游客在参与农业生产过程中，体验耕作乐趣、享受休闲乐趣的农业园区的总和，主要包括观光农园和市民农园。

2.农园类产品的类型

回顾农园类产品的发展历程，可知市民农园和观光农园是农园类产品的两个主要类型。随着两类产品类型的不断演化，市民农园和观光农园又各自演化出不同的产品类型，我们对其做了进一步的分类。

（1）市民农园的分类

依据空间距离，可划分为近邻型市民农园、近郊型市民农园。

依据经营权，可划分为个人经营型市民农园、村集体经营型市民农园、农村经济社经营型市民农园、企业经营型市民农园。

依据租用者特征，可划分为家庭农园、学童农园、高龄农园（也称为银发农园）。

（2）观光农园的分类

依据产品功能，可划分为观赏型、品尝型、购物型、体验型、娱乐型、疗养型、度假型、综合型。

依据地理位置，可划分为城市依托型、景区依托型、老少边区扶贫型。

依据农业结构，可划分为观光种植园、观光林园、观光木业、观光渔业园、观光副业园、综合型农业园。

依据应用特点，可划分为观光农园、农业公园、教育农园。

（二）农园类产品的发展策略

1.积极培育新型市场

随着旅游业的成熟发展，游客消费需求也在经历升级转型，逐渐从大众化、单一化向个性化、多样化过渡，总体来说，新的消费活力和消费热点需要进一步释放，对处于初级阶段的乡村旅游发展来说更是如此。在新的旅游市场环境下，传统的农业产业链思维已不能很好地解决农园类产品的发展问题，最终还需要市场消费链的逻辑检验。因此，要精准把握市场导向，培育新的消费热点，进而形成新的市场吸引。一要明确自身资源优势，把握核心吸引，树立特色形象。二要精准市场需求，定位客群市场，确定产品主题。从大的市场环境来看，乡村旅游产品日渐丰富且竞争激烈，因此，懂得用市场力量去修正现有项目、培育新的市场消费热点显得至关重要。

2.完善管理运营机制

一是切实加强对农园类产品质量的规制与监管。在鼓励发展的前提下，健全完善相关行业标准、进入门槛、运行规则与退出机制，构建完善的产品与服务质量保障机制，并强化质量监管体系，确保产品生态环保、绿色健康、优质安全。二是加强行业协会、合作社与中介服务组织建设。积极发挥平台、纽带与服务功能，承接政府转移的职能，强化行业自律与管理，推进规范化发展，架起农民家庭经营与消费市场之间的桥梁。定期组织开展交流，总结推广先进典型经验，带动整体发展质量。

3.完善土地流转机制

土地是农业发展的最基本要素，农园要实现经济效益、社会效应与生态效益的统一，就必须具备适度的生产经营规模，以实现规模效应。这需要创新土地流转机制，以所有权、承包权和经营权的"三权分离"为基础，破解土地流转的瓶颈，既要注重制度规范，防范土地寻租和变相圈地，又要符合市场决定资源配置的基本准则，更要尊重群众的自主选择，依法通过转让、转包、互换、入股、出租等各种具体实现形式，促进零星分散的土地向各类新型农业经营主体集中，为农园类产品的发展提供基本要素保障。

四、度假村

随着大众消费观念的升级和可支配收入的提高，传统观光式旅游逐渐向更加强调休闲、娱乐、健康等为目的休闲度假式旅游转变。新的市场需要新的旅游产品来承接，由此，以度假为目的度假村和度假酒店等产品在世界范围内相继出现，以度假村这一产品形态最为典型，成为最常见、最基础的度假类经营单元。一般而言，优质的生态环境和旅游资源是度假村发展的基础，而偏僻的乡野地区往往具备了这些有利的发展条件，成为度假村发展的重要区域之一。从全球度假村的分布来看，这种现象也普遍存在。基于本书的研究内容——乡村旅游，我们则将主要以依托乡村地域空间而发展起来的度假村类型作为本节的研究主体。

（一）认识度假村

1.度假村的概念

度假村是在旅游发展过程中产生的一种高级产品形式。目前，对度假村的概念界定，也并不一致，其中世界旅游组织（WTO）将度假村定义为：度假村是为旅游者较长时间的驻留而设计的住宅群。在它的全价中，除了住宿费外，还包含公共设备、体育及娱乐设施的使用费。

许春晓认为，所谓旅游度假村，是人们为接待各种以度假休闲为目的的游客的旅游开发形式。它是独立的经济实体，向旅游者提供服务配套的全部旅游产品，并获得经济效益。

姜红敏则提出，对度假村的定义应概括为：以度假市场和会议市场为目标市场，其坐落位置有所选择，必须满足度假需求；提供全套的娱乐和服务设施。综合上面分析，可以得出度假村是为度假和会议服务，自然景观优美并拥有完善娱乐和服务设施的住宿设施（住宅群）。

综合上述概念，本书认为，作为乡村旅游产品类型之一的度假村，是指为了满足旅游者较长时间驻留而开发的能提供餐饮、住宿、体育活动、娱乐以及购物等综合性旅游服务，且多以建筑群的形式存在的经营实体。

2.度假村的特征

（1）地域性

地域性是由资源分布的不均性和差异性决定的。总的来说，度假村的地域性主要表现在两个方面：一是度假村区域分布不均且主要集中在资源优越的地区；二是因不同的资源形成了不同主题的度假区。例如，世界范围内的度假村主要集中在生态环境优越的地中海地区、东南亚地区、南太平洋黄金海岸等区域，又因资源存在的差异，出现了温泉度假村、滑雪度假村、滨海度假村等主题型度假村。

（2）综合性

综合性是由度假村的功能决定的。度假村既有别于一般的旅游饭店，又不同于单一的旅游风景区，而是供旅游者开展多种旅游活动的综合性消费空间，具有较为完整而又自成体系的旅游服务功能，是集"吃、住、行、游、购、娱"于一体的经营实体。例如地中海俱乐部就囊括了入住高档度假村、自助美食、晚间娱乐秀、酒吧畅饮和儿童俱乐部等产品，充分体现了度假村综合性的服务功能。

（3）边界性

边界性是由度假村的地理空间和服务内容决定的。从地理空间来讲，"度假村"是一个占据一定地理空间的区域概念，因此它在地理空间中存在一定的区域边界，这可以视为度假村的显性边界，但这里的边界并不绝对地以建筑实体的范围为界。从服务内容来讲，度假村是一个相对封闭的综合性旅游服务实体，游客不需走出度假村，就可以完成一站式的旅游消费服务，这在无形中形成了另外一个隐性的服务边界。

3. 度假村的类型

度假村的种类多样，世界各国对度假村的分类也不尽相同。作为这方面的基础知识，本节中将按照几种常见的标准，对度假村进行分类，主要包括以下几种类型。

根据基础资源不同：分为滨海乡村旅游度假村、森林乡村旅游度假村、温泉乡村旅游度假村、山地乡村旅游度假村、高尔夫乡村旅游度假区、滑雪乡村旅游度假区等。

根据体验内容的不同：分为娱乐场度假村、主题度假村。

根据规模的不同：分为小型豪华度假村、别墅式度假村。

根据设计的不同：分为多元古典主义、回归的自然主义风格、童话般超世主义、抒情浪漫主义、未来理想主义、乡土乡野主义。

（二）三种常见的度假村的发展类型

从世界主要度假村的发展情况来看，以中高档居多，发展到目前，已形成了以下三种常见的主要类型。

1. 基于优质环境的大众型度假村

该类型的度假村主要存在于以大城市为中心的城郊地区，整体规模相对较小、品质较低。由于其可达性强、价格适中，往往成为大众游客休闲度假的重要选择。这类度假村在我国的发展最为典型，优质的生态环境和便捷的区位往往是其发展的关键。

随着我国城市化进程的推进，休闲游憩功能无法在城市内部很好地实现，而拥有优越区位优势和优质生态环境的郊区往往成为旅游开发的热点，这也为度假村的开发提供了前提。我国较早出现的"农家乐"，可以看作是"度假村"发展的初级阶段。随着国内休闲度假旅游市场的发展，单纯依托农业资源形成的农家乐已无法满足游客对于度假和品质消费的需求，一批以城郊地区的山、水、林、湖泊等自然景观为基础且具有多功能的旅游度假村应运而生，并呈现了围绕大城市形成的带状分布特征。随着旅游市场消费需求的提升，度假村的功能逐渐完善，具备了休闲度假、商务会议、户外运动、健身娱乐、康体疗养等功能，形成了一个内容丰富、功能齐全的综合型旅游度假区。

由于我国度假村产业起步较晚、发展不成熟，在此过程中也不可避免地出现了一些问题，主要表现在两个方面，一是盲目跟风建设，缺乏特色；二是经营管理模式单一，市场受限。一方面伴随休闲度假市场的火热需求，度假村逐渐兴起，由于在国内并没有成熟的经验可以借鉴，因此从刚开始的起步发展阶段，度假村之间相互模仿、相互跟风的现象就大量出现，这就导致度假村缺乏自身的资源特色和文化品位，且不具备较强的核心竞争力，替代性较强。另一方面由于度假村是在传统住宿设施的基础上演变而来的，许多度假村经营者以村集体或个体户为主，他们缺乏相应的管理经验，管理思想没有逃脱传统酒店经营的束缚，再加上国人的消费意识、经济能力都不能达到度假村经营的初衷，导致度假村的康体、娱乐、休闲、放松的目的被隐藏，纯休闲的度假旅游者以及散客较少，而出于公务需求想要放松一下的会议型商务客群往往成为我国该类型度假村销售的主要目标客源市场。直到今天，承办会议、接待商务客群仍是该类度假村的主要经济来源，伴随消费市场的不确定性、周边旅游产品的竞争和季节性问题，这些因素的存在都会一定程度上限制了度假村的可持续发展。因此，对度假村的经营者来说，首先要明确自身的资源特色，找准自身的核心品牌；其次要创新经营管理方式，要根据市场需求，开发特色鲜明、主题突出的适宜大众需求的休闲度假产品。

2. 基于特殊资源的品质型度假村

该类型的度假村一般依托具有某种特殊功能的资源而发展，如依托温泉、冰雪、滨海形成的温泉度假村、滑雪度假村、滨海度假村等。该类度假村以满足游客的特定需求为主，其中中高档游客是其主要的消费客群，因此，度假村的品质也相对较高。总的来说，资源的独特性和功能性是其发展的关键。

从度假村的发展历程来看，温泉型度假村最早出现且起源于欧洲地区。早在公元前500年，第一个度假地就在希腊的温泉和矿泉地出现，这是最早的资源依托型度假地的雏形。而度假村作为产业在欧洲发展可以追溯到16世纪。该时期，人们发现了许多具有疗养功效的含铁矿元素的泉，继而受到公众青睐，温泉度假旅游开始出现，并促进了功能兼具的高级酒店的发展。后来，由于温泉疗效受到质疑，温泉型度假村逐渐被滨海型度假村取代。19世纪至20世纪中期，伴随工业化和城市化的快速发展，城市环境问题严重，具有医疗性质和保健性质的优质资源地区成了人们在闲暇时间的最佳去处，由此促进了一批海滨度假、湖滨度假、山地度假等旅游的出现，但随着旅游地的持续发展，单纯的游乐已不能满足游客的需求，客观上就要求有能够满足游客吃饭、住宿、娱乐、休闲等功能的建筑群存在，因此，围绕着特定核心资源的旅游度假功能区出现，度假村的形态和产品都得到了完善。"二战"以后，由于社会环境的稳定和经济的复苏，国际度假村得到了空前发展，在美国的夏威夷、佛罗里达、拉斯维加斯，中美洲的加勒比海岸等地区已经形成了具有一定规模的度假村集群。同时期的欧美地区，世界其他地区的度假村的发展则相对初级，直到20世纪60年代才由于经济的提升而得到飞速发展，以韩国、日本为代表的亚太地区最为突出。目前，从数量上看，世界上大多数的度假村都以这种形式而存在。

从资源的吸引范围来说，该类度假村的吸引客源相对固定且集中，比如常常会吸引滑雪运动者、高尔夫爱好者、温泉疗养者等特定人群。该类客群的收入水平较高，且以中产阶级居多，他们对旅游的品质也有较高要求，因此做好品质服务是该类度假村的特点之一，也是其得以持续发展的重要依据。

3. 基于高端运营的奢享型度假村

该类型的度假村以集团化运作为主，以高端化、标准化、品质化服务为特色，是注重高端、奢华的度假村类型。大集团管理、大资本运作往往成为其发展的关键。

进入 21 世纪以来，中低端度假村市场趋于饱和，现有的度假市场的产品还不能满足日益增长的高端度假客人的需求。随着全球化经济的开放、包容以及高端度假旅游市场的快速发展，度假村逐步采取规模化、集团化的运营模式，这也使得高品质的度假村能在世界范围内迅速扩张。

该类型度假村的经营特点主要表现在以下三个方面。一是多采用"一价全包"模式，即通过一次缴费就可以享受度假村的所有服务，这种模式不仅给游客提供了很大便利，也成为度假村高效获利的主要手段。例如地中海俱乐部，它成立于 1950 年，所建立的第一个度假村采用的就是"一价全包"模式，由此也开启了一种新的度假村商业模式。进入 60 年代，伴随欧洲主要国家人均 GDP 的快速增长以及休闲度假旅游需求的爆发，地中海俱乐部开始进行全球范围内的高速扩张。二是以俱乐部形式为主。俱乐部形式属于圈子化的经营，是一种新的休闲度假的组织形式和经营形式。它以吸引固定的客群为特点，致力把游客发展成会员，从而形成自己的长久客户。这种方式也在一定程度上满足了游客尊贵、专享的心理需求，往往成为阶级化的象征。三是连锁发展成为常态。该类型度假村是一种投资大、回收慢的长线投资项目，因此快速实现全球化发展对该类型度假村的发展尤为重要，连锁经营往往成为扩张经营的首要选择。而集团化的经营模式使得连锁化发展成为可能。当需要开拓新的度假市场时，总部会对度假村的选址、经营思路、方式、客源招揽等进行统一运作，这在一定程度上降低了度假村建设的运营成本，且能在较短时间内赢得大量客源，获得经济效益，这种方式也成为大集团公司扩张旗下度假村的方式之一。例如，法国休闲度假村 Club Med 采用国际连锁经营方式，它在世界各地连锁经营，创建了具有自身特色的休闲度假村品牌，目前已在世界 30 多个国家建立了 125

个休闲度假村，建立了自己庞大的运营网络。

该类型度假村日渐成熟，集团化、标准化、高端化、连锁化的发展模式将成为未来度假村发展的重要方向。

（三）度假村未来的发展趋势

1. 经营趋向集团化

随着 21 世纪世界经济国际化的发展，各国都在不断减少和消除各种无形和有形的经济壁垒。就旅游业而言，越来越多的国家为了促进旅游业的发展，将允许和鼓励国际度假村集团和公司以合资、独资等多种形式在本国从事度假村的经营活动，这也意味着度假村的市场竞争日渐激烈。因此，为了适应国际化的市场环境及提升自身竞争力，度假村应该通过国际合作或联合、合并或吞并等形式走集团化、国际化发展道路，进而在度假旅游市场中赢得发展先机。

2. 产品趋向创新化

休闲度假是旅游业发展的一种高级形式和创新发展结果，在此基础上，休闲度假必须持续创新以适应不断变化的、多样化和个性化的旅游市场需求。当今，休闲度假已经成为人们必不可少的生活方式，度假客源也以团队为主转向以散客为主，不带孩子的伴侣在度假者中占据越来越大的比重，无主题的休闲度假开始向有主题的休闲度假转变，这一系列的发展特点都表明，休闲度假村的开发要以市场需求为导向，通过产品的不断创新，以应对大众休闲度假的时代的到来以及旅游市场的消费升级。

3. 服务趋向人性化

尽管目前团体和会议客人仍占度假村客源的较大比例，但随着人们收入水平的提高和闲暇时间的增多，散客将成为最大的客群市场。由于散客具有个性化、多样化的特点，因此，提供个性化和人性化服务成为度假村必不可少的服务要求。目前，亲子游和家庭游正在成为休闲度假游中的中坚力量，在度假村的建设、经营、管理和服务等方面都应充分考虑孩子和老人的消费需求，除了为残疾人提供无障碍服务外，还应该为儿童、老年人等群体提供无障碍便捷服务，设计满足其特殊需要的专门服务设施和服务项目，如老年公寓、儿童托教场所等，进而为每一个消费群体提供更贴心、更具人情味的旅游服务。

4.环境趋向生态化

度假者前往度假村主要是为了摆脱城市生活带来的身心压力、环境污染，以达到回归自然、放松心情的目的。据西班牙旅游部的抽样调查显示，愿意到恬静的环境中度假的人占到调查人数的52%。对我国上海市民周末休闲度假意向调查显示，选择"回归大自然、野趣浓、环境幽静"为目的地的人占51.2%。由此可见，优美的生态环境对于休闲度假的重要意义，生态化、绿色化应该成为度假村未来发展的重要保障。尤其是广大的乡村地区，更要做好生态环境保护的重要措施，实现"保护 - 利用 - 增值 - 保护"的良性发展。

第二节 乡村旅游组织管理形式

随着我国乡村旅游的发展,各种类型的旅游产品开始出现,如农家乐、民宿、休闲农庄等。在发展的过程中，由于受到被动或主动因素的影响，往往会产生更高级别的组织管理形式，来进一步引导乡村旅游朝着更标准、更规范、更成熟的方向发展。依据目前存在的乡村旅游产品的组织管理形式，我们可以将其划分为村域型组织管理形式、景区型组织管理形式、度假区型组织管理形式和集聚区型组织管理形式，但也并不排除随着乡村旅游的发展会出现或已经出现的其他组织管理形式的存在。

一、村域型组织管理形式

（一）发展及特征

在乡村旅游发展的最初阶段，一般是以个体农民经营为主，这种早期"单打独斗"的发展模式，虽然能使个体户的经济利益得到保障，但从村域整体发展环境来说，却减弱了居民保护和改善乡村公共区域环境的积极性，这就导致乡村环境出现恶化，基础服务设施逐渐落后。除此之外，农民经营者缺乏管理经验，整体服务水平较低，又由于没有统一的管理规范和标准，也使得诸如农家乐、民宿等产品品质较低。总的来说，"单打独斗""各为自战"的经营方式使得乡村旅游的后劲不足，且存在诸多问题。因此，为了改善乡村旅游的发展状况，进一步发挥"合力作战"的集聚效应，确立统一的组织管理形式显得尤为重要。只有通过统一的组织管理，才能有效提升村子的整体发展环境、提高农民的收入水平，从而为乡村旅游的发展营造一个优质的社会和经济环境，逐步达到村民共同富裕、经济快速发展的目的。

通过分析，我们可以大致总结出村域型组织管理形式的主要特征：（1）乡村旅游发展已形成一定规模；（2）有统一的管理组织。

（二）两种形式

乡村旅游的发展经历了从不成熟到成熟的阶段，在这个过程中，旅游产品业态得到升级、乡村旅游发展规模逐渐扩大，组织管理形式也随着乡村旅游的日渐成熟而发生着改变。总的来说，可以概括为两种类型：一是全域型组织管理形式，二是景区型组织管理形式。这两种类型并不完全是并列的关系，也包含着一种演进发展的递进关系。

全域型组织管理形式是乡村旅游发展到一定阶段的产物。为了在已有发展的基础上，更好地促进乡村旅游产业要素的集聚和转型升级，应该逐渐过渡到以全域旅游理念指导下的乡村旅游发展阶段，通过对整体乡村旅游发展环境的打造，全面提升乡村旅游的服务水平及区域接待能力。随着乡村旅游的进一步发展，乡村环境和旅游服务设施等都已达到了较高水准，这些情况的出现也都要求该类村镇朝着景区型发展方向转变，景区型组织管理形式由此出现，可以视为全域型组织管理形式的升级模式，标准化、规范化、统一化是其主要的管理特征。由此，乡村旅游的发展又进入了一种全新的阶段。从全国乡村旅游发展的情况来看，这一组织管理形式的转变是一般规律，但也不排除特殊情况的存在，各地组织管理形式的选择还需要因地制宜。

（三）发展的关键

1.做好乡村公共服务建设

乡村旅游的发展需要整洁的环境、便利的设施做基础。应积极做好乡村旅游的生态环境和旅游服务设施工程建设，致力为乡村旅游的发展创造一个良好的生态环境和社会环境。这样做，一方面能为游客提供舒适、宜人的旅游环境，且能有效改善村民的生活环境；另一方面能为游客提供便捷的服务，满足游客的游览需求。

2.做好规划和引导

我国乡村旅游的发展处于初级阶段，管理者大都缺乏有效的管理经验、旅游规划意识不强，这就容易导致经营无序、乡村旅游产品雷同、产品特色不鲜明等现象的出现。因此，作为乡村旅游的管理主体，一方面要转变传统的思维方式，树立旅游规划的理念，做好乡村旅游的发展规划；另一方面要注重先进管理经验的学习，创新组织管理形式，同时积极引导农民参与乡村旅游的发展，通过不定期的业务培训，提高他们的服务水平和专业素养。

二、景区型组织管理形式

（一）发展及特征

乡村旅游的发展催生了不同类型的旅游产品，如上文提及的农庄、度假村、农园等。多样化的产品虽然丰富了乡村旅游的产品体系，但是随着发展的逐渐深入，也存在一些问题，主要表现在两个方面：一是缺乏统一的管理标准或规范。我国乡村旅游的发展还不成熟，对于目前存在的产品类型，大都没有统一的发展标准和管理规范，往往各成体系、自成章法，这就容易导致整体市场的经营混乱，也为管理部门的监管带来了困扰。二是大市场环境下的影响力难以释放。就目前乡村旅游市场而言，同质化产品竞争激烈，以低价竞争获取经济效益和市场关注的现象频繁出现，这就使得自身的品牌影响被遮掩，难以在市场中树立良好的品牌形象。考虑到这两个主要方面的影响，向景区方向转型往往成为某一类旅游产品发展的最佳选择，这也是其发展到一定阶段的可能趋势。采取景区标准化、规范化的管理方式能较好地使某类旅游产品实现标准化管理，同时能在短时间内获得大众的认知，进而实现扩大市场影响、提升发展层级的目的。

一般而言，大体有三类旅游产品适宜向景区型方向发展。一类是由"村中有景、景中有村"的村景结合形成的复合型景区。如山西永济的神潭大峡谷和水峪口村，两者相互依托、相互促进，形成了当地的热点旅游景区。第二类是由同类旅游产品集聚而形成的综合型景区。第三类是由具有封闭性的经营实体发展形成的个体型景区，如庄园、农园、度假村等。总的来说，就是在已有的旅游产品形态上通过捆绑或叠加近邻旅游产品的方式，将新的产品打包整合成一个景区，进而通过景区化运营的方式，提升整体的竞争力和影响力。

通过分析，我们可以大致总结出景区型组织管理形式的主要特征：（1）有标准化的管理方式；（2）有统一的管理组织；（3）有明确的管理边界。

（二）发展的关键

1.聚焦核心卖点，打造个性品牌

随着乡村旅游开发力度的增强，同类型产品的竞争日渐激烈。因而找准自身资源特色、树立品牌形象往往成为乡村旅游发展的关键。一方面需要梳理自身资源，找到具有竞争力的吸引点，实现乡村旅游产品的差异化发展；另一方面需要以市场为导向，寻找自己的客源目标，打造自己的品牌产品，从而迅速扩大自己的市场影响力。

2.创新业态和收入模式

乡村旅游不仅是发展旅游的一种重要手段，也是促进新农村建设的一种有效方式。因此，不断创新产品业态，探索新的盈利方式对乡村旅游的发展尤为重要。一方面，结合市场需求和资源特色，创新开发新的产品类型，满足游客的消费需求，促进乡村型景区的可持续发展；另一方面，丰富旅游供给侧体系，改变单一的收取门票的经营方式，实现从门票经济向产业经济转变，通过多元化的经营方式帮助村民致富。

三、度假区型组织管理形式

（一）发展及特征

度假区是集住宿、餐饮、休闲、娱乐等功能于一体的综合型旅游区。和景区型旅游产品不同，度假区更强调生态环境的打造以及休闲度假功能的植入，也更突出作为一个综合区域的整体发展形态。随着乡村旅游的深入推进，规模化经营的乡村旅游度假区得到发展，国家也提出了旅游度假区的概念和标准，这也为乡村旅游度假区的发展和规范提供了指引。可以说，度假区型的组织管理形式主要是为了突出某一空间范围内的度假资源和功能而形成的。通过强化度假区型的组织管理形式，可以对现有发展并不成熟的乡村旅游度假区提供管理参考，进一步规范其发展。

通过分析，我们可以大致总结出度假区型组织管理形式的主要特征：（1）有明确的经营管理主体；（2）有标准化的管理方法；（3）有明确的管理界限。

（二）发展的关键

1. 注重度假环境的打造

休闲度假旅游逐渐成为一种趋势。随着人们对旅游消费品质的提高，作为度假旅游的主要目的地——旅游度假区，具有良好的度假环境应成为旅游度假区发展的重要条件。针对这种需求的变化，管理主体要充分保障度假区内部的自然环境、人文环境和心理环境的建设，通过生态景观营造、主题文化的打造以及安全防护的完善等方面，提高度假区整体的舒适性、康益性和安全性，为游客创造一个良好的度假旅游环境，让度假者真正获得身心的放松。

2. 开发多元化的度假产品

传统度假旅游的主要目的是保健康疗，现代度假旅游的目的则逐渐多元，延伸出以亲情回归、社会交往、商务会议、消磨闲暇等目的的度假旅游。随着旅游的发展，游客的需求也在不断地发生变化，这就要求度假旅游市场要根据游客的特殊兴趣、爱好、职业、身体状况等设计不同主题的度假产品，如康体疗养、亲子游乐、商务会议、民俗体验类度假产品等，通过打造特色化、主题化的度假产品，增强度假区的竞争优势，满足度假区客源市场的休闲度假需求。作为经营主体，应做到主动了解快速变化的消费市场，不断创新开拓新的消费市场，激活潜在的消费市场。

四、集聚区型组织管理形式

（一）发展及特征

从空间和区域的角度来看，旅游产业往往是集聚发展的，或集聚于旅游景区，或集聚于景区所依托的中心村镇等。产生这种集聚的原因主要有两个方面，一是由于旅游产业特性的要求，二是由于产业集群产生的外部经济效应。但在形成集聚的过程中，也会导致一些问题的出现，如没有统一的管理组织，导致管理混乱；没有统一的公共服务设施规划，导致游客满意度降低等。

产业集聚现象往往依托某种资源或产业自发形成，繁杂问题的出现也使得划定区域、统一管理成为必要的管理手段。总体而言，建立乡村旅游集聚区，一方面能实现旅游发展的有效管理，改善市场无序的经营状况；另一方面能有效改善区域的旅游公共服务设施，为经营者和游客提供便利，营造良好的旅游环境。目前，乡村旅游集聚区暂无国家标准，但地方相关管理部门为规范行业发展，在实际操作过程中出台了相关标准和管理规章。如浙江省湖州市编制了《湖州市乡村旅游集聚区产业发展专项规划》，出台了《关于加快市本级乡村旅游集聚示范区建设的实施意见》，制订了乡村旅游集聚区、示范村、示范农家、示范农庄和乡村民宿的认定标准，促进了全市乡村旅游集聚区的标准化、产业化、品质化、国际化发展。

通过分析，我们可以大致总结出集聚区型组织管理形式的主要特征：（1）有明显的管理边界；（2）有专门的管理机构。

（二）发展的类型

通常，乡村旅游集聚区类型有两种最常见的划分方法：一是按重要程度及占地规模分为国家级、省级和市级乡村旅游集聚区；二是按乡村旅游集聚区占据空间的土地利用属性分为主题型、园区型和行政区型乡村旅游集聚区。

（三）发展的关键

1. 改善区域的发展环境

乡村旅游集聚区的规划，旨在提升管理效率，实现旅游产业的跨区域管理或村域管理。而集聚区整体的发展环境则尤为重要。因此，要重点完善区域发展环境，包括市场环境和服务环境等。要建立统一的管理协调机构，保障旅游质量、旅游安全、旅游统计等各项制度健全有效。同时，完善服务设施以及区域品牌建设，进一步加快集聚区规范化、标准化的发展步伐，提升乡村旅游服务水平及区域性接待能力。

2. 做好整体发展规划

目前，已形成的乡村旅游集聚区存在"小、散、乱"的现象，重复建设、低层次开发、环境破坏现象时有发生，这些情况不仅造成了资源的极大浪费，也使乡村旅游产品的品位较低，影响了乡村旅游的可持续发展。为了改善乡村旅游集聚区发展的现状，加快乡村旅游集聚区规范化、标准化的发展步伐，因此，编制一份具有科学性、规范性、前沿性的旅游发展规划至关重要。要通过编制相关规划来引导乡村旅游集聚区的健康发展，最终将其建成生态环境优美、旅游产品丰富、基础设施完善、公共服务健全、管理规范有序、百姓富裕幸福的乡村度假目的地，湖州市长兴县"上海村"已经成为"浙江省乡村旅游产业集聚示范区"，成为全国乡村旅游集聚发展的标杆。

【思考题】

1.概括分析世界各国和地区不同民宿产品演化的一般规律。

2.选择你所熟悉的某地区的民宿产品，简要说明该地区民宿产品开发与经营要点。

3.简单分析世界各国和地区不同农庄产品演化的一般规律。

4.比较我国大陆地区与台湾地区农场旅游开发的差异。

5.简要分析各国庄园演化的一般特征。

6.简要分析各国和地区农/牧场演化的一般特征。

7.乡村旅游度假村在经营主体、经营规模、经营特色和盈利渠道等方面各什么特性？

8.收集资料，并结合教材内容，归纳度假村发展的时间和空间规律。

9.简述市民农园的概念及产品特点。

10.比较德国、日本及中国台湾地区市民农园的发展特点。

11.举例说明市民农园产品开发与经营要点。

12.收集资料，并结合教材内容，归纳市民农园发展的时间和空间规律。

13.概述景区型组织管理形式的特征及发展关键。

14.简述集聚区型组织管理形式的特征及发展关键。

【参考文献】

[1] 李天元.旅游学概论（第7版）[M].天津：南开大学出版社,2014.

[2] 百度百科.日本民宿 [EB/OL].http://baike.baidu.com/link?url=R0wRHtjSX efMwONz363IUEkS0dTSInaLPLkBabrfZmRr7NTExXdYl6fMpWsfXU4U wq8EkOFJXngxhiPtmV4_zOVSVwK2_Wn0vYpyNmdKCtWPk-dPVuOjF-5omfwRlLi1, 2017-1-14.

[3] 苏志斌.法国乡村旅馆发展模式介绍 [J].旅游纵览（下半月),2015(05):105-106.

[4] 凌丽君.美国乡村旅游发展研究 [J].世界农业,2015(10):60-63.

[5] England Research, Rural and Farm Tourism. VisitBritain2004, 2005(6).

[6] 铅山县人民政府.2016民宿市场发展报告 [EB/OL].http://www.jxyanshan. gov.cn/doc/2016/12/28/141966.shtml,2016-12-28.

[7] 李霞,朱丹丹,赵素婕.庄园经济热与庄园综合体发展趋势 [EB/OL]. http://www.360doc.com/content/14/0618/20/10580899_387867301. shtml,2014-06-13.

[8] 江山多娇规划院.原群论庄园旅游的五大休闲特点 [EB/OL].http://blog.sina. com.cn/s/blog_146e7ec260102wltm.html,2017-01-22.

[9] 乡村旅游核心研究 [EB/OL].http://www.shviva.com/lvyouview.asp?id=348& classid=343.

[10] 李凌.休闲农庄游客体验与游后行为意向关系研究 [D].浙江:浙江大学管 理学院,2011:5.

[11] 参见庄主.为何休闲农庄离不开产业支撑？五大因素,为你揭秘！ [EB/ OL].http://www.360doc.com/content/16/0123/20/10533595_530076619. shtml,2015-09-16.

[12] 范子文.德国的市民农园 [J].世界农业,1998(7):49-50.

[13] 杜姗姗,蔡建明,等.北京市观光农业园发展类型的探讨 [J].中国农业大学 学报,2012,17(1):167-175.

[14] 骆建建,周庆元.休闲观光农业发展困境与策略 [EB/OL].http://www.rmlt. com.cn/2016/0104/413485.shtml,2016-01-04.

[15] 许春晓,黄玲娟 等.休闲度假村几个问题探讨 [J].湘潭师范学院学报, 1998,19(06):114-117.

[16] 姜红敏.度假旅游相关概念界定探讨 [J].现代商贸工业,2007,19(12):44- 45.

[17] 周绍健.休闲度假村产业及经营管理发展趋势 [M].北京:北京大学出版社, 2014.

第七章 乡村旅游经营

【学习目的】

通过本章的学习，使学生熟悉四类主要乡村旅游经营主体，掌握由四类经营主体形成的经营模式，了解每一类模式的概念内涵、主要特点、主要优势与存在问题，熟悉每种模式发展的关键。

【主要内容】

1. 乡村旅游经营主体

经营主体的类型；经营主体的内涵

2. 乡村旅游经营模式

乡村旅游经营模式的类型；农民主导型、政府主导型、企业主导型和混合型模式的内涵、特征、优势、不足以及发展的关键

第一节 乡村旅游经营主体

随着城市化进程的加快、消费需求的升级以及社会主义新农村建设的持续推进，我国乡村旅游得到了快速发展，但是依然存在水平参差不齐、质量良莠参半的情况。乡村旅游发展的不同水平和质量除了受历史条件、资源禀赋、经济水平、市场条件等因素限制外，经营主体的经营水平也是关键因素。

乡村旅游的经营主体主要包括农民、村集体、政府和企业四大类型，他们在乡村旅游的经营活动中发挥不同的作用。

一、 农民

农民是乡村旅游开发经营的重要参与者，也是乡村旅游业得以发展的重要人力资源。

　　农民参与乡村旅游业的主要目的是通过参与旅游利益分配和旅游管理决策，追求经济利益和社会需求的双重满足。一方面，农民通过作为旅游企业的员工、"农家乐"经营者及其他旅游项目的参与者等方式获取经济利益；另一方面，农民随着乡村旅游深入而全面的发展，通过参与旅游资源保护、旅游决策与监督，影响乡村旅游的发展。因此，农民往往扮演着乡村旅游的经营者、管理者以及接待地居民等角色。

　　世界各国乡村旅游的经营者中，大多数为以家庭个体农户为主的小规模经营。但在拥有大量资本的外来企业加入竞争时，家庭个体农户经营容易受到较大冲击。有学者认为，如果乡村旅游开发以外资为主，农民只是"关联"，不参与经营，则乡村旅游开发并没有为当地经济发展做出应有的贡献，可以看出农民在乡村旅游发展中的关键作用。因此，乡村旅游在开发中要激发农户参与的积极性，才能保证旅游产品的原汁原味。

二、村集体

　　村集体是农户利益的代表者，同时，它的介入也有利于协调政府、旅游企业、农户三者的矛盾，保证乡村旅游的健康可持续发展。

　　无论是从事农业生产经营的农户，还是从事非农产业经营的农户，面对瞬息万变的市场需求以及激烈的市场竞争，单打独斗是难以长期生存的，必须在自愿的基础上，通过合作实现规模经营和集约经营，才能维护好、实现和发展好自己的合法权益，真正成为乡村旅游产业发展的投资主体、经营主体和受益主体。

　　因此，村集体一方面是农户的组织者，通过契约的方式以旅游产品的销售、旅游服务的提供为连接纽带，把农户组织起来，为农户提供各种信息服务、技术服务，并对农户进行管理培训，提高旅游服务技能；另一方面是乡村旅游可持续发展的保证者，要加强与农户、旅游企业及政府的联系，对三者的行为进行监督和调节，对三者的矛盾问题要及时发现并调节解决，同时要积极引进外来因素，对乡村旅游的可持续发展提出建议。比如，吸引返乡大学生或专家学者加入到当地乡村旅游发展中来，实时分析解读为当地乡村旅游的发展献计献策等。

三、政府

政府是乡村旅游发展的支持者和引导者。作为乡村旅游重要的经营管理主体，政府机构组成较为多元，纵向层面包括不同职能和层级的部门组织，从国家政府机构到省市县政府机构，横向层面包括环保、建设、林业、农业、海洋、国土、宗教、旅游等部门。

政府机构在乡村旅游发展中的角色行为主要包括旅游政策、实践和工作框架的制定，总体规划制定、旅游管理体系和系列制度的建立以及对旅游企业、社区居民和旅游者的管理。在乡村旅游发展初期，政府要充分扮演支持者的角色，尤其是资金、基础设施、招商引资等方面的政策支持。随着乡村旅游市场机制的日益完善，政府还要扮演引导者的角色，保证乡村旅游的健康可持续发展。同时政府也要对其他参与主体实现有效的监督和引导，通过一系列的措施来规范其他参与主体的行为、加强对农户的培训和监督、提高参与者农户的旅游经营素质等。

四、企业

伴随着乡村旅游的快速发展，越来越多的企业进入这一行业，国有企业、民营企业、社会个人和其他法人纷纷涌进农村地区从事乡村旅游，成为乡村旅游重要的经营主体之一。

企业参与乡村旅游的目标是获得经济收益，在这一逐利过程中他们为乡村旅游社会文化环境系统注入新的资本、新的思路、新的物流、信息流、资金流、人流等，会在一定程度上提升乡村旅游发展质量和效率。但是由于企业的逐利性，其会与农民产生竞争关系，包括产品价格、产品质量、产品成本、服务质量等方面的竞争，这会对农民的利益产生影响，因而在企业与农民之间也会需要村集体以及政府的统一协调。

旅游企业作为乡村旅游开发的主体，从景点的开发建设到景区的经营管理都是企业的职责。首先，在景区景点的开发上，企业的工作重点是提出有关项目的开发设想，落实景区的各项规划内容，推进乡村旅游项目的落地运营。其次，要加强景区景点的运营管理，做好游客的接待服务，提高景区工作员工的职业素质，加强对外联系，拓展营销渠道等。

第二节　乡村旅游经营模式

实践证明，旅游是一个复杂的社会经济现象，旅游行为对旅游活动中的不同利益主体都会产生正面或负面的影响。因此，如果忽略经营主体之间的合作、协调，就可能造成利益主体的权利失衡和矛盾冲突。联合国教科文组织和挪威政府在老挝琅勃拉邦旅游开发项目也证明，"为了最大限度地降低这些威胁，不同的利益主体需要对话、合作和协调"，走可持续发展道路，否则就会激化经营主体矛盾，减少旅游项目扶贫的经济和社会效益。

随着各经营主体间的关系不断地萌芽、生长，形成了潜在新秩序并奠定了一定的利益格局。在不同经营主体间博弈的作用下产生了不同的经营模式，在这些经营模式下，乡村旅游各经营主体所处的结构性位置、博弈的条件与方式、采取策略的空间、所遵循的规则都不尽相同，其中隐含着不一样的制度安排和制度结构，并依时间序列表现出由非正式向正式逐渐过渡和发展的趋势（图7-1）。这些模式主要包括农民主导型、政府主导型、企业主导型和混合型。

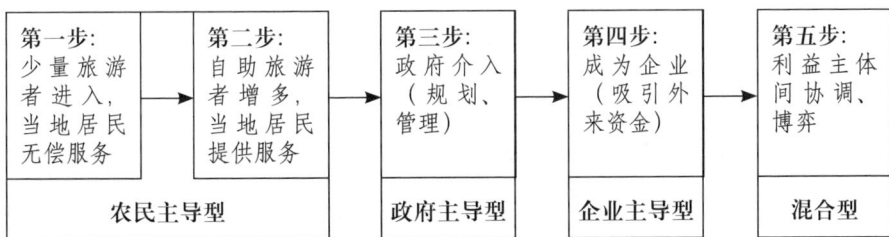

图 7-1　乡村旅游经营主体模式变迁演变进程

资料来源：高元衡.阳朔乡村旅游发展中各方利益分配问题研究[J].桂林旅游高等专科学校学报，2004,15(6):59; 作者修改

一、农民主导型

改革开放以来，随着统购派购制度的取消，农业自发寻找出路，由传统农业开始向现代农业转变。旅游业正式被纳入国民经济和社会发展计划，各地方开始探索农业旅游发展之路。在一些交通区位好、市场条件成熟的区域，部分

农民开始利用自家的院落和田园从事旅游接待活动，于是出现了一批农家乐和农业观光园，农户对自己所拥有的资源进行自主经营和管理，承担经营风险，并享有经济收益，这是持续贯穿乡村旅游发展历程中的最典型模式。随着乡村旅游的发展，逐步出现了以农民为主导的多种乡村旅游经营模式，根据实际经营结构组织的不同，可细分为"农户＋农户"、个体农庄、村集体三种农民主导的乡村旅游经营模式。

（一）"农户＋农户"模式

"农户＋农户"模式，即农户自主经营乡村旅游项目，由发展成熟的农户传播经验并进行示范带动，引导帮扶其他农民经营，最后形成农户与农户间融合协作、共同发展的经营模式（图7-2）。这是乡村旅游初级阶段的典型经营模式，多适用于区位条件好、有山水景区资源依托、城镇客源市场成熟但乡村旅游尚处于起步发展阶段的区域，以满足游客食宿需求的农家乐为主要形式。在利益分配方面，该模式下的经营权与所有权集中于农户，农户自负盈亏，经营收入全部归农户所有，富民效果较为明显。

```
┌──────────┐  学习经验技术   ┌──────────┐  短暂的融合   ┌──────────┐
│   农民   │ ───────────→  │  示范户  │ ───────────→ │ 农户＋农户 │
└──────────┘               └──────────┘              └──────────┘
```

图7-2 "农户＋农户"模式

这种模式的主要优势在于，一是能够保留乡村原真性，以当地村民为主要参与者，受外来文化的影响较小，最利于传承乡村文化的原生；二是进入门槛低，多以小规模的"农家乐"为主要形式，农户的资金投入和经营成本较少，开发经营难度低。

但同时必须意识到这种模式也存在一些不足。一是缺少标准规范，农家乐大多由未经过旅游服务专业训练的农民经营，经营方式粗放，缺少食宿方面标准规范约束，产品品质和服务水平欠佳，而且卫生、消防等缺乏保障，存在一定隐患；二是产品更新迭代慢，农民的素质和视野限制了乡村旅游产品创新，容易出现产品单一、初级、吸引力不足等问题，发展到后期会产生同质化竞争，使农户之间陷入"微利"困境；三是产业结构简单，自主群体经营旅游餐饮和住宿，结构和形态较为单一，产业经济效益不高，市场的竞争能力有限；四是个体营销难度大，受制于营销资金缺乏、营销方式落后、营销渠道较窄等问题，农户经营难以形成有影响力的品牌。此外融资困难也是农民主导的乡村旅游开发普遍存在的问题，一方面农民利用政府扶持资金的能力较弱，不了解资金申请的规定和政策，另一方面由于农户经营规模较小，专业融资机构很少介入，因此外来资金很少。

本书认为，"农户＋农户"模式的发展关键在于地方政府加大扶持引导力度，促进农户提升经营管理水平，实现规范化、高水平、抱团式发展。具体而言有以下几个关键：

加强规范引导。各地方政府应贯彻落实乡村旅游相关的国家标准规范，出台地方实施细则，引导农户规范化经营，保障食品、消防等方面的安全，定期开展检查验收与评比评优工作，并对优秀示范户给予一定的奖励。以湖州市长兴县水口乡为例，政府在引导农户的规范化发展方面做了很多工作，比如专门成立了农家乐休闲旅游发展小组，制定考评标准，引导农民利用自身资源发展农家乐休闲旅游，并在2012年制定了农家乐整治规范标准，使全乡农家乐达到了八个统一，即价格标准统一、制度上墙统一、厨房间卫生标准统一、污水排放处理统一、贮藏间物品摆放统一、主要设施配备统一、新办农家乐标准统一。

引导产业分工。政府需统筹规划，引导农民以农家乐为核心，进行二次产业分工，延伸上下游服务与加工产业，如床单被罩统一清洗企业、农产品加工企业、旅游商品分销企业等，壮大农家乐经营产业链，形成产、供、销的产业化生产体系，提高整体效益。比如福建的柿子村，政府在柿子种植、观光、加工、包装、销售等方面引导农户，对农户的有序化和链条化经营起到了重要推动作用。

提升经营水平。政府可搭建乡村旅游交流学习平台，邀请各类优秀示范农户推广运营管理经验，邀请各类"操盘高手"与专家顾问科学指导，同时要定期组织农民经营主体"走出去"，学习周边的成功案例，提升农民经营管理、接待服务和产品创新的水平。湖州市长兴县水口乡就建立了卫生管理、旅游服务接待、经营规范等方面的长效培训机制，帮助农户尽快适应从农业生产者到旅游工作者的角色转换，以2012年为例，共举行各类培训、参观、考察13批次，参加人数共计1150人次，同时还邀请中国台湾、日本等乡村旅游发展先进地区的专家来传授经验。

强化宣传营销。政府应整合资源为农民搭建抱团式营销宣传平台，鼓励指导农民应用微博、微信、电视节目等宣传媒体，并配套 WIFI 网络、电子支付结算系统等相关设施，推进乡村旅游多渠道营销。例如獐子岛与央视 7 套联合播出了当地乡村旅游专题节目，把獐子岛渔业产品从养殖、生产、加工以及农民如何参与进行了整体宣传打造，为獐子岛农户经营的渔家乐做了很有影响力的广告。

扩大融资渠道。一方面可以由农民自发，政府协调，组织家庭或有共同诉求的个体经营户进行集资，明确利益分配模式；另一方面农民可以在政府的引导下，积极申请国家在农业补贴、美丽乡村以及乡村扶贫方面的资金，实现更大的发展。

（二）个体农庄模式

个体农庄模式是在传统农家乐基础上升级壮大后形成的农户经营模式，是由经营实力较强的农民经营的小型农庄。此种模式适用于农业产业基础成熟且特色鲜明、周边市场容量大、经济相对活跃发达的区域，以各类农园、酒庄、牧场、农场等为主要形式。在利益分配方面，农庄主作为投资经营主体自负盈亏，农民通过在农庄就业打工获取一定劳务报酬。

个体农庄模式具有自身的独特优势。一是拓展了经营空间与功能，相比于农家乐，个体农庄的经营空间从农户家庭扩展至农业生产活动空间，经营功能则增加了娱乐、体验、购物等体验活动；二是丰富了收入结构模式，农庄一般会依托农业生产活动开发出垂钓、采摘、亲子 DIY、农产品购物等收费型项目，使农庄收入结构更加丰富；三是带动周边农民就业增收，农庄经营规模相对较大，需要聘请农民劳动力，促进了农民就业，且农庄支付的薪酬一般高于农业生产收入，有一定富民效果，但也容易拉大农民之间的贫富差距。

个体农庄模式也存在一定的制约因素。一是难以出精品，与"农户 + 农户"模式相似，如果管理者的文化素质和知识技能水平受限，会导致农庄整体的经营管理水平不高，产品创新迭代慢，服务缺失标准规范，难以做成精品；二是资金风险大，农庄多为农民个人投资建设经营，投入资金量和日常资金流转量相对较大，需要承担一定的资金风险；三是外部资金和人才难以进入，个体农庄的经营者也多是当地农民，缺乏投融资思维与渠道，较难吸引外来资本，同时农庄一般以家族成员经营为主，雇佣的农民仅从事低端的耕作、服务接待、施工建设等工作，在核心的经营、管理、决策方面较少聘用外来人才。

本书认为，个体农庄模式的发展要点在于提升农庄经营管理水平，丰富经营业态，并强化招商引资与人才引进力度，打造具有市场竞争力的精品农庄。具体而言有以下几个关键：

引进现代化经营理念与方法。主要经营管理人员应加强学习，提升文化素质水平，开阔战略性思维视野，通过走进现代化经营企业学习借鉴，在农庄的财务、人事、产品开发、投资、运营决策、营销、建设施工等方面提升经营管理水平，同时可尝试引进智慧化管理平台，如电子台账、线上预订登记系统、微信推广等，提升管理效率。

基于农庄产业特色进行主题化升级。各类农庄应基于产业特征创新升级产品，找准目标客群，并聚焦目标客群的需求痛点，动态优化调整产品，开发系列主题鲜明的农庄体验产品业态，提升旅游吸引力与行业竞争力。例如养牛的农庄可借鉴台湾飞牛牧场，打造奶牛观光、喂食、触摸、乳制品 DIY 等各种牛主题的体验活动，有渔业产业资源的农庄可以开发主题化的鱼庄住宿、鱼食馆餐饮、鱼趣乐园等项目，只有形成持续性的旅游吸引力，才能使农庄在同质化竞争中突围而出。

推进招商引资与人才引进。农庄经营需逐步开放，借助地方政府搭建的招商引资平台，积极吸纳社会资本进入，并加强优秀高端管理人才引进，定期开展经营管理与接待服务方面的人才培训。以北京周边的洼里乡居楼为例，为了提升农庄的餐饮经营水平，农庄的主要经营者率领团队相继走访、参观、考察北京郊区农家菜并聘请北京餐饮协会及地方特色菜厨师技师进行农家菜的开发研制工作，保证了农家餐饮的质量。

（三）村集体模式

村集体模式是指村集体统一开发、运营与管理，把村集体所有的旅游资源、村民特殊技术、村民劳动量、村民自主投资额转化为股本，合理分配给农民，引导农民作为股东与员工，直接参与乡村旅游的开发决策、生产经营活动和利益分配的一种经营模式。该模式适用于村民配合度较高、区位条件好、乡村旅游资源丰富或具有垄断性、经济基础和基础设施条件好的区域。在利益分配方面，采取按股份分红与按劳分红相结合的方式，经营和参与主体按各自股份获得相应比例的收益，有利于集体致富。

村集体模式的优势较为明显。一是公平保障村民利益，较为合理的利益分配方式有利于解决利益冲突并保障村民利益，具有一定的公平性；二是规模效益明显，能够将资源、资金、人力、物力集中统一开发与管理，有利于实现规模；三是保护乡村原真性，有组织的经营开发一般眼光较为长远，在促进可持续发展的同时更容易保持乡村文化的原真性。

但同时村集体模式也存在不足之处。一是较难统一村民思想与决策，村集体模式涉及集体经济的决策与运营管理，难以统一村民的开发意识，难以统一村民在用钱、用地、用人方面的意见；二是对村集体带头人依赖性过强，村集体模式大多依赖于带头人的战略眼光与谋略，需要以带头人的人格魅力强化对村民的集体领导，也受限于带头人的经营管理思维，主观性因素较大；三是法律规章约束力较弱，难以规范化发展，村集体经济对法律制度的贯彻落实不强，村民的法律意识较弱，大多依靠不成文规定或村领导的个人威望来约束村民行为，缺少严格的规范引导。

本书认为，村集体模式的发展要点在于统一村民思想与决策，提升村集体的旅游经营管理水平。具体包括以下举措：

统一村民思想，形成长效的运营决策机制。村集体需引导村民提高乡村旅游开发意识，通过宣传、讲话、会议讨论等方式统一村民思想，落实村民民主自治机制，对于乡村旅游开发项目，需执行村民投票决策制，避免过度依赖村集体带头人。袁家村是村集体经营的典型代表，以村书记郭占武为首的村党支部，走村串户动员群众依靠家庭院落发展乡村旅游，逐家逐户进行建筑与装饰、经营与特色的指导与培训，为了加强村委会和各农户之间的联络和沟通，及时听取村民对各种决策的意见和建议，2013 年村里为每位村民配备了苹果手机，建立了"关中印象——袁家村 QQ 群"，在多方努力下袁家村实现了村委会与村民意愿的高度统一，也为袁家村的持续发展打下了基础。

多方学习借鉴先进的集体经济运营管理模式。村集体应强化学习借鉴，定期选派骨干人员前往乡村旅游发展先进成熟的区域考察学习，为村集体注入最新的成熟经营管理经验，适当引入企业、政府与旅游部门，强化专业运作指导。北京市密云区在村集体的经营管理方面做了很多工作，区级层面建立联席会议制度，建立乡村民俗旅游合作社服务中心，镇级层面设立旅游服务办公室作为直接抓手，村级层面建立合作社，几乎每个村子都有一个村集体合作社，已经成立了几百个合作社，抓手明确，职责清晰，以荞麦村为例，村集体合作社在荞麦菜品的标准和经营户的分工方面都有详细规定，因此整个村子的经营特色而有序。

引进外部资金、高端人才与技术，向外输出品牌。乡村旅游开发过程中，可适当引入外部投资商，发挥资金杠杆作用来促进乡村旅游项目建设，积极引进高水平的管理与运营人才，在村集体的乡村旅游项目发展成熟后，可逐步向外输出品牌与运营模式，扩大乡村旅游经营效益。袁家村、马嵬驿等都形成了自主的美食品牌，其中袁家村已经开始了对外的品牌输出，品牌的力量可以促进乡村旅游发展的持续力。

二、政府主导型

1995 年起，中国"双休日"制度开始实施，国民休闲时间增加了一倍，作为我国旅游业的重要组成部分，乡村旅游进入蓬勃发展时期，政府开始介入、规范与引导，首当其冲地承担保护、管理与开发职责，在乡村旅游开发过程中发挥着越来越重要的作用。政府主导型经营模式正是在这一背景下出现的，由政府直接（成立管委会）统筹规划开发与运营管理，以旅游发展收益反哺资源保护投入，并为当地居民提供旅游就业机会，促进农民增收。随着市场经济的发展，政府统筹运营管理的乡村旅游项目中，也出现了市场化运作的现象，即政府成立旅游开发公司，执行乡村旅游项目的市场运营工作。政府主导型乡村旅游项目，主要是"管委会＋旅游开发公司"模式。

"管委会＋旅游开发公司"模式是指政府为了强化对乡村旅游资源的开发管理，成立乡村旅游管委会，并下设旅游开发公司，负责市场化运作乡村旅游项目的一种经营模式。其作用主要体现在确定产业政策、制定发展规划、完成基础设施投入、完成其他主导性投资、承担宣传推介任务、实施行业管理等方面。该模式适用于乡村旅游资源保护价值高（如遗产类资源）、旅游开发所需投资较大的区域，以景区景点型的历史文化名村名镇为主要形式。在利益分配方面，旅游开发经营收入归政府所有,用于乡村旅游资源保护、环境治理、村民补贴等,当地农民可获得生活环境改善、就业渠道增加、自主经营收入等利益。

"管委会 + 旅游开发公司"模式的优势在于,一是开发建设资金有保障,政府作为开发主体,不仅能投入一定的财政资金,还能有效地配置资源,为旅游项目的开发和资金筹集拓宽了渠道;二是市场化运作效率高,政府主导的开发建设力度较大,能形成规模效益,且有旅游公司进行市场化运营,能灵活开展市场营销推广、投融资合作与产品服务创新升级,提高乡村旅游经营效益;三是协调力度大,可控性强,管委会具备行政统筹职权,能较好地协调调动村民参与乡村旅游项目建设,同时对项目建设过程中的乡村风貌改建、经营业态布局、建设工程推进等具有较强的控制力。

而其劣势在于:一是开发动力不足,政府作为行政管理与公共服务机构,其盈利性需求较低,政府主导模式下的乡村旅游开发建设容易出现动力不足的问题;二是运营机制受限,政府主体的体制机制灵活性不强,在开发建设决策上偏向循规蹈矩,缺乏创新力;三是开放性不足,政府过度干预,会导致市场竞争力不足,外部资金、人力难以进入,村民参与的积极性较差,制约乡村旅游的发展进程。

本书认为,政府主导的"管委会 + 旅游开发公司"模式发展要点在于实行"三权分离"的市场化运作,并积极拓展投融资渠道,积极优化农民参与乡村旅游的经营环境。具体而言包括以下几个关键:

实施"三权分离"。"三权分离"是指所有权、承包权和经营权相分离的机制。通过积极推行"三权分离",使农民保有土地所有权,政府实施管理监督权,企业落实经营权,以全面保障农民权益,保障乡村旅游资源开发的有序性与可持续发展,最大限度地发挥企业市场化运作的优势,实现乡村旅游的效益最大化。贵州西江千户苗寨景区是在政府主导下实现初步"三权分离"的代表。中共雷山县委、县人民政府成立了雷山县西江景区旅游产业发展领导小组,下设西江景区管委,主要负责景区秩序维护、环境治理、规划与建设监管、基础设施建设等工作;次年为了规范西江的旅游管理,成立了西江景区管理局,并组建了贵州省雷山县西江千户苗寨旅游发展有限公司,公司属于国有独资企业,负责千户苗寨的市场化运营,包括门票销售、营销推广、酒店经营、演艺开发等。

政府、企业协调配合，各司其职，较好地提升了千户苗寨的经营管理效率。

优化经营环境。政府出台系列政策，如税收优惠、评优奖励、财政补贴等，鼓励农民在景区周边自主经营农家乐、小型庄园等项目，企业给予一定的引导帮扶，助推村民从乡村旅游中收益，处理好与农民、企业的利益关系，避免出现与农民和企业争夺利益的现象，产生负面影响。同时政府还应重视基础设施建设、服务标准制定以及商业业态引导等方面，为个体和企业的乡村旅游经营做好支撑。以政府主导型的周庄为例，政府在旅游设施建设方面不断完善，推动了水上游景观建设、古镇区灯光改造和绿化提升、公共厕所星级化改造、游客中心和票务中心改造、24小时停车场等工程的建设；全面推进智慧景区建设，荣获江苏省首批"智慧旅游示范基地"称号；出台《周庄镇民居客栈管理暂行办法》，举办首届最美服务单位评选；此外在业态的转型和引进方面也做了很多工作，如1086慢生活街区、莼鲈之思度假酒店、纸箱王、花间堂、贞丰轩、周庄声活家等一大批转型项目建成运营。

推广PPP模式，拓展融资渠道。PPP（Public—Private—Partnership）模式，是指政府与私人组织之间，为了提供某种公共物品和服务，以特许权协议为基础，彼此之间形成一种伙伴式的合作关系，并通过签署合同来明确双方的权利和义务，以确保合作的顺利完成，最终使合作各方达到比预期单独行动更为有利的结果。地方政府与旅游企业可应用PPP模式进行招商引资，拓展融资渠道，引导社会资本进行旅游产品开发。

三、企业主导型

随着中国经济的快速发展，旅游市场需求和供给都呈现多元化的发展态势，因而各级政府不断出台政策鼓励社会资金投资旅游业，逐步降低旅游产业用地门槛，资本市场资金和风险投资资金开始进入休闲农业和乡村旅游市场。于是在一些资本经济活跃度高、市场相对成熟、土地与资金政策改革试点的区域，如首个实行坡地点状供地的浙江省湖州市、首个进行旅游产业用地改革试点城市桂林等地，出现了一批企业主导型的乡村旅游项目，以成熟的公司组织架构来投资开发并运营管理乡村旅游项目，即乡村旅游的公司制模式。

公司制模式是指在乡村旅游开发建设过程中，引进组织结构成熟的旅游公司运营，乡村旅游项目的所有权和经营权归公司所有，以公司的整体品牌形象进行乡村旅游开发和经营活动的经营模式。政府和村集体不参与具体的开发管理决策，当地农民以个人身份加入公司，以劳动获取收益。该模式适用于经济发达且改革创新政策多（土地或资本）的区域，尤其是位于环城游憩带上具有优势农业产业的村镇，发展潜力大、接近客源市场、交通便利，成为企业投资进入的首选。在利益分配方面，企业作为投资者获取全部的开发经营收入，对农民给予一定的土地征用补偿，农民主要靠提高农产品附加值获取收益，农民也可以个人身份进入企业打工获得薪资报酬。

公司制模式主要有四方面的优势：一是投资大、起点高、发展快，投资乡村旅游项目的企业大多具有雄厚的资本基础，且能灵活运用市场投融资渠道和财政补贴政策，能为乡村旅游项目投入较高的开发资金，使乡村旅游项目在一个较高的起点规模化地展开；二是团队成熟、运营管理水平较高，企业组织结构成熟，运用管理理念更现代化，能够高水平地推进乡村旅游有序开发；三是吸纳当地城镇与乡村居民就业，企业主导开发建设的过程中，需要聘用大量当地城镇与乡村居民就业，提供了建设施工与服务接待等多种职位，解决了当地就业困难的问题；四是产品与服务水平较高，企业主导运营将对管理服务人员进行全面培训，对接待服务水平要求较高，能更加规范地保障游客旅游体验效果，维护游客利益。

而公司制也同时存在着一些问题：一是农村用地政策限制企业进入，企业投资乡村旅游项目较难获得建设用地指标，大多以土地流转租赁形式进行旅游开发，开发建设的灵活度受限，且后期扩张空间不足，不利于企业的长期发展；二是如何协调农民与企业的利益关系，乡村旅游项目涉及征用农民土地，或是拆迁部分公共建筑，企业作为外来机构，较难获得农民认可与配合；三是农民长期利益保障问题，企业主导的乡村旅游项目，大多采取一次性长期征地租用形式，不对农民的后续收益承担责任，且容易出现"旅游漏损"的利益流失现象，易引发矛盾；四是容易过度商业化破坏资源，企业投资乡村旅游项目的最大目标即获取利益收入，因此在开发建设过程中容易出现过度商业化破坏资源景观的现象，不利于乡村原真性的保护。

因此本书认为，公司制模式的发展要点在于协调好开发建设过程中的用地问题，协调好当地农民的利益并带动农民致富。其中的关键在于：

政府需积极探索农村用地改革试点，各地政府在招商引资过程中，需首先解决乡村旅游用地问题，积极落实国家关于旅游产业用地改革的政策，探索乡村旅游用地改革试点政策，为企业营造良好的征地用地环境。以顺德的长鹿农庄为例，该农庄占用的 40 万平方米土地全是由广东长鹿集团租用三洲集体土地，租用集体土地做建设，不用办理国有土地使用权证，也不改变用地性质，降低了投资风险，2010 年长鹿农庄亟须增加租用土地扩展园区时，顺德市政府给予了积极支持。

企业可引入政府或合作社协调农民关系，企业开发乡村旅游项目离不开当地农民的支持与配合，可引入政府或当地有影响力的合作社从中协调撮合，处理好与农民的关系。在湖南浏阳市"中源农家"，2001 年成立了"浏阳中源农家旅游公司"，负责规划、招徕、营销、宣传和培训；村委会成立专门的协调办，负责选拔农户、安排接待、定期检查、处理事故等；农户负责维修自家民居，按规定接待、导游服务、打扫环境卫生。企业在村集体合作社的扶持和协调下，保证了公司、农户、游客的利益，同时村级经济实力也得到了较大的提高，并改善了村里公路，增加了公共设施。

企业需带动农民共同受益致富，企业征用农民土地以盈利，也需带动农民从乡村旅游项目中受益致富，建议优先聘请当地农民，制定农民分红计划，进行免费培训并鼓励农民自主经营农家乐或农产品销售等，调动农民参与乡村旅游的积极性。以三亚的亚龙湾玫瑰谷为例，采用了"公司＋合作社＋农户"的发展模式，以"五统一分"的形式，即统一种苗、统一农资、统一技术、统一品牌、统一销售，分散种植的形式，为农户提供全程技术指导及销售服务，解决了农户从生产技术到产品销售的后顾之忧；同时以土地形式入股的农民既可以在玫瑰园里务工拿工资，又可以在年终得到分红，每户农民的年收入可达 2 万元以上。北京蟹岛集团在经营过程中大量雇佣当地农民，为解决农民就业和促进增收起到了积极作用。

政府应严格控制开发力度，在开发建设过程中，政府需强化监督管理职责，严格控制乡村旅游开发强度，坚决避免资源环境破坏现象，保证乡村旅游的可持续发展。

四、混合型

2008 年的国际金融危机对我国出口贸易经济产生了严重影响，促使中国经济发展动力转向内需拉动，消费升级拉动投资，旅游业进入大消费时期。供给侧改革加速推进，使得旅游产品供给不断调整升级。在这一时代背景下，乡村旅游的开发运营也进入优化调整期，从前期的农民主导型、政府主导型、企业主导型转向混合型演变，即由农民、政府、企业、投资商等多方共同参与乡村旅游的开发运营管理，充分发挥各类主体的独特经营优势，以避免单一主体主导的局限性，通过多方通力协作，合理协调不同相关者的利益诉求，优化运营管理机制，提升乡村旅游资源利用率。混合型经营根据实际经营结构组织的不同，可细分为股份制和合作社制两种经营模式。

（一）股份制模式

股份制模式主要是指"企业 + 政府"模式，即政府保留旅游资源的所有权，出让经营权或以经营权作价注入，吸引投资商注入资本，共同组建旅游开发公司，双方各占一定比例股份的经营模式。旅游开发公司租用农民土地或聘用农民，整体负责开发建设与经营管理，达到政府收益、企业获利、农民增收的效果。该模式适用于旅游资源归政府管理、环境保护要求高、项目开发需要大量资金投入的区域。在利益分配方面，政府与投资商根据所占股份获取相应的经营收益，此外，政府还能获得旅游开发公司的纳税收入，村民自主经营农家乐、小旅馆、餐厅等也能获得额外收入。

股份制模式的优势：一是利于资源保护，在股份制模式下，项目所有权掌握在政府手中，政府可通过行政措施强化资源与环境保护，推动项目顺利开发建设；二是企业化运营效率高，股份制模式下，企业全权负责乡村旅游项目的运营管理，能以现代化的成熟运营方式，对乡村旅游项目进行市场化运作，提高资源开发效率，提升运营管理效益；三是拓展了投融资渠道，股份制模式可以采取招商引资、信贷、融资等方式集聚资本，吸引更多社会资本投入乡村旅游项目，有利于项目的顺利推进。

在发展中存在的问题包括：一是农民和企业利益的调和难度较大，政府和企业主导的旅游开发公司全面掌控乡村旅游项目的运营管理，村民参与性不高，且农民利益缺乏保障，容易激发农民与企业之间的矛盾；二是政府过度干预影响运营效益，政府拥有所有权及行政管理权，容易过度干涉乡村旅游项目的运营，影响企业的运营决策；三是企业投资的风险大，企业需投入较多资金用于基础设施改建等，整体的投入成本高，具有一定风险。

因此本书认为，股份制模式的发展要点在于合理分配股权股利，提高农民参与积极性，形成良好的运营管理机制，避免多头管理。

多方保障农民权益。在开发建设过程中，优先聘用村民，保障农民在乡村旅游发展中"不离乡不离土"，定期按一定经营收入比例分红给农民，为农民提供自主经营的优势环境，提高农民积极性。乌镇作为股份制合作经营的典型代表，在开发建设过程中坚持改善民生，乌镇景区为当地村民做了三件事：①再造新镇，乌镇二期购地30多公顷，在开发之初就将古镇居民进行彻底搬迁至新镇，使居民以较低的成本拥有宽敞的住所，享受现代生活；②解决居民就业，乌镇将古建筑返租给原来的住户，让他们处理日常的客房清洁，更可以在原来自家的餐厅经营餐饮；③延续古镇生活方式，原住户可以凭证件自由进出古镇，延续其原有生活方式，也弥补了古镇生活气息的缺失。

引入市场化股份制决策机制。政府在积极行使监管权的同时，大胆下放经营管理权，优化旅游开发公司的股权划分结构，引入现代化企业的股权决策机制，降低政府的干预控制，保障旅游开发公司的市场化运作。安徽宏村是中国乡村旅游探索混合经营较早的实践者，政府为了保证旅游开发的效益，与中坤科工贸集团签订了为期30年的租赁经营合作协议书，并根据协议成立了由黟县旅游局、文物局参与的黄山京黟旅游开发总公司。中坤集团以现金方式逐步投入黟县，黟县以古民居旅游资源和古祠堂群建设项目土地使用权为投入，共同形成股份合作经营态势。虽然在经营的过程中遇到了各种利益协调的问题，但是市场化力量的引入还是为综合效益的提升起到了推动作用。

引入投资机构拓展资金来源。旅游开发公司可进行跨地区、跨资产的联合，降低风险，通过各种投融资渠道，吸引各类资本市场进入，最大限度地释放乡村旅游价值。以古北水镇建设为例，在建设阶段引入多元化投资，其中包括中青旅、乌镇旅游股份旅游公司、北京和谐成长投资中心、IDG、京能集团等多方面的投资，有政府的资本，也有企业的资本，极大地提升了古镇建设运营的效率和抗风险能力。

此外，投资企业与政府应尽量签订长期合作协议，并明确后续扩建计划，预留扩展建设空间，保障项目的长期运营。

（二）合作社模式

合作社模式主要是指"公司＋村委会／专业合作社＋农户"模式，即农民将土地承包经营权流转并与村委会签订协议，由村委会将农民土地集中并转让给旅游开发公司的经营模式。旅游开发公司不与农户直接交涉合作，而是统一与当地村委会或专业合作社沟通对接，由村委会和专业合作社调动农户参与旅游项目，由旅游开发公司负责投资开发经营、制定相关规章制度并组织旅游服务培训等事宜。当地农户可选择在旅游开发企业打工，或经营家庭旅馆、餐厅等，获取额外旅游收入。该模式适用于农民意识团结、有旅游开发意识但缺乏运营管理资金与路径的村镇。大规模的乡村旅游开发项目，对农村土地、村民劳动力需求量大，由村委会或专业合作社从中间协调管理并集中资源统一对接旅游公司，能有效地提高乡村旅游管理效率。在利益分配方面，旅游开发公司占有大部分经营收入；合作社组织获取一定比例经营收入用于集体环境建设与组织协调工作；农民获得一定比例经营收入分红或是土地出让租金，还可在乡村旅游开发公司就职获取劳动报酬，自主经营家庭旅馆或餐厅的可获得相应的经营收入。

合作社模式的优势有三：一是村民利益得到保障，通过旅游开发公司与合作社的统筹协调，村民可以获得相对公平且长期性的利益收入，合作社也能较好地统一组织村民；二是高效统筹乡村资源，旅游开发公司在合作社组织的协助下，能高效集中乡村土地、资金、人力，统一开发经营，提高资源利用效率，有序推进项目开发建设；三是合作社可监督并规范资源开发强度，确保乡村旅游项目正规、有序、合理发展，维护乡村的可持续生态环境。

而其不足之处在于，一是村民没有决策权，公司与村委会或专业合作社对接，而不与农户直接合作，农民的意见与建议得不到重视与反馈，不利于提高农民参与乡村旅游项目的积极性；二是旅游开发公司投入成本高，公司需要投入大量资金用于基础设施建设与乡村环境改造；三是利益分配易产生矛盾，由村委会或专业合作社经手的乡村旅游经营利润的分配容易出现不公平或不均衡的问题，引发村民矛盾。

因此本书认为，合作社模式的发展要点在于做好村民协调组织工作，并公平分配经营利润保障村民利益。具体而言包括以下关键点：

优化村民参与经营管理的决策机制，提高村民积极性。村民、村委会或专业合作社、旅游开发公司三者之间应形成良好的沟通机制，尤其是村委会或专业合作社要做好中间协调工作。鼓励农民通过合作社积极建言，参与乡村旅游项目的管理和决策。实行乡村旅游项目运营财务透明公开制度，让村民了解经营收入与分配流向概况，做到"心中有数"，调动农民的积极性，发挥农民的智慧。

创新经营利益分配机制，实现长效富民。因地制宜地制定乡村旅游经营收入分配机制，确保合作社获取一定经营收入用于整体协调推进工作，促进农民收入由单一的农产品收入扩展为分红、资产、农产品和经营管理等多种收入，保障农民的长期利益。以海南葫芦村为例，村里的经济联合社对坡地采取只租不卖、共同分红的模式，如龙泉公司租用土地60多亩建龙泉乡园，租期为30年，每年缴纳租金，村集体与公司约定从经营收入中留出一定比例资金，作为再发展基金和全村福利发展基金。此外农户以房屋入股与龙泉公司合作的旅馆项目，能从营业额中抽取30%的提成，剩下的除去成本由合作社与公司五五分成，利润按人头分红，农户以田地入股、经营咖啡厅或马车项目也能获得不菲分成。旅游项目还给村民们提供了100多个岗位，人均月工资2500元。

用好政策扶持资金，降低企业投资压力。村委会或合作社积极争取各类政策扶持资金，投入乡村旅游基础设施建设中。每年从经营收入中抽取一定比例作为乡村旅游发展基金，投入乡村旅游开发建设中。鼓励农民通过信贷获取房屋改建资金，分担企业对乡村旅游的硬件设施投入压力。

【思考题】

1. 在乡村旅游开发的初级阶段作为经营主体的农民、村集体、政府和旅游企业各自在参与乡村旅游经营过程中分别存在哪些主要问题？

2. 简要说明乡村旅游经营主体模式变迁演变进程。

3. 举例分析"农户＋农户"、个体农庄、村集体三种农民主导的乡村旅游经营模式各有哪些优势和劣势？

4.政府主导型的"管委会＋旅游开发公司"模式的要点是什么？有哪些优势和劣势？

5.举例说明乡村旅游的公司制模式的优势和劣势。

6.比较股份制和合作社制两种乡村旅游经营模式的优缺点。

【参考文献】

[1] 林萍萍,陈秋华,王慧.产权视角下乡村旅游经营模式比较 [J].台湾农业探索,2016(06):49-52.

[2] 苏燕萍.乡村旅游经营管理模式——以阳朔为例 [J].商丘职业技术学院学报,2016,(04):53-55.

[3] 宋菲.休闲农业与乡村旅游管理经营模式探索 [J].农业经济,2016(08):21-23.

[4] 苏玉卿.乡村旅游社区主导型经营模式形成机理与优化策略研究 [D].福建农林大学,2016.

[5] 辜静静.农家乐乡村旅游经营模式探究 [J].现代国企研究,2016(06):121.

[6] 付红丹.乡村旅游经营管理模式类型探析 [J].经营管理者,2015(34):99-100.

[7] 韦鑫,王小辉.基于社区参与理论的西安乡村旅游经营模式选择研究 [J].科技展望,2015(06):212-213.

[8] 张新.国内乡村旅游经营模式研究综述 [J].安徽农业科学,2014(25):8642-8644.

[9] 陈永胜.基于主体视角的上海城郊乡村旅游经营模式研究 [D].上海社会科学院,2014.

[10] 梁华,周武生.乡村旅游经营模式的选择——以广西为例 [J].农业经济,2012(11):83-85.

[11] 耿品富,梅素娟,肖兴跃,等.乌当区休闲农业与乡村旅游管理经营模式探索 [J].贵州农业科学,2012(05):205-209+213.

[12] 巩胜霞.皖南乡村旅游农民利益最大化经营模式研究 [D].安徽大学,2012.

[13] 张潇,周建霞,鞠明明.河北省乡村旅游经营模式和利益分配问题研究 [J].产业与科技论坛,2012(01):35-36.

[14] 乔海燕.浙江嘉兴乡村旅游经营模式的调查和思考 [J]. 北京农业职业学院学报 ,2010(02):22-24.

[15] 盘晓愚 , 刘桔 . 乡村旅游开发与经营的"天龙模式"辨析 [J]. 特区经济 ,2009(09):145-147.

[16] 陈旭霞 . 乡村旅游资源两种经营模式比较研究 [D]. 南京农业大学 ,2009.

[17] 王珍秀 . 乡村旅游经营模式研究 [D]. 华中师范大学 ,2008.

[18] 王静 , 方旭红 . 基于村民自治的乡村旅游经营模式研究 [J]. 今日科苑 ,2008(01):124.

[19] 王菲 . 长岛模式 [D]. 山东大学 ,2007.

[20] 彭燕平 . 乡村旅游经营模式研究 [D]. 山东大学 ,2007.

[21] 牛君仪 . 乡村旅游转型升级与新型农业经营主体培育 [J]. 农业经济 ,2014(9):43-45.

[22] 朱华 . 乡村旅游利益主体研究——以成都市三圣乡红砂村观光旅游为例 [J]. 旅游学刊 . 2006(5),22-27.

[23] 高元衡 . 阳朔乡村旅游发展中各方利益分配问题研究 [J]. 桂林旅游高等专科学校学报 , 2004,15(6):59.

[24]Christina Aas, Adele Ladkin & John Fletcher. Stakeholder collaboration and heritage management [J]. Annals of Tourism Research, 2005,32(1):29-47.

第八章 乡村旅游营销

【学习目的】

通过本章的学习，让学生了解目前我国乡村旅游营销存在的相关问题；掌握乡村旅游营销的发展趋势；熟悉乡村旅游营销的几种策略；重点关注乡村旅游品牌营销策略，熟悉节事活动的策划；掌握乡村旅游借势营销的具体类型；掌握乡村旅游时令营销的几种方式，了解时令营销的关键点；了解针对不同人群的营销策略。

【主要内容】

1. 乡村旅游营销内容

乡村旅游营销的概念；我国乡村旅游营销存在的问题；乡村旅游营销的发展趋势

2. 乡村旅游营销策略

品牌营销策略；节事活动策划；借势营销的几大类型；时令营销的内容和方法；价格制定策略的重要性；影响价格的因素；分销渠道对乡村旅游的意义；分销渠道的分类；促销的概念；针对不同的乡村旅游者群体的营销策略

第一节 乡村旅游营销内容

市场营销学（Marketing）是一门以经济科学、行为科学、管理理论和现代科学技术为基础，研究以满足消费者需求为中心的市场营销活动及其规律性的综合性应用科学。乡村旅游市场营销具备市场营销的一般内涵，是市场营销学、服务营销学在乡村旅游业中的具体应用。结合乡村旅游业的基本特点，我们可以把乡村旅游营销理解为营销主体（包括乡村旅游目的地政府、经营企业和个体等）对乡村旅游思想、环境、服务进行设计、定价、展示、分销和促销的计划和实施过程。乡村旅游营销通过满足乡村旅游者的需求和使游者满意来实现企业经营目标。

一、我国乡村旅游营销现状

近年来，乡村旅游业得到迅速的发展，旅游需求的增长和客观环境的改善对乡村旅游经营主体而言，既充满机遇又面临挑战。面对目前旅游市场需求不断更新和日益多样化的趋势，乡村旅游可持续发展也面临着新的营销问题，主要归入以下几大方面：

第一，营销观念普及率低、渠道少、方法简单。乡村旅游景区景点营销理念尚未完全形成，大多数停留在推销阶段，个别乡村甚至还停留在销售阶段。目前，我国乡村旅游的经营者多依靠传统方式招徕游客。调查显示，我国乡村旅游经营者一般都过于迷信"回头客"和口碑宣传，采用最多的宣传促销手段是发传单或发名片，但也局限于人际范围。有少数经营者在互联网上设立了宣传网页，取得了一定的营销效果，但由于网页的知名度有限，再加上信息量少、功能简单等原因，还无法对乡村旅游营销形成强有力的支撑。这就使得乡村旅游的经营者和旅游者双双蒙受效率损失。归其原因，其一是我国大陆乡村旅游的经营者许多是个体农户，会销售已经是其思想解放迈出的一大步；其二是一些乡村地区在政府部门推动下，在(城市或沿海发达地区)外来经营者的示范下，农户能从事乡村旅游推销也是一大进步。另外，我国乡村旅游由于受其所处地理位置、经济效益、生活配套设施等的限制，对懂旅游、擅营销的高素质旅游沟通促销人才的吸引力不足，造成了制约乡村旅游进一步发展的人才瓶颈之一。

第二，采用低价的产品渗透策略。我国的乡村旅游在知名度、资金实力方面相对于风景名胜区处于弱势。目前，我国开发的乡村旅游多是处于城市近郊或者景区（点）附近，其客源以城市周末、节假日休闲度假游客为主。家庭出游的比例大，主要出游形式为散客旅游，需求弹性大，对价格敏感性较强。所以在价格方面以低价为主，采取慢速渗透策略。

第三，缺乏区域乡村旅游市场规划和整体营销策略。目前国内乡村旅游活动受到政府重视，但容易导致一哄而上，缺乏区域市场规划。农户们和经营者不了解、不重视市场容量，重复建设，盲目滥搭乱建，从而自然导致乡村旅游经营的效益差。由于缺乏规划，经营者各自为战，无法形成区域乡村旅游整体市场营销合力，更无有力的营销策略。目前在国外乡村旅游发展较为成熟的地区，通常会有政府、同业联盟或企业出面组织的乡村旅游服务和营销网络，政府在其中扮演着非常重要的角色。但我国不少地方现在仍存在着"先等当地旅游发展起来，再拿钱来宣传促销旅游"的落后观念。我国乡村旅游目前的销售尚不成体系，大部分农户的自我销售意识不强，在宣传方面过多地依赖代表村政府的委员会。而大多数村委会的销售方式陈旧无新意，难以引起人们特别留意，更不用说形成一套属于自己的预订和销售系统了。由于没有形成有序的横向和纵向的市场网络体系，开发乡村旅游的地区与当地或周边大城市的旅行社、附近的知名景区（点）联系不密切，没有形成整体营销。

二、乡村旅游营销的发展趋势

在旅游业飞速发展的同时，乡村旅游市场营销也正在发生着重要变革，并直接决定了一个乡村旅游产业的发展水平及乡村旅游市场的分布格局。这种变革所体现出的趋势主要有以下几个方面：

一是乡村旅游营销理念需紧扣可持续发展这一主题。从重视旅游资源的开发与生态环境的协调发展，到重视服务质量的营销，再到重视旅游整体形象的营销形成可持续营销体系。

二是乡村旅游市场营销职能更强调旅游营销的管理与协调。特别是旅游文化服务理念的管理与协调、旅游资源的管理与协调、游客及旅游从业人员的管理与协调等，以此保障乡村旅游合理有序发展。

三是营销组合策略及营销模式的延伸。营销组合除"4Ps"，即产品(Product)、价格（Price）、销售渠道（Place）和促销（Promotion）之外，还将公共关系的手法运用到营销组合中，建立以整合营销和关系营销为基础的新的营销传播模式，进而建立良好的客户关系纽带和培养乡村旅游品牌。

第二节　乡村旅游营销策略

营销组合一词最早是在 20 世纪 50 年代开始被使用的，此后得到全面的接受，称为营销学中最基本的概念。一般将营销组合定义为"企业在目标市场上借以实现其营销目标的各种可控制营销变量所构成的集合"。营销组合的典型模式是由麦卡锡于 1960 年提出的"4P"模型，这个模型假定企业可以调用的营销组合变量主要是四种：产品（Product）、价格（Price）、销售渠道（Place）和促销（Promotion）（图 8-1）。企业通过对这四个变量的具体决策来实现企业的营销目标。

而乡村旅游产品是一种特殊的产品，传统的针对实物产品的特征而构建的营销组合模型，在一定程度上难以适应以无形服务为主体的旅游营销活动。为此，很多从事旅游营销研究的学者和管理人员都致力于开发一种更适合于乡村旅游企业的营销组合模型。在这些探索中，最为人们所认可的是在传统营销组合的基础上增加"展示"和"沟通"两个元素，将其作为原有四个因素的延伸，形成"4P+4C"模型。主要包括：

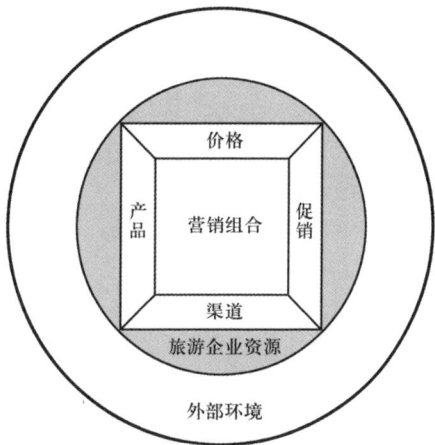

图 8-1　营销组合图示

资料来源：《旅游营销学》

- 产品与利益（Product-Customer Value）
- 价格与损失（Price-Cost to Customer）
- 分销与方便性（Place-Convenience）
- 促销与沟通（Promotion-Communication）

"4C"充分反映了消费者导向的市场营销观念，要求营销从从业角度出发转变为从消费者角度出发，在消费者和企业之间建立有机联系，以新的理念诠释市场营销组合。

本节将从"4P+4C"模型的这四个方面出发，探讨乡村旅游营销的具体策略和实施方法。

一、产品品牌策略

乡村旅游产品的根本目的是满足游客的需要，给游客提供一定的利益，换言之，是通过产品为游客提供一定的价值。企业要决策的最重要的产品价值策略就是如何树立产品形象，也就是通常意义的"品牌"。品牌是指能为顾客提供其认为值得购买的功能利益及附加价值的产品，是在游客与产品之间经过反复的有效沟通而建立的游客价值认知，是一个特殊的名称，具有特殊的形象，它使游客感受到了某种产品及其价值的独特之处。从图8-2中可以看出，随着情况的变化，游客所体验的品牌接触也有所不同。

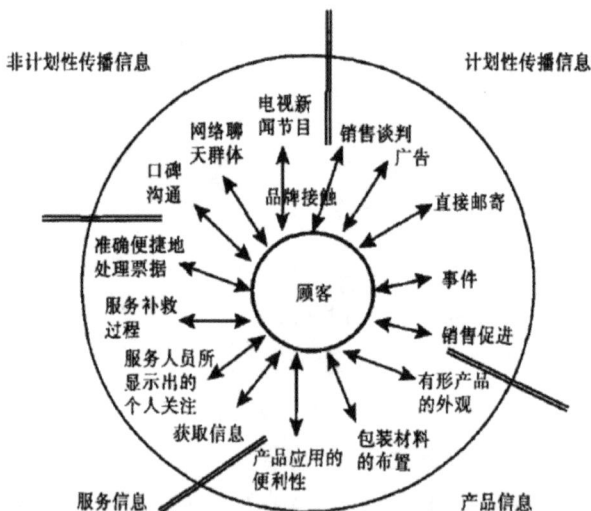

图 8-2 品牌接触形成品牌关系

资料来源：《旅游营销学》

游客购买旅游产品时对其品牌表现出阶段性的特征。购前阶段，计划性传播信息和产品信息占主导地位，在此基础上还要努力获得非计划信息的证实，从而对某品牌有了初步印象；在购中阶段，顾客通过在服务现场感受到一系列服务信息，并将其与购前所获信息进行对比，如果这一系统运行良好，将增强他们对该品牌的良好印象，反之，将给其带来虚假的印象；在购后阶段，游客会对品牌的感知结果进行评价，并通过"口碑"、"网络聊天"等方式传播出去，从而形成其他影响潜在旅游者的非计划性传播信息。那么品牌营销的要点是销售者向购买者长期提供的一组特定的特点、利益和服务。同时企业形象与品牌形象有着千丝万缕的联系，对于乡村旅游企业或乡村旅游目的地来说，提高和确立良好的品牌形象是对其整体形象的保障。

乡村旅游的精髓是自然生态与传统文化的完美结合。目前我国乡村旅游产品过于倚重田园观光和农事活动参与，缺乏对文化层面的挖掘。可通过对乡村观光、会议度假、乡村体验、渔家休闲、民风民俗、节事庆典等旅游产品的开发拓展产品组合宽度，通过生态旅游和民俗文化旅游的紧密结合进行产品创新，增加产品组合的深度。可通过三种具体策略进行乡村旅游的品牌营销：创意性策划节事活动，引爆宣传；开展借势营销，提升口碑；创新时令营销，突出乡村。

（一）创意性策划节事活动，引爆宣传

乡村旅游节事包括乡村旅游节庆和乡村旅游活动事件，其不仅能发挥农村地域空间广阔的优势，放大特色民族民俗与产业资源优势，也能在短时间内令媒体及相关人士聚焦，吸引极高关注度，从而聚集人气，起到提升知名度的作用，因而节事活动被各地作为乡村旅游的最主要也最常见的营销方式。主要有以下五类：

1. 重点举办民族民俗文化节庆活动

56个民族56幅画，在交错更替、变幻更迭的历史发展长河中，56个民族创造出了色彩斑斓的民族文化，民族节日、民族服饰、民族礼仪、民族婚俗、民族生活习惯……一个个活色生香、神秘异质的文化符号让无数人心生向往，接踵而来。乡村作为民族民俗文化最集中的载体，衍生出了类型丰富、数量众多、本土韵味独特的节庆活动，成为乡村旅游营销宣传的重要方式，也成为村民积极参与、游客参观体验、媒体报道宣传的热点事件。依据节庆活动展示或庆祝主题的差异性，可细分为六大类民族民俗文化节庆活动（表8-1）。

表8-1　民族民俗文化节庆活动分类列表

序号	展示主题	节庆活动举例
1	特色民族服饰文化	湖南凤凰举办的苗族银饰服饰节
2	特色民族工艺文化	苏州高新区镇湖镇举办的中国刺绣文化艺术节
3	民族婚俗文化	云南泸沽湖的摩梭人走婚节
4	宗教文化	哈萨克族开斋节、回族古尔邦节
5	民族祭祀庆典文化	云南彝族火把节、布依族六月六、侗族花炮节
6	乡村丰收	吉林查干湖冬捕节、高山族丰年祭、毛南族南瓜节

2.持续举办农业产业节庆活动

利用农产品、农业景观、农业文化遗址、农业技艺、农事活动等农业产业资源，举办农业产业与农事体验节庆活动是打响农业品牌的捷径，已成为拓展农业休闲旅游功能，促进农产品销售，带动农民增收和壮大地方乡村旅游经济的新途径。建议各村镇周期性持续举办各类农业产业与农事体验节庆活动，营造欢乐氛围，传播乡村旅游品牌。依据节庆活动展示主题的差异性，可细分为三大类农业产业节庆活动。如表8-2。

表8-2 农业产业节庆活动分类列表

序号	展示主题	节庆活动举例
1	农产品类	北京大兴西瓜节、余姚杨梅节、云南开远蜜桃节
2	农业景观类	集安油菜花节、桂林龙脊梯田节、宁波东钱湖稻草人魔法节
3	农业技艺或农事活动类	中国湖州国际生态（乡村）旅游节、中国农民艺术节、邯郸馆陶县黑小麦麦田节、南京农业嘉年华、中国(庆阳)周祖农耕文化节

3.创意策划演艺娱乐活动

依托乡村"好山好水好村庄"的优美自然生态环境，创意策划一批文化演艺娱乐活动，不仅能营造乡村艺术氛围，也能丰富村民与游客的休闲体验，增加乡村旅游营销宣传热点。依据节庆活动依托的农业资源的差异性，可细分为三大类农业演艺娱乐活动。详见表8-3。

表8-3 农业演艺娱乐活动分类列表

序号	依托农业资源	节庆活动举例
1	乡村山水景观	大型演出活动，如印象刘三姐
2	乡村场地	各类文化艺术娱乐活动，如张家界国际乡村音乐节、斗门乡村音乐节、中国·宣化乡村摇滚音乐节等
3	农事活动	民俗娱乐活动，如中国南浔获港鱼文化节、河北吴桥杂技演出、陕北皮影戏、湖南花鼓戏等

4.鼓励开展体育赛事活动

农村场地开阔、地形变化多样、生态景观优良，适宜开展一些特殊的体育赛事活动，将城镇居民吸引至乡村，引导其参与体育赛事锻炼身体，同时体验消费乡村旅游项目，拓展乡村旅游的营销宣传渠道。主要有综合运动会和专项赛事活动两类。详见表8-4。

表8-4　体育赛事活动分类列表

序号	类型	节庆活动举例
1	综合运动会类型	南太湖帆船赛、农民趣味运动会、宠物运动会
2	专项赛事活动	福州市永泰县国际公路自行车赛、遵义市余庆县白泥镇乡村游泳比赛、江西"乡村铁三赛"

5.积极申办展会论坛活动

大型展会论坛活动能在短期内聚集大量人气，是开展旅游营销宣传的大好机会。各村镇需顺应各类展会论坛举办地从城市向城郊、乡村转移的趋势，积极申办或参与各类大型会议、展览、论坛等活动，提升乡村旅游行业影响力与知名度。主要可分为三大类展会论坛活动。详见表8-5。

表8-5　演艺娱乐活动分类列表

序号	类型	节庆活动举例
1	主题会议类	国际海岛旅游大会（舟山）、国际乡村旅游大会（湖州）
2	商品展销会类	海南乡村旅游文化节旅游商品展销会、北京国际旅游商品及旅游装备博览会、山东省乡村旅游节旅游商品展销会
3	研讨论坛类	杭州（国际）乡村旅游休闲论坛、世界休闲农业与乡村旅游发展论坛

在具体实施的过程需要注意以下五个方面：

第一，甄选节事活动。各村镇可挖掘优势资源，选择性举办不同的节事活动，以达到最大的营销宣传效果。对于拥有独特民族民俗文化资源的村镇，可优先策划组织品牌营销冲击力最强的民族民俗节庆活动，有助于深化游客体验认知，塑造区域乡村旅游品牌形象。对于民族民俗文化资源不够丰富或差异性不强，但农业产业基础强大的村镇，可着重策划组织农业产业节庆活动，尤其是桃花节、西瓜节、油菜花节等颇受城镇居民欢迎、参与体验感强的项目，周期性持续举办能有效提升乡村旅游的品牌知名度。对于民族民俗文化与农业产业资源优势不明显的村镇，可强化外部合作，引入合作伙伴，创意策划与乡村旅游相关的演艺娱乐活动，"无中生有"地打造乡村旅游IP，形成营销宣传热点。对于不具有民族民俗文化、农业产业、外部合作伙伴等资源优势，但位于城市近郊有区位优势的村镇，可积极申办各类体育赛事或展会论坛活动，在短期内聚集人气，营销推介乡村旅游品牌。

第二，有序地计划组织。精选节事活动主题，优先选择与乡村旅游关联性强、特色性明显、游客参与体验点多，且有一定的市场认知基础的节事活动主题。缜密制定节事活动计划与组织流程，注意在节事活动流程中植入乡村旅游营销宣传任务。明确节事活动推进时序与阶段任务，明确参与主体与任务分工，制定节事活动的组织要求、接待安排、服务规范等。

第三，注重活动前期宣传造势。在节事活动举办前期，可通过召开新闻发布会或是制作宣传短视频等形式，邀请地方电视台、热门卫视频道、报纸、杂志社、直播平台等各类媒体进行宣传推广，还可通过各类微博、微信、网红等滚动式推送宣传广告，大规模覆盖潜在客群，并提前宣传造势，引起目标客群的注意，激发其参与体验的兴趣。

第四，活动中强化游客参与体验。在节事活动进行过程中，需设置多个参与体验环节，强化游客的感知与享受，塑造乡村旅游品牌形象。注重创造优势宣传环境，如在活动现场设置免密码 WIFI，引导游客及时分享传播乡村旅游节事活动，形成二次口碑宣传。

第五，活动后期宣传扩大影响。在节事活动结束后，需通过各类媒体及时推送相关新闻报道，对节事活动的开展进行总结。并通过设置投票、评选、抽奖等环节，引导游客对节事活动进行回顾性参与，进一步扩大活动宣传影响力，提高乡村旅游营销效果。

（二）开展借势营销，提升口碑

中国乡村众多，乡村的产业形态与资源的趋同性强，旅游吸引的差异性不大，各个村镇特点相对不明显。旅游村镇要在众多相似资源点中突围而出，分流区域城市客群，必须紧抓大事件争取媒体曝光机会，或主动捆绑周边优势资源，借势宣传，以提升知名度与影响力，抢占乡村旅游发展先机。主要有以下四类：

1.借势申遗、创 A 或排行榜评定等大事件营销

游客在选择乡村旅游目的地、获取乡村旅游信息、体验乡村旅游的时候，各类评级、评比、评选活动的结果往往会极大地影响游客的选择。各村镇应挖掘并梳理历史文化与自然生态资源，符合相关要求的，积极申报世界文化遗产、国家 A 级景区、历史文化名村名镇等，积极参与"中国十大美丽乡村""中国

十大魅力名镇""美丽中国十佳旅游村镇"等排行榜评选活动，借势大事件的引爆性与传播性吸引媒体曝光，提高村镇的旅游品牌知名度。

以安徽宏村为例，其积极申报并获评了世界文化遗产、全国首批历史文化名村、中国最具魅力名镇、中国最美的村镇、国家 5A 级旅游景区等多项荣誉称号，在申报评选过程中即获得了较大的媒体关注度，更是引来《卧虎藏龙》《苏乞儿》等经典影视剧取景拍摄，进一步增加了媒体曝光机会，促进了游客接待量的大幅提升（表 8-6）。

表 8-6　安徽宏村大事件营销对游客接待量的影响

年份	大事件	游客接待量（万人）	同比增长
2000 年	成功申报世界文化遗产 +《卧虎藏龙》公映	8.12	251%
2004 年	成功创建国家 4A 级景区	46.93	478%
2006 年	获评"中国最美村镇"	64.73	37.9%
2007 年	获评"全国生态文化村"	82.15	28.9%
2011 年	成功创建国家 5A 级景区	133.95	30%

2. 借势周边知名景区或优势资源进行捆绑营销

旅游村镇主动捆绑周边品牌景区，或是放大国家地理标识产品等优势资源，开展联合营销，可获得辐射带动效益，产生"1+1>2"的品牌宣传效果。如湖州市的洋家乐借势中国四大避暑胜地之一莫干山的品牌知名度，以避暑度假为营销亮点，打造出了高端乡村度假品牌；海南澄迈县放大了福山咖啡、澄迈苦丁茶等国家地理标志产品的品牌影响力，发挥农业产业优势，提高了该县的农家乐、渔家乐、民俗村、古村落等一批特色乡村旅游产品的知名度。

3. 借势特殊人物事件开展名人营销

国内外领导人到访、名人明星参观、影视剧拍摄等轰动性事件，是提高乡村旅游目的地曝光度的重要契机。乡村旅游目的地可借势各类媒体的报道、粉丝的追捧等，做足"名人效应"，开展各类旅游产品或项目的营销宣传活动。

以湖州市安吉县余村为例，2005 年时任浙江省委书记的习近平到余村考察，在座谈会上首次提出"绿水青山就是金山银山"，安吉电视台全程拍摄了座谈会的场景。此后，余村以此为契机建立了文化礼堂，展示了这一重要历史事件，吸引了中央电视台、人民日报、新华社等中央媒体争相报道，极大地提升了余村的旅游知名度,村里发展的农家乐连锁品牌,日接待游客逾百名,年营业额超过 100 万元。

以台湾宜兰县员山乡枕山村为例,2009 年播出后红极一时的电视剧《下一站幸福》,剧中主要场景"花田村"就是枕山村。该村借助电视剧的镜头宣传"好山好水"的生态景观,吸引了很多剧迷来这里进行"偶像剧之旅",寻找"花田村",从此带旺当地乡村旅游产业。

4.借势观摩考察接待活动开展口碑营销

乡村旅游发展较为成熟成功的区域,会吸引大批参观考察与学习交流的访客,大量信息会通过访客向外界传播。乡村旅游区做好接待工作,有助于优化访客参观考察印象,形成良好的口碑,获得事半功倍的宣传营销效果。

以浙江省湖州市为例,湖州市作为"中国乡村旅游第一市",已经成为中国乃至世界乡村旅游发展的典范,吸引了全国各地的政府、学者、企业、投资商到访考察参观,每年需接待 400 多批次参观考察团。湖州市旅游局顺势从旅游营销经费中拨款,并调派专人负责考察接待讲解,促使接待宣传一体化,借助考察团的口碑宣传,为湖州乡村旅游打出有说服力的广告。

在具体实施的过程需要注意以下几个方面:

第一,敏锐抓捕借势营销机遇。各村镇旅游宣传部门要对时事热点具有较高的敏锐性,捕捉可营销宣传的切入点。积极参与各项与乡村旅游相关的荣誉称号评定,争取多种方式进入媒体与大众的视野。利用特殊事件、特殊人物或特殊资源的影响力,提高曝光度,提升乡村旅游知名度。

第二,多渠道宣传强化影响力。各村镇获取借势营销机遇后,需拓展宣传渠道,吸引各地电视台、报纸杂志、微博、微信、微商等多渠道宣传推广,也可借助时下影响力最大的各类直播平台强化营销互动,拍摄乡村旅游宣传的微电影或短视频,放大优势资源的光环效应,提升营销宣传效果。

第三,推介产品提升营销效益。在借势营销过程中,需注重推介乡村旅游产品,突出地方独特卖点,将品牌营销效果转化为乡村旅游业的实际经济效益。以海南省三亚亚龙湾国际玫瑰谷为例,2013 年 4 月 9 日国家主席习近平视察玫瑰谷并提出"小康不小康,关键看老乡"的发展指示,随后玫瑰谷开展名人借势营销,持续播放习主席视察的照片与视频,扩大名人宣传效益的同时,强势推介玫瑰主题餐厅、玫瑰原乡欢乐世界、七彩玫瑰园等系列旅游产品，注重将名人营销效益转化为景区经济效益。

（三）创新时令营销，突出乡村

四时景不同，尤其在乡村。乡村景观是最能体现时间、气候、气象变化的载体，展现四季不同的风貌形态，季节性变化的特征尤为明显，与城市相对不变的景观存在较大差异。不同季节的乡村旅游产品具有差异化的体验感与市场吸引力，依据时令季节变化开展营销活动，能有效凸显乡村旅游的差异性与丰富性，提高重游率。主要有以下四类。

1.以四季景观为卖点开展营销

四季不同的景观是构成乡村旅游观光吸引的重要资源，尤其能吸引久居钢筋水泥樊笼的城市居民，使其体验乡村自然生态变化的魅力。包括不同花期形成的花海景观，如春海棠、夏荷花、秋金菊、冬寒梅等；不同季节光照下的梯田景观，如春季波光涟涟的水景梯田、夏季稻苗青翠的绿意梯田、秋季金黄甸甸的丰收梯田、冬季秸秆林立的雪景梯田；不同时节的林象景观，如立春时节渐次萌芽的垂柳、夏至时节绿荫繁茂的洋槐、秋分时节落英缤纷的银杏、大雪时节银装素裹的松柏等，都可形成极具吸引力的营销卖点。

以日本北海道福田农场为例，在不同季节种植不同的花田，形成四季多彩的花海景观。详见表8-7。

表8-7　北海道福田农场室外花田花期表

花田名称	开花时期	观花内容
花人之田	5月上旬—10月上旬	加州罂粟、姬金鱼草、金盏花等色彩缤纷的鲜花。
幸之花田	6月下旬—8月上旬	由浓紫早开、丘紫、羊蹄、花藻岩四种颜色不同的薰衣草完美结合而成的花田。
彩色花田	7月上旬—下旬	以薰衣草的紫色为首，七种颜色的鲜花铺满了整个丘陵，仿佛七色彩虹。这里是富田农场的象征。
传统薰衣草花田	6月下旬—8月上旬	富田农场最初的，它是日本最有历史的薰衣草花田。
春之彩色花田	5月中旬—6月下旬	经历了寒冬之后，冰岛罂粟、细香葱、东方罂粟等春天的花在这里竞相开放。
秋之彩色花田	6月上旬—10月上旬	直到霜降之前，您都可以在这里欣赏到色彩缤纷的鼠尾草、波斯菊以及粉红色的醉蝶花。
森林彩色花田	7月上旬—下旬	在森林环绕的斜坡上种满色彩鲜艳的薰衣草以及罂粟花。

2. 以时令美食为卖点开展营销

民以食为天。乡村食材多种多样,且以生态有机、健康安全、新鲜味美著称,对被食品安全问题困扰的城镇居民有较大吸引力,且符合现代游客对餐饮美食兴趣浓厚的需求特征。乡村旅游区在不同季节以不同的美食为营销宣传卖点,开展各类美食节、美食展销会、美食评选活动等,能快速吸引游客到访品尝美食,提高旅游目的地的品牌知名度。

例如:每到春季,山东省莱芜一带的乡村就会大力推广香椿美食产品,如香椿豆腐、香椿鸡蛋、香椿饼、腌香椿芽等,形成香椿美食旅游品牌,带动一批农家乐发展;每到夏季,"中国小龙虾之乡"湖北潜江市的各个村镇就会成为"麻小"美食爱好者接踵而至的目的地,不少外省市游客到访潜江农村体验"龙虾美食一日游"等产品;每到秋季,辽宁盘锦的大螃蟹就会成为吸引全国"吃货"的明星美食,并带动盘锦农家乐、红海滩等旅游发展。

3. 以四季特产购物为卖点开展营销

乡村物产丰富,利用不同时节的特色物产进行营销,有利于塑造乡村旅游形象,吸引游客在购物的同时体验乡村旅游产品。以无锡田园东方农业综合体为例,夏季以阳山水蜜桃为卖点,宣传推广认养桃树、采摘蜜桃、游赏桃林系列旅游活动与产品;秋季以优质猕猴桃为卖点,宣传推广休闲采摘、民宿体验等活动。

4. 以季节性体验活动为卖点开展营销

乡村地域广袤,空间开阔,旅游资源类型差异较大,适宜开展各类旅游体验活动,尤其是季节性变化的体验活动易于打造成为独特的营销卖点,与城市体验活动形成强烈反差。包括季节性采摘、农事体验、温泉疗养、民俗节事体验活动等。

以沈阳市新民大喇叭乡为例,其在春季全面宣传"在新民采摘'莓'好生活"的草莓采摘体验活动,在秋冬季宣传推广"冰天雪地泡温泉"等体验活动,并推广不同类型乡村一日游产品,提高大喇叭乡的重游率。

在创新时令营销的实施过程需要注意以下三个方面:

第一,匹配主打产品的时令特征。各村镇创新开展时令营销时,需突出特色景观、美食、物产、体验活动的时令变化性,强调不同季节的差异性,以及由此带来的相应旅游产品的差异性，打造四季景异、四时食异等乡村旅游形象，引导游客在不同时令季节到访并体验旅游产品。

第二，对接重点客群的时令需求。乡村旅游营销推广过程中，需明确目标客群的消费需求特征，尤其是不同时令的旅游需求特征，如春季养生进补、伏天避暑休闲、金秋家庭聚会、冬至养膘治夏病等，对应性地宣传营销乡村季节性卖点，形成品牌性吸引，并推广相应的乡村旅游产品。

第三，注重反季节营销推广。乡村旅游营销推广强调季节性差异特征的同时，还应注重反季（淡季）营销与优惠补助。如暑期针对学生营销亲子类乡村旅游产品，吸引"1拖2"或"1拖4"的消费客群；工作日期间针对城镇白领推出优惠旅游产品，吸引白领错峰出游；旅游淡季针对闲暇时间较为充裕的老年群体推出优惠产品组合。

二、价格制定策略

在商业性乡村旅游活动的营销管理中，价格扮演着重要而复杂的角色。

首先，价格是利润的直接决定因素，能在基本不改变成本的情况下直接创造收入。价格代表了愿意购买产品的游客和希望卖出产品的生产者之间进行资源交换的交易条件。通过相互认可的交换条件，以及通过对用于出售的竞争产品进行选择，游客试图使自己对利益的感知和货币价值最大化。乡村旅游经营者则努力要达到目标销售量、获取目标销售收入和市场占有率，并使投资收益最大化。

其次，价格能够迅速反映市场需求和竞争的变化，决策者可通过灵活的调整价格对需求和竞争产生影响。

最后，价格对于营销人员的意义还表现在，价格能够调整供需以实现企业的财务目标；它是吸引游客注意力和增加销售量的强有力因素。借助价格，可以确立产品和服务的市场形象，有助于创造顾客忠诚。

因此，价格应当被营销人员建立在一个完整的决策制定过程的基础之上，用以传播整个产品的价值，且价格所传递的价值应与市场的感知价值一致。要价太高会把游客撵走，而索价过低又会使乡村旅游经营者不能获得足够维持业务运营所需要的收入。设备老化、地毯污渍斑斑、油漆脱落，如果没有足够的收入，这些都没有办法解决，从而降低游客对产品的感知质量。在乡村旅游市场营销中，口头传播的作用是非常明显的，游客的这些不满可能会使旅游企业在市场中陷入困境。因此乡村旅游产品的价格制定是十分重要的。

（一）乡村旅游定价决策的因素

理解价格决策过程的重要内容就是认识影响价格决策的因素。影响乡村旅游企业定价的因素很多，从总体上我们把这些因素分为内部因素和外部因素两大类（图 8-3）。

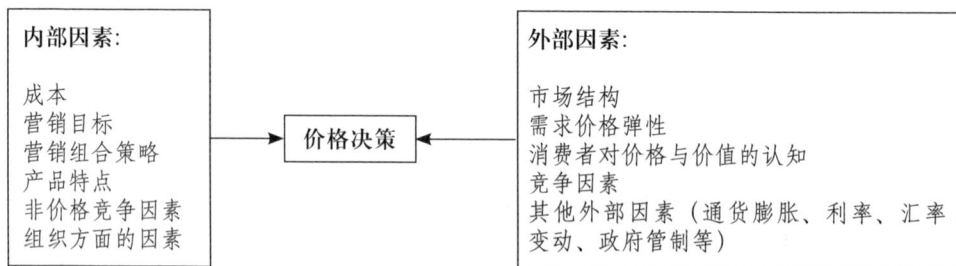

```
┌─────────────────────┐                    ┌────────────────────────────┐
│ 内部因素：           │                    │ 外部因素：                 │
│                      │  ┌──────────┐      │                            │
│ 成本                 │  │          │      │ 市场结构                   │
│ 营销目标             │─▶│ 价格决策 │◀─────│ 需求价格弹性               │
│ 营销组合策略         │  │          │      │ 消费者对价格与价值的认知   │
│ 产品特点             │  └──────────┘      │ 竞争因素                   │
│ 非价格竞争因素       │                    │ 其他外部因素（通货膨胀、利率、汇率│
│ 组织方面的因素       │                    │ 变动、政府管制等）         │
└─────────────────────┘                    └────────────────────────────┘
```

图 8-3　影响定价决策的因素

资料来源：《旅游营销学》

1. 内部因素

成本。乡村旅游产品的成本是影响乡村旅游产品价格最基本、最直接的因素。乡村旅游产品成本是由产品的生产过程和流通过程所花费的物质消耗和人力资本组成的，它是构成产品价值的主要组成部分。为了企业能长期生存下去，平均价格必须高到能够创造足够的收入以支付所有固定成本和可变成本，并给所用资产带来令人满意的回报。

营销目标。任何行业中以营销为导向的现代组织，在选定了一个或多个目标市场并进行了市场定位后，都要根据既定营销目标来确定价格政策。价格是营销组合中非常有影响力的要素，通过调节价格可以达到企业各个产品和市场部门的特定短期目标。企业常见的营销目标有生存、短期利润最大化、市场份额最大和产品质量领先等。

营销组合策略。由于营销在实践中是围绕消费者行为和情况的了解而进行的，所以营销组合是围绕着目标市场设计的。定价只是为实现企业预期营销目标中诸多营销组合工具当中的一种。价格一定要与产品设计、分销以及促销等手段相互协调，才能构成统一有效的营销计划。

产品特点。在对乡村旅游产品进行定价时，往往需要考虑产品的自身特性，包括对旅游者的吸引力、产品的声誉、季节性特点等。产品具有较高的公众评价，自然可以制定较高的价格。对旅游产品需求的季节性特征是旅游产品的一大特点，所以要通过战术性价格来平衡总收益和调节淡旺季的需求。此外，标准化程度高的乡村旅游产品，价格波动范围比较小，而非标准化产品价格波动空间相对较大。产品的新颖性也是影响产品价格的重要因素，乡村旅游企业要提供比竞争对手更有创新的产品，才能保证自己的竞争力。

非价格竞争因素。乡村旅游经营者为了实现较高价格的销售，要提供较高水平的服务，使乡村旅游产品的价格和相应的服务一致，从而使旅游者加深对乡村旅游产品价格的理解。

组织方面的因素。乡村旅游经营者的规模、组织结构、管理方式不同也会对价格的制定产生一定的影响。乡村旅游经营者一般以中小型企业或家庭式经营为主，价格的制定者通常是最高管理层。而在一些大企业中，价格通常是由销售部门制定。

2. 外部因素

市场结构。乡村旅游产品定价的自主权因所处市场类型的不同而异。在完全竞争的市场中，经营者没有定价自主权，只能被动地接受市场竞争中的价格。而在完全垄断型市场中，乡村旅游产品或服务只是独家经营，没有竞争对手，完全控制市场价格。由于资源的独占性和政府的保护，这类产品价格很大程度上是垄断性价格。

需求价格弹性。价格弹性反映了旅游者对价格变化的敏感程度，但很难准确地预测出市场在未来一个时期内到底将如何做出反应。乡村旅游经营者通常主要依靠判断和市场情报去猜测市场对价格变化可能做出的反应。此外，价格通常是在对竞争者的行为知之不多的情况下定出的，一旦对竞争者的行为有所了解，不管短期内给收益造成什么影响，都应做出相应的反应。

消费者对价格与价值的认知。最终决定价格是否适当的还是旅游者，因此经营者必须考虑旅游者是如何看待价格的，以及旅游者的认知性因素以何种方式影响购买决策。在制定价格时，经营者必须设法研究旅游者选择某种产品的原因，并根据旅游者对产品价值的感知来确定价格水平。由于旅游者赋予产品的价值不同，营销人员常常在不同的细分市场上采用不同的价格策略，以不同的价格提供不同的产品特征组合。

竞争因素。乡村旅游经营者在短时间内对产品价格进行调整大多是竞争因素引起的，在战术性营销这个层次上价格竞争力才称为主要影响因素。目前乡村旅游业竞争日趋激烈，营销人员必须熟知竞争者的价格、质量和产品特征，并把这些信息作为指定自己产品价格的基点。

其他外部因素。在确定价格时，乡村旅游经营者还必须考虑外部环境中的一些其他因素，如通货膨胀、繁荣与衰退等经济因素会影响价格决策。此外，乡村旅游价格也经常受到政府的管制。

（二）乡村旅游价格制定的具体策略

1.旅游者购买的意愿决定着价格

在乡村旅游中应采取不同的价格策略以满足不同的市场需求。

对于城市周末、节假日时段，游客出游频率高、家庭出游比例大，主要出游形式为散客旅游。对价格敏感性较强。面对此类客源市场应采取灵活的价格策略，充分发挥价格的杠杆作用。

对于依托风景名胜区的乡村旅游，目标顾客是既有客源群。其价格敏感性相对于前者较小。倾向于选择价格适中的乡村旅游产品。此时可推出高档乡村旅游产品，采取高价策略和稳定的价格策略。高价策略的目的是提高旅游消费者对该产品价值的认知，不轻易降价的稳定价格策略则是为了维持消费者的这种认知。从而达到扭转消费者心目中乡村旅游产品属于低端产品的印象、重塑旅游形象的目的。

2.乡村旅游的价格制定不能只看到门票

乡村旅游和山地旅游、滨海旅游、湖泊旅游等是有明显区别的，因为乡村旅游往往带有情感，乡村给人一种归宿、一种乡愁、一片世外桃源。这就要求乡村旅游区给游客"家的温暖、宾至如归的感觉"，收门票会给人"见外的感觉"。少收门票，不收门票，将是乡村旅游区发展趋势。如陕西咸阳市的袁家村和马嵬驿两个著名乡村旅游区就免门票，每逢国庆和春节黄金周，游客人数都在 100 万以上，远远超过西安的兵马俑等世界级景区。

另外，乡村旅游区就是要跳出门票经济，靠丰富的内部业态和有偿服务等赢利，但无论是旅游淡季，还是旺季，收费也要合理，不能发生欺客、宰客现象，因此规范化的消费价格也显得非常重要。

三、分销渠道策略

乡村旅游产品与服务在整个销售过程中，可能要通过十分不同的途径之后才最终到达乡村旅游者那里。这个过程是乡村旅游分销渠道所研究的内容。所谓乡村旅游分销渠道，是指乡村旅游经营者为了向旅游者提供方便的购买和／或进入路径而在企业生产和消费场所之外所开发或使用的组织和服务系统。乡村旅游分销渠道执行的任务是将乡村旅游产品从生产者转移到消费者，它弥合了产品和服务与其使用者之间的时间、地点和持有权缺口。

分销渠道对乡村旅游经营者的意义可以概括为以下几个方面：

重要的信息反馈渠道。利用分销商销售乡村旅游产品，乡村旅游经营者将不需要直接与消费者接触。在这种情况下，了解旅游者需求变化的使命就落在中间商身上。他们要善于捕捉市场需求信息，并及时反馈给乡村旅游经营者。

促销伙伴。乡村旅游的分销渠道不仅承担乡村旅游产品的销售，同时由于利益相互关联，他们也会积极投入各种促销宣传，并说服旅游者购买该乡村旅游产品。各分销机构在进行促销时，可以充分利用其网络优势，这是不用分销渠道的销售策略无可比拟的优点。

旅游产品与服务的重新组合。各类旅游产品之间实际上是互补的关系，一般情况下，乡村旅游经营者是独立组织其产品的销售，不与其他乡村旅游业产品（如交通、餐饮等）发生非常紧密关系。分销渠道能够把不同业态的乡村旅游产品组合在一起进行销售，极大地方便了消费者，还可能降低成本，从而增强竞争力。

分散风险。当利用分销渠道进行销售时，意味着旅游产品的所有权提前转移，意味着乡村旅游经营者与分销渠道之间建立了相互连带的损益关系。

更有效地接近顾客。由分销渠道所构成的销售网络、分销渠道本身的专业化服务、一些现代分销渠道所凭借的分销媒体（如互联网）以及分销渠道的独特市场形象，都使乡村旅游经营者在利用它们推介产品时变得更加有效率，效果也得到改善，在某种意义上降低了整体营销成本。

（一）乡村旅游应该选择合适的分销渠道

乡村旅游分销渠道可以从不同的角度加以分类，通常人们总是根据渠道所含有成员的多少，将其分为直接渠道和间接渠道，其中间接渠道又分为长渠道和短渠道。图 8-4 列举了几种常见的旅游分销渠道模式。

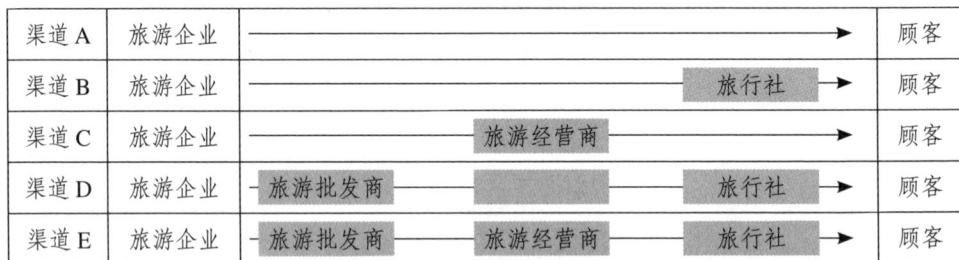

渠道 A	旅游企业	────────────────────────────────→	顾客
渠道 B	旅游企业	──────────────────────── 旅行社 →	顾客
渠道 C	旅游企业	──────────── 旅游经营商 ────────	顾客
渠道 D	旅游企业	旅游批发商 ──────── 旅行社 →	顾客
渠道 E	旅游企业	旅游批发商 ── 旅游经营商 ── 旅行社 →	顾客

图 8-4　乡村旅游分销渠道模式

资料来源：《旅游营销学》

所谓长渠道，指的是从乡村旅游生产者到最终消费者之间机构的级数较多；短渠道则是乡村旅游生产者到最终消费者之间机构的级数较少。一般而言，产品一旦发展壮大或进入成熟期，已被大多目标顾客所了解，就采用短渠道，设立乡村旅游经营者自己的销售网点，既掌握了主动权，又节省费用。新产品投入市场时采用长渠道，即与旅行社合作，尽快打开市场。可以聘请经验丰富、社交广泛的营销人员，向选定的旅行社直接推销。提高他们新产品的支持度，吸引尽可能多的旅行社，通过定价优惠、结盟合作、互惠互利等方法与旅行社联合促销，使销售活动辐射范围更广，获取充足客源。

另外，销售渠道还有宽、窄之分。所谓宽，指的是在旅游生产者和最终消费者之间同一个级数的机构较多；窄，指的是在旅游生产者和最终消费者之间同一个级数的机构较少。一般而言，有三种策略可供选择，即专营性分销、选择性分销和密集性分销。专营性分销指严格限制中间商的数目，其中间商一般不再经营其他竞争者的产品。在这种情况下，中间商的积极性最大，与乡村旅游经营者的协作关系最密切。缺点是如果该中间商无法打开市场，乡村旅游经营者就会有完全失去市场的风险。高端乡村旅游产品可以采取此类策略。选择性分销指的是只选择那些信誉较好、经验丰富、有合作诚意的中间商。中、高档乡村旅游产品都可采取此策略。密集性分销指的是保持尽可能多的中间商数量，其优点是可扩大客源，缺点是对中间商的控制比较困难，易导致价格混乱。针对城市周末、节假日旅游市场的乡村旅游产品可以采取此类渠道策略。

（二）互联网营销渠道对乡村旅游营销起到重要作用

乡村旅游市场流通领域活动的不是商品，而是有关旅游产品的信息传递引起旅游者的流动。近年来，随着信息技术的迅猛发展与互联网的普及，网络营销对乡村旅游者、旅游经营者和旅游中间商都产生了巨大影响，通过网络开展营销成为乡村旅游经营者拓展营销渠道的新方式。

全面展示旅游企业特色。经营者通过互联网，以文字、图片、声音、影像等多媒体方式，多角度、全面、详尽地展示旅游产品的个性和差异，让乡村旅游者能够对乡村旅游产品有一个初步的感性认识。

有效地提高跨地域信息交流效率。互联网是一个全球性媒体，是宣传乡村旅游产品的理想媒介，集合了宣传册的鲜艳色彩、多媒体技术的动态效果、实时更新的信息效率和检索查询的交互功能。交易双方可以采用标准格式文件，如标准化的合约、单据、发票等进行即时传递和自动处理，在网上直接办理预订，进行谈判、签约、支付结算等手续，从而缩短交易时间。而旅游经营者通过互联网能够在第一时间将最新旅游产品信息、特价产品信息、季节产品信息等及时发布，让旅游者得到准确的旅游产品咨询，提高旅游者的购买便利性。此外，还可以通过电子邮件、论坛等网络技术和工具，帮助旅游者了解乡村旅游产品的细节，提高服务水平。

可以进行直接销售（在线旅游）。在线旅游（online travel）是指通过互联网获得旅游目的地信息、旅游产品价格、旅游计划安排等相关旅游信息，进而进行在线旅游咨询、旅游预订、旅游产品购买等旅游活动。利用互联网平台，乡村旅游经营者能够最大限度地拉近与旅游消费者之间的距离，从而最大限度地减少渠道中间商，成为旅游经营者进行直接销售的新渠道。

交流信息的平均成本和边际成本极为低廉。乡村旅游经营者构建一个网站，其制作和维护成本与网站的访问量无关，旅游经营者可以充分利用网络平台，大力拓展网络营销，通过提高旅游者访问量扩大影响，而其成本几乎可以忽略不计。同时，经营者传统的目的地营销，营销预算会随地理覆盖范围的增加而增加，但互联网与地理因素毫无关系，经营者开展大范围宣传的销售成本与本地销售的成本并无太大差别。

收集市场反馈信息的新渠道。通过互联网，乡村旅游经营者可以通过开展网上调查、售后服务、乡村旅游者意见收集等工作，充分了解乡村旅游者对经营者的意见和建议，从而不断改善自身的服务品质。

目前常见的旅游互联网营销模式主要包括旅游企业之间的 B2B 模式、旅游企业服务于企业类客户的 B2E 模式，以及面向旅游者的 B2C 或 C2B 模式。其中 B2B 和 B2C 是乡村旅游营销中常见的两种模式，每一种模式都发展形成了不同的操作方式。

B2B 模式指企业之间通过网络信息手段实现相互之间的一对一或一对多交易，如采购、分销等，例如旅游代理商代收旅游批发商组织的旅游线路产品、客源地组团社与目的地地接社之间的委托、支付关系等，这一渠道模式大大提高了旅游企业间的信息共享和对接运作效率。

B2C 模式是旅游企业对旅游者（个人客户）的电子旅游零售，旅游散客通过网络获取信息，涉及旅游活动日程表、预订旅游饭店客房、车船机票等都属于 B2C 营销模式。对乡村旅游这样一个散客自由行为主的旅游类别来说具有极高的实用价值。

四、促销沟通策略

乡村旅游业发展到今天，不仅需要开发优良的乡村旅游产品，向旅游者提供更加满意的服务，给予有吸引力的定价，乡村旅游产品生产者或提供商还必须与现行和潜在的乡村旅游者、旅游中间商和其他利益相关者和公众进行深入的沟通。每个旅游企业都不可避免地担当起传播者和促销者的角色。乡村旅游者对这些所有要素的感知、认同和满意，都是建立在乡村旅游经营者与旅游者之间从交易前期、中期、后期不断沟通的基础上，离开了沟通，营销不可能取得成功。

一般来说，促销是指企业把产品或服务向目标顾客进行宣传说服，促使顾客采取购买行为的活动。乡村旅游促销则可理解为：乡村旅游营销者通过各种媒介将乡村旅游目的地、乡村旅游企业及乡村旅游产品的有关信息传播给潜在购买者，促使其了解、信赖并购买，以达到扩大销售目的的一种活动。乡村旅游促销的根本目的在于激发目标旅游者的购买欲望，导致购买行为的发生。

乡村旅游的促销一般有人员推销、广告、公共宣传和营业推广四种。在人员推销方面，应该树立"全员营销"意识，人人都是旅游资源，人人都是旅游环境。通过对旅游从业人员的培训，强化其旅游服务意识。提高服务技能，使所有旅游从业人员都能做到真诚待客，热情高效服务，形成良好口碑。在广告方面，可以在各报纸、杂志、广播、电视、互联网等进行广告宣传，还可在城市干道悬挂路牌广告等。在公共宣传方面，可以经常性地精心策划系列特色节庆活动，如具有本土特色的祭祀、庆典等，还可在全国知名度较高的相关媒体上开展以本旅游产品命名的游记征文大赛、旅游专栏等，进行潜移默化的宣传。在营业推广方面，针对旅游者促销的有：散发旅游宣传品、向旅游者赠送能够传递旅游产品信息的小物品、举办展销会等；针对旅游中间商的促销有：邀请针对主要目标市场的旅行社实地考察、对中间商经销不同数量的旅游产品实行不同比例的价格折扣、向中间商提供经销津贴、与有实力的中间商联合开发旅游项目等。

【思考题】

1. 什么是乡村旅游营销？

2. 举例说明我国乡村旅游营销目前存在的问题。

3. 什么是乡村旅游营销策略组合，由哪些策略组成？

4. 简要介绍如何制定乡村旅游品牌策略。

5. 乡村旅游产品的价格会造成什么样的影响？

6. 简述互联网营销的意义和主要模式。

7. 如何利用创意性策划节事活动开展乡村旅游营销？

8. 开展民俗节庆活动需要注意什么？

9. 如何利用乡村地区自然景观的季节性、农事活动的时令性开展乡村旅游营销？

10. 乡村旅游借势营销有哪几种类型？

11. 如何进行知名景区的捆绑营销？

【参考文献】

[1] 李妍. 客源市场细分视角下江浙地区乡村旅游产品营销策略研究 [J]. 农业经济,2016(11):45-47.

[2] 张德平. 基于旅游地生命周期的江苏省乡村旅游适应性管理策略研究 [J]. 中国农业资源与区划,2016(10):110-116.

[3] 龙鸥. 体验性乡村旅游游客感知价值影响因素及其营销策略研究 [J]. 农业经济,2016(10):46-48.

[4] 苏燕萍. 乡村旅游经营管理模式——以阳朔为例 [J]. 商丘职业技术学院学报,2016(04):53-55.

[5] 赵影,钟小东. 基于旅游地生命周期理论的乡村旅游经济适应性管理策略研究 [J]. 农业经济,2016(08):38-40.

[6] 罗晓彤. 休闲经济下乡村旅游市场的开发与营销推广 [J]. 农业经济,2016(08):143-144.

[7] 刘爽. 乡村旅游目的地管理及其评价研究 [J]. 科技经济市场,2016(08):56-57.

[8] 束良勇. 基于游客需求的浙江桐庐县乡村旅游产品提升研究 [D]. 广西大学,2016.

[9] 邱元炜. 婺源乡村旅游市场营销研究 [D]. 广西大学,2016.

[10] 林丽琼. 乡村旅游市场营销策略研究 [D]. 福建农林大学,2016.

[11] 周佳敏,黄炜,白雪琴,等. 集中连片特困区乡村旅游开发管理模式研究——以武陵山片区为例 [J]. 企业导报,2016(05):26-27.

[12] 霍佳颖. 陕北黄土高原乡村旅游资源及其营销策略比较优势 [J]. 中国农业资源与区划,2016(01):222-226.

[13] 于蓉. 四川省乡村旅游适应性管理问题研究 [J]. 农业经济,2016(01):66-68.

[14] 黄军,陈文林. 生态行政视角下贵州乡村旅游管理研究 [J]. 兴义民族师范学院学报,2015(06):22-25.

[15] 吴佳. 湖南乡村旅游的网络营销设计 [J]. 艺海,2015(12):67-68.

[16] 周路强. 晋城市乡村旅游营销策略研究 [D]. 山西农业大学,2015.

[17] 邢夫敏, 王倩玉, 李姝姝. 制定规范提升品质　提高乡村旅游服务质量——我国乡村旅游规范化管理现状 [J]. 吉林农业, 2015(19):38-39.

[18] 孙维雁. 乡村旅游资源的集约开发与管理 [J]. 中国资源综合利用, 2015(09):44-46.

[19] 王维艳, 李强. 地役权在中国乡村旅游开发管理中的应用研究 [J]. 旅游论坛, 2015(05):53-58.

[20] 唐建兵. 新常态下乡村旅游的营销策略研究 [J]. 荆楚学刊, 2015(04):49-54.

[21] 谢彦君, 梁春媚. 旅游营销学 [M]. 中国旅游出版社, 2008.

[22] 韩勇, 丛庆. 旅游市场营销学 [M]. 北京大学出版社, 2006.

第九章　乡村旅游管理

【学习目的】

　　通过本章的学习，掌握政府的乡村旅游管理体制，以及行业协会和村集体如何参与乡村旅游管理。熟悉乡村旅游管理中落实规范化、标准化建设的方法，以及国家出台了哪些相关政策引导乡村旅游的发展，并了解乡村旅游人才保障的相关做法。

【主要内容】

　　1. 乡村旅游管理体制

　　乡村旅游的管理主体；参与乡村旅游的政府部门及其协调机制；行业协会在乡村旅游中的作用；村集体自治的落实途径

　　2. 乡村旅游环境建设

　　乡村旅游建设规范的制定与执行路径；乡村旅游的实施标准；乡村旅游执法体系的构成

　　3. 乡村旅游政策扶持

　　乡村旅游的土地政策、金融政策、扶贫政策的内容

　　4. 乡村旅游人才保障

　　乡村旅游人才引进、培养和管理的策略

第一节　乡村旅游管理体制

　　乡村旅游活动不仅涉及游客的旅行和游览活动，还涉及乡村旅游行业的服务活动、乡村旅游企业的经营活动和整个乡村旅游经济运行等。这些活动的有效进行离不开健全完善的管理体系。建设乡村旅游产业的高效管理体制，能够有效地释放乡村旅游对乡村经济、社会、环境等各方面的带动作用，对真正实

现社会主义新农村建设有着重大意义。

乡村旅游管理体制是指国家对乡村旅游企业或相关部门进行规范、引导与协调的方式，其管理主体主要包括政府部门、行业协会和村集体组织。

一、政府管理体制

政府部门主要包括中央乡村旅游管理部门和地方乡村旅游管理部门，但目前我国专门处理乡村旅游事务的政府部门较少，一般由相关旅游部门负责。中央乡村旅游管理部门是国家旅游局，其主要职能是运用法律、经济和行政手段，对乡村旅游经济活动及其组织者进行控制、指挥、监督和管理，保证国家关于乡村旅游业发展的方针、政策、战略及规划能够实现。地方乡村旅游管理部门是各省、自治区、地（市）、县区的旅游委（局）或旅游业主管机构，其主要职能是运用法律、经济和行政手段，对本地区乡村旅游经济活动及其组织者进行控制、指挥、监督和管理，保证本地区乡村旅游业的健康发展。

乡村旅游工作是一项系统工程，需要发挥政府层面的多部门协作管理职能，实现政府横向部门和纵向层级的无缝衔接。农业、林业、水利、发改、财政、工商、公安和法院等部门协作共管。纵横有序、层级明晰、运行高效的乡村旅游体制将有利于营造优良的乡村旅游发展环境，为乡村旅游持续、健康的发展提供体制保障。

政府管理体制的构建应注重构造管理体系网络，在横向多方联动，构建顶层体制保障；在纵向延伸，通过四级管理体系提升管理效能。

（一）横向联动多部门协作

多部门沟通协作的行政管理机制是乡村旅游管理的重要保障，有助于在顶层设计、统筹推进、联合执法、跨界协作等方面优化行政管理机制。在具体操作中，需要由各地方政府领导带头，强化组织领导，推进旅游部门与农业、林业、水利、发改、财政、规划、公安和工商等横向多部门在乡村旅游建设方面的协作管理，各司其职，通力协作，整合配套相关政策和资金，合力推进乡村旅游发展，强化行政管理效能。

本书通过梳理总结，各相关部门可以通过以下方式配合乡村旅游的管理工作，如旅游部门牵头编制地方乡村旅游发展规划，编排乡村旅游景区（点）线路，加强市场宣传促销，加强旅游服务设施建设和旅游从业人员培训。农业水利部门将乡村旅游纳入新农村建设和现代农业水利发展的整体布局，指导、扶持特色旅游村镇发展休闲农业、生态农业、观光农业。发展改革、财政部门将特色旅游村镇的基础设施建设、重点旅游项目开发纳入年度国民经济和社会发展计划统筹安排。各类银行、银监、证监、保监部门加大乡村旅游发展信贷支持力度，适度降低旅游企业贷款准入门槛。农办、工商、公安和法院部门加大星级农家乐的扶持培育力度，会同相关部门制订并推广乡村旅游有关的合同示范文本。交通部门支持重点休闲农业与乡村旅游景区（点）相关乡镇、村的农村公路建设。国土、林业部门切实帮助解决乡村旅游项目用地问题。环保部门加强对乡村旅游区（点）及周边生态景观的环境保护和治理。住房城乡建设和规划部门有序推进旅游村镇建设和规划，加强对旅游特色村庄建设和规划的指导，加大对旅游特色村庄基础设施和公共服务设施的建设投入。扶贫部门将具有旅游开发潜力的贫困村纳入旅游扶贫特色产业发展规划，集中各类扶贫资金给予重点扶持。其他部门要根据各自的职能，积极支持乡村旅游发展。

（二） 纵向建立多层级体系

纵向多层级的乡村旅游管理体制最容易被忽略，但各个层级相互配合、高效衔接管理是乡村旅游发展的关键。乡村旅游发展得较好的区域（如湖州）均设有自上而下的多层级管理机制。

因此，要设立乡村旅游管理机构。国家、省市要推动市、县（区）、重点乡镇（街道）和村（社区）设立乡村旅游管理机构，完善乡村旅游管理队伍，做到专人专岗。在任务分配上，逐级细化分解乡村旅游发展任务，强化层级负责制，纵向分级能够有效推进乡村旅游建设和管理工作。做好乡村旅游的领导工作，建立乡村旅游发展协调机制，重点乡镇（街道）、村（社区）要配套一名副职领导分管乡村旅游，切实做好乡村旅游组织、协调、推进各项工作。各级管理机构负责向社会公布各级旅游部门的权利事项和责任事项，并明确旅游管理的事前事中事后监管制度。

横纵联合的政府管理网络是保证乡村旅游管理工作有效落实的体制保障。

湖州市的乡村旅游政府体制在全国具有示范性，2014 年，湖州市形成了市、县、乡镇和村的四级乡村旅游管理网络（图 9-1），有效地促进了旅游管理效能的提升，助推湖州成为"中国乡村旅游第一市"。

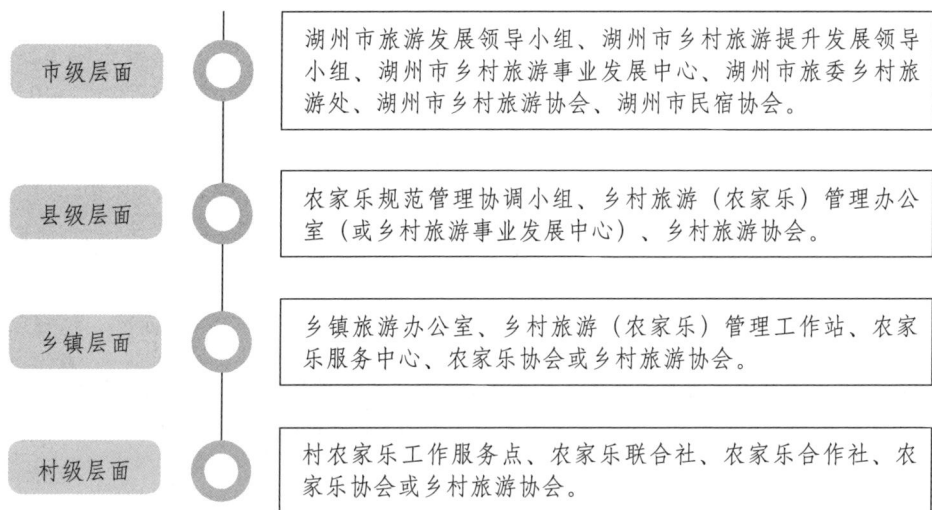

市级层面	湖州市旅游发展领导小组、湖州市乡村旅游提升发展领导小组、湖州市乡村旅游事业发展中心、湖州市旅委乡村旅游处、湖州市乡村旅游协会、湖州市民宿协会。
县级层面	农家乐规范管理协调小组、乡村旅游（农家乐）管理办公室（或乡村旅游事业发展中心）、乡村旅游协会。
乡镇层面	乡镇旅游办公室、乡村旅游（农家乐）管理工作站、农家乐服务中心、农家乐协会或乡村旅游协会。
村级层面	村农家乐工作服务点、农家乐联合社、农家乐合作社、农家乐协会或乡村旅游协会。

图 9-1　湖州市四级乡村旅游管理网络

资料来源：石培华等.中国乡村度假新模式——湖州乡村度假的实践探索与理论观察 [M].北京：中国旅游出版社，2014.

二、　行业协会组织

乡村旅游行业协会组织是政府和企业之间的市场中介组织，是乡村旅游行业利益的代表。不同于国家政府，行业协会根植于基层，贴近乡村实际，在标准制定、监督评估等方面比政府组织具有更大的优势。其主要职能是协助政府管理乡村旅游市场，保护乡村旅游业的合法权益，推动乡村旅游行业自律机制的形成。

国际乡村旅游协会组织十分活跃，在乡村旅游发展中发挥着不容忽视的作用。20 世纪 50 年代以来，各国纷纷成立相关旅游协会，如法国农会、罗马尼亚的乡村、生态和文化旅游协会和爱尔兰的农舍度假协会等[1]。经过半个世纪

---

①戴斌，周晓歌，梁壮平.中国与国外乡村旅游发展模式比较研究 [J].江西科技师范学院学报,2006(1):16-23.

的发展，这些国家已形成相对成熟的协会体系，极大地促进了本国乡村旅游的规范化建设和发展。而目前在国内，国家级乡村旅游协会组织数量较少，多依托旅游协会组织而存在，如中国旅游协会下设休闲农业与乡村旅游分会等。部分地区也开始重视行业协会在乡村旅游发展中的作用，地方乡村旅游协会百花齐放。2017 年民政局认可的地方乡村旅游协会组织达 116 家，覆盖全国 24 个省市自治区。浙江省湖州市长兴县水口乡乡村旅游协会已成为中国乡村旅游行业自律组织的典范和标杆。尽管如此，但总体上来说国内乡村旅游协会的发展才刚刚起步，发挥的作用也很有限。大多数地区的协会职责定位为协助旅游行政管理部门对乡村旅游区的旅游资源和旅游市场进行开发利用，在旅游规划上的作用大于其应该发挥的标准制定、监督评估等方面的作用。目前，在我国仅浙江省湖州市设置了较为完善的行业自律体系。

乡村旅游协会应在搭建合作平台、形成标准规范、加强宣传推广和协助旅游监管等方面发挥独特优势，推动我国乡村旅游健康发展。

（一）搭建多方合作平台

行业协会应重点发挥在强化交流、扩大宣传等方面的作用，搭建乡村旅游合作交流平台，定期组织开展各类论坛会议、业务技术交流活动等，促进乡村旅游行业内的资源合理分配、渠道共享、沟通合作，提升乡村旅游行业的整体效益。如美国于 1992 年专门出台了关于乡村旅游发展的国家政策，建立了一个非营利性的组织——国家乡村旅游基金（NRTF）。该基金成立至今，已经在鼓励乡村旅游的可持续发展，提高联邦旅游和休闲场所的知名度，提供网络信息服务，执行州旅游合作计划，推广国际旅游项目，开发全美森林服务项目等方面发挥了非常积极的作用。除此之外，美国的各种农业协会组织还为发展乡村旅游的民众提供信息咨询、项目指导，同时还提供其他地方的成功经验介绍。美国的社区会通过定期举办乡村旅游巡回展览、专题研讨会，向农牧业生产者提供乡村旅游知识培训，并鼓励其加盟协会和组织等。正是这些大量与旅游业服务相关的、根植于基层、贴近农民的非政府组织，其快捷有效的服务有力地促进了美国乡村旅游的发展。

（二）出台行业标准规范

行业协会具有贴近企业、市场、行业动态的优势，在探索制定乡村旅游相关的技术标准、开展企业评级活动、实现对乡村旅游行业的标准化引导等方面具有突出贡献。如法国农会常设委员会（APCA）下属成立了农业及旅游接待处并研发了"欢迎你到农庄来"的组织网络。APCA与农业及旅游接待处制定严格的乡村旅游管理条例。例如，提供饭店餐饮类型的"农场客栈"管理条例规定：餐饮必须使用当地生产的农产品，不得贩售或采买其他远方农场的某些农产品，不得使用罐头食品（酒与奶酪除外）；规定"暂住型农庄"主人必须亲自向来客介绍农庄的历史、运作等方面的知识，以帮助游客了解风土民情，在餐饮方面也有具体规定，要求提供具有地方特色的简单多样化的家庭菜式。

（三）　提升整体宣传效益

行业协会还可利用灵活多样的宣传推介渠道，树立行业品牌形象，扩大乡村旅游业在社会全产业体系中的影响力，提升企业发展效益。如西班牙乡村旅游协会（ASETUR），西班牙经营乡村旅游的业主60%多都加入了这个协会。该协会有一个内容非常丰富的网站，网站上有各个会员单位的介绍，游客可以直接在网站上预订。协会还把各个会员单位组织起来，通过预订中心、报纸广告和互联网等手段进行统一的营销推广。国内的乡村旅游协会也有较好的实践案例，如广东省旅游协会结合地域特点，开展了"吃在广州"和如何丰富广州游线路的调研；通过举办"南昆山生态旅游文化节"，帮助南昆山开展旅游扶贫，受到地方政府的热烈欢迎。

（四）　加强监管维护权益

行业协会应成为政府、企业、游客之间的桥梁，在政府的引导下，一方面协助加强旅游质量监管，协调行业秩序；一方面进行市场调研，为政府决策提供参考。此外，还可以打造乡村旅游业的"315"，有力维护旅游消费者的权益。如湖州在发展乡村旅游时，注重加强行业协会的作用，强化行业自律和监督。湖州市积极完善从农家乐集聚村、乡（镇）到县（区）、市"四位一体"的农家乐自律组织网络体系，有效发挥各级农家乐自律组织的作用。目前，湖州全市所辖县区都建立了农家乐（乡村旅游）协会，如长兴县水口乡农家乐协会得到了全乡538名农家乐业主的加入，按照自然村划分为11个片区，在每个片区通过不记名投票的方法，选出片区理事长。理事长的工作职责主要为配合主管部门工作，处理游客接待纠纷，一旦出现纠纷问题，理事长需第一时间到达现场进行控制并提出解决方案。湖州市全市共有农家乐乡村旅游服务中心（办公室）29个、村级农家乐工作站12个，在宣传农家乐形象、推广农家乐经验、反映农家乐诉求、配合主管部门工作、加强行业自身建设等方面都发挥了积极作用。

我国乡村旅游发展应借鉴国际和湖州的实践经验，鼓励区县、行业成立各类乡村旅游协会，提高行业交流、合作和监督能力，探索以政府购买服务的方式，建立乡村旅游产业项目规划、实施、管理的第三方评估体系。强化乡村旅游行业的内部监管，落实政策指引，维护游客权益，提升企业效益。

三、 村集体自治

村集体自治是《村民委员会组织法》所确立的一项基本的组织原则和社会管理原则，学术界一般认为，村集体自治是农村特定社区的全体村民，根据国家法律法规的授权，依照民主的方式建立自治机关，确定行为规范，办理本社区内的公共事务和公益事业的社会自治制度。村集体自治权的内容包括选举权、决策权、管理权和监督权四大民主权利，以及村民、村集体经济组织和村民自治组织依法享有的在集体经济活动中自主经营、自我服务、自负盈亏的经济权利。其与行业协会组织最大的不同在于村集体自治可以拥有实际经营权，对参与农户进行收入分配。

雨崩村社区的社区增权是典型的村集体自治案例。雨崩村社区村民参与乡村旅游发展有4种主要方式，即食宿接待、马匹租用、向导服务和环境卫生管理等。随着游客不断增加，村内家庭旅馆互相争抢游客的恶性竞争出现，在此背景下，由村主任牵头，并通过村民会议讨论，制定了《旅游收入平均分配制度》，包括住宿经营、收入分配制度和马匹租用的经营分配制度等。此后，针对该制度在实施过程中暴露出来的问题和村民的反馈意见，不断对其进行修正和改进。雨崩村的乡村旅游发展从"市场经济自由竞争"的村民自发参与向"计划经济统一调度"的社区集体参与的社区自我主导模式转变。

从单纯选举走向民主治理，需要完善村集体组织与管理制度、规范民主决策制度、落实民主监督制度。重点在土地的承包、流转、租赁方案以及征用、占用补偿费使用、宅基地使用方案等方面，真正做到"村民的事情村民定，村民的事情村民管，村民的事情村民监督"，形成村集体民主自治，焕发乡村社区活力。

（一）完善村民组织与管理制度

村集体自治组织体系主要由村民会议、村民代表会议、村委会、村民小组等组成。其中，村民会议和村民代表会议是村级事务管理系统中的权力机构，村委会、村委会下属的各专门委员会以及村民小组是常设性的工作机构。这两大类机构在村民自治体系中扮演不同角色，承担不同职能。一方面，对于村中重大事项，必须由村民会议或者村民代表会议决定，而不能由村委会决定。村民会议作出决定后，村委会负责执行。另一方面，村委会要向村民会议或者村民代表会议负责并报告工作，并接受村民会议或者村民代表会议的监督。为了防止强工作机构、弱权力机构的关系模式走向极端，使村民自治的功能得到发挥，应促使二者之间保持协调与平衡。

（二）消除公权力的不当干预

在我国村民自治的发展过程中，以乡镇行政权和基层党的领导权为代表的农村公权力往往过于强大，在缺乏约束和制约的情况下，不断膨胀和扩张，对村民自治进行不当干预，导致村民自治的空间不足。因此，有必要对农村公权力进行限制，逐步消除其对村民自治的不当干预，真正放权于社会、还权于农村，以促进村民自治的实现。

（三）落实民主监督制度

要保障村民对村里重要事务的知情权、参与权、决策权、监督权。凡由支村两委议事会议议事、村民普遍关心的重大村务及处理结果情况，如村级财务、计划生育、宅基地安排与报批、用材林指标分配、救灾救济款物发放、城镇、农村低保对象的确定、项目承包、误工补贴等情况，要充分利用村务公开栏，按规定时间、规定形式、规定程序如实公开，接受全体村民的监督。通过大喇叭、广播站和微信等各类媒介形成对不同类型村民的村务信息传递，提高了村务公开的准确性和全面性，鼓励村民使用"微信问政"的方式发表村务管理意见建议，提升了民主监督的实时性和时效性，也提升村民自治的现代感。

（四）经营乡村社区（社群）

农村社区是相对于传统行政村和现代城市社区而言的，是指聚居在一定地域范围内的农村居民在农业生产方式基础上组成的社会生活共同体。农村社区是一个比自然村落、社队村组体制更具有弹性的制度平台。新型农村社区既不是村庄翻新，也不是简单的人口聚居，而是要加快缩小城乡差距，在农村营造一种新的社会生活形态，让农民享受到跟城里人一样的公共服务，过上像城里人那样生活的同时，又不远离土地。

随着时代的发展，农村社区的范围和概念也在不断更新，除了农民组成的社区外，农民与外地人融合的社区以及由外地人组成的社区，比如一些具有文化感和主题性的文创村落，由于大量外地创客的进驻，带动当地的旅游产业和休闲产业发展。这一类的乡村社区需要处理好外来居民与村民之间的关系，增加社区凝聚力，形成与当地村民互动发展的乡村社区，充分发挥外来居民的先进理念，带动村民共同发展。

第二节　乡村旅游环境建设

近年来，在乡村旅游快速发展的同时，部分地区在乡村旅游发展过程中也出现了一些问题，诸如产品品位不高、接待服务不到位、环境污染、市场无序等问题普遍存在，极大地阻碍了乡村旅游的发展。因此，乡村旅游作为一种内涵丰富、情况复杂的旅游业态，尤其需要强化规范管理，注重标准化引导。通过坚持规范建设、确保标准落实、加强旅游执法，解决乡村旅游发展中的无序开发、违搭乱建、环境脏乱、服务不规范等实际问题，提高乡村旅游建设的管理效率。

一、规范发展

乡村旅游的推进发展需要相关建设规范的引导，以指导乡村民居与公共设施风貌的优化建设，解决乱堆乱放、私搭乱建等问题，保持村庄风貌统一且与自然协调。此外，通过开展检查评优工作，可有效促进乡村景观风貌保持优美统一，落实"美丽乡村"建设目标。

（一）　建设规范制定

各地的建设规范可在《美丽乡村建设指南》这一国家标准的基础之上，编制地方乡村旅游建设规范，其主要内容包括特色旅游村镇风貌、乡村房屋建筑形态、乡村景观、民宿经营规模、基础服务设施、卫生环境等，以此推进乡村旅游规范化建设。

在制定规范方面，重庆武隆县的经验值得借鉴。其出台了《乡村旅游相关标准和规范》，规定经营场所房屋建筑要有典型的乡村特色，接待面积300平方米以上，庭院内外有绿化，有果园、菜地、鱼塘等，面积不低于庭院总面积的20%。此外，浙江省出台了《浙江省人民政府办公厅关于确定民宿范围和条件的指导意见》，福建省出台了《福建省乡村旅游特色村建设与服务规范》，陕西省出台了《旅游特色名镇评分细则》和《乡村旅游示范村评分细则》，山西省出台了《山西省乡村旅游景区标准（试行）》和《山西省乡村旅游客栈标准（试行）》，其他乡村旅游发展较好的区域也出台了相关规范，如浙江省湖州市出台了《湖州市乡村民宿管理办法》和《乡村民宿服务质量等级划分与评定》等乡村旅游系列标准。

（二） 依规执行建设

我国农村普遍存在"脏、乱、差"的环境问题，制约着乡村旅游的发展。未来，需通过美化景观环境、净化卫生环境、优化人文环境等措施，还农村干净、整洁的环境，助力新农村建设。

1. 建筑改造

乡村建筑具有极高的地域特色和观赏价值，是乡村旅游中给游客直观感受最为强烈的重要资源之一。因此在乡村建筑改造的过程中，要严格落实各项乡村旅游建设规范，通过废弃物清理、整治翻新乡村民居建筑、新建乡村休闲绿地等方法，保证良好的乡村建筑风貌。实施农村民居风貌改造工程，对农房的屋面、墙面、门窗进行全面改造，使之整洁美观、富有地方特色。通过"穿衣戴帽""涂脂抹粉"美化提升"裸房"美观度。从简单追求外观形式上升到构建整体可持续的美丽乡村景观风貌。在开发建设中，要尽量减少人为痕迹，保持原生态自然风格，让美丽乡村既有传统村落的古朴，也有新农村的气息，打造原汁原味的美丽乡村。

安徽省黄山市徽州区对乡村建筑风貌的改造较为成功，2012年徽州区投入1亿多元用于乡村风貌整治，以打造"乡村旅游型、生态资源型、田园乡村型、古徽风貌型和农民安居型"五种风格模式为指导，推进16个重点村庄风貌整治，对非徽派建筑实行统一规划设计、统一组建施工队伍、统一采购材料的"三统一"改造，补建马头墙、调整色彩，保持原汁原味的徽派建筑风貌。

2. 景观保护

乡村是人与自然和谐相处的体现，因此除建筑以外，乡村自然景观也是乡村核心吸引之一。但目前乡村开发中往往忽视了对自然乡土元素的保护，需要政府制定并实施生态环境景观管护制度，通过保护乡村元素、协调自然元素、增加现代便民服务元素等措施，提升农村的乡土景观品质，使乡村成为广大农民的幸福家园和城市居民休闲度假的好去处。景观保护中主要包括乡村景观元素和自然景观元素，对这两类元素需要采取不同的保护策略。

一是保护乡村元素。实现山水田林路综合治理，加强对山体、水源、森林、田园、湖泊等自然景观的保护，完善乡村功能，展现田园风光。尤其要加大对水环境的保护，开展农村河道综合治理，建设生态清洁型小流域；整治山塘水库，清淤除险、扩充库容，洁净水质。严禁在池塘、湖泊和水库中投肥养殖，清除水面漂浮垃圾，确保水清塘净。

二是协调自然元素。尽量采用生态环保技术治山治水，采用自然协调方式建房围栏。对山体护坡和河道、水塘护岸，应采用生态环保技术，保持与自然的协调一致。建设规划部门要严格把关，杜绝农民建房、砌围墙等与周边环境不协调的现象，避免在古建筑群中新建洋建筑，避免民族村落中建设小洋房。

3. 环境治理

乡村地区经过多年的粗放发展，卫生条件仍未得到有效改善，这对于城市旅游者而言，是一个影响较大的负面因素。因此乡村地区需要围绕"干净"做文章，控制环境污染源头、科学处理生产生活垃圾、创新环境净化机制、抓好农村环境整治、全面改善乡村环境，加快推进美丽乡村的建设。治理乡村环境可通过以下举措来推行：

一是控制垃圾源头。对生活垃圾，要引导农民分类减量、就地消化，借鉴华容县五星村"三池合一"的做法，确保垃圾不出户；对农业生产垃圾，要设置回收箱，强制回收农药瓶、塑料地膜等生产资料废弃物；对建筑垃圾，要定点堆放；对医疗垃圾，要回收处理。重点提升乡村旅游经营单位的餐饮、住宿、游览、娱乐、购物、停车场所卫生水平，整改场地脏乱、餐饮加工和就餐环境不卫生、住宿场所卫生设施和环境不整洁、停车场所坑坑洼洼及垃圾乱丢弃、污水乱排放、家禽家畜乱排便等影响环境卫生的问题，做到"三无"：无暴露垃圾、无卫生死角、无乱堆乱放。

二是科学处理废弃物。无论是垃圾还是污水，都要因地制宜，科学处理。城镇周边村庄，要充分利用城镇垃圾和污水处理设施，采取集中处理的办法，彻底消除污染。偏远且居住分散的村庄，采取"四池净化"方式和建"沼气池"的办法，有效处理生活污水；采取焚烧和填埋的方式，就近处理生活垃圾。加快卫生厕所建设，兴建"化粪池"，有效处理人畜粪便。推广利用污水净化装置中水循环系统设施和气化处理设备等新产品，加强对废纸、玻璃、金属等可回收垃圾的资源化利用，实现农村垃圾的资源化、无害化和垃圾处理产业化。

三是创新垃圾处理机制。创新农村垃圾污水处理机制，引进社会资本，实行市场化运作。以湖南省长沙市长沙县为例，该县采用 BOT 模式探索污水治理机制，每个乡镇都兴建了污水处理厂，确保生产生活污水达标排放。将城市环卫机制引入农村，加强村庄卫生保洁，推广湖州市德清县"一把扫帚扫到底"的城乡环卫管理一体化模式，以及"一根管子接到底"的污水处理模式。建立农村环境卫生长效管护机制，落实好人员、制度、职责、经费、装备，探索建立政府补助、村集体和群众为主的管护机制，使农村人居卫生环境治理常态化。

卫生环境治理的典型案例如浙江省湖州市德清县实行"一把扫帚扫到底"模式。将全县 1093 公里道路的环卫保洁、垃圾清运和 2193 万平方米的绿化养护管理，全部委托县城市管理行政执法局（成立了德清县城乡环卫发展有限公司）统一实施管理，涵盖城区、公路、河道、集镇、村庄五大区域，让村道与城市道路享受到了同等的保洁待遇。按照"统一收集、统一清运、统一处理"原则，将收集的垃圾采用一次性压缩至焚烧终端的运输模式，统一进行焚烧发电，实现了垃圾"收集运输全密闭，日产日清不落地"。德清县还首创探索出了县、乡镇、村、农户及第三方"五位一体"长效运维管理模式，让"一根管子接到底"，让"卫生间污水、餐厨污水、洗涤污水、洗浴污水"四种污水纳入同一根管子处理，解决了 57 个村的生活污水治理问题。

四是增加现代便民服务元素。例如架设节能路灯、设立乡村旅游景点与服务设施指示牌、彻底清除大型的墙体广告标牌，净化村容，规范商业经营场所招牌设置，做到整齐美观。以及结合农网改造，整合资源设施，规范有序设置各类管网。

4. 人文提升

乡村旅游中，人的因素不可忽视。乡村性不仅仅体现在建筑与自然间，更体现在人文环境里。乡村地区美好的人文情怀和高素质的旅游服务是乡村旅游品质化发展的关键。提升人文环境可通过以下举措来推动：

一是开展乡村精神文明建设。引导村民崇德向善、见贤思齐、邻里守望互助，促使整个乡村风醇物厚，淳朴民风与人文之美相映生辉。例如扬州市田桥村设立"田桥大讲坛"，通过身边人讲身边事的道德宣讲，让村民感到"榜样就在身边，先进如在脚下"；珠海斗门乡重现宋朝"皇族祭礼"，使村民与游客都能体验民间艺术的奥妙，尽情感受民俗文化的风情；宜都市响水洞村持续评选村级"五美之星"，以"勤、孝、净、诚、和"为主题的道德新风扣人心弦，家喻户晓；江苏宜兴创立了"深氧界"旅游品牌，开展了国际乐跑运动，树起了特色文艺乡村的新旗帜；淄博敬仲镇树立了"善行义举四德榜"，打造出树立群众看得见、摸得着、学得到的先进典型，广泛播撒道德种子，全民向善之势喷薄而起，掀起了不同凡响的"蒲公英效应"。

二是加强对乡村旅游服务人员的培训。主要包括普通话培训、接待礼仪培训、民族民俗艺术培训等，提高乡村一线工作人员的接待服务水平。

（三） 检查评优

乡村规范化建设是否得到落实，需要后期对建设成果进行检查。各地旅游行政管理部门需加大宣传，推动乡村旅游建设规范落实执行，定期开展检查验收工作，避免出现违搭乱建破坏乡村风貌的现象。对符合建设要求的旅游村镇开展评优工作，授予星级农家乐、乡村旅游示范村（点）、休闲农庄示范（点）等荣誉称号，并给予相应的资金或税收奖励。

以大理市为例，2015 年，该市为了推进美丽大理宜居乡村建设，提高乡村建筑建设水平，组织开展了美丽乡村农房优秀建筑实例评选活动，鼓励优秀设计师、艺术家等专业人员和广大农民群众参与美丽乡村建设。邀请规划、建筑、环保专家对申报建筑实例进行评选，设一等奖 1 名，奖金 3 万元 1 名；二等奖 2 名，奖金 2 万元 / 名；三等奖 11 名，奖金 1 万元 / 名。该活动引导推出了一批融田园风光、自然山水和现代文明于一体，地方特色和时代精神有机结合，保留和弘扬大理民族地区历史和文化传统，建筑安全美观、功能合理、生态环保的乡村农房优秀建筑，作为大理市农村农房建设的示范实例。

二、标准服务

乡村旅游包含食、宿、行、游、购、娱六大要素，覆盖行业众多，涉及面广。标准化作为一项技术性基础工作，渗透于乡村旅游宏观管理、服务质量、基础设施设备要求，以及旅游创新等诸多方面，成为行业发展的技术指标和规范化管理的依据。因此，实施旅游标准化是规范旅游经营和提升旅游服务质量的重要手段。地方旅游主管单位和行业协会需要积极推动标准化建设，积极出台适应地方乡村旅游发展的标准规范，组织专家研究制订乡村旅游村（点）基本标准、示范村（点）验收标准、乡村旅游经营户基本标准、乡村旅游星级示范户评定标准与管理办法、乡村旅游服务礼仪及服务技能标准等，对乡村旅游住宿、餐饮、娱乐、购物等主要消费环节及组织管理进行详细规定。遵循政府主导、企业参与、以点带面、稳步推进的原则，大力推行乡村旅游标准化试点建设，通过试点建设和验收、标准提升和完善、检查督导、推广实施的四步举措，将标准化落到实处。乡村旅游标准化建设包括且不限于：

乡村旅游住宿业服务标准化。推行《旅游饭店星级的划分与评定》（GB/T 14308-2010）及各地方乡村旅游住宿业服务标准，以星级农家乐创建为突破口，将精品民宿、家庭旅馆、庄园等不同形式的住宿业纳入"星级标准"评定范围，加大"星级标准"的宣传推广和教育培训，扩大乡村住宿业星级标准管理人员和内审员的培养规模和效果，重点对住宿业周边环境、公共信息图形符号、设施设备、服务项目、清洁卫生、管理制度、员工设施等方面的标准化进行覆盖。

乡村旅游餐饮业的服务标准化。加快餐饮业与乡村旅游的融合发展，对符合条件的乡村旅游餐饮业开展等级评定，重点强调食品卫生、设施条件、生产标准、服务规范、管理水平等方面的标准化。

旅行社和导游服务标准化。出台并落实地方特色的《导游行为规范与服务流程》《旅行社等级划分与评定》等标准，举办旅行社乡村旅游产品设计大赛、乡村导游服务技能大赛，切实提高旅行社和导游服务质量和管理水平。

乡村旅游景区 A 级标准化。对已经开业的乡村旅游景区景点实现 A 级标准管理，对规划新建的乡村旅游景区严格按照《旅游景区质量等级的划分与评定》相关要求，开展规划、设计、建设和改造，实现乡村旅游景区在数量和质量上的大幅度提高。

乡村旅游交通服务标准化。重点对乡村旅游直通车、旅游客车、出租车、旅游专列、游船游艇等领域进行相关标准的执行，参照星级旅游饭店和等级旅游景区的做法，实行星级服务定级工作，狠抓服务规范的覆盖率和达标率，规范旅游交通服务行为，为游客和市民创造良好的交通出行服务。

三、执法监督

行政执法是指相应行政主管部门和其他依法行使监督管理权的行政机关及公职人员，依据管理相应事物，查处违法行为的总称。乡村旅游执法是乡村旅游相关法律得以实施的重要手段之一，主要包括乡村旅游的审批、市场检查、纠纷处理等。但是目前乡村旅游开发、建设、运营的过程中，乡村旅游执法监督处于缺位状态。首先，乡村旅游执法过程中重罚款轻整改。乡村旅游的快速发展带动了各地农村的经济发展，在面对一些违规问题时，相关部门过多考虑经济因素，出现了得过且过或以罚代改的现象。其次，乡村旅游监督不力。由于规章制度、人力不足等各种因素，各地相关部门在对乡村旅游监管过程中往往进行固定周期性自上而下的例行监督，缺乏不定期、经常性的监督。为了保障乡村旅游的发展，仅仅依靠旅游行政管理部门是远远不够的，需要政府各职能部门的全力支持和密切配合。

通过执法强化旅游市场监督，规范旅游市场秩序，切实维护旅游者和经营者的合法权益，对促进乡村旅游业健康有序发展具有重要意义。乡村旅游执法体系建设应从警察执法体系、市场监管体系和审判体系三大体系建设着手，设置执法主体，明确各部门的职权范围，保证各个部门的行政执法效率，做到执法为民，这方面浙江省湖州市已经成为全国"1+3+N"旅游综合执法体系建设的典范。

（一）乡村旅游警察执法体系

市公安机关设旅游警察支队，县区公安机关设立旅游警察大队，在重点旅游景区（原则上国家 AAAA 级以上旅游景区和省级以上旅游度假区）设立旅游警务室。公安局要加强旅游警察队伍建设，配齐配强旅游警察大队人员。

旅游警察大队主要负责：贯彻执行《中华人民共和国旅游法》及相关法律法规和规章；组织指导、协调、打击涉及侵害旅游者人身和财产安全的违法犯罪案件；依法监督、检查、指导辖区内旅游企业的安全保卫工作；指导辖区内的景区景点开展秩序维护、巡逻防范、消防检查、交通组织、服务求助等工作；配合旅游委、市场监管局等相关部门共同维护旅游市场秩序。

（二）乡村旅游市场监管体系

市、县区在市场监管部门设立旅游分局，在重点旅游景区（原则上国家 AAAA 级以上旅游景区和省级以上旅游度假区）设立消费维权中心。市场监督管理局要加强旅游市场监管队伍建设，配齐配强市场监管旅游分局人员。

市场监管旅游分局主要负责：贯彻执行《中华人民共和国旅游法》及相关法律法规和规章；依法组织协调涉及旅游市场中的无照经营、虚假广告、虚假或者引人误解的宣传、销售假冒伪劣商品、利用合同格式条款侵害消费者合法权益、垄断行为（价格垄断行为除外）、商业贿赂等不正当竞争行为及其他违法违规行为等的查处；依法组织协调涉及旅游场所食品安全监督管理，指导旅游行业做好食品安全工作，指导旅游场所餐饮单位食品安全事故应急处置和调查处理工作，监督事故查处落实情况。

（三）乡村旅游审判体系

市人民法院设立旅游审判协调中心，县区人民法院设立旅游巡回法庭，在重点旅游景区（原则上国家 AAAA 级以上旅游景区和省级以上旅游度假区）设立旅游纠纷调解室，可以与旅游警务室合署办公。中级人民法院旅游审判协调中心主要负责统筹指导景区所在相应等级行政区域范围内的旅游巡回审判工作。

人民法院要依托相关民事审判庭设立旅游巡回审判庭，主要职责：依法审理涉及旅游合同、旅游服务、旅游消费等引起的民事纠纷案件，指导旅游景区人民调解工作；审查确认相关调解协议；做好游客和旅游经营者现场调处旅游纠纷工作，为游客和旅游经营者提供诉前法律服务、规范旅游市场秩序；针对审理旅游纠纷案件中发现的问题，向有关单位提出司法建议。

（四）乡村旅游执法保障机制

乡村旅游执法的落地实施需要有力的保障机制作为补充。为了保障乡村旅游的可持续发展，在乡村旅游各相关部门之间应确立科学协调的管理体制，明确休闲农业与乡村旅游各相关部门在管理中的职能职责，避免出现权责不明的情形，进而有效提高各部门的行政执法效率。加强乡村旅游发展过程中的监督效率和处罚力度，不定期高频率地实地检查，坚决打击违规开发经营行为、惩处非法开发经营活动。提升乡村旅游执法人员整体素质，尤其是提高责任意识和环保意识。

首先，建立日常工作协商机制。由旅游委员会（局）牵头，成立旅游综合执法领导小组，定期召集中级人民法院旅游审判协调中心、公安局旅游警察支队、市场监管局旅游分局负责人工作例会，总结各单位工作情况，布置下阶段工作。

其次，建立联合执法督查机制。建立和完善旅游联合执法督查机制，着力推进节假日及旅游市场专项整治等活动期间的多部门联合执法督查。

最后，建立情况通报和考核机制。围绕整合旅游执法信息资源，畅通渠道，形成综合协调、及时有效的旅游执法体制，逐步建立和完善部门间旅游综合执法的信息通报机制和年终部门综合考核机制，加快旅游综合执法体系建设步伐。湖州的乡村旅游执法管理措施在全国具有重要的示范作用。按照"1+3"的总体要求，浙江省湖州市逐步建立完善了市县区旅游行政执法机构，全面构筑了"综合执法＋旅游警察＋市场监管旅游分局＋旅游巡回法庭＋N"的"五位一体"的旅游综合执法体系。其中旅游警察由市公安局设立市公安局旅游警察支队，与治安支队合署办公，下设旅游治安管理大队；县区公安机关设立旅游警察大队，重点旅游景区设立旅游警务室。市场监管旅游分局由市市场监督管理局设立市市场监管局旅游分局，与消费者权益保护处合署办公，县（区）市场监管部门同时设立市场监管旅游分局，重点旅游景区设立旅游消费维权中心。旅游审判庭由市中级人民法院依托民事审判庭设立市中级人民法院旅游审判协调中心，县区层面依托县区人民法院相关民事审判庭设立旅游巡回法庭，重点旅游景区设立旅游纠纷调解室。目前，全域旅游领导体制、管理体制和综合执法体制"三位一体"大旅游格局，已基本适应了全域旅游发展的体制要求。

根据职责分工，湖州市公安局旅游警察支队的职责主要是指导辖区内的景区景点开展秩序维护、巡逻防范、消防检查、交通组织、服务求助；组织指导、协调、打击涉及侵害旅游者人身和财产安全的违法犯罪案件；依法监督、检查、指导旅游企业的安全保卫工作等工作。市市场监督管理旅游分局的职责主要是依法负责组织协调涉及旅游市场中的无照经营、虚假广告、虚假或者引人误解的宣传、销售假冒伪劣商品、利用合同格式条款侵害消费者合法权益、垄断行为、商业贿赂等不正当竞争行为及其他违法违规行为等；依法负责组织协调涉及旅游场所食品安全监督管理；市中级人民法院旅游巡回法庭协调中心的职责主要是依法审理涉及旅游合同、旅游服务、旅游消费等引起的民事纠纷案件，指导旅游景区人民调解工作；做好游客和旅游经营者现场调处旅游纠纷工作；针对审理旅游纠纷案件中发现的问题，向有关单位提出司法建议。

第三节　乡村旅游政策扶持

乡村旅游政策是国家和各级地方政府管理部门为了实现乡村旅游发展的目的，根据乡村旅游发展的社会经济条件和乡村旅游发展的具体情况所制定的一系列措施和办法。合理的乡村旅游政策应充分调动行业协会、企业、城乡居民群众等多元利益主体的力量，共同参与到旅游业的社会化管理之中，进一步强化行业自律、规范旅游市场秩序、优化旅游环境、提升行业整体形象，使乡村旅游发展从"小马拉大车"变成"群马拉大车"，构建"政社互动"的综合统筹管理格局。2016 年中央一号文件（《关于落实发展新理念加快农业现代化实现全面小康目标的若干意见》）提出"将乡村旅游发展成农村新兴支柱产业"的指示，并出台了相应的支持政策。

目前乡村旅游政策在土地、金融、扶贫等方面给予了高度关注，规范了农村土地流转，加大了乡村旅游金融扶持与信贷支持力度，加强了乡村旅游人才开发与管理体系建设，为乡村旅游的发展提供强有力的支撑与保障。

一、土地政策

乡村旅游是当前和今后旅游业发展的重点领域，也是旅游扶贫的关键抓手。土地政策对乡村旅游的影响渗透到乡村旅游发展的整个过程和全部层面，乡村旅游发展也在一定程度上推动着农村区域土地政策的完善。在不突破用地红线的大前提下，通过积极推进乡村旅游用地改革、拓宽用地审批渠道、加大用地供应、促进土地集约高效利用等措施，将有效解决农村土地使用分散性和旅游经营集中性的矛盾，支撑促进乡村旅游的快速发展。

（一）改革乡村旅游用地制度

发展乡村旅游，会涉及大量的农村集体土地和少量国有土地。农村集体土地包括农民集体所有的农用地、未利用地、宅基地、公益性公共设施用地和经营性用地，以及农民集体使用的"四荒地"和农民集体经济组织所有的"四荒地"等，主要有七种方式可加快农村集体土地流转：第一种，土地互换，即农村集体经济组织内部的农户对各自土地的承包经营权进行交换；第二种，出租和转包、转让，即农民将其承包的土地经营权出租给大户、业主或企业法人等承租方；第三种，股份合作社，即农户以土地经营权为股份共同组建专业合作社，按照"群众自愿、土地入股、集约经营、收益分红、利益保障"的原则返租倒包给其他经营者；第四种，入股（"股田制"）或股份合作经营，即农户将承包土地经营权作价入股，建立股份公司，按公司治理方式经营；第五种，抵押或土地银行，即金融资本将土地作为存贷的主要标的，经营与土地有关的长期信用业务，最终让农业经营合作组织采用银行运作模式进行生产；第六种，土地托管，即农民缴纳管理费，将土地交由合作社管理，合作社经营农民土地，将受益交给农民；第七种，土地信托，即政府出资在县或乡镇设立农村土地承包经营权信托有限公司，接收农民名下的土地，企业再从政府的信托公司手中连片租赁土地，从事乡村旅游开发经营活动。

乡村旅游发展可用的少量国有土地包括城郊、林地等，应加快调整改进国有土地出让方式，调整方向有两种：第一种，结合技术标，在土地出让之前明确功能布局，综合评定中标单位；第二种，在土地出让价格等方面，给予乡村旅游项目更优惠的政策扶持，在招商项目选择中给予乡村旅游项目更大空间。

此外，重点旅游市、县还应积极推广借鉴浙江、桂林等地的做法，选择重点旅游市县区开展改革试点建设。改革试点方向有：城乡建设用地增减挂钩试点，坡地村镇建设用地、点状供地、闲置宅基地整理结余的建设用地可用于休闲农业，乡村旅游项目中未改变农用地、未利用地用途和功能、未固化地面、未破坏耕作层的生态景观用地，可按实际地类管理，不办理农用地转用手续等。

（二）拓宽乡村旅游用地审批渠道

乡村旅游用地审批渠道并不是单一的，可以通过各级政府的灵活处理而得以拓宽。如规划乡村旅游用地需求，由乡村旅游领导小组出面与国土部门协调或报市政府，提前对乡村旅游用地予以审批；各区（县、市）国土资源部门每年拿出一定的乡村旅游用地指标，由旅游局根据乡村旅游规划、根据轻重缓急进行审批；对重大乡村旅游项目，积极纳入上级行政单位旅游重点项目，从上级行政单位申请用地审批；发展乡村旅游涉及建设永久性餐饮、住宿用地的，支持依法办理农用地转用等审批手续等。

（三）提高乡村旅游用地供应总量

乡村旅游的开发建设用地需求量大，乡村旅游用地供应总量缺失需要采取政策措施来解决，以提高用地供应总量。本书认为主要包括三类措施：

首先，预留或增加用地指标，为旅游配套的公益性城镇基础设施建设用地按照划拨方式提供，编制和调整各地方城乡土地利用总体规划、城乡规划时，充分考虑休闲农业项目、乡村旅游项目、旅游公共设施的空间布局和建设用地要求，并给予指标倾斜。重点旅游市县每年安排切块用地指标不少于10%用于乡村旅游项目建设（如浙江省湖州市安吉县出台规定"每年安排切块用地指标不少于15%用于乡村旅游项目建设"）。

其次，加强荒地开发利用，海域、水域、滩涂区域要优先发展垂钓、渔家乐和养殖观光旅游，鼓励开发利用荒山、荒地、荒滩及石漠化、边远海岛等土地。

最后，要协调重点项目用地，采取重点项目清单制度，将需要建设用地指标的重大乡村旅游项目纳入建设用地协调清单，与土地利用总体规划、土地利用年度计划进行对接与协调。尝试利用附属设施用地以及配套设施用地建设露营地、旅游服务设施等，加大旅游用地供给。

（四）促进乡村土地集约高效利用

节约集约利用土地是我国土地管理的一项最基本的规定，也是有效保障乡村旅游用地的一种方法。浙江省湖州市出台了《湖州市旅游用地专项规划》。本书认为应从四大方向着手，确保乡村土地的高效集约利用：

一是要统一规划建设。探索发展由村集体统一收购（租用）、统一管理闲置农房的模式，统一规划利用闲置农村宅基地，共享公共设施用地，减少重复建设与浪费，鼓励发展树屋、森林氧吧、帐篷营地、房车营地、亲子乐园等占地需求较小的旅游项目。

二是要专业开发运营。吸引专业公司开发、经营进入门槛相对高的乡村旅游项目，如精品民宿、度假农庄等，保障乡村土地的集约化利用。

三是要存量用地盘活。对于已批未建或建设缓慢的乡村旅游用地项目，要积极盘活，严格督促项目开发建设进度，执行建设用地逾期未建设即收回的机制，提高每一寸农村土地的利用效率。

四是要争取一地多用。充分利用新农村建设、生态建设、农田保护整治机会，探索旅游"一地多用"方式，将乡村公共设施用地与旅游服务用地相结合，最大程度地节约、集约农村地区的土地资源。开发未利用地，引导乡村旅游企业参与土地整理，实现旅游发展、土地利用的双优化；在现有农村用地中植入旅游化、景观化理念，打造稻田艺术、花卉迷宫、特色村落等不占建设用地的乡村旅游项目。

二、金融政策

乡村旅游的发展离不开金融财税的支持，但长期以来农村金融滞后、城市金融的非均衡局面却制约着乡村旅游的发展。2016 年中央一号文件提出了"完善农村金融服务""引导互联网金融、移动金融在农村规范发展"等指示，对现代农村金融体系给予了充分重视，出台了一批乡村旅游发展的金融扶持政策。各地方应在争取财政资金支持、引导金融资本投资、加大信贷支持力度、落实税收优惠等方面强化落实，为乡村旅游发展提供坚实的金融保障基础。

（一）加强财政资金支持

首要任务是争取专项拨款，争取国家和省市加大财政资金扶持力度，设立乡村旅游发展专项资金，主要用于项目规划、形象推广、市场开拓、设施建设等。积极策划和筹备一批既符合国家、省市投资重点，又体现当地特色的乡村旅游项目，争取专项奖励与补助资金。

在此基础上，统筹利用多类资金，包括国家和省市级支持服务业、中小企业、新农村建设、林业发展、环境保护、扶贫开发、文化遗产保护以及其他与旅游业相关的专项资金，抓好政策组合拳，对符合条件的旅游项目予以倾斜。各类农业示范基地、水利风景区、森林公园、文化体育等建设资金要注重与重点乡村旅游项目建设融合使用。

与此同时，建立资金使用管理绩效评价机制，逐步将重点乡村旅游区的农村公路养护、环境整治、基础设施建设（水、电、宽带、停车场、厕所）等资金纳入地方财政预算，中央财政给予差异化奖补，推动各级政府实行资金使用管理绩效评价机制，完善预算编制管理，将绩效目标作为申报项目预算的前置性条件，提升财政资金使用效能与规范性。

（二）引导金融资本投资

通过采取以下各种方式，激活社会金融资本，引导和支持社会金融资本参与乡村旅游开发建设。

强化政策奖励引导。充分发挥财政资金引导作用，以及各类旅游资源交易平台的产权交易和投融资功能，以先建后补、业绩奖励、风险补偿、贷款贴息等方式，吸引社会资本兴办各种乡村旅游开发性企业和实体。

设立乡村旅游投资基金。支持财政和大型企业、金融机构联合建设乡村旅游投资产业基金，引导更多社会资本投入乡村旅游产业要素的提升改造、旅游产业融合和新业态新产品开发，以及重大乡村旅游项目和重要旅游服务设施建设，推进乡村旅游产业转型升级。

推广PPP投融资模式。支持企业与政府、社会资本合作，政府采购选择合适的社会资本方，并指定乡村旅游项目建设实施单位，三方共同组建项目公司（SPV），开展乡村旅游项目的规划、设计、投融资、建设、运营投资、建设、运营，对社会资本进行回报，并将政府的支出责任纳入财政预算。

鼓励农民集资入股。鼓励农村集体以土地的租赁、承包、联营、入股合作等方式，参与乡村旅游投资开发。探索农户以房屋、土地、果蔬园等入股，参与农家乐、果蔬采摘园、休闲农庄等乡村旅游项目建设经营。改革乡村旅游景区（点）经营体制，引进社会资本，优化提升一批具有影响力和竞争力的乡村旅游景区（点）。

鼓励本土实力企业拓展旅游业务。重点引导本土有实力的企业拓展乡村旅游投资开发类业务，或向乡村旅游方向转型，鼓励其投资休闲农业与乡村旅游景区（点）、旅游项目、商业网点以及服务接待、交通运输等设施的建设和经营。

（三）加大信贷支持力度

国务院多次提出"加大对小微旅游企业和乡村旅游信贷支持"的指示，各地方可通过四大举措落实乡村旅游的信贷支持政策。

发放政策性优惠贷款。贫困地区可将休闲农业与乡村旅游纳入扶贫开发贷款扶持范围。鼓励地方政府与农业银行、农村信用联社、农业发展银行、邮政储蓄银行等金融机构，达成"乡村旅游发展贷款项目"合作协议，发放低息、周期长的政策性优惠贷款，支持乡村旅游投资建设。

鼓励金融机构创新贷款产品。鼓励商业银行、保险公司等金融机构开发面向乡村旅游的信贷、保险产品，如农家院贷款产品、小微民宿贷、金融众筹等，适当加大信贷投放力度，适度降低旅游企业贷款准入门槛，扶持龙头企业发展。

鼓励开展小额担保贷款业务。积极探索成立针对经营乡村旅游的农户和中小旅游企业的贷款担保机构，为经营休闲农业与乡村旅游项目的农户提供担保服务，支持其申请小额担保贷款，由政府给予一定比例的保费补助或贷款贴息。鼓励乡村旅游经营户以互助联保方式实现小额融资。

开展多样化的抵押贷款业务。鼓励各大金融机构开展乡村旅游抵押贷款业务，包括旅游企业建设用地使用权抵押、门票抵押、景区开发权抵押、水域滩涂养殖使用权抵押、林权抵押、养殖物抵押等，扩大乡村旅游的融资渠道和规模。

（四）落实税收优惠政策

完善乡村旅游所得税优惠政策。制定鼓励大学生到乡村旅游企业就业的个人所得税和企业所得税减免的政策；适时将乡村旅游农户所得税的税收优惠政策的受惠时限改为"从开始获利的年度起"；因地制宜地根据乡村旅游淡旺季调剂税率、实行营业税优惠政策；对从事乡村旅游的符合条件的小型微利企业，按规定执行小型微利企业所得税优惠政策。①

完善地方税收优惠政策。对土地流转入股参与到乡村旅游开发的农户，减免营业税；对于改善农村和农业的水、电、路、通信工程的企业适当进行税收减免，改善乡村旅游企业发展环境；经批准改造的废弃土地和开山整治的土地，从使用的月份起免缴 5 年的城镇土地使用税；对利用个人出租住房经营乡村旅游的，免征印花税；对经营采摘、观光农业等乡村旅游项目的单位和个人，其直接用于采摘、观光的种植、养殖、饲养的土地，免征城镇土地使用税；对新开办的乡村旅游项目，工商、卫生等部门减免办证费用；对 3A 级以上乡村旅游点、星级农家旅馆免收标牌费，用电、用水、用气实行与一般工业企业同等的价格；参照城市公交站场、道路客运站场的相关税费政策，免征乡村旅游集散中心建设城镇土地使用税。

三、扶贫政策

扶贫是为帮助贫困地区和贫困户开发经济、发展生产、摆脱贫困的一种社会工作，旨在扶助贫困户或贫困地区发展生产，改变穷困面貌。中国由于历史和自然的原因，各地区之间和地区内部的经济发展很不平衡，特别是贫困地区的生产力发展十分缓慢。中国从 20 世纪 80 年代中期启动了有计划、有组织、大规模的扶贫开发，主要任务是解决贫困人口的基本温饱问题。进入 21 世纪之后，中央直面我国农村仍然存在的突出贫困问题，从实际出发部署了全国的扶贫开发工作。2001 年国务院颁发了《中国农村扶贫开发纲要（2001—2010年）》，2011 年国家再次出台《中国农村扶贫开发纲要（2011—2020 年）》。2016 年中央财政扶贫资金比上年增加 201 亿元，增长 43.4%，继续多渠道增加扶贫开发投入，加大对贫困地区的一般性转移支付力度，各专项转移支付对农村贫困地区给予倾斜，提高脱贫攻坚财力保障能力。

旅游业是综合性产业，关联度高、涉及面广、带动性强，已成为经济社会发展中最具活力的新兴产业。旅游扶贫是一种借助旅游经济增加贫困地区"造血功能"的开发式扶贫。乡村是旅游资源富集地，更是扶贫开发的重要载体，实施乡村旅游扶贫具有重大的经济效益、社会效益、生态效益和文化效益。

然而目前，我国乡村旅游扶贫依然存在一些问题。首先，扶贫投入机制单一，旅游升级难。地方政府是旅游扶贫开发投资的主体，但贫困地区地方财政普遍入不敷出，乡村旅游扶贫资金投入不足的问题十分突出，使得大量旅游扶贫地区的乡村旅游长期处于低层次、低水平和粗放型的初级开发阶段，制约了贫困地区乡村旅游开发的转型升级。其次，旅游与产业脱节，综合效益低。由于贫困地区长期封闭，开发较晚，地方产业薄弱，经济发展滞后，旅游扶贫区域内的种植业、养殖业和农副产品加工业等地方产业，还不能适应乡村旅游发展的需要，乡村旅游业与本地农业缺乏应有的联系和融合。再次，贫困人口参与度低，受益边缘化。乡村贫困人口旅游参与能力和参与意识弱，旅游参与度低，街头摊贩、临时工、非技术性工人和手工艺者，从旅游开发中获得的利益过低，还要承受旅游开发过程中产生的环境污染、交通拥挤、生活受干扰、物价水平上涨等导致。最后，导致旅游扶贫人才匮乏，组织管理差。乡村贫困地区由于生活条件差，经济基础薄弱，难以吸引外部人才，而参与乡村旅游管理的村民文化水平不高，缺乏相关旅游管理和接待知识，缺乏业务培训，其组织管理和服务水平不能适应新形势下旅游扶贫开发的需要。

面对存在的问题，政府应积极健全乡村旅游扶贫政策，完善扶持措施，帮助贫困地区和贫困户通过旅游致富，加快贫困地区的经济发展。

（一）扩大旅游融资渠道

中央财政要加大对贫困人口的转移支付力度，地方各级政府应在财政预算中安排贫困人口旅游扶贫专项资金，并给予财政补贴和贷款贴息补助，帮助贫困人口解决旅游扶贫参与的资金瓶颈。

建设乡村旅游扶贫项目库。统筹资源支持国开行、农发行等银行创新金融服务，设计符合旅游扶贫项目特点、与旅游扶贫项目周期相匹配的支持产品。

建立旅游扶贫资金整合机制。通过整合涉农资金、财政扶贫资金、对口扶贫资金、部门项目资金、社会投入资金等，形成支撑贫困人口旅游扶贫参与的强大合力，为贫困人口提供充足的资金支持。在旅游扶贫部门的统一协调下，将不同来源、不同类型的资金捆绑使用，并设立乡村旅游扶贫产业基金，以达到整合资源、发挥合力的目的。

完善乡村旅游信贷系统。探索建立乡村旅游投融资主体、担保平台、风险准备金制度及信用评级体系，优先在旅游扶贫重点村进行授信，为贫困户提供小额贷款，相关部门给予贷款贴息。探索景区带村、能人带户、《企业（合作社）＋农户》等扶贫信贷政策，根据带动贫困村、贫困户实现增收的情况，引导全国金融机构为景区、能人、企业（合作社）提供成本低、期限长的信贷支持。

提供融资优惠政策。协调金融机构，放宽贫困人口贷款条件，延长贷款期限，建立旅游扶贫小额贷款、低息贷款等优惠政策。对参与旅游扶贫的旅游经营企业，提供旅游产品生产和服务的贫困人口实施税费减免等优惠政策。

争取社会资本进入。营造社会各界对旅游扶贫投入的环境，实施对口帮扶和定点联系帮扶等举措，引导企业、非政府组织等加大对贫困人口帮扶的投入。积极开展与国际社会旅游扶贫合作交流，争取国际社会扶贫基金的支持。此外，应充分发挥贫困人口自身的积极性，引导广大贫困人口将经济积累投入到旅游扶贫中来。

（二）培育产业支撑能力

对贫困社区经济进行帮扶，应依托贫困社区自身的条件，在充分利用本地资源的基础上，围绕旅游扶贫发展所需，以旅游业为龙头优化配置和培育相关产业，如种植业、养殖业、副食品加工业、手工艺品加工业等，实现乡村旅游产业链的合理分工和产业供给环节的本地化。

帮助社区培育旅游扶贫所需的产业支撑能力，一方面可以增加旅游扶贫产品的本地特色，扩大旅游扶贫产品的自给规模，有效保留旅游所产生的收益，减少旅游漏损，从而增加价值分配额；同时，还可以增加当地产品的附加值及加强贫困人口旅游扶贫参与的程度，使当地贫困人口从旅游扶贫中得到切实的好处。

（三）保障贫困人口权益

加强政策赋权。从政策法规和制度设计层面上，加强对贫困人口旅游扶贫主体参与权利的保证，赋予贫困人口知情权、参与权、决策权、管理权、监督权与收益权，保障贫困人口旅游扶贫参与的主体地位。在政策、法规中明确规定支持旅游就地管理和促进本地人就业。

提供特许经营。在旅游供应各要素安排中，充分考虑贫困人口的利益诉求，结合本地贫困人口的能力及其所处的区位条件，确定旅游扶贫参与的方式和环节。以特许经营、划定经营范围等形式为贫困人口保留一定的份额，增强进入市场能力，避免当地贫困人口开办的小型旅游企业被大旅游企业排挤出市场经营圈或增强市场进入性。

探索创新模式。探索景区带村、能人带户、《企业（合作社）＋农户》等多种类型的旅游扶贫新模式，按照景区扶贫加分政策，鼓励景区带动周边贫困村发展，通过招工、订单采购农产品、建设绿色食品基地、成立互助社等方式帮扶脱贫。

（四）建设人才培养体系

教育培训与贫困人口脱贫有着显著的正相关关系。加大教育培训及宣传力度，转变贫困人口的落后思想观念，培养贫困人口的市场经济意识，使其了解和遵循市场规律，接受市场经济的思维和观念，积极参与旅游市场竞争，通过旅游经济发展改变其贫困状况。

在市场经济条件下，贫困人口旅游扶贫参与能力建设的内容至少包含旅游产品生产和服务能力建设、进入旅游市场的能力建设、抵御各种风险（如来自自然、疾病、市场等方面风险）的能力建设、参与公共事务的能力建设及社会交往能力建设等。

第四节　乡村旅游人才保障

近年来，我国乡村旅游蓬勃高速发展，但乡村旅游人才（尤其是高水平的旅游管理人才）匮乏的问题日益凸显，成为制约乡村旅游发展水平的关键因素。各地方需克难攻坚，通过创新人才引进制度、完善人才培养机制、强化人才管理办法等措施，建成乡村旅游发展的人才库，支撑推动乡村旅游建设发展。

一、 人才引进

乡村地区受限于教育水平和经济能力，往往缺失乡村旅游人才，因此，从城市地区引进人才是激活乡村旅游发展的关键之一。人才引进的策略包括：

特聘专家顾问，引进战略指导人才。聘请一批乡村旅游规划发展、战略运营、投融资等方面的高端人才，授予乡村旅游发展特聘专家顾问证书，定期邀请专家进行乡村旅游发展战略方面的咨询与指导，提供前瞻性与专业化的乡村旅游发展顶层设计。

以大项目为平台，引进高端管理人才。出台各项优惠政策扶持地方龙头乡村旅游项目，并以大项目为平台，吸引和集聚一批高端管理人才，结合大学生"村官"制度，建立旅游乡镇长制度，提高乡村旅游的行政管理水平。

开展创客行动，引进创意创业人才。加大对创新创业人才的政策倾斜，持续开展"百村万人乡村旅游创客行动"，引导外籍人员、大学生、返乡农民工、专业艺术人才、青年创业团队等各类"创客"投身乡村旅游发展，建设一批乡村旅游创客示范基地，依托乡村丰富的人文资源与优良的生态资源，打造一批个性化的艺术创作工作室，以免租或免税等优惠政策，吸引各类艺术家、创意人才入驻创作。

开展人才借调，引进新业态人才。地方政府与互联网、电商、智慧旅游等新业态领域的企业达成合作协议，提供试点建设、产品供应、政策准入等优惠条件，获取新业态领域人才借调、智力支持、资源共享的回报。

二、人才培养

尽管人才匮乏问题可以通过引进得以缓解，但仅靠外来人才难以实现乡村旅游惠民富民的根本目的。俗话说"授人以鱼不如授人以渔"，从农民中培养新的乡村旅游人才是乡村旅游可持续发展的必然要求。乡村旅游人才的培养可以从以下几方面着手：

夯实旅游院校基础，优化乡村旅游人才培养源头。推动大中专旅游院校开设乡村旅游相关课程，并根据市场变化升级教学课程，深挖、拓展酒店、民宿、乡村景区、旅行社等传统业态的维度和深度，搭建、规范乡村旅游投资与规划、乡村旅游观察监测、乡村旅游公共服务、"旅游＋互联网"等新兴业态的课程体系，丰富、完善乡村民俗文化和职业素养方面的基础课程。乡镇政府或旅游业的经营者可以和各大高校合作，专门培养适合乡村旅游业的人才，还可以在当地建立教学实习基地，促使学生在加强理论学习的同时提高实践能力，努力培养适应乡村生活，真正愿意在乡村发展的复合型人才。如浙江省成立了浙江乡村旅游研究院，浙江省湖州市成立了湖州农民学院和湖州国际旅游学院。

强化政策资金激励，丰富乡村旅游人才培训方式。充分利用相关政策资金，采取"学校＋农户""政府＋农户""研究机构＋农户""公司＋农户""旅游协会＋农户"等多种培训模式。对乡村旅游从业人员进行各类培训，鼓励乡村旅游管理人才、经营人才、技能服务人才"走出去"，参加各类乡村旅游相关的培训讲座、游学体验、专业论坛等，学习前沿的管理与服务经验。定期将乡村旅游领域的专家学者、行业领袖、模范先进等"请进来"，提高地方为乡村旅游从业人员开展专业培训，提升其的管理水平与服务技能。实行非遗传承人"名师带徒"工程，建立健全乡村旅游民俗文化传承人才培养机制。

借力行业企业平台，提升乡村旅游人才培训水平。加强与乡村旅游相关的专业培训机构、咨询服务机构、行业协会等开展培训合作，采取课堂讲授、案例分析、现场模拟、实习观摩、专题讨论相结合的方式，对乡村旅游景区、农家乐、民宿的管理服务人员进行实用技能培训。培训内容涵盖服务礼仪、职业道德、旅游常识、民俗文化、食品卫生、安全知识、政策解读、餐厅服务、农家菜开发、景区服务规范、导游讲解技巧等。

三、人才管理

人才管理解决的是如何充分利用乡村旅游人才、提高乡村旅游从业者的工作能力，促进人才的成长。人才管理的主要策略包括：

建立乡村旅游人才信息库。积极推进乡村旅游信息化建设，依托网络构建乡村旅游人才交流信息平台，建立乡村旅游人才信息库和人才联络机制，将重点乡村旅游人才培训纳入地方干部培训计划。致力打造一支具有广阔国际视野、通晓国际乡村旅游业惯例、具有较高外语水平和跨文化沟通能力、能够支撑乡村旅游业又好又快发展的高层次旅游人才队伍。

规范化执行乡村旅游人才持证上岗制度。组织专家研究制订与乡村旅游相关的服务标准，引入乡村旅游方面的执业资格和从业标准，彻底规范和提升乡村旅游产业的人员结构和层次，所有服务人员每年培训一次，并引进技能考核制度，实行培训考评合格后"持证上岗"制度。

开展旅游人才评优评奖活动。落实国家"万名旅游英才计划"政策，探索建立乡村旅游人才评价办法和初级职称评审制度，将乡村旅游人才开发培养与旅游行业评先创优、等级评定相挂钩，建立健全乡村旅游人才考评机制，定期举办优秀乡村旅游管理与服务人才的评优颁奖活动，及时给予物质奖励与精神荣誉奖励，激励乡村旅游从业人员不断提升管理服务技能优秀人员。

【思考题】

1.乡村旅游的政府管理包括哪些横向部门和纵向层级？以你熟悉的乡村旅游开发地区为例，列举该地区乡村旅游政府管理中的各个横向部门和纵向层级。

2.乡村旅游协会在乡村旅游发展中发挥的作用主要体现在哪些方面？借助教材中"湖州乡村旅游协会架构图"加以说明。

3.与乡村旅游发展有密切关系的政策包括哪些？如何利用这些政策引导和促进乡村旅游的发展？

4.什么是乡村旅游标准？我国乡村旅游标准有哪些基本类型？为什么乡村旅游标准以地方标准居多？

5.为什么制定乡村旅游标准能够推进乡村旅游规范化建设？

6.简要说明乡村旅游执法管理的意义及主要任务。

7.说明中国乡村旅游扶贫开发的背景与意义。

8.简要说明如何对乡村旅游人才进行保障。

【参考文献】

[1] 张德平.基于旅游地生命周期的江苏省乡村旅游适应性管理策略研究 [J].中国农业资源与区划,2016(10):110-116.

[2] 苏燕萍.乡村旅游经营管理模式——以阳朔为例 [J].商丘职业技术学院学报,2016(04):53-55.

[3] 赵影,钟小东.基于旅游地生命周期理论的乡村旅游经济适应性管理策略研究 [J].农业经济,2016(08):38-40.

[4] 刘爽.乡村旅游目的地管理及其评价研究 [J].科技经济市场,2016(08):56-57.

[5] 束良勇.基于游客需求的浙江桐庐县乡村旅游产品提升研究 [D].广西大学,2016.

[6] 周佳敏,黄炜,白雪琴,等.集中连片特困区乡村旅游开发管理模式研究——以武陵山片区为例 [J].企业导报,2016(05):26-27.

[7] 于蓉.四川省乡村旅游适应性管理问题研究 [J].农业经济,2016(01):66-68.

[8] 黄军,陈文林.生态行政视角下贵州乡村旅游管理研究 [J].兴义民族师范学院学报,2015(06):22-25.

[9] 邢夫敏,王倩玉,李姝姝.制定规范提升品质　提高乡村旅游服务质量——我国乡村旅游规范化管理现状 [J].吉林农业,2015(19):38-39.

[10] 孙维雁.乡村旅游资源的集约开发与管理 [J].中国资源综合利

用 ,2015(09):44-46.

[11] 王维艳 ,李强 .地役权在中国乡村旅游开发管理中的应用研究 [J].旅游论坛 ,2015(05):53-58.

[12] 黄震方 ,陆林 ,苏勤 ,等 .新型城镇化背景下的乡村旅游发展——理论反思与困境突破 [J].地理研究 ,2015(08):1409-1421.

[13] 吕利云 .基于智慧旅游平台的婺源乡村旅游提升研究 [D].江西师范大学 ,2015.

[14] 李新 .苏州乡村旅游发展管理策略研究 [D].西北师范大学 ,2015.

[15] 查爱欢 .乡村旅游推进新型城镇化发展模式及影响机制研究 [D].苏州大学 ,2015.

[16] 姜奥 .福州市乡村旅游企业人力资源管理研究 [D].福建农林大学 ,2015.

[17] 马悦纳 .苏州乡村旅游政府管理中的问题与对策 [D].苏州大学 ,2015.

[18] 丁黎明 .乡村旅游全面质量管理探析 [J].农村经济与科技 ,2014(11):87-89+138.

[19] 刘桂村 .乡村旅游饭店管理对策——以成都三圣乡百花园乡村酒店为例 [J].湖北经济学院学报 (人文社会科学版),2014(10):63-64+69.

[20] 王乐 .山东省乡村旅游发展模式研究 [D].中国海洋大学 ,2014.

[21]DFID.Tourism and poverty elimination: Untapped potential[R].London: DFID Press Office,1999.

[22]Zhang H Q, Chong K, Ap J. An analysis of tourism policy development in modern China[J].Tourism Management,1999,20(4):471-485.

[23] 陈秋华 ,纪金雄 .乡村旅游精准扶贫实现路径研究 [J].福建论坛·人文社会科学版 ,2016(5):196-200.

[24] 邓小海 .旅游精准扶贫研究 [D].云南大学 ,2015.

[25] 冯万荣 .贫困地区的 "旅游扶贫" 之路应该怎么走 [J].太原大学学报 ,2007(9):86-88.

[26] 蒋焕洲 .贵州民族地区旅游扶贫实践 :成效、问题与对策思考 [J].广西财经学院学报 ,2014(2):34-48.

[27] 李继峰 .中国农村发展休闲旅游应注意的问题 [J].河南师范大学学报 (哲

学社会科学版),2004,31(4):70-73.

[28] 刘钰佳, 秦远好 . 旅游扶贫与生态环境的矛盾与调和 [J]. 社会发展,
2014(24):29-30.

[29] 龙茂兴 . 论乡村旅游扶贫模式创新 [J]. 调查研究 ,2006(9):39-40.

[30] 李晓琴 . 恩施州旅游扶贫模式优化研究 : 基于贫困度与旅游资源禀赋度的
耦合性分析 [D]. 武汉 : 中国地质大学 ,2013:36-51.

[31] 彭敏 , 付华 . 中国乡村社区参与旅游开发研究 [J]. 中国农学通报 ,2007,
23(1):172-175.

[32] 邱云美 . 社区参与是实现旅游扶贫目标的有效途径 [J] . 农村经济 ,2004
(12):43 -45 .

[33] 王成武 , 白明英 , 赵丽丽 . 我国西南地区旅游扶贫实施中应注意的若干问题
[J] . 特区经济 ,2010(7): 151-152.

[34] 国家旅游局 . 乡村旅游扶贫工程行动方案 . 旅发〔2016〕121 号 .

[35] 国家乡村旅游扶贫工程观测中心 . 全国乡村旅游扶贫观测报告 [R].2016(8).

[36] 李慧 . 美国发展乡村旅游的经验及其对中国的启示 [J]. 科技广场 ,
2012(11):197-204.

[37] 董红 . 当代村民自治问题研究 [D]. 西北农林科技大学 ,2012.

[38] 程泽时 , 黄俊保 . 乡村旅游与村民自治 [J]. 凯里学院学报 ,2012(4):125-
128.

[39] 保继刚 , 孙九霞 . 雨崩村社区旅游 : 社区参与方式及其增权意义 [J]. 旅游
论坛 , 2008,1 （1）: 58-65.

[40] 董红 . 当代中国村民自治问题研究 . 西北农林科技大学 ,2012.

[41] 张树民 , 中国乡村旅游发展模式与政策保障研究 [M]. 北京 : 中国旅游出版
社 ,2014,215-216.

责任编辑：王建华　王　丛
责任印制：冯冬青
版式设计：何　杰

图书在版编目 (CIP) 数据

乡村旅游概论 / 干永福，刘锋编著 . -- 北京 ：中国旅游出版社 ，2017.6

ISBN 978-7-5032-5855-8

Ⅰ . ①乡… Ⅱ . ①干… ②刘… Ⅲ . ①乡村旅游－旅游业发展－研究－中国 Ⅳ . ① F592.3

中国版本图书馆 CIP 数据核字 (2017) 第 142484 号

书　　名：乡村旅游概论

作　　者：干永福，刘锋编著

出版发行：中国旅游出版社

（北京建国门内大街甲 9 号　　邮编 100005）

http://www.cttp.net.cn　E-mail:cttp@cnta.gov.cn

营销中心电话：010-85166503

经　　销：全国各地新华书店

印　　刷：北京工商事务印刷有限公司

版　　次：2017 年 6 月第 1 版　2017 年 6 月第 1 次印刷

开　　本：720 毫米 ×970 毫米　1/16

印　　张：20

字　　数：320 千

定　　价：42.00 元

Ｉ Ｓ Ｂ Ｎ　978-7-5032-5855-8